学　术　经　典　导　读

理查德·鲍曼与表演研究

王杰文◎编著

中国传媒大学出版社
·北京·

自 序

这是一本介绍与评析理查德·鲍曼(Richard Bauman)及其表演研究的编译性质的专著,是本人面向“艺术人类学”专业研究生讲授“口头艺术的表演研究”的讲义。

理查德·鲍曼是当前国际民俗学、语言人类学、符号学等领域最具影响力的学者之一,他所倡导的“表演研究”从根本上改变了国际民俗学的研究范式。在某种意义上说,学习与掌握他的表演研究范式,应该是民俗学及相关专业每一位学生的必修功课。

早在20年之前,中国民俗学者已经有选择地翻译介绍了他的表演研究的重要成果,学界同仁因此对他的表演研究并不感觉陌生了。近年来,某些业内专家提出了批评意见,比如,有人认为表演研究是美国人的理论,未必适用于中国的民俗研究;有人则肯定这一研究范式的普遍适用性,但强调要实现理论的“本土化”,呼吁同仁们努力在核心问题、研究方法与范式上自力更生;也有人认为“表演研究”不够彻底,试图要进一步去深化它;当然,还有人断言表演研究已经过时了,声称要抛弃它。

仅就我个人来说,对于鲍曼其人及其学术成就,我的了解还十分有限。我想更加全面、深入地了解他的表演研究的学术渊源,系统地把握这一研究范式的核心观念,探求其发展轨迹与根本旨趣;也想了解他的表演研究与理查德·谢克纳、德怀特·康克古德以及其他人的表演研究的联系与区别;还想在国际民俗学的理论发展史中,全面地、公允地评价他的表演研究的理论贡献;更想进一步去探讨各种风格的表演研究,在汇入当前国际人文社会科学话语的洪流之后,尚待发掘的理论潜力。总之,作为一名民俗学者,我试图补习早在学生时代就应该掌握却一直未能掌握的课程,试图由此而能够深入了解当代国际民俗学的前沿领域及其发展趋势。

为此，我联系了鲍曼教授，向他表达了学习与研究他的著作的兴趣。鲍曼教授热心地发给我他已经发表的全部著作的目录及部分未刊稿。依据这份著作清单，我通过各种途径，找来了他的全部作品，反复阅读并摘录了其中重要的内容，撰写了个人的阅读心得。

鲍曼教授渊博的民俗知识、扎实的田野作业、深邃的理论思想、朴实的学术风格深深地打动了我。诚实地说，在通读了他的全部作品之后，我更加清醒地意识到自己的浅薄和不足，也更加坚定了虚心补习学科经典文献的决心与信念。

需要特别强调的是，本书是我学习与研读他的全部著作的心得体会，一方面，我尽可能全面准确地转述他的学术思想，另一方面，我也在适当的地方发表了对他的研究成果的评论。当然，由于个人在知识储备、理解能力以及表达能力等方面的局限，我也担心自己不能准确地传达他的思想，然而，之所以不揣浅陋，赧颜献丑，是因为这部书稿记录了我个人长期以来补习功课的心路历程，大有敝帚自珍、聊以纪念的意思在里面。

最后，我要感谢黄瑞、黎敏、唐梦、张谦、樊暮雪、莫愁、王璞琇、余书涵、周俊等师友，他(她)们帮我找寻了部分罕见文献。感谢黄松毅主任和马洪立老师细致认真的编辑工作。王姝媛、王倩颖两位同学帮助我核对了全部参考文献，感谢她们。

是为序。

王杰文

2022 年 4 月 28 日于北京

CONTENTS 目　录

第一章　接续伟大的传统

理查德·鲍曼早期发表的几篇学术论文，从总体上看，仍然是在探讨民俗学的经典问题，比如关于民俗资料的搜集与整理的问题；口头传统与书面传统的关系问题；搜集者或者作家对于口头传统的改编问题等。但是，从一开始，他就采用了文献研究与田野考察相结合的研究方法，这一研究方法促使他关注口头传统的"语境"问题。回顾起来看，他早期在爱尔兰、苏格兰的田野考察经历，深深地影响了他的学术追求。

这些延续学科经典问题的学术论文集中发表于 1962 年至 1964 年。

一

鲍曼虽然是从口头传统的具体类型（比如谚语）的研究踏入民俗学领域的，但是，从一开始，他就似乎对民俗学的方法论更感兴趣，具体的口头传统类型研究似乎只是他从事民俗学研究的门径。这一点在他介绍耶胡德·莱布·卡罕（Yehude Leyb Cahan）①有关谚语研究的成果时就体现得十分明显。

众所周知，美国是一个多人种聚集的移民国家，美国的民俗也许是最具有世界性特征的民俗。这种差异性与多样性潜在地丰富了美国民俗学，这一点在美国民俗学会成立之初就已经被当时的民俗学奠基者们清楚地意识到了。美国民俗学从一开始就是多种族并存的、多元化的民俗学。正是由于这种多样性与复杂性，极少有哪位美国民俗学者有足够的语言能力来应付这种种族、语言与民俗文化的差异性。20 世纪 60 年代初，不仅各民族的民俗知识本身不可多得，相应民族的民俗学家们的著作更是十分罕见。在这样一种民俗学背景之下，鲍曼所关注的耶胡德·

① 耶胡德·莱布·卡罕，1881 年出生于立陶宛的维尔纽斯，这个地方是欧洲犹太人的聚居地之一。8 岁时，卡罕随父母迁居到华沙。7 年以后，他开始搜集犹太人的民歌。之后他在伦敦生活了数年，于 1904 年移民到美国纽约，直到 1937 年去世。1912 年，卡罕出版了《意第绪语民歌与旋律：来自口头传统的搜集》，该书奠定了他的民俗学家的地位。1925 年，他成为"犹太人科学研究所"民俗学领域的负责人。1930 年，他来到维尔纽斯，指导一群年轻的犹太人民俗搜集者，并出版了《民俗搜集者操作指南》与《民俗搜集者说明书》。这两本著作是此次搜集活动的指导性文件。卡罕本人则是一名熟练的民俗材料的搜集者。

莱布·卡罕,是当时美国杰出的犹太移民民俗的搜集者与研究者,因为他基本上是用意第绪语来出版他的民俗学著作的,所以,他的学术成果即使在美国民俗学界也少有人知道。

通过鲍曼的介绍,我们知道,耶胡德·莱布·卡罕的研究领域远不限于犹太民俗学,他还广泛地涉猎了比较民俗学。他关注了民俗学的一些基本问题,比如当代民俗的起源与年代考证,民俗的国际关系,民俗与印刷品的关系,真民俗与假民俗的关系,科学的民俗搜集方法等。

鲍曼之所以要特别介绍耶胡德·莱布·卡罕,一方面固然是因为其作为一名犹太人的身份认同的缘故,另一方面则是因为卡罕所撰写的《民俗搜集者操作指南》的重要价值。耶胡德·莱布·卡罕相信,"民俗学是一门科学,因此,我们必须要获得科学地搜集到的材料"①。对于他来说,随机式的搜集与偶然性的研究,都是令人难以忍受的。

非常明显,在鲍曼介绍耶胡德·莱布·卡罕的"操作指南"的时候,美国民俗学界尚未形成系统的民俗学田野作业的方法论,因此,他的介绍便具有时代性的价值与意义,尽管现在看起来,这些经验式的总结仍然不够系统化。

概括起来看,耶胡德·莱布·卡罕的民俗学田野工作理论包括如下一些内容。

1.倡导民俗学的专业化

一名职业的民俗学家应该选择一个特定的民俗类型或者领域开展研究,他应该适合于从事这个类型或者领域的工作,要尽可能全面地涉猎它。这要求研究者具备完美的工作技巧,拥有详尽的材料,开展彻底的搜集工作。立志成为民俗学家的人应该从简单的民俗类型(比如谚语、格言)的搜集工作开始,然后渐渐地过渡到稍微有点儿复杂的类型(比如儿童游戏)上去,之后再慢慢地去搜集民歌,最后再接触民间故事。现在看起来,卡罕的意见显得有些刻板,但是,强调要把民俗学"专业化",是他那个年代所有职业民俗学家的梦想,这客观上促进了民俗学的专业化发展。

2.强调民俗调查的技巧

(1)在走向田野之前,调查者必须要首先熟悉他将要搜集的传统的本质,要尽可能去熟悉将要搜集的材料的相关背景材料,特别是要对特定的民俗类型给予集中关注。他强调要搜集"真正的民俗","搜集民俗,人们一定要保证材料的本真性,

---

① BAUMAN R.Y.L.Cahan's instructions on the collecting of folklore[J].New York Folklore Quarterly,1962,18:285.卡罕曾经向鲍曼的外祖母搜集谚语与民谣,其中有两首记录在卡罕的《意第绪民谣》当中。卡罕的工作对鲍曼走向民俗学研究产生过巨大的影响。

这一点至关重要"①,而区分"真民俗"与"假民俗"的能力则会随着民俗搜集者搜集经验的积累而不断提高。除了要熟悉背景信息,搜集者还需要知道谁是特定传统的携带者,谁是将要搜集的特定民俗类型的传承人,他(她)来自哪一性别、阶级或者年龄群体。卡罕发现,在大多数情况下,中老年人才是最好的信息提供者。

(2)在搜集过程中,搜集者应该与信息提供者建立良好的关系,丰富的田野经验使卡罕意识到,只有当搜集者不再是一个陌生人,不再会激起信息提供者的惊奇与敬畏之情时,他才有可能搜集到他想获得的材料,包括信息提供者自身可能会认为是"愚蠢的"材料。而这些秘不外传的内部材料,尤其可能与他们的习俗与信仰相关,是不会轻易被展示给陌生人的,因为他们害怕遭到嘲笑。在某些情况下,卡罕说,当民俗学者初次走进田野之时,感觉到似乎当地根本没有某些类型的民俗,这时他们会感觉十分沮丧,但是,在深入地考察一段时间之后,当他们已经被当地人很好地接纳了的时候,大量的民俗材料就会不期而遇。这个时候,他们会找到愿意倾听的、友好的信息提供者,搜集到的材料也会越来越多。

(3)在记录材料的时候,搜集者应该全神贯注地倾听每一个事项,记录一定要在当地人表演的同时进行,一字一句地,不能有任何的遗漏。搜集者绝对不能依赖记忆去回忆,因为这会有遗忘的危险。他也不能依赖笔记本上的简单记录去重构一个民俗事项,因为这样做的时候,重要的细节也可能被遗漏掉。此外,搜集者一定要特别关注异文,尤其重要的是在异文之间进行区别。在群体中间进行搜集时,一个信息提供者遗忘的部分,另一个信息提供者可能会予以补充。如果用纸与笔来记录,搜集者应该记录信息提供者的语言。最后,一旦所有想要的材料都已经搜集完备了,搜集者最好要求信息提供者再表演或展示一次,以便核对与完善他所搜集到的材料。

(4)在完善材料的时候,搜集者应该记录信息提供者的姓名、地址、年龄、职业以及搜集的日期——简言之,有关民俗事项本身的任何信息,都应该被交给讲述它的信息提供者进行核对。卡罕告诫研究者,在搜集工作结束之后,要尽可能地在搜集者对于信息提供者的方言、表达、音调以及表演方式等还记忆犹新的时候,将被搜集到的材料转化为永久性的材料。

---

① BAUMAN R.Y.L.Cahan's instructions on the collecting of folklore[J].New York Folklore Quarterly,1962,18:286.卡罕说,民俗的搜集者们要记住,他们想要的是古老的歌谣、古老的故事——他们应该不时地提醒当地人讲述那些"古老的"、旧的材料,那些较少受印刷术与大众文化影响的、正在消亡中的材料。与当下的社会、政治主题相关的材料可能也是重要的,但是要在15至20年之后,当它们仍然处于传统当中,并且已经变成真正的民俗的时候才值得搜集。显然,这种民俗观念是十分陈旧的。自此篇关于意第绪语民俗的论文之后,在近60年的时间里,鲍曼从来没有再关注过意第绪语的民俗。直到2019年,为了纪念丹-本·阿默斯85岁生日,他才又回过头来撰写了一篇关于意第绪语中民间故事的论文。

3.意识到了田野工作的伦理问题

搜集民俗的恰当气氛一旦被建立起来，搜集者一定不能危害当地人未来的生活前景，不能损害已经建立起来的人际信任。为了与信息提供者保持友好的关系，搜集者一定要努力减少与民众的差异，比如，他应该尽量避免使用专业化的知识，尽量少用专业化的术语。总之，只有在获得了信息提供者的充分信任之后，搜集者才能够开始搜集与记录他想要的民俗。

显然，卡罕从一开始就努力要把民俗学建构为一门现代化的科学，因此，他所提供的搜集民俗的方法，本质上是一种科学的搜集方法。他有意识地要传授一种良好的学术指导，这对于数量不断增多的民俗学学生们自然十分重要。他的方法论是一个专业的民俗材料搜集者长期而丰富的田野经验的总结，而他自己丰硕的研究成果正好展示了他的研究方法的普遍适用性。初出茅庐的鲍曼希望通过介绍这些方法以助益于那些像他一样想要在未来使用它的青年学生们。

在《谚语的搜集》中，卡罕介绍了他个人搜集谚语与俗语的一种方法。他不赞成随机式的搜集方法，而是主张开展科学的搜集与研究，即由搜集者个体先行按照条目准备多张卡片，在每一张卡片上面列一个关键词；然后联想与之相关的其他谚语与俗语，以便让搜集者自己熟悉相关的材料；然后再拿着这些卡片来询问访谈对象。卡罕特别强调要按照地方发音准确地记录，尤其强调要注意搜集那些人们不能一下子就明了其意义的谚语，他还建议搜集者要问清楚其意义以及在何种语境下使用它们。难能可贵的是，他说，调查者不应该自以为是地去质疑当地人所做出的任何解释，而应该接受任何似乎有意义的解释，并在以后的工作中再去考察它是否真正有效。①

二

口头传统的材料被记录、改编与传播的问题，口头传统与书面传统之间的关系问题，一直是民俗学领域的核心问题。今天，按照芬兰民俗学家劳里·航柯的说法，民俗学家们把它称为“文本化”的问题。早在20世纪60年代初，鲍曼同样关注到了这一问题，他是借助于讨论罗伯特·亨利森(Robert Henryson)对于寓言的改编工作来着手讨论相关问题的。

鲍曼提出的问题是：罗伯特·亨利森所改编的材料来自哪里？他改编的动力来自哪里？换句话说，他关注罗伯特·亨利森在其寓言中对于民间故事的使用，考察其材料的来源问题，以及其他与语境相关的问题。

---

① BAUMAN R.The collecting of proverbs[J].Western Folklore,1963,22(4):272.

为了理解罗伯特·亨利森关于寓言之本质的观点，鲍曼认为，应该超越书面文学的狭窄范围，应该把他的作品放在与口头传统的关系中，放在与讲述传统的关系中，也就是说把寓言放在其真正的语境关系中来理解。

大家都知道，民间叙事中最古老的类型之一是拟人化的动物故事，在这些动物故事中，人的行为与关系被赋予动物，在动物的行为中可以观察到人的特性以及适用于人的真理。显然，人类讲述动物故事是为展示某些特定的人类真理，因此它们才会成为寓言。寓言尤其适合于展示人类的社会关系，正像雅克布·格林所说的那样，“动物本质的特殊性可以发挥作用，产生好的效果”①。比如，狼代表贪婪，羊代表温顺，等等。

中世纪的基督教把道德寓言发挥到了极致。当时，不只是来自近东的、古典的寓言集十分流行，欧洲本土的寓言故事也充满了道德训诫。《博物学家》（*Physiologus*）——一本亚历山大时期的道德化的动物寓言集——在中世纪十分流行，它为任何类型的动物故事的道德化阐释提供了动力，姑且不论它是否适合于这样的阐释。

道德化的动物故事只是说教故事在伟大的中世纪传统故事中的一种类型，它被称为“典范故事”（exempla）。它就是一种故事或者寓言，一种道德典范或者一种描述。

像寓言一样，“典范故事”必须包括三种基本元素：

（1）一个故事或者一种描述；

（2）一种道德的或者宗教的教训；

（3）把教训应用于个人。

鲍曼说，人们使用“典范故事”要达到以下六个目标：

（1）具体地说明服从或者不服从一个道德的或者宗教的法则的后果；

（2）肯定或者证明一个断言是真理；

（3）在罪恶中激发恐惧，激发上帝般的热情；

（4）澄清一个深奥的言论的意义；

（5）激发懒散的听众的兴趣；

（6）用故事做铺垫进行布道。

使用故事作为道德典范的训诫是非常古老的口头艺术技巧，在经典寓言集流行的年代里，人们熟练地掌握了这种口头艺术技巧。“典范故事”在中世纪极其流行，当时，“多明我会”与“方济各会”的修士们在向广大听众布道时，就会对故事进行描述性的使用，因为听众喜欢听故事，讲述“典范故事”是促使听众对布道产生持久兴趣的重要手段。

---

① BAUMAN R.The folktale and oral tradition in the fables of Robert Henryson[J].Fabula,1963,6:109.

修士布道使“典范故事”被大量地搜集与出版，当时它们是以拉丁语的形式出版的。有的是散文式的，有的是诗歌式的，它们都具有道德说教的形式。在中世纪后期，“典范故事”被用于说明性的书籍、宗教论文以及其他书籍，这为普通识字人员的阅读提供了方便。正是在这一普及化的过程中，故事以扩展性的形式流传开来，当时，人们常常是为了阅读故事本身而阅读它，而不是为了说教的目的阅读它。

通过以上简单的介绍，鲍曼发现，许多“典范故事”是通过布道才得以口头传播的，后来，也有一些“典范故事”是通过书面手册得以传播的，但是此后传播的故事总是在借用先前出版的故事。此外，尽管书面材料中记录的故事有很大的重复性与雷同性，但是故事的变异也十分丰富。书面文本的改编者们会随意地改编故事情节与内容，或者改变一则故事特定的道德意义。总之，“典范故事”的书籍传统与口头传统相互影响：“典范故事”通过布道而进入了口头传统，而原本是民间故事的口头传统也在被改编之后进入了“典范故事”的书籍当中。

罗伯特·亨利森的寓言就来自这一“典范故事”的传统：一方面，他的寓言具有明显的书面来源的痕迹；另一方面，他又明显地受益于寓言的口头传统，他把口头传统转化为他独一无二的文学艺术。但是，他的读者又是那些新兴的城市中产阶级人士，他们有口头传统的品位，又在形成着新的文学阅读的兴趣，他们的阅读材料参与建构了他们的现代性身份。在上述研究中，鲍曼并没有把口头传统浪漫化，显然，他非常清晰地认识到并指出了口头传统与书面传统之间相互转化的关系。

三

民俗个体对于口头传统的发现、传播到底具有多大的影响力？罗伯特·亨利森的例子从侧面回答了这一问题，而更加典型的案例是有关爱尔兰民俗学者约翰·米林顿·辛格个人事迹的介绍。在鲍曼的介绍中，约翰·米林顿·辛格是一位民间戏剧的创作者，他的戏剧被称为民间悲剧、民间戏剧、农民的戏剧①，但事实上，他的戏剧并非纯粹的民间创造物，虽然它们受惠于民俗的地方很多。

辛格留下了很多记录，详细地说明了他的材料源自哪里，记录了他如何与爱尔兰的民间传统相接触，他的作品中的民间元素是什么，它们源自哪里。所有这些材料都具有十分重要的学术价值。

1896 年，当他还在巴黎时，作为一名不成功的法国文学的批评者，辛格听从爱

---

① BAUMAN R.John Millington Synge and Irish folklore[J].Southern Folklore Quarterly,1963,27:267.约翰·米林顿·辛格的三部戏剧的名称分别是：《乘船出海》《阿兰岛人》《在克里西部》。2018 年，在一篇回忆性的论文中，鲍曼说，本论文是他为一门有关凯尔特民俗学的课程准备的材料。该论文出版后，他感觉到应该重走辛格的旅行之路，当时，他手里拿着的就是辛格的《阿兰岛人》。

尔兰文艺复兴运动的领袖叶芝的建议，返回爱尔兰，尝试着去寻找一种从未有过的生活。1897年，他初步接触了爱尔兰民众以及他们的传统。从1898年起，他在那里度过了四个暑假。随后，他又去了其他地方，他对这些地方人们的生活与知识进行了细致的、准确的、完整的描述。作为一名文学艺术家，他不仅仅是一名民俗的改编者，而且是一名搜集者。

他初到那里的时候，只是想学习盖尔语，后来，他发现盖尔语与其讲述者的知识相关。他的第一名语言老师也是一名很好的故事讲述者。他很快就沉入到当地人的知识当中去了。他搜集了许多种类的民俗，发现了许多有趣的、有用的地方性知识。从民俗学家的角度来看，他的游记不仅提供了当地人的知识，而且记录了这些知识的表演者与传承者的相关信息。

他记录了大量的谜语、歌谣与打油诗，三种信仰行为（都与死亡有关），四个有趣的民间习俗，还有一些集市习俗，等等。这些民俗记录既有趣又有学术价值，它们或多或少是当地人在不经意间讲述的，而辛格想把这些知识反馈给当地人。他的三卷书中还收罗了大量民间故事，但是，辛格是一名文学艺术家，他所特别关注的是叙事的问题与戏剧性的情节，因此他更加重视民间叙事。来自民间故事及其讲述者的相关材料，他的记录最具有说服力。它们既是民俗的，也是戏剧的。

辛格所记录的民间故事可以分为两类：一类是传奇和英雄故事。能讲述这些故事的人一般都享有较高的社会地位，他们的故事常常篇幅更长，很难学会；较之篇幅更适中一些的故事，它们包括了更多惊险的情节，它们一般在冬夜里被讲述。另一类则主要是地方类型故事，比如家庭传奇、家庭谱系、社会历史传统，加上短小的故事（比如幻想故事，与魔鬼、巫婆及其他超自然的存在或者幽灵相关的故事等）；男人与女人都可以讲述这一类故事。但是，前一类民间故事的讲述者通常是男人，而后一类民间故事通常比较短小，与民众日常生活的关系密切，因此也更加普通，能被更多的人所讲述，日常的会话就会引出大量的这样的讲述。此外，还有许多历史轶事、地名传说、与异教崇拜相关但大多数被转化为基督教的故事与传说。

辛格介绍了多位优秀的故事讲述人，还有他们的讲述风格与讲述语境。他介绍了当地的口头传统，以及它们与印刷文本的关系；还有关于当地年轻人如何从对口头传统感兴趣，到渐渐地转向去阅读来自都柏林的书籍的趋势，等等。

辛格的文本并不是经过科学的搜集与整理的出版物。尽管当地人详细地给他讲述了故事，但是，他所提供的文本一定是经过了转述与改写的。从文本的风格上看，它们表面上看起来好像是直录而来，但实际上是凭着他的记忆改写而成的。不过，他的文字版本与口头版本之间的差距到底有多大，我们却不得而知。

熟悉了民间传统之后，辛格就开始借助于戏剧来考察口头文学与书面文学之间的关系。戏剧是一种非常合适的媒介,它同时包括了口头的与书面的维度。辛格的戏剧,虽然并不只是对民间故事的文学改编,而是探索着“永恒真理”的创作,但是,故事项征性的与提示性的层面促使他的戏剧植根于口头传统。他的创作形象地反映了民俗与文学之间可能存在的复杂关系。

四

除了口头传统与书面传统之间的互动问题之外,地域传播的问题也是民俗学的经典话题。在20世纪60年代前后,当时的民俗学者们热衷于考察同一民俗类型文本跨地域传播的问题,鲍曼也曾借助于一首苏格兰民歌《杜威·登斯·奥亚罗》来演练这一研究方法。据他所说,苏格兰民歌的伟大搜集者加文·格雷格认为,《杜威·登斯·奥亚罗》是苏格兰最知名的古老民歌。事实上,这一判断可能只是依据他个人经验而产生的直观印象,因为弗朗西斯·詹姆斯·柴尔德的《英国与苏格兰的流行民歌》可以证明情况未必如此。当时,从事苏格兰研究的学者们已经搜集到了超过20种版本的同一主题的歌谣,而且,这些被搜集到的材料来自全国各地,展示了基本类型中的迷人的变异。鲍曼研究了这首民歌的历史及其相关的细节,比如何时、在哪里、从何处、由谁习得了某一版本,并评价了这一歌谣的流行性等问题。①

鲍曼讨论相关问题的另一个个案是苏格兰民歌《波士顿的走私犯》。众所周知,英格兰与苏格兰是世界上民歌最丰富的地区,这一文化传统深深地影响了美国的民歌传统,长期以来甚至成为美国唯一的民俗文化因素。鲍曼的问题是:美国民俗文化如何反馈英国民俗文化?通过鲍曼的研究,据称是美国的民歌——《波士顿的走私犯》——虽然在英格兰一直未为人所知,但是在苏格兰却被记录了11次之多,当地人称之为“波士顿的走私犯”。所有这11则异文都是单一类型民歌的异文。

可事实上,鲍曼发现,所谓美国的版本并不完全是美国的产品。恰好相反,它竟然是英国版本的复制品,有些地方甚至是逐字逐句的翻译。经常只是改变一下地名以适应当地的环境。依据他的研究,《波士顿的走私犯》事实上是19世纪早期英国民歌《植物湾》的改编。其中,地名与环境细节被改编了。通过对这首歌谣的传播与转变过程进行粗线条的勾勒,鲍曼提供给我们有关歌谣研究的两个重要的启示:一方面是书面传统与口头传统之间的关系问题,另一方面是英美民间歌谣的转变的本质问题。②

---

① BAUMAN R.“The Dowie Dens o' Yarrow”[J].Scottish Studies,1963,7:115-117.

② BAUMAN R.“The Boston smuggler” in Scotland[J].Scottish Studies,1963,7:235-239.

鲍曼还借助于《来自爱尔郡海岸的三则传说》来讨论口头传统文本的传统与变异的问题，这三则传说来自爱尔郡的一名中士亚历山大·阿奇博尔德，他于1962年11月讲述了这些传说。此人是一名玩笑故事的讲述者，他热爱故事，热爱他的本土区域的传统，而且还热衷于分享他的这些资料。这三则材料——艾尔莎·克雷格的起源；克诺克多利安的继承人；假约翰·凯斯卡特爵士和让·卡尔赞——都是极富地方性的，无论是从历史的角度还是从地理的角度来说都是如此。鲍曼在介绍了上述三则传说文本的梗概之后，分析了其母题与来源，然后较为详细地介绍了它的主题，勾勒了其情节的分布与流传情况。①

从1962年至1964年，鲍曼主要沿着前辈学者所开拓的学术道路来开展自己的学术研究，但是，他在文献研究与田野研究方面都技术娴熟：一方面，他体现出了高度自觉的民俗学方法论意识与学科化的意识；另一方面，他也借助口头传统类型的研究明确地讨论了某些民俗学的核心问题，比如文本化（改编与创造）、口头传统与书面传统、异文与地域传播，等等。然而，客观地说，在这一时期，鲍曼的学术观点并没有成形，他仍然没有形成他个人独特的理论观念，没有自己独立的研究对象，他还只是一名刚刚进入美国民俗学领域的新人。

1970年，鲍曼发表了《屠龙者：一个16世纪的版本》一文，探讨了“屠龙者（AT300）”这一国际性民间故事类型的一个独一无二的版本。这一则材料来自葡萄牙的编年史，作者叫杰奥·波姆兹。该书1565年于里斯本出版，它比迄今发现的最早的“屠龙者”的版本早70年。而且，这则材料在当时并不被当作一个传说，而是被当作一个真实的历史事件，似乎是目击者亲眼所见。

杰奥·波姆兹是埃塞俄比亚的一名神父，受当地国王的派遣，去葡萄牙寻找帮助，因为当时埃塞俄比亚正在经受土耳其军队的攻击。波姆兹历尽艰辛，终于获得了教皇庇护下的葡萄牙国王的支持，埃塞俄比亚的军队打败了土耳其的军队。然而，在后来的一场战斗中，葡萄牙的军队又被土耳其的军队打败了。再后来，葡萄牙的军队经过休整，与埃塞俄比亚的军队合兵一处，最终打败了土耳其人。波姆兹亲历了战争，甚至参与了与高级将领的交往，但也与之产生了一些矛盾，于是他被免职了。他游历到了印度，最后来到了葡萄牙的里斯本，并在此终老。他回忆并记录了他的个人经历。

我们感兴趣的是他所描述的一场战争，其中一名叫“格兰”的人被杀死了，一名士兵割下了他的头颅，在国王面前领赏，但是，国王问，他的耳朵呢？这名士兵无言以对。原来杀死“格兰”的另有其人，国王因此惩罚了这个说谎者。非常明显，这一故事的形式与内容与“屠龙者”的故事密切相关，耳朵与头颅作为证据的母题被并

① BAUMAN R.Three legends from the Ayrshire coast[J].Scottish Studies，1964，8：33-44.

置在一起,这一故事母题使人们对他的记录的历史性产生了怀疑。

鲍曼认为,在任何情况下,故事的最终起源更可能是葡萄牙。当“屠龙者”的故事在欧洲广泛流传时,它在欧洲大陆之外却极少为人所知;而且,把这一故事直接应用于历史上的人物与事件,显然完全是独一无二的。①

类似于这种探索故事之起源的传统民俗学的研究,在鲍曼之后的研究中几乎可以说是再也没有出现过。

① BAUMAN R.The turtles:an American riddling institution[J].Western Folklore,1970,29:21-25.

第二章　民俗学的“行为科学化”

1967年,在多伦多召开的美国民俗学年会上,丹·本-阿默斯发表了题为《民俗:再一次定义的游戏》[①]的报告,该报告引起了罗格·威尔士的批评,鲍曼为此撰写了一篇回应性的文章,竭力支持阿默斯的主张,倡导一种新的民俗学研究思路。

鲍曼承认,像所有其他术语一样,“民俗”的定义可能是变化的。对于任何我们所谓“民俗”的概念进行界定都是任意的与分析性的行为,而不是绝对的或者自然的。当然,这就意味着概念的边界是可以被调整的。民俗学家可以通过考察具体材料,从中发现共同的元素,然后以此为依据,为“民俗”的概念下一个定义;还可以通过寻找参量,应用不同学科的研究方法切入材料,即基于研究者头脑中先在的观念来分析材料,最后为“民俗”的概念下一个定义。显然,对于具体的研究来说,这毫无疑问是正确的。可是,“事项”指向的民俗学家们认为,民俗学家只要从事民俗研究就可以了,根本不需要玩“下定义”的游戏。

但是,鲍曼对这种观点颇不以为然。他支持丹·本-阿默斯对民俗学重新概念化的尝试。丹·本-阿默斯并不是在讨论民俗事项,他也没有把自己置身于“事项”指向的民俗学家的行列中。他的贡献在于指出:民俗可以按照交流性的过程、交流性的行为被考察。他或多或少是在提倡并推进一种民俗的行为研究的概念,并因此打开了民俗学的行为科学的道路。

民俗学的行为科学指的是什么?“行为科学意味着投入更多的精力来搜集反映个体或者小群体的直接行为的原始材料;这与社会科学中某些更加注重群体性的、间接的、记录的材料的工作相区别”[②],比如,它区别于历史学。事实上,即使是人类学派民俗学的研究工作,也极少采用行为科学的观点,大部分研究仍然是“事项”指向的。

---

① 该发言稿后来以新的题目发表了。BEN-AMOS D.Toward a definition of folklore in context[J].Journal of American Folklore,1971,84(331):3-15.在这一经典论文中,阿默斯提出了著名的民俗的概念,即“小群体内的艺术性交流”。

② BAUMAN R.Towards a behavioral theory of folklore:a reply to Roger Welsch[J].Journal of American Folklore,1969,82:167.

鲍曼指出，建立一门行为科学指向的民俗学，即对于民俗行为进行科学的研究，下列假设与目标是十分重要的。

(1)规则：在民俗行为中发现一致性，这种规则在具有解释性与预言性的理论中体现出来。

(2)证明：原则上，通过参考相关行为，规则是否合法是可以被证实的。

(3)技术：获得或者解释材料的手段不能被看作是当然的，研究手段本身应该成为考察的对象，需要被有意识地予以考察、提炼与合法化，以便找到有效的手段来观察、记录与分析民俗行为。

(4)系统化：研究应当成体系，即理论与研究应当被看作是一个紧密而有序的知识体，二者相互关联。不受理论约束的研究被证明是琐碎的，不为材料所支持的理论则是无用的。

(5)完整性：因为社会科学处理的是整个社会情境，如果民俗研究忽视人类学、社会学、心理学以及社会语言学的成果，将面临削弱自身成果的合法性与普遍性的危险。

在这一行为科学的信条的指导之下，鲍曼进一步把民俗沿着二元对立的方向进行了界定(见表2-1)。

表2-1　民俗行为与其他行为的区别

民俗	其他行为
表达性的交流	实践性的交流
非偶然性的交流	偶然性的交流
人际交流	媒介化的交流

他把民俗概念化为“一种表达性的、非偶然性的人际交流”，这为民俗研究提供了一种分析性的观点，具有跨学科交流的潜在价值。[①] 那么，这种“人际交流”是一种群体内部的交流行为，还是不同群体之间的交流行为？这一问题又导致理查德·鲍曼进一步去考察“民俗的社会基础”。

20世纪60年代中期，美国几位青年民俗学家发现，北美民俗学家普遍拒斥理

① BAUMAN R.Towards a behavioral theory of folklore：a reply to Roger Welsch[J].Journal of American Folklore，1969，82：169.在理查德·鲍曼做出上述解释之后，罗格·威尔士仍然认为，美国民俗研究的力量不在于一种被提议的思想的统一性，而在于不可避免的多样性。这一观点，体现在查尔斯·布瑞格斯反对学科霸权的呼声当中。事实上，表演理论一开始就似乎有一种“霸权性”的威力，有席卷其他一切研究模式的气势。

论或者盲从理论①。与社会科学界的同行们一样,他们普遍认为,理论与其说是良好的方法论基础,不如说是一种情绪化的偏见。一种新的理论出现了,人们往往会把它的倡导者视若神明;随后,当研究的经验显示这些理论不能回答所有问题时,它们又会被完全抛弃。然后,人们又会迅速地转向去寻找另一种理论。这种恶性循环一再继续。也许正是由于这一原因,民俗学界才少有有意义的对话。

正是出于对上述学术风气的抵制,几位年龄在三十岁到四十岁的年轻民俗学家结集出版了《走向民俗学的新观点》,这是一项探索性的、挑战性的工作。作者们并没有形成一个学派,但是,他们的研究却显示了一种明显的研究趋势,即在一个特定的语境中界定民俗。他们并不打算提出一种普遍的理论,而是试图提出有效的方法论与分析的工具,从而界定民俗学的研究领域,提供解决问题的手段。

理查德·鲍曼在《走向民俗学的新观点·序言》中说:本辑的总体意图是把作为“事项”(ltem)的民俗研究转向作为“事件”(event)的民俗研究。尤其强调要把“表演”作为研究工作的一个组织性的原则,“表演”的概念性框架包含着“艺术性行为、表达性形式、美学反应”的整体,它按照地方性的界定、文化的特殊性类型及其相应的语境进行理解。② “新观点”反对普遍主义,强调地方性的千差万别,强调描述的精确性以及阐释的重要性,因为这种观点认为:民俗学的目的并不仅仅是去描述,而是要把“形式、功能与表演”三个方面结合起来进行分析。

事实上,“表演研究”的学术意图远不止于此。新一代民俗学家们反思传统民俗学后发现:传统的民俗学也有自己的研究方法(或者研究民间故事的相关理论),在某些情况下,这意味着一种研究方法主导着整个领域,比如芬兰历史-地理学派的研究方法;在另一些情况下,人们可以分辨出多种理论脉络来,比如文学的、人类学的、心理学的以及语言学的。在这种情况下,不同学科背景的学者们之所以会坐在一起,只是因为他们都关注并对某些表达性的现象(语言艺术或者民俗事项)感兴趣,但是在研究方法与切入方法方面是各不相同的。新一代民俗学家们对这一混乱的状况深为不满,他们试图提供一种新的研究范式。这种探索性的努力直接引发了美国民俗学研究范式的转型。

正如上文所介绍的那样,传统上,民俗研究是“文本指向”与“类型指向”的,认

---

① PAREDES A.Foreword[J].Journal of American Folklore,1971,84:3.在这篇前言中,阿莫里克·帕里戴斯告诉我们,《美国民俗学刊》(1971 第 81 卷)中收入的论文,其思想在 1966 年即已经出现,起因是拉美民俗学家与北美民俗学家之间在民俗学观念上的差异。帕里戴斯分别与双方杰出的民俗学理论家合作,编辑出版双方各自的理论主张;来自拉美的民俗学家是曼纽尔·丹尼曼,来自北美的民俗学家是理查德·鲍曼。《走向民俗学的新观点》正是意在介绍北美民俗学家们的主张的。

② BAUMAN R.Introduction[M]//PAREDES A,BAUMAN R.Toward new perspectives in folklore.Austin:University of Texas Press,1971:10.

为民俗是特定社会群体内部共享的认同。也就是说,研究者们认为,民俗的群体认同的特征界定了群体自身。

为什么这种观点在民俗学界如此流行呢?鲍曼总结道:一方面,现代民俗学成立伊始,浪漫的民族主义的意识形态就在强调“民俗”的与众不同,就把民俗学家的注意力指向了民族文化、地域文化、语言界定的民族单元的传统;另一方面,浪漫的民族主义还把民俗视为一种集体的表征,视为同质性群体的创造与再创造。之后,人类学的整体主义与功能主义强调社会体系的内在完整性,也为上述观念(把民俗视为一种群体内现象)的流行推波助澜。

在这种观念的指导下,民俗变成了一个特定群体的抽象的知识,成为一种抽象层面的、超有机体的、集体的表征,民众也以一种群体性的面孔出现。传统被构想为一个超有机的时间的连续体;民俗是携带着传统经历时空的旅行,“人生代代无穷已,江月年年总相似”,虽然历经不同时代,但是群体内部的认同(民俗)会延续不断。民众与民俗都被抽象化了。人与知识在经验层面上的结合被割裂了。鲍曼提醒民俗学家们,如果我们真正关注民俗的社会基础,我们必须在一个更加直接与经验的层面上关注民众与民俗之间的关系。换言之,民俗学需要从“民俗作为超有机体的传统”转向“民俗作为交流行为”①,即关注民俗的存在,或者关注民俗的表演,在经验的层面上把握民俗与知识的关键细节,按照知识在社会关系当中的真实位置——在交流性互动当中的使用——来概念化民俗的社会基础。

当关注的焦点从民俗与民众之间的抽象关联转向二者之间在表演中的经验性的关系,那么按照“共享的认同”来界定民众群体还有经验的适用性与概念的合法性吗?民俗的表演只在具有共享的认同的个体互动中发生吗?抑或它也在具有不同认同的个体互动中发生呢?赫伯特·默顿与欧文·戈夫曼的研究告诉我们,互动也在表演不同的、相互补充的角色间进行,而不只是在扮演平等角色的个体间进行。

鲍曼列举了民族、宗教、地域、职业、年龄、亲属关系等不同层面上认同的差异(不只是认同的共享),说明认同的差异同样可以成为民俗表演的基础。相反,传统上把民俗理解成为群体内共享的认同,反而掩盖了群体内存在着不同的认同。事实上,群体内部会交流民俗,群体之间也会交流民俗。既然共享的认同对于民俗的表演并不是必要的元素,那么,什么才是必要的呢?在民俗的社会基础的分析中,表演指向的方法会走向哪里呢?在这一点上,鲍曼认为,他考察的是民俗的本质问题。

---

① BAUMAN R.Differential identity and the social base of folklore[J].Journal of American Folklore,1971,84(331):33.

他从无争议的民俗类型来讨论民俗表演的社会本质，比如“作为口头艺术的民俗”，或者“艺术性的口头表演”，强调的是“民俗的做”而不是“民俗的事项”①。虽然不能说民俗学包含了所有的口头艺术，但是，总还是涉及了讲述性语言的艺术性使用。

讲述性语言的艺术性使用，或者艺术性的口头表演，意味着语言的使用呈现了特殊的意义，它们超出了其指称的、信息的维度。讲述性语言行为的所有构成要素的体系性、复杂性，要求关注它们自身，在一个特定的语境当中，这些要素需要被看作是非同寻常的、特殊的。事实上，所有的讲述行为都有一个艺术的、风格的维度。讲述者有意识地要获得艺术的效果，艺术性要被激发起来，讲述行为要被视为是特殊的，这在艺术性的口头表演与对它的反应当中是关键。

于是我们可以区分“艺术性的语言表演”与“艺术性的语言交流”，前者分析行为本身，表演者以及表演本身的特定范围的因素。它也包括所有人类行为公开的与隐秘的文化规则，即何时、何地、由何人、出于何种目的、对谁使用或者不使用一种特定的语言艺术？从另一个方面来分析，询问表演者对情境的看法是什么？情境包括空间的与时间的背景，表演者在情境中的认同与目标是什么？与他互动的都是些什么人？他的能力是什么？表演者对其他参与者的看法是什么？他与他们真实的或者潜在的关系是什么？什么样的人会成为他的听众？上述因素都是经验性和特定的，是在情境化的互动中加以界定的。后者强调“交流”，指的是信息从一个主体向另一主体的传播。分析艺术性的口头交流需要分析表演者与听众，关注他们的交流性互动。在艺术性的语言交流中，一部分信息存在于艺术性的语言表演的元素中，它们呈现了“艺术”的特质；艺术性的语言交流需要双方共享关于表达体系的艺术性惯例，听众要明了艺术性的表达方式，从而解码其中建构起来的艺术性信息。而表演者也当然会使用民俗来使听众理解他。

鲍曼同一时期的个案研究似乎相对滞后于他的理论探索。1970 年，他撰写了《乌龟：一个美国谜语组织》，他介绍说，这个谜语组织与它的新成员的入会仪式有关。凡入会的新成员，必须回答四个谜语，但他不一定非得回答上来这些语言有些淫秽的谜语。不过，在“乌龟”组织中，有一些他们自己的密码，无法以正确的方式解码就无法进入这个组织。正是通过这种奇怪的谜语之“严肃—嘲弄”的使用，一个入会的新成员被以一种兼有“正式—娱乐”性质的方式吸纳进组织。文中，鲍曼同样关注了谜语讲述的社会情境，并把“乌龟”组织的谜语仪式与来自印第安人班图部落的谜语仪式进行比较。鲍曼认为：民俗——作为一个整体——与一个高度

① BAUMAN R.Differential identity and the social base of folklore[J].Journal of American Folklore,1971,84(331):39.

发展的、技术复杂的文化大有关联。比如一个谜语组织,无论它多么边缘,在 20 世纪的美国仍然会兴起,并具有多种重要的社会功能。①

同年,在《LSD 崇拜中的谚语》一文中,鲍曼描述了一种被称为“LSD”的崇拜仪式。这是一种流行于美国得克萨斯州德拉斯地区的崇拜仪式,它是东方神秘主义的多种形式之一,尤其与瑜伽及禅宗相关。其宗教目的是为了获得一种神秘的洞察力与觉悟,它经常使用的词汇是“空”与“无”,追求自我与某些普遍的、统一的原则配合,获得一种“存在”之全新的、非理性的体验。鲍曼认为,LSD 仪式与范·根纳普的“通过仪式”模式非常符合,也有“分离—转变—融入”的过程,也对应于维克多·特纳的“阈限状态”,即以自我与智慧的死亡作为宗教体验的前提。但是,鲍曼是一个文本主义者,他关心的不是仪式本身,而是仪式中谚语的使用,即为什么谚语的嘲弄化会被用于总结禅宗和瑜伽的主题?在崇拜仪式中,这些嘲弄性形式的效果是什么?它们是想借用谚语所带有的传统的合法性吗?不过,嘲弄意味着陌生化,违反传统的惯例、期待与智慧。通过嘲弄而对世俗智慧加以否定,削弱更深层的动机,斩断世俗的纽带,否定宗教经验中谚语的合法性。肯尼斯·伯克曾说,谚语是对再现的情境的命名,然而,LSD 崇拜中谚语的使用是对于熟悉现象的陌生化。谚语本来是通过命名情境来控制情境的,它结合了理性的与惯例性的策略来处理这些情境。“谚语的嘲弄化”正好相反,它放弃了这种控制,切断了新成员与这些传统策略之间的关系。在 LSD 崇拜中,无论谚语的使用方式多么不同,从整体上来看,它们都是在公开肯定一个真理的同时,潜在地否定其中包含的另一个真理。鲍曼所研究的“谚语的笑话化”,在功能上有点像中国禅宗中的公案,也要求打破理性智慧的逻辑,达到开悟的目的。但是,“谚语的嘲弄化”显然要比公案更适合于这种追求,它们否定理性的智慧,然而它们同时又指向一种具有全新洞察力的真理。②

在《交叉意图的肢体语言》中,鲍曼再次回到了有关民俗的“差异的认同”的问题上来。鲍曼研究了一则他舅舅讲过的故事,故事属于 ATU922 型“国王与修道院院长”,以及 ATU924 型“关于手语的讨论”。在 AT 分类法当中,它属于 AT922 型,牧羊人代表修道院长回答国王的问题,它也与 AT924A 与 AT924B 中“被误解的手

---

① BAUMAN R.The turtles: an American riddling institution[J].Western Folklore,1970,29:21-25.

② BAUMAN R,McCabe N.Proverbs in an LSD cult[J].Journal of American Folklore,1970,83(329):318-324.鲍曼非常赞同阿兰·邓迪斯关于“元民俗”的概念,即民众将他们自己的民俗的本质与功能概念化。无论这种概念是有意识的还是无意识的,它对民俗研究都非常重要。而民众对于民俗形式的嘲弄更应该是民俗研究的重要领域。鲍曼认为应该关注嘲笑的方式,它如何以及何时何地为何人所用?比如,谚语如何被改编成为笑话?不平等与期待的落空是幽默的本质,而谚语是一种众所周知的固定化的类型。一则谚语的词汇与语境的转变,只是保留了一个可识别的线索,获得了一种被提高了的不平等感。

语”有关。这一类型的故事中一个共同的情节元素是下层社会人士会参与回答三个谜,这个谜是由一个强大的人物提出的,但是其答案是模糊的,结果是人们对于问题产生了不同的理解,两种回应都具适切性。鲍曼所提供的两种记录,一个是录音,一个是录像,都是由他的舅舅用意第绪语在家庭聚会上讲述的。

既然许多人已经研究过这则故事了,鲍曼只想关注该故事中社会互动与姿势的维度,它们建构了叙述及其表演;此外,显然录像资料较之书面记录、录音、照片具有明显的优势。

故事中主教的姿势具有格外的力量,是为了在提水人那里引出一个反应。但其姿势是模糊的,并没有明确的所指。它不仅对提水人是个谜,对于听众也是如此。对话双方都对自己感觉到的他者的肢体反应的理解满意,但是,他们各自并不知道对方的理解,只有听众知道他们误解了对方,但无论如何,结果是好的。

故事情节设置了三次姿势的展演。鲍曼强调要注意表演中的时空框架的分层问题,第一次展演是故事中人物之间展开的,第二、第三次是他们各自面向不同的群体展开的。在讲述者的表演中,姿势是讲述者对主人公的展演的再展演,再次疏离于表演事件。表演者表演故事中人物的阐释性框架是对于故事人物所报告的被叙述事件的表演。

表演者除了做手势,还有口头讲述,二者构成了一个完整的整体,是一个统一而连续的表达性整体的完整的构成要素。但是分开来讲的好处在于他可以分析讲述者言与行之间的不匹配。故事中对话双方的语言描述建立了相同的维度,这些姿势具有形态学的等同性。但是,相同姿势可以建构起不同的含义来。随着叙述的展开,人们渐渐明白了相同的姿势如何可能会有不同的阐释。当然,这种阐释的不同意味着对话双方在深层次的思维意识上的不同,在视野与格局的上不同。他们之间有着宗教的、社会的与知识的鸿沟。

在被讲述的故事层面,一个人物摆出一个姿势时,另一个人物做出相应的反应。但是,在表演者讲述的层面,他会在两个人物分别介绍对方的姿势时略有偏差。比如,他会把提水人伸出手指要挖主教的眼睛的动作,直接地指向了听众。这里面既有故事中人物之间的互动性的偏差,也有表演者与故事中人物之间的互动性的偏差。

鲍曼强调,这一故事是一个元社会学的表征,即共享的理解并不一定是相互满意的互动之完成的必要的前提,相互的补充性才是。这是一则有关社会差异及经验之本质的本土性的专题论文,它说明了那些不对称性如何形成了故事。①

① BAUMAN R.“Signing at cross-purposes”[M]//BRONNER S J,MIEDER W.Contexts of folklore:festschrift for Dan Ben-Amos on his eighty-fifth birthday.New York:Peter Lang Publishing,Inc.,2019:47-57.

鲍曼有关民俗研究的行为科学化的思想,以及有关民俗之社会基础的讨论,为他后来提出口头艺术的“表演”理论奠定了基础。在深入介绍“表演”理论之前,让我们先来介绍一下他的另一个理论准备,即语言人类学与社会语言学,具体而言,就是“讲述的民族志”。

第三章　讲述的民族志(上)

在美国民俗学开始转向“行为理论”之际,戴尔·海姆斯的语言人类学思想同时极大地影响了鲍曼。20 世纪 70 年代初,鲍曼积极参与并组织了以戴尔·海姆斯为核心的“讲述的民族志”(the ethnography of speaking)的学术活动,并创造性地把“讲述的民族志”的思想纳入他将要提出的口头艺术的“表演理论”的构想当中。毫不夸张地说,如果不了解戴尔·海姆斯的“讲述的民族志”理论,就不可能真正地理解理查德·鲍曼的“表演研究”的学术渊源、问题意识以及理论潜力。

1971 年,鲍曼发表了《调查交流性行为的民族志框架》一文,其中清晰地反映了戴尔·海姆斯的学术思想。文章从美国的国情讲起,他说美国是一个多民族、多文化的国家,有些人以成功地融入主流文化为荣,另有一些人则痛恨主流文化的同化性霸权。他提出的问题是:文化的差异应该融入主流文化当中吗?基于自由主义、文化相对主义以及普世价值的观念,鲍曼认为,文化与人的尊严、与自我实现的普通权利相关,文化理解应该是基于自由与自愿的原则,对于任何文化的理解,都只能按照他者自己的方式来进行,而不能通过扭曲的价值观与偏见的棱镜来看待。

鲍曼说,霸权文化把自身的价值标准强加于他者身上的最重要的一种手段是语言政策,这就需要对于语言学观念做出学术性的反思与批评。鲍曼区分了“语言学”与“社会语言学”两个概念,认为“语言学”的分析与语言本身相关,它是一种分析性的可独立的符码。在很大程度上,就美国的少数群体的语言而言,它们都是独立自主的自然的语言,这一点是毫无疑问的。没有人否认西班牙语、汉语以及那瓦鹤语是真正的语言;没有哪个群体没有他们自己的语言。所有自然的语言在潜力上都是平等的,它们都可以服务于认知的与交流的需要,所有的语言都是严格地与体系化地受规则控制的,从来都不是随机的。“社会语言学”(sociolinguistic)聚焦于社会语言的习得与语言的使用,以及语言使用在文化整体中的位置,在社会生活行为中的功能等问题。在所有关注语言之社会维度的方法中,社会语言学是——应该是——最关注讲述者、聆听者以及语言的职业群体的学科,它被视为帮助人们解决交流的问题,克服社会的与心理的困难的学科。

与社会语言学的学术追求颇有不同,“语言人类学”(linguistic anthropology)认为,语言在文化与社会中的地位并非时时处处都是相同的,而是跨文化地可变的。不同社会的人们以不同的方式思考语言,以不同的方式珍视它们,以不同的方式评价它们,通过不同的社会机制获得它们,在不同的情境中使用它们,为了不同的目标使用它们。比如,鲍曼举例说,在库那印第安人(Cuna Indians)当中,讲述与聆听都是尤其令人满意的活动。男人与女人都能坐下来,长时间地聆听其他人的讲述,即使那些讲述的内容是一次又一次地在反复。个体从来不会打断他者的讲述,只是耐心地等待他们讲完了,才开始他们的自己的讲述,无论他们要等多久。这与南印度的帕里亚人(Paliyans of South India)形成了鲜明的对比,帕里亚人总是很少交流,在40岁之前几乎总是十分安静。口头交流被看作是反常的,或者常常被看作是攻击性的。① 这些差异并不内在于语言的形式结构,但是,人们可以轻易地看到这种差别。这对于理解这些语言在它们的使用者的生活当中的意义而言,是非常重要的。这些例子并不是有关该文化的奇闻轶事,相反,它们以自身的方式开启了某些门径,它使人们透过这些门径看到:在不同的文化与亚文化当中,人们可以预见使用语言方面相同的或者不同的可变性。它们构成了我们的异质性的社会。

意识到文化的差异性,意识到这种差异性集中地、从根本上体现在语言及语言讲述的层面上时,语言人类学与社会语言学应该如何着手调查研究?语言人类学家研究“讲述行为”(speech behavior),像研究任何其他人类社会行为一样,它也是一种民族志的研究。民族志是一个建构的过程,是通过对社会行为直接观察,从而对一种特定的文化开展研究的方法论。它按照尽可能密切的接触方式,考察那一语言文化的成员观察宇宙与组织他们行为的方式:即虽然文化是人类把秩序强加于宇宙的方式,每一种文化在它强加的组织当中都是独一无二的;不同文化群体的成员以不同的方式归类事物,以不同的方式构想因果关系,以不同的优先等级排列事物,发展出了不同的运作程序让事物运转,按照不同的行为体系、场景、情境与事件,分隔行为与经验的流动。在基本层面上,民族志工作者试图去发现他者成员需要知道什么、需要如何行为,才能成为其所属的特定文化的成员,需要如何才能获得这一文化能力,等等。在这一整体框架中,语言人类学家一直试图提出一种语言的民族志研究方法,或者,更恰当地说是“讲述的民族志”。作为他们工作的着眼点,他们需要考察特定“讲述的社区”的讲述方式,以及在那个“讲述的社区”的社会生活中“讲述”的作用。

按照戴尔·海姆斯的理论,所谓“讲述的社区”(speech community),就是共享

① BAUMAN R.An ethnographic framework for the investigation of communicative behaviors[J].ASHA,1971,13:334.

着讲述行为的规则与讲述行为的阐释规则的社区,阐释的规则至少是一种共同的语言符码。显然,对一个"讲述的社区"的界定,既是经验性的又是直观性的,因为对它的精确定义依赖于民族志工作者的研究发现,但是,先前的人类学家与社会学家的研究发现,以及前辈社会语言学家的分析成果,对于界定某一个特定的"讲述的社区"也是极有帮助的。

一旦"讲述的社区"被界定下来了,就需要经验性地考察在这个社区中"讲述行为"的构成要素,相关构成要素如下所述。

(1)社区所使用的语言变异。民族志的方法尊重真实的讲述行为,而所谓每个讲述的社区只使用一种语言的观念,只是一种分析性的抽象。事实上,每一个讲述社区的成员,都可以获得一系列的语言变异,比如不同的风格(正式的与非正式的),不同的方言(黑人英语与标准英语),或者不同的语言(英语与汉语)。社区成员具体会使用哪一种语言是因社会情境而异的。"每一个同质的讲述社区只有一种同质的语言"的陈旧观念,在具体的讲述情境中是站不住脚的。既然每一个讲述的社区都会使用多种讲述风格或者语言符码,那么,从一种风格或者符码向另一种风格或者符码转变的规则,就成为"讲述的民族志"应该去描述的重要内容。

(2)语言学的描述单元。在讲述的社区中,有关"讲述的行为、讲述的事件、讲述的情境以及讲述类型"的地方性分类是什么?换句话说,关于"讲述",当地人如何区分他们的经验与活动?许多"行为、情境、事件与类型"都可能被当地人命名了,其地方性的术语将为讲述的民族志提供一种重要的切入点,研究者可以由此而方便地切入社区的讲述模式当中来。比如,在黑人社区当中,对于讲述行为的最具有生产力的分析,也许就是依照这种地方性模式来进行的。他们提供给语言人类学家一些信息,即有关其主要的讲述行为与讲述事件的信息,其中包括了各种各样的讲述模式与讲述类型。有多少社区之外的人知道这些讲述的类型与模式呢?然而,对于黑人社区来说,这些恰恰是最重要的讲述活动。对他们而言,好的讲述意味着在这些讲述活动中娴熟地应用语言,自然而然地交流,而不是像一个英语老师那样讲述。

(3)信息。在每一种讲述行为或者讲述事件当中,都存在控制着所要讲述之内容的规则,这些规则决定着所传递的信息。

(4)语调、情绪和方式。在讲述行为中,各种各样的情绪、语调和讲述方式是什么?比如,严肃的、嘲弄的、好斗的、游戏的等。

(5)背景。这些讲述的行为、事件在哪里发生?或者在何种情境下发生?在何时发生?换句话说,当地规定的讲述语境是什么?

(6)参与者。谁参与了每一个讲述的事件?谁表演了每一个讲述的行为?参与者有什么样的年龄、性别、阶级、教育、职业或者任何其他地方性地规定的身份特征？这些维度与讲述社区中对参与交流的角色的规定有关，特定的讲述者的角色与特定的语言使用模式有关。

(7)讲述活动的目标与结果。讲述参与者为什么要参与这些讲述的活动？他们这样做的结果是什么？

(8)互动的规则。参与者的互动规则与特征是什么？比如讲述者的讲述一定不能被打断，或者讲述者一定不能提高声音。

(9)阐释的规则。哪些讲述的内容需要被严肃地对待？哪些只是具有字面上的意义？哪些是不需要在意的？对于这些意义的共享的理解是什么？

上述因素是“讲述的民族志”所需要关注的。需要说明的是，它们只是这样一种描述的构成要素，而恰恰是这些构成要素之间的结构性关系，才是研究者真正地感兴趣的。这些构成要素在功能上以文化的特定的方式相互关联，构成了一个特定讲述社区的讲述方式。

除了上述构成要素，讲述的民族志研究者还对许多其他的要素感兴趣，比如什么是好的讲述或者坏的讲述？什么是恰当的或者不恰当的讲述？什么是完美的或者有缺陷的讲述？这些知识如何获得？如何可能被改变？等等。这些因素可能对于讲述中的人们是极其重要的，但对于聆听讲述的人乃至于语言专家而言，则不能被认为是理所当然的。在一个特定的讲述社区，人们语言能力①的习得，社会交流或者表演②能力的习得，都需要依赖民族志的考察才可以获得。③

鲍曼通过自身的民族志调查工作来实践“讲述的民族志”的思想原则。在《圣维辛特的理智与荒唐：一个加勒比社区当中的讲述行为与礼节》一文中，他考查了圣维辛特的非洲美国农民的讲述活动：这是一种引起当地人高度兴趣的、自我意识极强的、具有价值判断的焦点事件。按照当地农民自身有关讲述行为的术语来分析他们的讲述活动，阐明他们关于恰当的与不恰当的讲述行为的看法，可以借以洞察当地文化的整体。

---

① “能力”(competence)这个术语，在其最普遍的意义上，是由乔姆斯基介绍进语言学的话语当中的，是转换性生成语言学的基石。对乔姆斯基而言，语言能力具有一种特定的含义，它并不意味着为一种语言的使用者所拥有的全部的知识与能力，相反，它指的是在一个完全同质的讲述的社区当中的关于语法的知识，“由讲述者与听众所掌握的规则的潜在体系”。

② 凡是不能被纳入“能力”当中的其他知识被称为“表演”(performance)。表演是超越语法的所有知识与能力的总称，它们涉及了语言的使用问题。乔姆斯基常常在纯粹的表演的意义上，在原生的外在的行为意义上使用这一概念。语言人类学家承认，所有的行为，包括讲述，是受规则控制的、模式化的，都要求习得能力以获得文化的恰当性，但是没有哪种语法知识会告诉一种语言的使用者如何选择同样可能的言说。在一个特定的社会情境当中，这种能力及其习得的方式正是语言人类学家关注的重点——语言的社会使用能力，涉及学习知识、使用知识的能力。

③ BAUMAN R.An ethnographic framework for the investigation of communicative behaviors[J].ASHA,1971,13:336-337.

如前所述,系统地关注“特定社会当中讲述的作用”,是基于戴尔·海姆斯的假设——“在交流的作用与社会价值上,语言并不是处处平等的”。鲍曼有关圣维辛特地区人们的讲述行为的研究,正是受到了约翰·古姆帕兹与戴尔·海姆斯的“交流的民族志”(ethnography of communication)的启示而展开的,他强调通过知识与经验的本土分类学,来建构一种关于文化的本质、组织与运作的地方性理论。

依据当地人的观念,有意义的与无意义的讲述分别对应着两种类型的语言,即标准的英语与克里奥尔化的语言,它们在圣维辛特那里分别被使用于不同的场合,它们具有不同的意义,与特定的时间、空间、群体、场景及社会地位相关。因此,虽然整体上当地人赋予高等语言以高级的价值,但是,低等语言也有自身的使用价值。总之,当地具有两种类型的语言专家,他们分别属于不同的场合,也分别受到不同性质的尊敬:前者在正式的场合当中讲述甜蜜的、有意义的语言;后者在表演艺术的层面上讲述宽泛的语言。在不同的讲述场合当中,合适的讲述都会获得相应的尊敬(见表 3-1)。

表 3-1　圣维辛特“茶会”上的讲述类型

A:讲述甜蜜的语言	B:讲述宽泛的语言
理智的讲述	荒唐的讲述
表演行为(行为得体、礼貌,知道何时说、何时不说)	粗鲁行为(不守规矩,制造噪音,大声,侵犯性,自我肯定)
理智讲述的表演,仪式的情境	荒唐讲述的表演,仪式的情境
茶会:一个理智与荒唐讲述的矛盾的结合体	

鲍曼考察了流行于当地的一种讲述场景——“茶会”。茶会上,两种类型的讲述者共同在场,甜蜜语言的讲述者在台上,由主席,副主席与秘书组成;而粗鲁语言的讲述者坐在台下的最后面,对立的双方有目的地相互竞争。来自观众席的学者们有权质问主席,主席团必须证明他们比这些质疑他们的学者更有学问。可是,真正的挑战事实上并不是来自学者,而是来自跟他们较劲儿的男孩子们,他们是粗鲁语言的讲述者,他们制造噪音来质疑他们的权威性,还有就是来自观众席的女孩子们对于学者们的能力的嘲弄(见表 3-2)。

表 3-2　圣维辛特“茶会”上的讲述人类型

主席团	较劲儿的男孩子们
学者	观众席上的女孩子们

过去,理性的讲述者们总是有办法让观众安静下来,一般是收买较劲儿的男孩子的首领,但是,一般而言,台下的混乱和嘈杂与台上的安静和有序之间总是形成强烈的、戏剧化的对比,成为社区价值观对立的微观体现。但是,主席团总是会获胜。鲍曼在那里进行田野考察的时候,随着当地年轻人经济的独立与社会流动性的增加,这种情况已经在转变了。①鲍曼通过自身的田野材料生动展示了讲述的民族志的学术宗旨,提供了讲述活动的具体材料,他的研究工作,既是对"讲述的民族志"的有力佐证,也是对行为指向的、事件指向的民俗学研究的重要探索。

同一时期,鲍曼开展"讲述的民族志"研究的另一个田野工作的地点是拉哈沃岛。有关拉哈沃岛的田野报告生动地证明了该讲述社区本身所包含的讲述行为的丰富性与多样性,在《拉哈沃岛的百货商店:一个诺娃·斯克梯亚社区的社会性及其口头艺术》中,他说,"讲述的民族志"理论的一个基本假设是:讲述在社会文化当中的作用是跨文化地可变的、不同的。在某些社区,讲述行为受到重视,在另一些社区,讲述行为就没有怎么被重视。"讲述的民族志"的任务就是要尽可能多地展示这种多样性。过去,我们往往比较重视那些重视讲述的社区,但是,对于不那么重视讲述的社区里的讲述行为的描述就比较不够重视。

诺娃·斯克梯亚社区对于讲述表现出了一种相当狭隘的兴趣与复杂性,在夜晚的讲述当中,讲述只是其他社会活动的一部分,讲述并没有其自身的意义,但是,鲍曼认为,这种讲述具有文化上的意义②。

鲍曼感兴趣的是百货商店里的讲述,这是因为他想调查讲述的艺术,他当时也是对当地的"口头艺术"(作为一个研究的框架)感兴趣的,但是,当地符合我们民俗学家所谓的"口头艺术"的内容极少。那么,在当地人的观念当中,什么才是"口头艺术"呢?他想发现与揭示在当地人的讲述行为的结构当中,是否有某些东西可能恰当地、生产性地被看成是构成了当地人所谓的"口头艺术",也就是说,鲍曼关注的是特定文化当中讲述的美学,而非民俗学家们传统地感兴趣的口头艺术形式的美学。他关心的是:对于口头讲述行为,当地人强调哪一部分?哪一部分可能会激发出他们愉快的情绪?

鲍曼简要地描述了这些群岛,其中他感兴趣的是一个小岛,这个小岛的南北各有一个商店,他深入考察的是北边的那个百货商店。在当地人的日常生活中,买东西事小,聊天事大。他们在百货商店里聚会的主要目的就是社交。他们强调的是

---

① ABRAHAMS R D, BAUMAN R. Sense and nonsense in St. Vincent: speech behavior and decorum in a Caribbean community[J]. American Anthropologist, 1971, 73(3): 762-772.

② BAUMAN R. The LaHave island general store: sociability and verbal art in a Nova Scotia community[J]. Journal of American Folklore, 1972, 85(338): 331. 在这里,鲍曼特意地自称是一位受社会语言学影响的人类学派的民俗学家。这个自我身份的表达十分有趣,也十分重要。

社会性的交流,即与他人交谈,目的是为了互动的愉悦。

这种聚会的主要时间是晚秋与冬天,参与者主要是男性。在这个百货商店里的活动主要是打牌与谈天。他们谈天的主要内容可以分为三个部分:一是新闻,二是故事,三是争论。新闻方面的内容可分析的意义不大,重要的是讲述个人经历的故事,这是讲述者展示个人的经验与观点,也是他们借以展示、维护、发展个人身份认同的重要手段。

这种个人经验强调讲述者的个体性、独一无二性以及新奇性,它最好是个人的冒险行为。其中又可以分为三种大的类型:一是有关见多识广的个人的经历,比如海上的冒险与远方的历险行为;二是个人遭遇幽灵与幻影的经历;三是地方恶作剧,或者地方人物的幽默故事。这些讲述特别要求强调讲述者的个人参与性,讲述者要么是参与者,要么是目击者。一般情况下,当地人不会转述他人的经验。

这一讲述规则之下的一个必然结果是:一方面被讲述的内容被认为是完全真实的、可信的;另一方面,讲述者一定会或多或少地修饰他们的讲述内容。但是如果过于修饰而超出了创造的合理程度,他们就不会被听众接受了。这就有一个观众要求真实而讲述者倾向于夸饰的张力了。个人故事的讲述必然地是一种有组织的个人经验的讲述。正是这种社会互动建构了自我与他者的形象,给予身份认同以合法性与连续性,它是讲述者自我评价的源泉。

换句话说,社会性的互动主要依赖于个人叙事。这是一个形象建构的过程,一方面是社会身份之建构的合法化,一方面是在群体当中身份与地位的建构。这一过程是一个累积性的、渐进的过程,从小到老渐多渐深的过程。个体的独特性叙述最大化着他的自我形象。但是,这并不意味着,在当地,一个能说会道的人就一定具有更高的社会地位。

一般而言,听众的意图是分享讲述者在面对困境时处理问题的智慧,个体叙述者适当的夸张可以被容忍,但是,听众更需要相对准确的智慧。在这里,我们可以清楚地看到个人的故事与集体的智慧之间的矛盾性,一方面是经验的个体性与唯一性,一方面是智慧的群体性与可借鉴性。

第三种讲述形式是争论,即会话过程中参与交流者之间在立场、态度、观点或者经验上存在着差异,他们夸大这些差异,相互进行取笑、攻击、争论,整体上是在强调个体性与差异性。当地妇女们说,争论就是看看谁更能吹牛。

那么,当地岛民们的“讲述的艺术”如何体现出来呢?第一种可能性是有一套艺术规则附加于语言的形式特征,某些语言技术的使用本身就召人注意,它非同一般,把某些内容推向前台,把另一些推向后台。第二种可能性是使用一种语言行为的特殊的象征性特征,以区分艺术的与非艺术的讲述。第三种可能性是一种艺术可能是由一套类型框架好的,这种类型被人们认为是艺术的形式,或者被认为需要给予艺术的评价。第四种可能性是一种讲述的艺术被框架化于行为术语当中，或者是表演当中，以一系列的讲述行为或者讲述技术作为框架。但是，在岛民那里，当作者询问他们是否有某种特殊的语言、谈话或者特殊的讲述方式时，他们一再强调那个百货商店。鲍曼渐渐地意识到“场景”(scene)的重要性，即在百货商店里夜晚的聚会讲述才是当地人讲述的艺术所在。①

当地人对于他们语言的形式特征并没有任何有意识的注意，在讲述的领域当中，也没有任何可以作为艺术性的组织原则的符号特征，此外，类型也不是当地的一种艺术性的组织原则。表演也没有被意识到，老人见多识广就是好的表演者，但是与他们的表演技术无关，他们虽然有自反性的意识，但也只是如实地讲述而已。虽然他们的讲述也会受到听众的判断，但是这与他们的讲述方式无关。

可见，当地人并不关注讲述本身，也许可以说，当地人重视的是“文化地限定的场景”，即讲述的情境。在一个特定的地方讲述，这种行为本身即构成了当地口头艺术的美学，因为，在那里，讲述本身即被当地人欣赏。在那里，“讲述”不是作为另一个活动的一部分而被欣赏，或者是为了任何其他的工具性目的。换言之，这一情境是为社交预留出来的，它纯粹又简单，这使它特殊化了。当地人选中了这个地方，标志出了它，使它具有艺术的功能，它独立化或者前台化了活动本身，引发了对于它的关注焦点的最大化，赋予它在参与者那里激发愉快的能力。在那里，艺术的功能是主导的，百货商店里的讲述即是事件，在这里即身在艺术的王国当中了。

鲍曼说，乔治·齐美尔曾关注过作为一种社会现象的“社交”，认为讲述本身即成为自身的目的。讲述本身作为社会形式的实践，摆脱了它们的工具性目的与内容。他曾经说过“社交的社会性艺术形式”，认为“社交是作为一种社会互动的艺术性标志的形式，”既然社会是一种语言活动，我们就可以把社会事件分析性地视为口头艺术的领域。② 通过这一个案，鲍曼极大地扩展了口头讲述行为的美学特征，他把讲述的情境当作了口头艺术的内在审美特征之一，这一点具有极大的理论潜力。

鲍曼基本上是一位口头讲述艺术的研究者，他的研究成果很少会涉及作为“文化表演”(cultural performance)活动的仪式。但是，在研究口头讲述文本的时候，仪式往往是这种口头讲述的语境性的因素，因此，在这样的情况下，偶尔地，他也会关注作为讲述背景的民间仪式。《在一个诺娃·斯克梯亚岛社区的贝尔斯尼克》就是这方面的一个研究成果。贝尔斯尼克是一个地方性术语，指的是在北美一个德国

---

① BAUMAN R.The LaHave island general store: sociability and verbal art in a Nova Scotia community[J]. Journal of American Folklore,1972,85(338):339.

② BAUMAN R.The LaHave island general store: sociability and verbal art in a Nova Scotia community[J]. Journal of American Folklore,1972,85(338):341.

人居住区发现的基督教的面具狂欢聚会。鲍曼发现,过去虽然有许多相关的研究,但是从来没有人从民族志的观点出发在一个单一的社区情境中来研究它,他试图提供这样一个民族志式的描述,并分析社区当中面具狂欢形式的复杂的结构与象征性的意义。

贝尔斯尼克混合了德语与英语的双重来源。鲍曼有条理地描述了该社区的空间、人口、语言,以及狂欢仪式的来源、形式特征、现状等。他的访谈对象的年龄一般在 50 至 90 岁之间,他们描述的狂欢仪式现象一般是 1900 年至第二次世界大战结束之间小岛上的仪式。

参与狂欢仪式表演的适龄人群,一般都是 15 至 30 岁之间的男性,更多的是 18 至 20 岁之间的未婚男性。在仪式兴盛的时代,勇敢的女孩子也会来参加,也有一些羞怯的男孩子不参与其事。仪式活动的规模大约为 8 至 15 人,平均人数为 12 人左右,另外还有一名来自社区之外的指导者,绝大部分参与人员都来自同一社区。

参与者最重要的活动是化装,他们的化装越古怪越好。化装有三种类型:一是装扮成人的样子,或者是自然神鬼的样子,他们野蛮而衣冠不整;二是装扮的不像人而更像是动物,是化了妆的动物的面具,脸、角与皮毛俱在;三是性别倒错式的化妆。临时决定参与其事的人,可能会内衣外穿,白脸涂黑,袜子罩脸,此外,他们还会找一些旧鞋子来穿,并且吹起号角。他们化装的唯一目的就是让他人无法认出他们是谁,以此来隐藏他们的真实身份。为了达到这一目的,他们甚至有意改变自己的声音,扭曲自己的动作。

当夜幕降临后,他们点燃炮仗,制造出声响,让人们知道他们的存在。他们来到某一户人家门前,敲门或者窗,在获得主人的许可之后,他们可以进来。但是也有一些人不允许他们进屋,这些人可能是老年人,或者是爱干净怕他们弄脏家里的人,或者是家里孩子太小怕被他们吓着的人。

进屋后,房屋的主人一般都会鼓励他们表演,越是古怪越是受欢迎。贝尔斯尼克为平常并不表演的人们提供了表演的情境,因为化装后的表演是匿名性的。他们又跳又唱,装傻充愣,装男扮女,做出各种猥亵性的动作来。主人则一定会表示与他们同乐。但是,这些放荡的行为是给成人们看的。面对家里的小孩子们,贝尔斯尼克狂欢仪式的表演者们则充当了质询者的角色,他们会询问小孩子们在过去的一年里是否是乖孩子,如果回答“是”,他们就会给孩子们糖果吃。

在当地,无论成年人还是小孩子都经常讲述遭遇魔鬼的故事,这些故事与贝尔斯尼克节日期间的装扮鬼神的风俗相映成趣。在日常生活中,小孩子们惧怕魔鬼,也有一些人有意地以魔鬼的身份吓唬小孩子。当狂欢仪式的表演者们上门来表演的时候,小孩子们一般会躲起来,他们有关魔鬼的日常知识成为理解这些扮演者身份的思维框架。

至于表演者,他们以他们伪装的身份来表演,并从中获得乐趣。而主人们则虽然知道他们是本地人,但是,主人们并不确切地知道他们分别是谁,他们乐于猜测表演者们的身份,有意识地询问他们从哪里来,分辨他们的声音,从他们的衣着、手脚方面的线索加以分辨。有人还试图撩开他们的面具来分辨他们的身份,但是,表演者一定会拒绝他们的。他们一定会努力保持他们的神秘感,即使被偶然猜中,也要竭力予以否认。最后,表演者临走之前要向主人乞食,但是他们并不现场就吃,而是离开后才分享食物。

通过上述详细的描述,鲍曼试图阐释贝尔斯尼克表演的象征性结构的问题(见表 3-3)。作为一种社会关系的仪式,其象征性的意义是什么?他直接使用了维克多·特纳的理论,认为贝尔斯尼克是对参与者的转化性的位置的象征性的与仪式性的操纵,表演着"阈限"的模糊性,即他们处于社会结构当中的固定的位置与"之间和中间"位置的特质。通过化装,表演者能够去掉他们社会身份的所有相似性,他们不只是匿名的,而且是他们社会的与人类地位的完全颠倒,他们变成了多种多样的动物、女人或者神鬼,把他们自己尽可能地从社会秩序当中抽取出来,在他们自己的"共态"(communitas)——一种不加区别的同志关系——当中获得某种认同,这种状态区别于社会秩序。

表 3-3　贝尔斯尼克狂欢表演的象征性结构

成人	贝尔斯尼克表演者	小孩子
地位	阈限	地位
秩序(食物)	无序/秩序	(食物)无序

这样一来,在贝尔斯尼克的狂欢表演中,相对于小孩子,表演者们充当了道德秩序的维护者;相对于成人,他们又外在于社会秩序,以一种非社会化的与淫秽的方式行为,从而处于社会秩序的对立面。结果是,贝尔斯尼克的表演强化了社会秩序,表演者充当了一个互动当中结构性的、象征性的角色。① 本文是鲍曼所有研究成果中少数研究仪式表演的成果之一,突出反映了他在仪式研究方面所受到的维克多·特纳之象征理论的影响。

在讲述的民族志以及行为理论的指导下,作为民俗学家的鲍曼会如何思考民间文学的经典问题?《民间故事的移动:来到美国的四种渠道(评论与回应)》一文反映了鲍曼在新的理论主张的指导下,对于一个经典的民俗学问题所做出的新回答。民俗学家弗朗西斯·李·尤特利讨论了民间故事传播到美国的路径问题。关

① BAUMAN R.Belsnickling in a Nova Scotia island community[J].Western Folklore,1972,31(4):229-243.

于民间故事传播过程与路线的研究,传统的传播研究关注的是遥远的、超有机的层面,即认为人们待在原地不动,是文化特征在移动;尤特利则更多地关注移动的人们,而不仅仅是关注他们所携带的文化内容的变化。过去,考古学与历史语言学特别擅长于考查史前时代故事从亚洲与太平洋传播到美国的渠道;而民俗学家们则更加关注从欧洲与非洲传播的渠道。在民俗学家那里,调查与研究民间故事移动与传播的方式,还有一种极有潜力的方法,那就是考察人与人之间具体的交流行为。这一研究方式有一项优点,就是它的研究工作是建立在核心个体的详细档案之上的,正像尤特利所说的那样,它将使微观互动的研究与传统民俗学文本中心的超有机层面的研究关联起来。

这种研究路径其实是瑞典民俗学家卡尔·威尔海姆·冯·西多所开启的研究方向的回响,他的研究方法是在考查民间故事的传播路径时,民俗学家要关注传统的携带者而不是传统事项本身。他认为,最根本的问题并不是哪一则故事在移动,而是哪一个故事的讲述者在移动。这需要了解他们人口学的、社会学的、心理学的特征是什么?他们作为故事讲述者的活动特征是什么?他们的节目单,他们的特殊能力是什么?而且,在新的环境中他们的故事讲述活动有何特征?他们通常在什么样的情境中讲述故事?他们这样做的动机是什么?什么样背景与观众群体要求他们这样讲述?[①] 如此等等。

一旦意识到这一点,考察作为移民的讲述者在新环境里的讲述就变得有趣了。在美国这一新环境中,移民讲述者渐渐地与本土印第安人土著接触,后来形成了自己的人口群落,并且与其他群体构成新的群体间关系。这就构成了一个新的社会环境,在其中,民间故事的传播常常会跨越群体之间的边界。在这里,一些重要的问题是:是什么机缘会让一个群体的成员给另一个群体的成员讲述故事?后者可能拥有不同的文化与不同的语言,那又是什么把他们聚拢到了一起?在某一个情境中,讲述民间故事具体是如何发生的?相关参与者的身份、背景、情境、动机是什么?新的研究方向要求考察民间故事的人际传播,要求考察民间故事是如何按照特定种类的交流关系跨越群体边界传播的。

从一种实践的观点来看,研究者需要意识到民族交往历史的材料,其中可能记录了所有这些问题——比如法国人给印第安人讲故事,或者非洲的奴隶给英国殖民者讲故事,当地的印第安人给其他印第安人讲故事,犹太人给意大利人讲故事。鲍曼说,如果移动与传播的民俗学研究要对当代的民俗学做出贡献,这种人际的传播研究才应该是关注的焦点:即特定的人群参与进某个特定种类的交流活动,并在

① BAUMAN R.On"the migration of folktales:four channels to the Americas"by Francis Lee Utley[J].Current Anthropology,1974,15:13.

特定的情境之下进行讲述;相反,传统上通过汇集文本来考查故事的起源、年代以及类型的传播的研究方法有些过时了。① 换言之,鲍曼认为:在研究范式转型之际,民俗学家在面对民间故事的传播这一经典问题时,应该关注的不应再是无主体的文本传播,而应该是语境中主体间具体的表演与实践,以及这种表演与实践如何具体地体现了传播的方式与路径。

在另一篇论文中,鲍曼强调了语言在考察文化交流问题上的重要性。他发现,在北美印第安人民间故事的研究中,仅仅依据民俗材料的传播,有些研究者已经勾勒出了区域之间的文化联系(博厄斯与克鲁伯);另有些人则按照已经建立了联系的文化区域,把民间故事的形式和内容特征与区域特征联系起来(汤普森)。前辈学者们已经发现,民间故事的地域模式,以类似于语言地域模式的方式,传递了某种有关文化传播的信息。因为故事的存在是以讲述的语言为媒介的,虽然有时候,它们更加紧密地关联于环境因素而不是语言因素。鲍曼指出,民间故事的内容、结构与风格的传播相对容易,整个故事圈、单个故事或者母题的共享,以及内容特征的地域模式,都可能会反映特定地域环境的特征。除了语言因素之外,非语言的文化特征也被专家用于推测文化区域之间的关联性问题。在文化区域的发展中,生态的适应与人群之间的接触涉及其中。借助民间故事来构想社会文化特征,要把相关材料看作是一个连续体,其中一部分故事是对环境高度敏感的,而另一部分则完全不敏感;而后一部分的区域传播较之前一部分更重要,它们是群体之间交流性接触的显示器,可以被用于揭示有关这些接触的细节问题。②

同一时期,鲍曼还就"应用民俗学"的问题提出了自己的看法。这些看法与他主要的学术追求关系不大,这里仅作一点简单的介绍。在《应用民俗学中心的建议》一文中,鲍曼发现,第一,当时尽管就业市场十分惨淡,但是,民俗学作为一个学科仍然处于扩张时期。民俗学的研究生项目正在出现,越来越多的大学本科课程里包括了民俗学的课程,而且,民俗学正在被纳入高中与高年级学校课程表。在这样一种形势下,他认为民俗学的老师们介入"应用民俗学",就像参与运作民众生活博物馆一样重要。第二,在面对社会力量威胁着要抹去民间文化的时候,民俗学家有一种强烈的冲动,要去努力保护与保存民间文化。他们帮助传统的表演者创造表演的机会,为传统的手工艺人建立市场化的体系,或者代表与他们一道工作的人们去提供其他一系列的服务。这所有的工作本身即是"应用民俗学"。第三,民俗学家参与这种应用的民俗,接近于应用人类学家的工作。比如把民俗应用于医疗

① BAUMAN R.On"the migration of folktales:four channels to the Americas"by Francis Lee Utley[J].Current Anthropology,1974,15:13-14.

② BAUMAN R,SHERZER J.Areal studies and culture history:language as a key to the historical study of culture contact[J].Southwestern Journal of Anthropology,1972,28(2):131-152.

实践、家居、市政分区、社区行动计划等,也有民俗学家参与发展民俗领域与劳动关系、民俗与法律、民俗与都市发展、民俗与经济再发展、民俗与社会福利、民俗与社区关系等领域的工作。而且,民俗学家们已经被迫意识到社会不再能提供“纯粹”中立的学术,民俗学的理论与方法——学术民俗学家的核心关注——也可能通过应用民俗学而得以推进。

鲍曼并不认为对于应用民俗学的漠然不理、听之任之的态度是合适的,他认为这是浪费机会、劳力与资源,相反,他建议建立一种新的社会组织,就像应用人类学所做的那样,成立应用民俗学会,召开它自己的年度会议,创办自己的学术期刊,当然它也可以相对独立于“纯粹的”民俗学,尽管实际上这种区分本身难以为继。

鲍曼相信民俗学学科在应用的与学术的层面上应该实现统一。美国民俗学会应该建立一个应用民俗学中心,这样一个中心的功能如下:①在应用民俗学领域登记资源与人力储备。②登记行动者、组织、社区或群体。③登记愿意参与应用民俗学的民俗学家,把相关的人联系在一起。④登记应用民俗的博物馆资源,包括文献、胶片、设备等等。⑤应用民俗学中心要定期更新信息。⑥在应用民俗学领域出版材料,为民俗学家及其顾客使用。比如关于民俗的教育、民俗在民族研究项目中的使用;关于民众手工艺与建筑的保留,民俗应用于公共健康项目等等。这些材料的销售所得可以用于支付信息交换的开支。⑦定期出版应用民俗的简报,服务于传递有关应用民俗领域的新消息:工作机会、资源、技术、原则、问题等等,也可以成立一个论坛,讨论民俗学家参与到世界中所引发的问题。⑧负责与其他应用学科保持联络。⑨负责在美国民俗学会的年度会议上组织协调应用民俗学的常规会议等。鲍曼提供了有关上述的具体意见与建议,总之,他认为,应用民俗学中心应该成为美国民俗学会的办事机构,由学会的委员会来管理。[①]

在鲍曼的全部作品中,更接近“社会语言学”的是他有关语言代际传播的研究成果。在语言传承与复活的文献中,“一代”(generation)被定义为先在的社会类型,它描绘了社会语言的静态特征。但是,如果采用一种以表演为基础的观点,“一代”就是某种话语地建构的理论框架。鲍曼把这一观点用于研究特定的经验性材料,试图展示讲述比赛中的竞赛者与参与者如何观看与体验语言的丢失与更新。

在社会语言学中,所谓“语言转换”就是指代际语言传播的中断;而“语言复兴”是指保护堕落的语言,维护语言在代际的传播。鲍曼试图在理论的层面上重新界定“一代”与“代际”等语言传播的问题。

鲍曼研究的案例是奥格拉·拉科塔的松岭保留地大学里举办的讲述比赛,讨论的内容是在一个不断加速的语言转换的情境下,作为濒危语言的“拉科塔”(La-

---

① BAUMAN R.Proposal for a center of applied folklore[J].Folklore Forum,1971,8:1-5.

kota)的保留问题,比赛举办方号召参与者们直接参与比赛。这个讲述的竞赛代表了一种“文化表演”的类型,参与者被要求在观众面前体现、展演与探讨当地语言转换的代际问题。竞赛者要展示交流的能力给评委们看,让他们评价,他们讨论的问题是“挽救‘拉科塔’的语言是谁的责任?”表演者们面对观众与评委,具有双重的责任:既要展示“拉科塔”语言的技巧,又要展示作为潜在的语言复兴者的行动策略。在更宽泛的意义上,这是一个场景,在这里,有一种元文化形式的“文化谈话”(culture talk)。“文化谈话”(culture talk)同时谈论文化——包括语言作为文化之一种本质性的构成要素,乃是文化表达的工具——展示了致力于文化维持与保护的能力。作为一种讲述类型,“文化谈话”(culture talk)的特殊性标记是通过传统演讲的风格特征展示出来的,它倾向于强调一种意识形态与一种责任。因此,竞争的主题以及竞赛的演讲工具,被选择出来以服务于“文化谈话”(culture talk)的展示。

年轻人主动地参与到“年代”的社会建构当中,表面上来看,年轻人一直都是讲述竞赛中的积极参与者,事实上,演讲的参与性结构又包括了其他角色的参与者,它们涉及在当地语言社区中话语的建构与代际的关联与评价。

这就需要在社会语言学的语境中来考察讲述竞赛的活动了。比如,当地社区中群体与个体的何种角色被期待去扮演,以确保“拉科塔”得以延续?亨娜·奥乔亚在此地从事民族志的研究,调查“拉科塔”语言的消失与复兴的问题。她的调查报告发现,“拉科塔”语言的赛况就是由该地区的不同校区的同学、当地成年人,以及老师、评委、学生家长们组成的,他们分别针对不同的项目参与竞赛活动,并由此区分出一二三等奖来。鲍曼关心的问题是:作为竞赛者的学生与作为参与者的成年人如何生产与复制了“一代”的分类,这些社会分类如何对应于一系列社会语言学的与道德的特征,如何具体地体现为不同的语言能力、语言的传播方式与语言的转变性特征。

比如专就“学生竞赛者”而言,小学生、学生竞赛者、父亲辈、祖父母辈不同的“一代”人都会参与竞赛活动,显然,任何人都有责任与义务去传承“拉科塔”语言。对于年轻的一代人来说,“一代”的概念以及语言转换与复兴的标志是什么?这一套标志性的条件——需要教语言,愿意教语言,强烈的家庭关系,道德行为——需要更细致的考察。在这种传承活动中,如何把“一代”人摘出来?

或者,也许“拉科塔”语言应该在学校里面被正式地作为义务性的课程来讲授与传承。但是,相关老师的处境就十分尴尬了:一方面,他们因为他们的语言能力而受到尊敬,但是,另一方面,在英语作为主导语言的学校里,他们的课程又受到了轻视与不理解。讲述“拉科塔”语言与聆听它都需要带着十分的尊敬,这就意味着,讲述者与听众,父亲、祖父母与孩子之间在讲述性互动的过程中,要相互带着足够的尊敬与尊重,他们不能在酒后带着不尊敬的神色来用这种语言与孩子交流互动。

这就意味着,在当地,“拉科塔”语言的维持被某些人理解为是道德层面的事情。人们谴责酗酒就说明,语言的丢失与道德的滑坡有密切的关系。因此,“拉科塔”语言的式微,被当地很多人认为是与当地人背离他们的生活方式有关。相反,他们采用了英语与欧洲的文化,成为了白人。拉科塔人采用了欧美主导文化的元素(尤其是酒),于是,“拉科塔”的语言与文化变得濒危了。

在松岭保留地的语言转换的更大语境中,“拉科塔”语言正在消失的象征性被表征于竞赛者在竞赛中的证明与展演当中,“拉科塔”人民似乎必须学会接受语言丧失的命运,而且,这样的接受一定要与拉科塔深层的文化价值兼容。

维持“拉科塔”的语言,本质上是维持传统的亲属关系,保护“拉科塔”文化的基本元素。不是指责任何人要去为语言的丧失负责,相反,要承担起向年轻一代传承的责任,每一个讲述者要从自己的内在精神出发,真正地用心来讲述它。

颂扬“拉科塔”的语言与文化是一种典型的浪漫主义意识形态的言论,它被设计出来以支持一种人们对于他们的语言与文化的自豪感。这种自豪感在“拉科塔”的语言活动家的修辞当中十分盛行,并被贯彻于有关语言保留的“文化谈话”的话语中。为语言竞赛设立奖项,至少意味着责任与主动性。在其中,我们看到了新自由主义的思想与实践。

显然,在语言转向维持与复兴的过程中,“一代”人的概念是通过谈话动态地建构的,它与社会语言学的特征与道德的特征相关,其中,作为强有力的行动者,儿童与年轻人受到了欣赏与嘉奖。在松岭保留地“拉科塔”语言濒危之际,当地人通过积极的干预,在语言的使用中贯彻积极的语言意识形态。他们的实践为理解语言实践与意识形态如何呈现于其他濒危语言社区的生活中提供了一种模型。①

① BAUMAN R,HENNE-OCHOA R.Who is responsible for saving the language? performing generation in the face of language shift[J].Journal of Linguistic Anthropology,2015,25(2):128-150.

第四章　讲述的民族志(下)

“讲述的民族志”对于鲍曼民俗学思想的形成至关重要,不了解他在“讲述的民族志”领域的重要工作,便无法准确、深入地理解他的口头艺术的表演理论。1974年,理查德·鲍曼与语言人类学家乔尔·雪泽共同编辑出版了《讲述的民族志初探》论文集,这一研究成果充分展示了他在这一领域的杰出贡献。

1962年,戴尔·海姆斯发表了论文《讲述的民族志》,该论文标志着“讲述的民族志”的正式诞生。海姆斯从人类学的、文学的与语言学的学术研究当中综合了一些观点与主题,提出了“讲述”的概念,视之为人类生活的理论性的与实践性的重要方面,然而却又是语言学研究与民族志研究所共同忽略了的问题。除了强调“讲述”这一关键词之外,海姆斯还提倡以“民族志”作为澄清社会中讲述的模式与功能的重要手段。

1964年,戴尔·海姆斯与约翰·古姆帕兹又共同主编了《交流的民族志》(*Ethnography of Communication*),在这部论文集中,海姆斯进一步发展了他所提出的“讲述的民族志”的理论框架,并且提供了大量的实证性的研究。

1972年,许多语言人类学家都已经在“讲述的民族志”的旗帜之下从事着研究工作,他们积累了大量的个案性的研究成果,因此,非常有必要把他们聚集起来召开一次研讨会,于是,1972年4月20日至23日,在美国得克萨斯的奥斯汀召开了“讲述的民族志”的圆桌会议。

《讲述的民族志初探》中所收集的论文大部分即是这次会议的成果,还有一些是新写的论文,它们共同呈现给读者有关“讲述的民族志”有趣的、重要的轮廓与主题,提供了在特定社会当中讲述模式的多侧面信息,描述了“讲述的民族志”当时发展的状况,勾勒了其学术焦点与研究范围,探索了关于一种语言的社会应用的更加全面的理论。

戴尔·海姆斯被参会者视为“讲述的民族志”研究领域的共同的导师、发起人与朋友①。鲍曼公开承认获自戴尔·海姆斯的巨大的学术影响。

① BAUMAN R, SHERZER J. Explorations in the ethnography of speaking: preface. 2nd ed. [M]. Cambridge: Cambridge University Press, 1974: 3-5.

作为一种学术思潮,“讲述的民族志”具有深邃的学术渊源与清晰的问题意识,它的形成、发展与影响都不是偶然的,而是西方语言人类学发展的必然结果。从笛卡尔与莱布尼茨的时代开始,西方流行的语言学观念认为,语言是受规则统治的,而特定的语言规则就是在一个给定的、封闭的语言体系当中语言符号之间的关联;个体的讲述行为,就是对标准的统一形式偶然的折射与变异,或者是微妙而简单的歪曲。然而,海姆斯认为,语言的模式远不只是语法规则,还包括语言在社会生活当中使用的规则。这就需要考察讲述行为中语言与社会文化的基本关联,这种致力于理解讲述规则的研究即“讲述的民族志”。在介绍“讲述的民族志”的时候,特别值得强调的是,当时的鲍曼已经引述了俄国著名的社会语言学家沃洛希诺夫的观点,他对学术前沿成果的掌握令人叹服。今天,我们知道他所谓的“沃洛希诺夫”,其实就是巴赫金。

鲍曼介绍说,“讲述的民族志”是一种描述性的理论,它把“讲述”视为一种文化体系或者文化体系的一部分,因此,研究者需要理解社会生活当中讲述行为的各个侧面,即作为一种文化体系的“讲述”的相关层面。

如前所述,“讲述的民族志”的研究起点是“讲述的社区”(speech community),在那里,社会成员共享或相互补充言语知识和讲述的能力,他们用社区所认可的恰当方式进行言说。“讲述的社区”是一个差异性的组织,即语言知识与讲述能力(获得与掌握讲述的资源)在其成员当中不均衡地分布着,讲述与阐释的能力应该是多变的、相互补充的,而不是在全社区当中同质地和连续地分布着的。显然,鲍曼在民俗学研究当中强调“差异的认同”而不是“共享的认同”。

在“讲述的社区”中,“讲述的民族志”的研究者要确定可为社区成员获得的“讲述的手段”,这些手段包括语言的变异及其他符码、亚符码,对这些手段的使用被视为社区当中的讲述,它们构成了社区成员的语言资源,也构成了讲述的手段,也就是传统的讲述行为与类型,它们是可为社区成员所获得的讲述行为。

讲述行为还涉及成套的社区规则,操作原则与策略,指导讲述之生产与阐述的价值,社区讲述的基本规则。它们共同组织了讲述性的互动,这些互动规则是目标指向的,它们可被视为策略,可参考社区成员的目标加以研究,目标反过来又与价值、讲述的判断及评价的等级体系密切相关。最后,还有阐释的规则、习惯性的理解等,它们被讲述的接受者带到对“讲述”的阐释中。

讲述行为被置于本土的讲述情境中,比如文化地特定的背景、场景、机构设置,讲述在社区成员之间进行,有规定性的“讲”与“听”的角色分派,他们被社会所界定并被置于相关的语境当中。所有这些因素的关联点是“表演”,即讲述资源与个体能力之间的互动,在特定场景的情境当中,“表演”因此具有一种呈现中(emergent)的特质,为场景化和能力的创造性实践所结构。

“讲述的民族志”的任务即是辨认与分析这些构成“表演”的因素之间的动态的关系,以建构作为一个特定社会当中特定文化体系之“讲述”的描述性理论。

“讲述的民族志”从人类学当中汲取了民族志的方法以及传统的人类学对于语言之重要性的认识,尤其是汲取了其观点当中的相对主义:讲述和其他所有行为体系一样,在每一个社会当中,用文化的特殊方式被组织起来。这并不是要否定普遍性的存在,而是要肯定首先进行各自的调查,然后通过对个别体系的比较之后才去探讨普遍的性质。“讲述的民族志”回报人类学的是对于语言人类学家所忽视的“语言的社会应用”以及他们所不感兴趣的“讲述的模式与功能”的研究,不仅如此,它把“讲述”作为社会生活运作的一种工具,揭示了社会结构的呈现性本质。它认为,讲述行为不是由社会的机构性结构决定的,而是由表演当中的策略及目标指向的对讲述资源的操纵所决定的,正是由于这个原因,“讲述的民族志”强调“表演”这一主题。

研究讲述的模式与功能可以不必参考语言学的细节,但是完备的“讲述的民族志”一定要结合社区成员可获得的语言学手段,也就是说要把语言手段及外在于语言学理论的讲述行为(预设、礼貌、传统的规则)结合起来。显然,不考虑语言使用的方方面面,是没有办法充分地描述语言的。这也是从“生成转换语言学”当中渐渐地发展出来的一种方法。

朝向一种社会地建构的语言学,关注语言手段的组织的社会基础模式,而不是单一语言的抽象语法,这是“讲述的民族志”所预期达到的学术目标。其描述的焦点不限于单个人,而是包括社会网络、群体或者社区,讲述的社区被看作是内在地异质性的,异质性的结构必须被予以描述。语言的应用并不发生于独立的句子当中,而是发生于讲述的自然单元当中的,抽象地说,是讲述行为、讲述事件、讲述情境等;具体地说,包括了欢迎、送别、叙事、交谈、笑话、骂詈、沉默等讲述类型。

语言人类学与民俗学长期以来共同关注民俗(口头)文本,虽然说每个学科在研究这些文本时都有各自的分析路径,但是随着“讲述的民族志”的发展,在民俗学界,其学术兴趣的发展平行地转向关注口头文本之社会的、情境化的表演。民俗学的学术兴趣已经发生了转变,它已经超出了传统上对于共同材料的比较性、溯源性的探索,为的是寻求某种共享的分析性目标。对于“讲述的民族志”而言,民俗学家向来对“类型”(genre)的问题特别敏感,这是民俗学家的贡献所在。“类型”是语言表演的一个组织性因素,它超出了句子转而关注形式、内容以及表演的作用、情境与功能,通过研究高度标志化的、艺术化的语言类型,民俗学家不仅提供了相应的口头讲述行为的民族志记录,而且尤其强调“表演”作为创造性的概念,它超越了简单的、直观的新鲜感受,包括了杰出的、艺术性的创造维度。

意识到“讲述的民族志”的更大目标,民俗学家们按照语言表演的整体结构,把艺术性的语言形式的表演按照口头表演的总体结构视为一个整体,在一个单一的统一化的体系当中,语言艺术与讲述的其他模式之间建立了连续性与断裂性。“讲述的民族志”的观点与方法在确定类型与场景的本土分类中必不可少,这也是阐明口头语言的文化特殊性和艺术性,考察语言艺术形式的功能方面的不可或缺的手段。所有这些对于自学科出现以来就已经关注类型分类、艺术原则以及功能的民俗学来说,都可以说是提供了一个重要的学术平台。

在社会学中,有部分学者对语言的社会情境化的使用感兴趣,通过关注普通意义上的理解,参与者进入并维持社会互动。既然讲述是社会互动最主要的工具,因此,他们调查一个互动行为中口头信息的情境化意义,这些对于互动当中的内在的意图及理解的微观功能性分析十分重要,它把语言的社会应用的分析带入一个比人类学家所能达到的更高的层次,在概念上却与“讲述的民族志”的概念性框架十分相似。在两种方法的汇合当中,民族志专家更关注互动当中会话的结构,而社会学家不仅关注会话,还关注包括讲述的情境的组织及其他文化维度。①

自 1962 年戴尔·海姆斯原创性的论文《讲述的民族志》发表始,至 1974 年《讲述的民族志初探》的出版,可以说是“讲述的民族志”研究的第一阶段。这一时期学者们试图界定语言人类学的这一新研究领域,擘画何种研究可以在这一领域中展开。自 20 世纪 70 年代初以来,学者们响应“讲述的民族志”应用于田野作业的号召,在其学术原则的指导下开展了原创性的经验研究。当时,“讲述的民族志”所构造的共识是:社会生活是交流性地建构的;语言是社会地建构的。

那么,自 1974 年以来,“讲述的民族志”的方向与成就是什么?学术界给予这一研究领域的批评是什么?这一研究领域的自我反思是什么?

当时,“讲述的民族志”的基本目标是:澄清作为一种文化体系或者文化体系的一部分的“讲述”的模式与功能。因为语法学家与民族志专家都没有注意到它。“讲述的民族志”的假设是:每个“讲述的社区”都在讲述的模式上存在着差异,因此需要以民族志的方式发现这些模式以及其内在的关联性、差异性及特殊性,而不是想当然地或先入为主地去看待它。

鲍曼总结了当时讲述的民族志所取得的成绩:第一,在海姆斯与古姆帕兹的指导下,学者们关注了社会生活的运作中讲述的模式与功能,按照讲述的类型、风格、角色、多功能性,形式-功能的相互关系以及讲述事件等维度,他们介绍了许多出色的研究案例。第二,在跨文化的与多语种讲述的社区当中所进行的有关讲述的模式与功能的研究,都关注了民族志学者在田野过程当中的遭遇,这也是因为讲述方

---

① BAUMAN R,SHERZER J.Explorations in the ethnography of speaking:Introduction[M].Cambridge:Cambridge University Press,1974:6-12.

式的不同而容易产生误解的领域，田野双方给予与获得信息的方式都是模式化的，属于讲述的比较民族志的研究。这种对于民族志实践的反思性立场是阿莫里克·帕里戴斯与查尔斯·布瑞格斯的研究成果，他们的成果使得“讲述的民族志”不再只是语言人类学当中的一种特殊的调查研究，而是任何通过语言的方式搜集材料的民族志调查的一个重要的、反思性的部分。第三，把“讲述的民族志”的研究扩展到当代美国社会的研究当中，来解决实际的社会问题。第四，特别需要关注的是“讲述的民族志”对于“口头语言”与“书面语言”之间关系的研究，传统上口头的与书面的维度被用于区分原始社会与文明社会，讲述的民族志以田野中口头与书写的民族志描写来反驳上述区分。事实上，相关研究成果都涉及了文化的政治问题，并参与到对实际问题的解决中去了。

在“讲述的民族志”的研究中，“表演”这一概念的出现几乎是自然而然的结果，事实上，“表演”在其中具有基础性的含义，这使它在“讲述的民族志”当中占有核心性的位置。

第一种“表演”的概念可以称之为“作为讲述实践”(speaking praxis)的表演，考察的是语言在社会生活的管理与构造当中的情境化应用。这里，表演被视为一种创造性的、呈现中的完成，一种社会生产与再生产的形式。在这一意义上，表演是“讲述的民族志”的基本章程的一部分，没有它则没有真正的讲述的民族志可言。《讲述的民族志初探》中所提供的对于语言的以表演为中心的研究方法，被雪丽·奥特纳视为对于社会与文化进行研究时，以行动者为中心的、实践指向的观点的早期线索，这是她在1980年代总结的当时人类学的前沿理论之一；实际上，行动与实践中心的观点当时已经被认为是相对于社会与文化的传统结构性的、系统的、集体的、规范的概念的对抗性观点。这就把“讲述的民族志”带入了社会科学当中最深层问题的核心：社会生活当中社会的、传统的与业已形成的要素，与人类生存中的个体的、创造性的、呈现中的要素之间的动态互动关系。

除了作为“讲述实践”，“表演”的第二种更加具有标志性的含义是把表演视为艺术性的讲述，即“表演的诗学”(the poetics of performance)，这在“讲述的民族志”当中具有突出的位置。作为实践的表演阐明，讲述的艺术和讲述的其他模式一样具有生产性，但并没有提供对于艺术性语言表演之特殊性的洞察力，因此，许多人努力要去建构一种框架来研究“表演的诗学”，其中包括海姆斯与鲍曼的界定性努力，以及“民族诗学”(ethnopoetics)通过多种方式考察口头艺术的可翻译性、可分析性的工作。在艺术的意义上，“表演”可被视为一种被特殊标志化的讲述方式。它建立或表征了一种特定的阐释性框架，在这种框架当中，讲述的行为将被理解。在“表演”的这一意义上，讲述的行为被上演、被客体化，从其情境的周围提升到一个高度，直接面对观众的公开评论。“表演”使得个人的交流可以阐释，使观众有责任评价表演者的相对技巧及有效性,表达的技巧与有效性在任何交流的行为当中都可能成为关注的焦点。“表演”的潜在性总是存在的,在这一意义上,“表演”有一种可变的性质。在一个交流性的行为的多重功能中,“表演”具有相对地或多或少的主导性,它可能在一个连续体的范围内变化,即从持久的、充分的表演转到稍纵即逝地进入的表演中。

这种对于“表演”的思考方法在许多调查的思路当中都被证明是有用的。它有助于区分作为表演的艺术形式与其他呈现模式(报告、游戏等等),它已经把注意力引向了在社会生活的许多维度当中艺术性语言表演的社会模式与功能,从政治、外交到医疗,从社会交往到交流能力,从道德地图的象征性建构到流言讨论的管理等等。通过某种方式,艺术性语言表演,最终服务于劝说、权力、快乐以及社会经验的整体强化,在它与“民族诗学”的合流当中,它密切关注讲述艺术的形式、技巧与模式以及表演框架的界定性形式、手段。事实上,在作为表演的口头艺术当中,“讲述的民族志”成为最形式化的技巧,更加稳定地进入对艺术性文本的细致分析。按照语言学的程式性原则,从语音、声调到语法,从生产性结构到交流性结构等所有层面逐一进行分析。

这一“表演”的研究方法,虽然说扎根于“讲述的民族志”,但是,已经成为讲述的民族志在相邻学科当中获得认可的一个基础,其他学科对“表演的诗学”的学者感兴趣,比如民俗学、文学批评、符号学等等已经在探索这一“讲述的民族志”的“作为表演的口头艺术”的观念,而且,这一“表演”的指向,至少成为了民族音乐学这一研究领域的核心,尽管它并不以语言为核心考察对象。在这一领域当中,“表演”被认为在音乐表演的概念化及分析中十分有用。这就把我们从“讲述的民族志”带向了一种更加普遍的“交流的民族志”,这样一个扩展在人类学领域当中可以被看到,一些学者已经开始把艺术性交流的思想从口头传播的渠道中抽取出来,应用到人类行为的其他领域中去了。

这些概念上的关联把“讲述的民族志”与许多学科联合到了一起,依据“表演”与其他概念,肯尼斯·伯克的文学理论,布罗尼斯朗·马林诺夫斯基的社会人类学,爱德华·萨皮尔与罗曼·雅各布森的语言学等对于“讲述的民族志”的概念框架的贡献从一开始就被承认了,由海姆斯与古姆帕兹所倡导的“讲述的民族志”,从一开始就跨越了多种学科边界,从人类学、社会学、语言学、民俗学等学科当中借鉴了多元的概念与方法,反过来又回馈于这些学科。

在语言学当中,尤其是在强调使用当中的语言的研究中,在实践性与功能性语法的研究当中,“讲述的民族志”也占有一个重要的位置;在民俗学当中,“讲述的民族志”的重要价值集中体现在关注类型、表演、口头诗学以及叙事等问题上;在社会学当中,其重要意义则集中体现在有关会话研究及互动性秩序的研究等方面;在文学研究当中,尤其是在探索口头文学与书面文学,以及作为以社会和文化为基础的话语实践的文学研究上也有应用;在历史学方面,也有成果出现。正是这种广泛的渗透性,使得鲍曼很难再把"讲述的民族志"看作一门学科或者子学科,虽然"讲述的民族志"的主要研究者集中在"语言人类学学会"的旗帜下,或者主要在人类学系工作,但是,"讲述的民族志"正在从亚学科的位置向跨学科的位置转化。作为克利福德·格尔兹所倡导的社会思想重构的一部分,"讲述的民族志"在其发展的下一个阶段,作为一个综合性的有关语言、文学、社会、文化及历史的话语为中心的观点,已经超越了知识分工的学科界限。①

尽管如此,人们往往对语言人类学与"讲述的民族志"之间的关系搞不清楚,鲍曼清晰地梳理了二者之间的相互关系,为我们理解"讲述的民族志"提供了清晰的学科谱系。他说,语言人类学是美国人类学传统当中最为重要的分支学科之一,其基本的关注点是"语言-社会-文化"之间的相互关系;"讲述的民族志"则是语言人类学的一部分。一直以来,对于语言的研究,语法学家倾向于把语言看作是抽象的、自足的语法结构,而民族志专家又倾向于抽象出社会生活的程式与结构,两者都没有把语言讲述本身作为研究的对象。"讲述的民族志"嫁接了上述两门学科的发现,其关注的对象是"讲述",即社会生活中语言的使用问题。事实上,"讲述"是美国语言人类学长期以来一直关注的话题,因此,"讲述的民族志",与其说是语言人类学当中的一个分支学科,不如说是一种特殊的、补充性的研究方法。

传统上,语言人类学主要是对那些不识字的群体的语言进行描述,客观地说,语言人类学家是对"异"语言的语音、语法、词汇及语义体系进行描述的主要群体;而"讲述的民族志"专家主要关注的却是语言的使用问题。语言人类学家研究语言被组织的语法规则;而"讲述的民族志"关注的是通过文化规则,语言的社会应用或者不被应用是如何被组织起来的。此外,语言人类学的另一个基本的关注点是不识字的群体的语言中的历史关系问题,关注初始的语言、语言特征的借用、传播以及地域模式问题;"讲述的民族志"也关注上述问题,但是,他们特别探索的是何种真正的交流情境对讲述者是必要的,因此,"讲述的民族志"对于"洋泾浜"语言以及混合语研究也颇有价值。

20世纪70年代前后,语言人类学关注民族科学以及结构语义学,尤其关注在诸如亲属关系、颜色分类、疾病分类当中的符号特点、符号关系及体系的问题,视之为澄清本土文化的类型与划分体系的关键。"讲述的民族志"同样对符号体系、结构及其语言表达感兴趣,它集中关注讲述中语言形式的社会使用。对一个特定的

---

① BAUMAN R, SHERZER J. Explorations in the ethnography of speaking: Introduction[M]. Cambridge: Cambridge University Press, 1974: 9-27.

符号学范式而言,讲述的民族志可能会问这样的问题:何时,为什么,以何种形式,由谁在讲述当中使用这一范式？传统上,语言人类学习惯于搜集口头艺术形式的文本,尤其是口头叙事,这被视为获得一套分析语言的自然扩展的话语的手段,它以句子为基本的分析单元;叙事文本也是调查句子之外的语言模式的资源,相应地,语言学模式也在叙事结构的分析方法中占据了重要的位置。“讲述的民族志”最重要的关注点是社会互动中口头艺术的表演或者其他的交流性言语的使用,它关注的是特定情境中口头艺术的修辞目的,是叙事的结构与社会关系的结构之间的相互联系,一句话,它关注的是社会生活的运行中讲述方式的应用问题。

鲍曼以对比与比较的方式说明了“讲述的民族志”在语言人类学当中的位置。他总结说,“讲述的民族志”重点考察的是讲述的模式与功能在社会生活的运作中如何组织了语言的应用。当然,讲述的模式与功能是具有文化特殊性的,又是跨文化地变异的,它们程式化地存在于每一个特定的社会当中,都可以满足讲述者的交际需要。研究者必须考查这些讲述的模式与功能的跨文化的变异性,调查讲述行为中语言的使用方式,考察讲述在社会当中的作用。这些都需要通过民族志予以说明。“讲述的民族志”也具有一般民族志的本质与目标,要构造讲述的描述性的理论,把讲述作为一种文化体系或者文化体系的一部分。为了建构这样的理论,我们需要构建一个促使我们理解讲述在社会生活当中组织的范围,以及讲述作为一个文化体系的相关方面。

今天,当我们回顾“讲述的民族志”的发展历程时,戴尔·海姆斯巨大的历史功绩是无可抹煞的。他无疑是“讲述的民族志”方法的最重要的倡导者,他在借鉴罗曼·雅各布森的交流体系“六要素”模式的基础上,把雅各布森所提出的“语境的功能”一分为二,进一步划分为“参考的功能”与“情境的功能”两个层面,提出了“讲述的民族志”的分析框架(见表4-1)。后来,海姆斯又对这一框架的构成要素进行了修订,更加关注了描述的社会观点的问题。

表4-1　“讲述的民族志”的分析框架

<table>
<tr><td rowspan="5">a sender(addresser)
发送者(讲述者)
expressive (emotive) function
表达性的(情绪性的)
功能</td><td>信息的形式 a message form
诗性的功能 poetic</td><td rowspan="5">a receiver(addressee)
接收者(听众)
directive (conative, pragmative, rhetorical, persuasive) function
指导性的(认识的、实践的、修辞的、劝说的)功能</td></tr>
<tr><td>渠道 a channel
联系的功能 contact</td></tr>
<tr><td>代码 a code
元语言的功能 metalingustic</td></tr>
<tr><td>主题 a topic
参考的 referential</td></tr>
<tr><td>背景(场景 scene、情境 situation) a setting
情境的、场景的功能 contextual/situational</td></tr>
</table>

1964 年,海姆斯在《交流的民族志》一文当中,再一次强调了“讲述的民族志”的研究框架(见表 4-2)。在“交流”这一更大的框架内,强调了讲述“事件”这一概念。

表 4-2 “交流的民族志”的分析框架

<table>
<tr><td colspan="3">事件 speech event</td></tr>
<tr><td rowspan="5">a sender(addresser)
发送者(讲述者)
expressive(emotive)function
表达性的(情绪性的)功能</td><td>信息的形式 a message form
诗性的功能 poetic</td><td rowspan="5">a receiver(addressee)
接收者(听众)
directive (conative, pragmative, rhetorical, persuasive) function
指导性的(认识的、实践的、修辞的、劝说的)功能</td></tr>
<tr><td>渠道 a channel
联系的功能 contact</td></tr>
<tr><td>代码 a code
超语言的功能 metalingustic</td></tr>
<tr><td>主题 a topic
参考的 Referential</td></tr>
<tr><td>背景(场景 scene、情境 situation)a setting
情境的、场景的功能 contextual/situational</td></tr>
<tr><td colspan="3">交流性的功能 communicative</td></tr>
</table>

1967 年,在《语言与社会背景互动的模式》一文当中,海姆斯调整、重新设计、扩展了他先前提出的讲述事件的模式,他同样关注描述的社会场所的问题,这一模式被归纳为“SPEAKING”(见表 4-3)。

表 4-3 “讲述(SPEAKING)”的分析框架

讲述
背景或者场景 SETTING/SCENE
参与者或者全体成员 PARTICIPANTS/PERSONNEL
结果(目标或者目的或者结果)ENDS(GOALS/PURPOSES/OUTCOMES)
行为特征(讲述的形式与内容)ACT CHARACTERISTICS(form and content of what is said)
框架(行为得以展示的语音、方式与精神)KEY(tone manner or spirit in which an act is done)
工具(渠道或者符码)INSTRUMENTALITIES(CHANANEL /CODE)
规则(互动或者阐释)NORMS(INTERACTION/INTERPRETATION)
类型(讲述行为的类型和讲述事件)GENGRES (categories of types of speech act and speech event)

上述两种参考框架直接指导了后来“讲述的民族志”的具体研究工作。乔尔·雪泽与瑞格纳·达内尔后来提出了另一种“讲述的民族志”的框架,分为五个部分(见表 4-4)。

表 4-4 “讲述的民族志”的简化式分析框架

讲述之应用的分析 analysis of the use of speech
对讲述之应用的态度 attitudes toward the use of speech
讲述能力的习得 acquisition of speaking competence
在教育与社会控制中讲述的应用 the use of speech in education and social control
类型学的考察 typological considerations

鲍曼回顾了“讲述的民族志”之发展史上里程碑式的年份(1972 年),这一年出现了五个新气象。

其一,出版了一批足以显示学科方向与重要影响的著作,尤其重要的是由海姆斯与古姆帕兹主编的《社会语言学的方向:交流的民族志》的出版。其中同时包括了“讲述的民族志”与“常人方法论”研究领域专家的作品,比如加芬克尔,萨克斯,雪夫勒以及戈夫曼、拉波夫的作品,还有一些是两位主编的学生们的作品。这一论文集的出版,标志着“常人方法论”与“讲述的民族志”之间的重修于好,双方都对语言的模式、应用与功能感兴趣,都把语言的讲述视为社会生活的工具。在随后出版的几本论文集当中,“讲述的民族志”也开始转向了阐述当代美国社会当中黑人英语的讲述,它已经不再只是关注远方“异”文化当中语言的讲述了。

其二,在《交流的民族志》与《社会语言学的方向:交流的民族志》当中,同时收录了民俗学家阿兰·邓迪斯的论文《谚语与讲述民俗的民族志》以及《土耳其男孩斗嘴韵文当中的策略》。最重要的是,在 1971 年,阿莫里克·帕里戴斯与理查德·鲍曼主编了《走向民俗学的新观点》一书,部分民俗学家开始把民俗研究重新定位为艺术性口头表演的民族志。

其三,由戴尔·海姆斯主持的期刊《社会中的语言》在 1972 年创刊,这一期刊从此成为“讲述的民族志”研究的名副其实的学术阵地。

其四,乔治敦(圭亚那的首都)大学二十三周年圆桌会议的主题拟定为“社会语言学:目前的趋势与展望”,在这次会议上,虽然“讲述的民族志”并不是圆桌会议的焦点议题,但是,相关主题与关注点仍然是小型分会讨论的热点。

其五,在美国得克萨斯州奥斯汀举办了“讲述的民族志”会议,会后出版了《讲述的民族志初探》,该书在某种意义上总结并回顾了当时“讲述的民族志”的研究方向。

以上比较详细地介绍了“讲述的民族志”的发展历史与学术轮廓。在《讲述的民族志》一文中，鲍曼进一步细致地罗列了“讲述的民族志”的核心关注点，这些观点被反复提炼与重述，虽然其核心的观念已经被多次表述过，但是每一次重述都被赋予了新的维度，因此，我们不惮其烦，再次转述如下。这些核心观念包括四个方面的内容。

1.讲述的手段

语言的资源、类型、行为以及框架，是讲述得以成形的手段，语言学家们习惯于以抽象的形式术语来描述它们，但是“讲述的民族志”更感兴趣于语言形式的社会意义。①语言的资源。这一概念直接反对一个假说，即一个人群拥有一种同一而统一的符号体系。民族志专家关注的是异质的、不同的语言资源被整合的体系。每个群体都有自己的文化，不同的语言与文化资源都在更大的体系当中具有各自的社会意义与功能。因此，“讲述的民族志”按照在社会文化生活中语言资源的使用及作用来考察语言应用的问题。语言手段总是按照社会语言的规则来使用的，这包括了两个方面，即选择（在手段之间选择）与共现（手段的横向组合）。选择即具有社会的意识，比如在不同的情境当中，面对不同的对象时，选择说方言还是普通话，符码（不同语言间）之间的转换总是具有社会的意义，在某些情况下，社会场景为符码的“转化”提供了情境，在另一些情况下，符码“转化”本身为口头互动提供了新的社会意义。②口头类型。这是指文化地习惯化的言说类型，它们可被应用于话语的建构当中。民俗学研究“类型”有较长的历史，但是，大多数是从局外的立场来关注类型体系，目的则是比较研究。“讲述的民族志”的任务之一，则是要发现文化地特殊的类型形式及体系，社会成员是如何用它们来组织讲述的。③讲述行为。参照讲述领域的本土组织，社会成员可能是按照行为而不是类型来概念化自身的讲述活动的。当然，讲述行为与讲述类型都是分析性的区分，即讲述行为及其产物之间的区分。从功能的观点看，一个讲述行为即是一个言说，一种用语言做事情的方式，这是对于J.L.奥斯汀的理论观念的改述。在这个意义上，一个社区范围内的讲述行为由讲述行动的手段构成，它们表征了用语言做事的习惯性方式，用业已组织好的建构性材料建构话语。④框架（解释）。这一概念来自乔治·贝特森，海姆斯称之为“关键”（key），它是一种交流性的策略，标志了阐释性的情境，提示人们要在其中来理解信息，总之，它是一套分辨信息之间的秩序关系的指导性标记。框架是通过使用文化地习惯化的元交流获得的。比如，开玩笑、模仿、翻译都是框架。作为讲述的手段，它们都代表着某种文化地提供的语言机制，都内在于讲述行为当中，是讲述行为的建构性材料之一。

2.社会角色与交流能力

语言资源、类型、行为与框架作为讲述的手段,不能从抽象的形式描述的方式上考察,处在"讲述的民族志"中心的仍然是讲述的实践。讲述者在社会生活过程中使用这些讲述的手段。考察讲述者本人及其社会角色与讲述行为相关的层面,是"讲述的民族志"的又一个关注点。社会角色的界定是否与讲述能力相关是因文化而异的。事实上,这里不只是角色的界定问题,而且涉及角色的动力学,它也与讲述行为相关。"讲述的民族志"的研究,关键在于揭示讲述在社会与文化生活当中分布流传的多种方式,比如因阶层、民族、年龄与性别而差异的维度。

3.讲述事件

讲述手段的描述及其可为讲述者习得,对于"讲述的民族志"十分重要,由此可以发现讲述模式化地存在于特定社会中的方式。然而,讲述的真实表演是置身于社会生活当中的,是社会生活行为的工具,因此参考的框架及分析的单元应该是事件或场景。在事件当中,讲述者与手段结合并投入使用,从一开始,讲述事件的分析就是"讲述的民族志"的核心,在经验性的情境当中,讲述事件得以发生并获得意义。

聚焦于讲述事件——作为分析的单元——具有丰富的概念基础,雅各布森的初始模型,在效果上就是一个讲述事件的模式。他从讲述事件出发,试图阐明其构成要素及其相互关系。鲍曼认为,从讲述事件的任何一个构成要素都可以进入事件。这里有一些概念比较模糊,比如"事件"与"场景"。戴尔·海姆斯特别区分了"讲述的事件"与"讲述的场景":前者是指按照讲述的规则描述出来的一个场景;后者则是指"讲述"发生于其中的场景,但它是按另一套活动秩序来组织的。讲述事件的本质以及对它的描述要按照不同要素的整合来综合考察;然而,在个别的研究成果当中,往往又突出强调一种元素或者特定的结构性原则。当然,事件整体的系统本质是十分重要的,它是讲述的民族志的一个核心的主题。

讲述事件的研究中最高层次的问题是:按照本土的理解辨认事件本身,充分地区别它们。在许多情况下,讲述事件当中最明显的特征是背景或者背景系列,讲述发生于其中,因此,依据背景可以区分讲述事件。此外,在研究讲述事件的结构时,需要关注其中有效的组织原则,其中有些原则从根本上讲是概括性的与扩散性的,它们适用于讲述及其他表达性的行为形式;另一些原则专属于讲述行为,比如,一个人说,其他人来安静地听。

在讲述事件当中,参与者运用社会互动策略,操纵可获得的资源。这就需要按照一系列相关的行为来系统地澄清讲述事件的结构。行为的序列作为一个严密的框架,可以对话语讲述当中的个性、形式与策略提供整体的解释。形式的描述本身不是目的,形式规则有助于系统化的描述。研究者需要把讲述关联于社会生活的方方面面弄清楚,否则,上述关系就不可能明晰起来。正是通过对形式与结构的描述,我们才能看清楚一个社会的成员是如何参与到一个讲述的行为与事件当中的。形式的揭示与强调与其他领域并行,并跨越了体系,这样才可能走向人类行为的统一的理论。

与人类学的其他分支一样,"讲述的民族志"也关注按照预期与活动的整体模式来描述文化生活,但它是以事件作为其主要的分析单元,在讲述互动的核心层面上分析它们,尤其关注事件及与讲述相关的其他结构的独特性及呈现中的特征。所有的讲述事件在某种程度上都是独一无二的,讲述的民族志研究既要欣赏其独特性,又要欣赏其共同的、整体的结构。

呈现中的结构聚焦于讲述事件的三个方面,即事件本身、文本以及社会结构。文本的民族志研究在表演当中呈现,这有助于理解民俗文本的独特性,它需要按照"传统的手段、个体的能力以及特定场景"三者之间的互动性动力学来加以考察。

关于讲述事件中呈现的社会结构的研究,"常人方法论"捷足先登,也认为讲述是创造社会结构的工具,在社会互动过程中,并通过社会互动,社会结构得以被创造。当然,社会关系结构的创造也是"讲述的民族志"的一个突出问题。

4.讲述的社区

在社会生活中,研究讲述行为之可获得的手段,要求我们关注讲述者向谁习得讲述,由谁讲述以及向谁讲述,关注讲述活动呈现出的或者固有的模式等等维度。无论"讲述"被看作是手段、资源还是事件,抑或是呈现中的话语结构,都会把我们引向"讲述的社区"与讲述的描述性的场所。但是,所谓"讲述的社区"(研究者们的研究空间)的概念是有问题的。

无论描述的社会单元是什么,"讲述的民族志"都倾向于把它构想成为"不同的"的组织,讲述的资源与能力不均衡地分布于社会单元当中,虽然讲述的模式是集体性地为社会单元所共享的。此外,呈现中的模式与结构也是"讲述的民族志"考察的核心,其间体现着讲述资源的异质性与差异性的假设,它反对所谓"一个社会,一种语言"的假设,反对把一个讲述的社区设想成为一个同质的、单一化的社群。

界定"讲述的社区"的标准可能是抽象的,会有多变的层面,它关联于语言与讲述的不同侧面。"讲述的社区"可能共享着讲述的基本规则与原则,也共享着语言及讲述的整体文化主题。"讲述的民族志"强调在世界的不同地域存在着多种不同的"讲述的社区",这种"讲述的社区"的定义及其边界仍然是有问题的,需要细致的经验性研究。当然,在经验的层面上,任何个体都可能会参与几个相互交叉的讲述社区。[①]

通过鲍曼对于"讲述的民族志"的清晰介绍,我们不难发现,"表演"的概念已经出现在上述相关论述当中了,口头艺术的表演研究在很大程度上是"讲述的民族志"与传统民俗学学术追求的综合,或者可以说,是受"讲述的民族志"的激发而发展出来的新的民俗学理论。总之,不从讲述的民族志出发来理解口头艺术的表演理论是不得要领的。

1982 年,在与芬兰民俗学家劳里·航柯(Lauri Honko)、居哈·佩蒂卡涅(Juha Pentikäinen),德国民俗学家鲁兹·罗里克(Lutz Röhrich)以及匈牙利民俗学家威尔姆斯·威尔格特(Vilmos Voigt)等一起讨论当时流行的民间叙事理论的趋势时,鲍曼提供了一个有关《民间叙事研究中的讲述的民族志》的发言,在这个发言当中,他首次向国际同行介绍了美国民俗学的新观点,即"讲述的民族志"。

他说,至少从格林兄弟的时代开始,语言学的观点在民间叙事研究中就占有一个突出的位置。最近,另一种语言学的观点又引起了民俗学家们的关注,那就是"讲述的民族志",它是语言人类学的一个分支;它在传统的语法学与民族志之间搭建起了桥梁;它的研究对象是"讲述",即社会生活行为中语言的情境化的使用。"讲述的民族志"致力于提出建立在经验性基础之上的描述性理论,即人们需要知道以社会和文化地有意义的方式讲述这些需要去讲述的知识。

鲍曼向国际民俗学的同行们宣传了"讲述的民族志"的学术旨趣,即它假设讲述的模式与功能是跨文化地存在着差异的,因此需要通过经验研究来予以发现。"讲述的民族志"的其他基础性的假设包括:就像任何其他人类行为一样,讲述是情境化的,其形式与意义扎根于文化地限定的场景或者事件,行为与经验之流的固定部分构成了行为——无论是普通的讲述、讲故事或者其他行为——的有意义的语境。讲述事件的结构因此是理解讲述行为的关键,也是理解呈现中的文化的形式与意义的关键。

鲍曼主要介绍了戴尔·海姆斯在"讲述的民族志"理论中的杰出贡献,即他把"讲述事件"的模式艺术化地命名为"SPEAKING",这一单词的每一个字母代表着下述每一个构成元素的首字母,如前所述,它们分别指的是:背景或者场景;参与者(包括讲述者与听众);结果(目标与结果);行为特征(形式、内容与序列);关键(音调、方式、精神,一种行为因之而被实行);工具(渠道与讲述的多样性);互动与阐释的规则;类型(讲述行为与讲述事件的类型)。当然,海姆斯罗列的这一套讲述行为

---

① BAUMAN R,SHERZER J.The ethnography of speaking[J].Annual Review of Anthropology,1975,4:95-119.

的构成要素,不仅仅是一套要素的列表,而且是这些要素之间的相互关系结构的整体。

鲍曼指出,通过“讲述的民族志”,一系列有生产性的民俗学的问题被提出来了,这些问题基本包括:民俗表演的本质,类型理论,调查情境化的意义、形式与功能的呈现,民俗文本的本质。

(1)作为表演的口头艺术。“讲述的民族志”的行为指向,一旦应用于民俗研究,就会导致人们去关注作为一种讲述方式的、艺术性的民俗表演的本质。他介绍了自己有关“表演”的思考成果,即作为一种假设,表演者承诺向观众展示一种交流的能力,接受观众对表演的技术与效果的评价,以此,交流的行为得以执行。在这个意义上,并不是每一民俗事项的展示都是表演,一个特定的故事可以被表演,也可以以其他方式在元交流的层面上予以框架化,比如以报告、引述、嘲弄等方式。

(2)类型理论。内在于“讲述的民族志”的观点还关注类型分类的本土体系,即惯例化的信息形式如何体现着地方文化的特殊性。本土分类体系强调民俗形式在一个给定的讲述社区整体的交流体系中的位置。作为一种文化指导的体系,类型应该被理解为民俗交流之生产与阐释的预期性框架。

(3)情境化的意义与呈现中的形式与功能。当一个民俗文本被看作是特定的交流事件的构成要素之间相互作用的产物,那它自然是文化地模式化的,同时又是独一无二的,其意义、形式以及功能就都应该被看作是呈现中的,就应该按照该文本被生产的情境性语境来予以解释。这种民族志的启示体现在许多人的著作里,它与民间故事意义与功能的普遍化理论相对立,却提供了一种可选择的、强有力的解释文本之变异性的工具。

(4)民俗文本的本质。某些民俗学家一直担心,“讲述的民族志”在集中关注民俗交流的语境时,同时一定会降低对民俗文本的关注。事实并非如此,正像丹尼斯·泰德洛克、戴尔·海姆斯以及伊丽莎白·费因等人的研究那样,一种细密的民族志研究会对口头文本的形式特征、情境化的与呈现中的层面都非常敏感,这就需要相当的力量与革新性的手段来生产民俗文本,最终把它印刷出来,这样的文本不只是被讲述的词汇的简单记录,而且包括了其辅助语言、社会互动甚至是口头表演的肢体特征等等丰富的信息。

“讲述的民族志”与研究民间叙事的许多方法都有明显的关联,其中一些是传统的关联(像功能主义),另一些则是更近代的联系(像结构主义与符号学)。它的最主要的吸引力在于包容性与囊括性,它把大量的元素都纳入一个统一的参照框架里了,在这里,民俗被看作是人类社会与文化生活的一部分。①

如上所述,在鲍曼的理论体系当中,“表演”的概念与“讲述的民族志”密切相关。20 世纪 80 年代末,鲍曼再次回顾“表演”的概念在“讲述的民族志”的形成时期的作用时,他是从三种思想的源头谈起的。欧文·戈夫曼在《日常生活中的自我呈现》中,开篇即谈到了社会生活的戏剧性隐喻,在这里,“表演”奠定了社会互动的基础,被用来探索社会生活中身份的协商行为。戈夫曼说,“表演”是一个特定的参与者在一个给定的情境中的全部活动,在他的话语体系中,以任何方式影响其他参与者的行为都是“表演”。戈夫曼这里所定义的互动的、生成的、修辞地聚焦的概念,与“讲述的民族志”的关注点相符,都在描述社会生活中讲述的模式与功能。戈夫曼的作品是“讲述的民族志”常引用的篇目。此外,奥斯汀在《如何以言行事》中发明了“表演性”的概念,提出“以言行事”的观念,而“讲述的民族志”就是关注如何用语言做事情,关注的就是讲述的语言,即语言中形式与功能之间的相互关系。还有,诺姆·乔姆斯基在转换生成语法中提出的“表演”的概念,指的是“在具体的情境中语言的真实应用”“自然的讲述”,虽然“表演”被排斥在他所构想的生成语法学的研究范围之外,但这一概念却对“讲述的民族志”具有一种形成性的影响,“讲述的民族志”以某种巴赫金所谓“对话”的方式,把乔姆斯基的“表演”的概念包容在其话语当中。

早在 20 世纪 70 年代中期,鲍曼自己曾与乔尔·雪泽把“表演”作为贯穿于《讲述的民族志初探》一书的红线,当时他们提供的定义是:“我们构想的‘表演’,是按照资源与个体能力之间的相互作用被定义的,思考特定语境中表演的呈现中的品质,它是由能力之情境化的与创造性的实践结构好的”(1974,7)。一年以后,鲍曼略微改变了话语的焦点,提出“表演是一种讲述性的口头交流的模式,承诺向观众负责展示交流的能力……向观众负责展示交流被执行的方式。”(1975,293)

鲍曼在 20 世纪 80 年代以来的多篇论文中反复强调了“表演”与“讲述的民族志”的关系,他从不同的角度出发,多次强调了源自“讲述的民族志”的“表演”的内涵意义。如前文所介绍的那样,在“讲述的民族志”的核心当中,有如下两种“表演”的观念。

一种可以被称为“作为讲述实践的表演”(performance as speaking praxis),这一术语来自常人方法论的倡导者哈罗德·加芬克尔。在戴尔·海姆斯批评诺姆·乔姆斯基的一系列论文中,围绕着“能力”与“表演”的概念——能力即语法,而表演指的是自然的讲述——海姆斯把自己的学术焦点转向了表演,强调社会功能决定语

① BAUMAN R,et al.Current trends in folk narrative theory[J].Arv:Scandinavian Yearbook of Folklore,1982,36:39-41.

言形式,语言同时具有社会的与指称的意义;强调社会生活的构成中语言的交流性的功能。海姆斯强调"交流的能力"这一术语,它包括一切按照社会之恰当的与可阐释的方式说话的知识与能力。在这里,"表演"是一种创造性的与生成性(或者说是"呈现中的")的实践,一种社会的生产与再生产。自此以后,"表演"成为"讲述的民族志"的基本概念。如前所述,人类学家雪丽·奥特纳敏锐而清晰地辨认出了这一以"表演"为中心的方法论,她把它当作以"能动者"(agent)为中心的、实践指向的社会与文化的观点,并看作是20世纪80年代以来国际人类学理论的新趋势。

"讲述的民族志"的早期工作重在理解讲述的普遍模式与功能,理解作为一种文化体系的讲述。除了关注普遍的模式、功能与结构之外,它还关注了讲述行为的独一无二性、生成性、类型与语境。

"类型"普遍地被认为是惯例化的讲述的种类,是一种预备好的讲述形式。受科学分类学经典的影响,对于"类型"的学术研究,我们通常把它看作是属于相互排斥的分析性的门类,然而,表演者是如何动用与改变类型之风格化的标记以适应特定的、情境性的社会目标的?在某些语境中,在话语的生产过程中,我们会看到游离于经典的、基本的类型形式的情况,它们混杂或者转化了传统的类型。在分析具体的类型表演时,显然需要分析其形式的、功能的、自传的、历史的、情境的因素如何具体地结合在了这一类型的表演当中。在社会变迁的语境下,我们常常会遇到这种现象,这时,传统的表演条件让位于无法预想的新条件,但是,类型的操纵又绝不仅限于戏剧化地改变了的情境。还有,复杂类型是如何完成的?比如故事与诗歌结合在同一个传统的讲述的话语形式当中,它们是如何相互语境化的?在这里,类型是表演的资源,是讲述者实现特定的社会目标的创造性的、生成的甚至是独一无二的方式。此外,以行动者为中心来思考语境化的问题,关注的是讲述者积极地构造联系的行为,讲述者把他的话语关联于社会与文化的世界。同样,作为讲述实践的表演的观念,还可以被应用于推进"文本、讲述事件、讲述风格"等概念的研究,这是"讲述的民族志"发展的方向。

另一种"表演"的观念是把表演作为艺术性的行为,即"表演的诗学"。口头艺术的研究是"讲述的民族志"突出的兴趣点,肯尼斯·伯克与罗曼·雅各布森的作品一直关注口头艺术,并对"讲述的民族志"产生了形成性的影响。"表演研究"与"民族诗学"之翻译的与分析的工作,都是在研究"表演的诗学"。

在艺术的意义上,表演可以被看作是特殊的标记化的讲述方式,代表了一种特殊的阐释性的框架,讲述的行为在其中得以被理解。在这里,讲述是被展演的,被客体化的,被提升到了语境性的周边之外的,是受观众审查的。表演要求特别地关注讲述的行为,要对讲述的行为具有特别的意识,让观众看到它的特别的厚度,让他们有责任评估其相对的技巧与有效性。表演的技巧与有效性成为了任何交流行为关注的焦点。在这里,表演是一种可变的品质,在交流行为的多元的功能中或隐或显。其相对的突出性依赖于表演者是否以及在多大程度上向观众负责表演其交流的技巧与有效性,有些情况下,它会是一个完全的表演;有些情况下,它只是转瞬即逝地突破而进入表演。

这样一来,我们就可以区分表演、报告、游戏或者引述等不同的讲述方式了。它让我们关注讲述艺术的形式技巧与模式,关注其标定表演框架的形式、手段,关注艺术性口头表演在情境化的结构中(比如婚姻协商、法律争议、政治事件、仪式观察等)的社会模式与功能,艺术性的口头表演最终在这里服务于劝服、权力、愉悦以及社会经验的普遍的强化。

这一表演的观念虽然出自"讲述的民族志",却已经具备自身的理论基础,并直接被许多学科(比如民族音乐学)所借鉴。它把我们从"讲述的民族志"引入了"交流的民族志"。鲍曼个人也在自己的研究工作中——比如在有关 13 世纪冰岛人口头艺术表演的研究中——把口头表演的理论应用于更广泛的社会与文化行为的领域。还有学者试图通过把诗学(poetics)扩展到美学(aesthetics),来把以表演为中心的研究方式扩展到对其他人类行为的研究中。

最后,20 世纪 80 年代以来,有人试图把"表演的诗学"与"文化表演"调和起来,因为许多表演的诗学发生在文化表演的事件当中。"文化表演"把这些事件看作是元文化的展演,文化表演的理论扎根于涂尔干的象征性分析的研究传统,倾向于忽视表演的形式美学;而"表演的诗学"以前没有太多地集中关注这些表演事件中多元符号的丰富性。"文化表演"集中关注的是这些事件的认识论的反思性;"表演的诗学"关注的是形式的反思性。

从口头艺术形式扩展到其他的符号体系,意味着要按照表演的美学来理解文化表演的符号复杂性。当学者们开始关注仪式表演的形式技巧与艺术的品质,把表演看作是参与者正在形成的实践时,不同表演观的全面和解便处在形成的过程中了。①

① BAUMAN R.The role of performance in the ethnography of speaking[C].Working Papers and Proceedings of the Center for Psychosocial Studies,1987,11:3-12.

第五章 作为表演的口头艺术

所谓"作为表演的口头艺术"中的"表演",指的是一种讲述的模式。鲍曼的"口头艺术的表演研究",是在借鉴了人类学、语言学、文学批评等学科的概念与思想的前提之下对于民俗学研究方法的发展。尽管上述每一个学科都在口头艺术的研究领域具备各自不同的学术传统,但鲍曼的理论发展与创新却是跨学科的、跨界别的。

在鲍曼那里,"表演"的概念具有两层含义:一是"艺术性的行为"(artistic action),二是"艺术性的事件"(artistic event)。前者指向民俗的被应用,而后者指向表演的情境,涉及表演者、艺术形式、观众与背景。这两重含义对于发展民俗学的表演观是十分重要的。然而"民俗"这一概念又太嫌宽泛,在"讲述的民族志"的影响之下,鲍曼把考察的范围限定在"口头艺术"(verbal art)的领域之内,因为"口头艺术"一直是民俗学研究的核心领域,威廉·巴斯科姆就习惯于使用这一术语,并撰写了影响深远的学术论文。但是,需要特别指出的是,许多人会因此误以为鲍曼的表演研究是仅仅针对那些"口头艺术"的类型的,事实上并非如此,"表演"既包括口头艺术的类型,也包括口头行为的其他层面,无论何时,在人们张开嘴巴说话的时候,这段语言的连续体中就充满着表演,正是"表演"以文化地特定的与可变的方式把它们统一起来。

鲍曼从表演的本质、界定、模式以及呈现性特征四个方面介绍了他的表演理论。

首先,在陈述表演的本质的时候,鲍曼超越了传统上以文本为中心的口头艺术的概念,因为这种做法无法把口头艺术理解为表演①,理解为一种情境化的人际交

① 英国普通语言哲学家J.L.奥斯汀认为,任何言论都会以某种方式变得空虚,比如,当这种言论是由一名演员在舞台上讲述,或者是以独白的形式讲述时,即是如此。在这样的环境中,语言被以某种特定的方式讲述出来,它很容易为人所理解,这时它是不严肃地被应用的,它寄生于日常语言的使用之上,这样的语言是苍白的,没有实际的功能。鲍曼指出,J.L.奥斯汀所提及的这种语言使用方式弱化了语言的影响力,但这是他的偏见的一个产物。相反,从J.L.奥斯汀的话里,人们可以发现,"表演"是一种语言之基本的应用方式——作为一种严肃的、标准的应用——的转变。

流,理解为一种讲述方式。“表演”建构或者代表了一种阐释性的框架①,在其中,交流的信息得以被理解,这种“框架”至少相对于字面意义的“框架”。作为一种“框架”,表演既假定表演者要有向观众负责展演交流的能力,又假定观众要从表演者能力展示的相对技巧与有效性方面做出评估,并通过对于表达行为本身的内在品质的欣赏来提高经验。总之,表演是语言使用的一种模式,一种讲述的方式。其次,作为框架的“表演”是如何被交流双方意识到的?在经验的层面上,每一个讲述的社区都会利用一套结构化的与众不同的交流手段来界定表演的框架,鲍曼从局外人的视角出发为我们提供了一个从多种文化当中总结出来的界定表演的交流性手段的列表,其中包括了比如“特殊的符码;特殊的模式(比如传统化的开头与结尾,公开地表示“在表演”的言论);比喻性的语言;形式性的风格化技巧(比如平行主义);特殊的辅助语言特征;求助于传统;放弃表演等等”。上述形式技巧把观众的注意力牢牢地绑定在表演者身上,让他们沉迷于他的表演当中。再次,表演的手段是体现在“类型”当中的,表演与特定类型相结合是特定社区中表演模式的重要方面。在表演的民族志当中,调查者的注意力常常被惯例化地表演的类型所吸引,但是,有些类型特别吸引观众的注意力,有些则并非如此。而且,客观地说,特定社区的成员可能会按照“行为”而不是类型来概念化讲述活动。表演的行为是情境化的行为,处于特定的“语境”当中,语境可以区分为不同的层面。在任何讲述性行为的总体当中,可以区分出艺术性的类型与非艺术性的类型,敷衍性的表演与充分的表演,艺术行为(艺术类型)与艺术表演的语境(社会文化背景、制度背景、事件的场景等等),表演是文化“事件”的一部分。在一些文化事件中,表演是被要求的,是其中一个必要的构成要素,这就是弥尔顿·辛格所谓“文化表演”(cultural performance);但是在另外一些文化事件中,表演是其中选择性的特征,并非必要的或者不可避免地期待出现的。表演事件的结构是许多因素相互作用的产物,包括了背景、行为序列、表演的基本规则等,这最后一项是由一些文化主题与社会互动的组织原则构成的,它控制着表演的行为。与表演事件一道,某些社会“角色”限定性地把表演作为他们的一种人格特征,表演对于建构角色地位是必要的。获得表演者的资格是因文化而有不同的。表演者角色的分析还需要考虑由同一个个体承担的不同的角色之间的社会行为的关系。总之表演的民族志要求从整体上描写一个讲述的社区当中全部讲述的事件、行为、角色与类型,考察它们的互动关系与依赖关系。最后,表演意味着传承也意味着创新,表演的呈现性的本质在于交流性的

① “框架”的术语来自乔治·贝特森与欧文·戈夫曼,贝特森在他的原创性的论文《一种游戏与幻想的理论》中,首次系统地提出了“框架”的概念,它作为一个限定性的阐释性语境,为区分信息的层级提供了指导。戈夫曼则撰写了《框架分析》这一专著,深入发展了“框架”的理论。

资源、个人的能力、参与者的目标、特定的情境之间的相互作用。我们把表演的界定、类型、行为、事件、表演行为的基本规则看作是社区成员的基本资源,根据特征化的情境,表演者改变着流畅性与变异性,表演事件之呈现当中的结构,在变化的情境当中适应于新的环境。在真实的表演当中,没有完全的创造,也没有完全的继承。除了文本的结构与事件的结构之外,社会的结构也处于呈现的过程当中,而表演者所承担的社会角色经常与边缘性与越轨相关。在表演的呈现性的本质当中,由于改变的能力总是受到强调,所以表演者便常常地处于社会的边缘地位之上了。在这里,新的意义、价值、经验被连续地创造出来。鲍曼强调,表演的"呈现性"的概念正好可以让民俗学思考当代社会实践以及呈现当中的结构,去研究口头艺术当中的传统、实践与呈现性之间的关系。"表演"因此而成为新民俗学的概念基石,把民俗学从面向过去的传统转变过来,促使人们理解当下人类实践的总体。①

反观"表演研究"的思想脉络,不难发现,语言学、人类学与口头艺术研究(民俗学),三种学科的研究对象令人满意地高度一致,它们一致地关注语言、文化与口头艺术,虽然近代有学科分立的趋势,但是,也不乏相反的动向。

鲍曼发现,对于语言、文化以及民俗的珍视,可以追溯到浪漫的民族主义的先行者赫尔德,对他来说,一个民族,再没有比他的父辈的语言更珍贵的东西了。其中存活着它的全部的精神财富,传统、历史、宗教、生活的原则,所有的心灵与精神。剥夺一个民族的语言,或者贬低它,就是剥夺它的从父亲传递给儿子的唯一无价的财富。不同民族的人们都曾好奇地聆听用他们的民族语言讲述的故事,这些语言与故事流进了他们的头脑,就像母亲的乳汁流进了他们的身体。

在赫尔德的概念当中,文化与传统在民众的诗歌中找到了其最崇高与最真实的表达。民歌与民俗,是"民族性"的档案馆,是"民族精神"的印迹。从其民歌与民俗当中,人们可以学会、了解该民族人民的思维方式。语言、文化与民俗相互缠绕,调查其中一个,必然会涉及另外两个。赫尔德的思想遗产可以通过语言学、人类学以及民俗学的不同问题线索——比如讲述社区的本质,集体性的表征,民族性格,民俗学当中民众这个前缀——而得以追踪,这正是语言人类学、讲述的民族志以及口头艺术的表演研究的力量所在。

博厄斯有力地传承了赫尔德的思想,为普通人类学的问题提供了解决的方案。他说,"显然,从实践的与理论的观点来看,语言的研究一定是民族学研究的重要分支之一,因为,一方面,没有语言的实践知识,就不可能有民族学彻底的洞察力;另一方面,人类语言所描述的基本概念在种类上与民族学现象中的种类没有什么不同,而且,特定语言的特征清晰地反映在世界上特定人群的观念与习俗当中"。然

① BAUMAN R.Verbal art as performance[J].American Anthropologist,1975,77(2):290-311.

而,对于博厄斯而言,民俗只是语言学研究的工具,或者只是材料与方法。在他作为田野工作者、编辑与老师的学术生涯中,民俗文本是语言学的材料与民族志的数据,他在故事传播问题上的分析性的观点,与他的语言与文化研究相适应。

如果还要寻找先驱式的人物,那么萨皮尔也可以算一个了。他在《努特卡人讲述中的反常类型》(1963)中,介绍了一个有趣的语言学的与文化的问题,即讲述中多种技巧的使用问题,意味着某种关于地位、年龄、性别,或者是讲述者、讲述对象的特征的问题,但他没有在任何地方直接讲出这样的特征来,而是直接对某一类风格化的材料进行了广泛的探讨,开展了包括对神话、歌谣、仪式性讲述等多种口头艺术形式的分析。

打开赫尔德有关语言、文化与民俗的统一的观点的核心性元素是语言学。当语言学成为一门独立的学科,把它的研究对象界定为索绪尔二分法当中的语言的时候,出现了一种关于口头艺术的独一无二的语言学的观点。文化人类学家——绝大多数沿着另一种不同于民俗学的研究思路——关注的是民俗与文化的相互关系。每一种学科保留了它们对于民俗材料的兴趣,却依据其特定的学科关注点,忽视了学术分科之前统一领域中"语言与文化"密切相关的思想高度。

这样一来,在语言学当中,主要是在俄国形式主义与布拉格学派的影响下,兴趣点集中在文本之语言形式特征的模式上,有时也包括了民俗文本。这种口头艺术之语言学指向的方法的参照框架是语言的概念,它特别强调——无论是默认地还是公开地——语言的参考功能,言说的命题内容。然而,口头艺术(或者诗性语言)的本质,在某种意义上,被看作是一种偏离于参考模式的语言。比如,它可能被看作是偏离于语法的规则,事实上是处于语法研究的范围之外。在某种构想中,诗性语言与其说是需要被按照语法来看待,不如说被看作是对立于、违反了日常的、普通的语言规则。按照偏离与违反的逻辑,就没有必要讨论诗性语言的本质了。人们通过两种原则来解释诗性语言的特征:次要的结构强加于语言之上;偏离于正常的结构。这里不是要分析与批评现代语言学研究口头艺术的方法,重要的是要说明,从语言学自身当中已经发展出了某种研究口头艺术的语言学观点。

人类学参与口头艺术研究时,采用了一种不同的路径,它坚持了赫尔德的民俗学观,即民俗是人们的集体性的表达,是他们文化的投射,因此需要调查研究二者(民俗与文化)之间的关系。博厄斯设定了研究的方向,即民俗是"文化的反映",是扎根在了"与人类生活事件的想象性关系中的游戏,尤其是那些激荡着人们的情感的游戏"中。马林诺夫斯基的观点补充了这一观点,他说神话与其他民俗形式是表达意识形态构成要素的工具,或者是作为宪章在起作用。然而,事实上,民俗如何以及为什么反映了文化的观念,或者它如何合法化了社会结构,这个问题一直都是学术界争论与探讨的焦点。经验的、分析的、呈现的策略仍然是一贯相同的,人类学家们一直都在搜集文化材料,通过民族志的实践(观察与访谈),以文本的形式记录民俗材料,然后去澄清“民俗与文化”之间的关系,比较或者合成两种材料。马林诺夫斯基说,表演的整个本质,声音与模仿,听众的刺激与反应,表演对于本土人的意味等信息十分重要,人类学家应该从本土人那里获得相关的线索,应该关注民俗表演的直接情境。然而当时,主导的民俗概念是把民俗作为集体的表征,是把民俗作为一个整体的社会表达。表演的环境,虽然也许是丰富多彩的,却不被看作是有深入分析的重要价值的。

然而,恰好是这些表演的语境信息,在20世纪70年代开始重新受到了重视,围绕着这些材料,语言学、人类学与民俗学的重新组合产生了奇特的效果。这一重新组合的概念框架是由“讲述的民族志”提供的。“讲述的民族志”的任务就是去辨认与分析语言的、社会的与文化的资源之间的动态关系,这些资源为一个讲述的社区中的成员在讲述的行为中所应用,社区个体成员的能力,显示在哈罗德·加芬克尔所谓“讲述的实践”(speaking praxis)中,这是他较早时期在乔治敦大学的圆桌会议上提出来的,它是一个对于特定社会中文化体系之讲述的描述性理论。如前所述,在构拟“讲述的民族志”的概念框架与研究计划时,戴尔·海姆斯曾清晰地分辨了他观点的学术渊源,它部分地来源于赫尔德的理论遗产,然而又建立在某种理论综合的基础之上,其中平等地应用了来自语言学、人类学与文学的思想。

上文已经指出,“讲述的民族志”尤其关注口头艺术形式。口头艺术形式同时受到讲述者与研究者的关注,因为它们是任何讲述的社区的讲述行为中最具有吸引力、最明显与最重要的部分。因此,有关口头艺术形式的研究在“讲述的民族志”的研究当中占有绝对大的比重。口头艺术形式的研究,具有宽泛的语言学与人类学的相关性,比如它关注表演的本质、社会互动中讲述的类型及其组织形式,情境化言说的呈现性特质等。尽管如此,从民俗学的观点来看,“讲述的民族志”具有一种巨大的刺激性的与阐释性的效果,它提供了一种概念的与方法论的框架,把象征性的与表达性的手段,艺术性的行为,审美的反应,情境化的与文化的语境等,纳入一个统一的参考框架当中来了。

在民俗学当中,在“讲述的民族志”的指导下,大量的工作都是围绕着“表演”的概念展开的。首先,“表演”的术语主要被用于作为一种手段,把大家的注意力从传统上民俗学的先入之见——作为文本、民俗之物——转向了民俗作为行动,即“民俗之行为”。这样使用“表演”这一概念,有助于培养一种理想的重新定位,因为它传达了双重意义,即表演作为艺术性的行为,与表演作为艺术性的事件,这两点对于民俗学的表演的方法都是十分重要的。然而,不久以后,民俗学家们需要一个更加严谨的“表演”的概念,要把“表演”定义为一种口头交流的模式,一种讲述的方式,在试图贡献于这样一个概念的理论发展的过程中,鲍曼提出了下面这样一个初步的构想。

表演，作为一种讲述性的口头交流模式是由下述方面构成的，它假设要向观众负责展演交流的能力。这种能力表现为以社会地恰当的方式讲述的知识与能力。在表演者方面，“表演”涉及他有责任向观众展示交流被执行的方式，这些能力超越于参考性的内容之外。在观众方面，表演者方面的表达行为是被标记的讲述行为，是要接受其评价的，他们要对表演者展示相关技巧的能力、效果进行评价。除此而外，通过欣赏表达性行为的内在品质，观众还可以因此提升自身的能力。表演要求特别注意表达的行为，对表达的行为具有较高的意识。它给予观众关注表达的行为与表演者以特别的注意的权力。

总之，表演是一种语言使用的模式，一种讲述的方式。这样一个概念对于口头艺术理论的内涵是：没有必要再以艺术性文本为着眼点，不必在独立开展形式辨认的基础上，然后把文本抛回到使用的情境当中去，最后用交流的术语来概念化口头艺术。相反，按照这里提出的方法，“表演”是作为讲述性交流的口头艺术领域的构成要素。

事实上，“讲述的民族志”已经超越了其在民俗学领域中的初始计划。因为自格林兄弟开始，民俗学中最一以贯之的比较研究的传统是围绕着“文本的变异”展开的，它关联着民俗文本之起源与传播的问题。在概念与方法论上，这一学术传统来源于 19 世纪的印欧语文学。然而，“讲述的民族志”打开了全新的比较研究的可能性。

举一个简单的例子，考虑一下民俗文本中经典的平行主义，普遍的反复，系统的变异，语音的、语义的与语法的结构，罗曼·雅各布森把它看作是世界口头诗学的本质，他对各种特定传统中的平行主义的分析，为后来的研究提供了模式与标准。对于平行主义的民族志研究的潜在贡献在于：它超越了文本中语言学特征的形式模式，揭示了平行主义的模式与特定的社会文化模式与结构之间的关系。口头艺术的民族志调查，通过阐明应用于一种艺术性的言说中的具体方式，可以为语言学分析的洞察力提供一个辅助性的、强有力的维度，即它可以阐明形式、模式之间的相互关系，说明讲述模式与更大的社会文化模式、结构之间的关系。

口头艺术的民族志者所面对的最宽泛的问题是特定的社会中口头艺术的本质与范围的问题。正好比说，讲述本身作为一种文化体系，因社会而有差异，口头艺术领域的本质与范围也是如此。通过对民族志的记录进行比较研究，我们可以概括出某些艺术性的表达在人类社会生活中的多样化的作用。人们似乎甚至可以从区域性的观点来开展这样的工作，考察口头艺术在更大的讲述语境中的地位，并进而与普遍的文化模式联系起来。

鲍曼说，目前大家更多地关注的是口头艺术的民族志调查，太多的注意力放在了那些明显的口头艺术类型之上，对于那些并没有成为艺术关注焦点的讲述行为，对于那些其口头艺术类型没有那么明显的社会却关注不够。

此外，既然民俗学的研究领域不再只是局限于农民与原始人，20 世纪 70 年代前后，美国民俗学家已经普遍认为，任何群体都可以成为民俗学调查的社会对象。一个有趣的问题是口头艺术形式之类型与特定社会结构类型之间是否具有某种对应关系，这需要进行全面系统的研究。之前，涂尔干曾把谚语与机械团结的社会关联起来；后来，又有人把谜语与高度发达的政治综合体对应起来，他们的研究成果似乎表明：在口头艺术类型与社会类型之间似乎具有某种强联系。

20 世纪 70 年代中期，有语言人类学家与社会语言学家关注社会结构与语言（讲述）类型的关系问题。其中，巴西尔·伯恩斯坦尤其关注了社会结构与口头艺术的关系，他把口头艺术形式、社会结构以及社会关系体系关联起来，调查其中讲述的风格。儿童的同辈群体的民俗材料集可能构成了一个伯恩斯坦所谓纯粹“有限符码”的例子。它极大地有助于研究语言的习得与儿童民俗之间的关系。前述有关“表演”的思想刺激我们考察儿童是如何习得与发展它们的交流能力的，他们如何发展了他们的艺术性的语言表演的技巧，传统的、模式化的讲述游戏与语言艺术形式是如何由儿童自身参与和维持的。

鲍曼清楚地呈现了“口头艺术研究”在现代语言人类学当中所占据的位置，并通过追溯语言学、人类学与口头艺术研究的统一源点，重新阐释了上述三种学科集体的出生权，这是自赫尔德以来就存在的历史的与哲学的构想。① 这一学术史的梳理为口头艺术的表演研究提供了合法化的学术谱系与问题源流。这是他在具备清晰的表演理论框架的前提之下，对于这一理论框架的历史合法性的更深入的探讨，也为他在二十年之后再次返回学术史中寻找新的理论合法性奠定了基础。

一种新的理论观念的提出及其被理解与接受，当然不会是在一朝一夕之间就可以完成的。“表演研究”的观念在被提出之后，鲍曼在不同的场合、不同的语境下，通过不同的话语形式，屡次以不同的方式阐述这一理论模式的要旨与核心。

20 世纪 70 年代中期，美国民俗学已经基本完成了研究范式的转型，至少在观念的层面上，已经从“民俗作为事项”（folklore as things）转向“民俗作为一种行为模式”（folklore as a mode of action），尤其是作为交流。传统上，民俗学经过了多次理论讨论，一直认为民俗就是一些超有机体的、集体地形成的、传统的事物，它们可以在地图上游走，作为收集物填充在档案馆当中，它们反映着文化，却完全没有意识

① BAUMAN R.Linguistics，anthropology，and verbal art：toward a unified perspective，with a special discussion of children's folklore[M]//SAVILLE-TROIKE M.Linguistics and Anthropology，Report of the 28th Annual Georgetown University Round Table Discussion on Languages and Linguistics.Washington，D.C.：Georgetown University Press，1977：13-36.

到——在社会生活行为当中,在交流互动当中——民俗的情境化的使用。“表演研究”的工作就是要填充这一空白,提出民俗作为情境化的交流的观念,把象征性的、表达性的手段,艺术性的反应以及情境与文化背景,同时纳入一个统一的参考框架当中来。从这一观点来看,除了文本,交流性事件也可以作为一个分析性的单元,可以作为一种框架,可以因此而理解传统的文化模式、意义、预期、情境的独一无二性、个体的能力,以及所有这些因素在呈现当中的艺术性生产中的相互作用。

鲍曼一再强调,民俗作为交流的研究理念来自“讲述的民族志”,“口头艺术”在“讲述的民族志”当中占有一个突出的位置,一个特定社区的口头艺术形式是它最重要的讲述资源,地方群体与民俗学家也对它感兴趣。“讲述的民族志”为民俗学提供了概念与方法论的框架,反过来,民俗学对于类型与表演的特殊兴趣与研究传统,又为推动语言人类学的发展做出了贡献。

面对表演研究的异军突起,理查德·道森从他的老派民俗学的立场出发,把倡导新民俗学的民俗学家们称作“语境主义者”(contextualists),然而,正如威廉·巴斯科姆指出的,“语境”的概念以及它在对民俗之全面的文化理解当中的核心性早为人类学派的民俗学家们所重视了。比如,马林诺夫斯基关于语境的研究,在两个层面上影响了当前民俗学关于语境的讨论,一是引导民俗学家直接关注民俗表演的场景化的背景,二是强调场景的语境是社会意义的关键。在更宽泛的意义上,“语境”这一术语更多地被理解为整体的文化背景,特定的民俗事件置身其中,人们只有了解这一背景才能理解这一特定的民俗事项。

特别需要指出的是,人们倾向于把“文本与语境”(text and context)并置起来,似乎“语境”成为了“文本”的背景,而文本才是第一位的。这一观念支持了二者可区分的错觉,似乎它们可以被区分开来分别进行描述与分析,一方面是记录文本,一方面是描述产生这一文本的语境,然后把二者合成为一个材料的整体。事实上,人类学家与民俗学家也的确秉持着这种观念,并持续工作了几十年。这种对于语境的关注与民俗学的前沿或者新观点完全不同,真正的新观点是:作为交流的民俗是在交流的场景性行为当中的过程、产品与语境的整体,必须认识到,语境不是指一个文本置身于其中的稳定的、固定的连续体,而是指一个呈现当中的、在互动当中通过参与者本身协商行为与意义而进行创造的连续体。

新民俗学的一个概念性的组织原则是“表演”,它同时意味着“艺术性的行为”与“艺术性的事件”,这对于民俗作为表演的概念的提出是十分重要的。但是,表演不只是民俗的操作,而且是特殊的交流模式,有其自身的目标。总之,表演是讲述的、交流的口头艺术领域的构成要素。

“语境”是美国新民俗学的关键词之一,鲍曼在《语境中美国民俗学的田野研究》一文中详细地分析了“语境”的概念,极大地推进了表演理论的广泛传播。

在民俗学的历史上,学者们习惯于客体化地处理民俗事项,他们关注的是民俗事项的生命史。任何民俗事项都已经经历了漫长的历史时期,跨越了巨大的世界范围内的距离,最终固定在广泛地分离的地点当中,或者机缘巧合而被某某记录者搜集到,最终保存在论文集与档案室里。从这一观点来看,民俗显然具有其自身的生命,只是它遵从着非个人的、超有机体的过程与法则。在许多方面,这种民俗观是一种抽象的,建立在历史记录或者歌谣、故事与法术的档案记录的基础之上。然而,我们称之为民俗的象征的与表达的形式,在人们的行为中具有它们基本的存在,它们扎根于这些人群之社会的与文化的生活中。我们所谓民俗文本,习惯上被民俗学者们看作是民俗学的原材料,其实只是深层的情境化的人类行为的浅表的与部分的记录。从现象学的立场出发,鲍曼告诫我们:如果我们要去理解民俗是什么,那就必须超越一种观念,即把它看作是超越主体的超有机的事物。我们必须从语境的角度来看待它,按照个体的、社会的与文化的因素理解它,正是这些因素给予其形状、意义与存在。这一重新定位反过来要求我们开阔我们田野工作的视野。从“语境”的立场出发来看待民俗的观点,使得民俗学的田野工作更加复杂化。较之简单搜集蝴蝶标本的方法——古代遗留物式的搜集——语境式的研究工作需要更细致的田野作业。

进行有意义的田野作业并不一定要记录整个社会的与文化的生活。鲍曼的目的并不是用不切实际的野心与教父式的指导意见去立法、去恐吓或者挫败有潜力的民俗学田野工作者。相反,他只是尝试着提出一种合理的、全面的语境中的民俗的概念,以便更加充分地构想与特定民俗事项相关的需要密切聚焦的内容。它本质上基于这样一种基本的民俗学观念:民俗事项是处于一种相互关系的网络中的,语境是理解民俗事项的参考框架,这可以促使研究工作追溯多种维度之间特定的关联与模式,关注更大范围内的相关因素。

鲍曼重点强调的是通过田野作业可以直接接触到的语境,讨论的焦点是口头艺术。他把与“语境”相关的范畴划分为两个方面:一是“文化语境”,即与意义的体系及象征性相关的维度;一是“社会语境”,即与社会结构及社会互动相关的维度。

鲍曼进一步把“文化语境”区分为如下三个方面。

1.意义的语境

关于民俗的文化语境之最基本的层面是“理解”的问题,换句话说,人们需要去了解文化与社区,以理解一个民俗事项的内容与意义。当人们需要理解它的时候,需要什么信息。研究陌生社会的民俗学者可能更容易认识到,理解民俗需要获得这种语境的因素;然而,在一种熟悉的文化中工作,比如在某人自己的国家,就像民俗学家们所做的那样,他们自然地倾向于假定民俗的意义是可以轻易地获得的,因为人们向来理所当然地这样做。但是,当普通人与学者意识到社会是一个差异性的组织时,他们就会认识到"意义"在不同的文化、亚文化以及社区中都是有歧义的,尤其是在我们自己复杂的与异质的社会当中。在这里,受过训练的民俗学家本身是群体的成员,他们研究的是他们自己的民俗,通过澄清从那些群体中搜集到的材料的文化意义,他们可以提供一种有价值的服务。

2.机制的语境

理解"意义"还可以按照人类学的"机制"的观念获得。"机制"是一种功能性地组织的有目的的活动系统,是由理想的、行为的与社会的元素构成的。在宽泛的意义上,"机制"可能包括了政治、宗教、亲属关系和经济,或者邻里关系、入会仪式、庆典或者建筑谷仓的组织行为等等。

作为一个分析性的概念,"机制"这一概念的主要价值是聚焦于文化的各种方面如何相互调适,一个方面如何相关于另一个方面。从民俗学家的观点来看,一个特定的事项或者类型如何相关于文化生活的其他方面,从而形成更大的、相关的结构?它在哪里是适合的?以及它如何才是适合的?它的功能是什么?一种民俗形式之机制化的语境调查,在整体的意义上,揭示了这种民俗行为的适用范围,在其中,它获得了它在文化中的地位,通过它的使用可以发现它所服务的文化整体的目标。

3.交流性体系的语境

从民众的观点来看,对于口头讲述的类型与讲述行为,地方民众一般都会有他们自身的分类与标签体系,他们按照这些分类与标签体系来组织他们的民俗。在这里,人们想要知道他们的表达性形式的范围,它们共同构成了当地民俗的节目单。这一套本土的有意义的术语与分类,构成社区民俗交流的资源,并在讲述行为中与文化整体的交流体系相关联。这些更大的表达性的相互关系的体系构成了一种语境,它对于其中每一种不同的讲述形式具有语境性的意义,按照文化的预期与规则,分别给予其内容、形式、使用与评价的规则。总之,这里关注的是一种特定形式的民俗事项如何与文化中的其他民俗形式相关联。

鲍曼又把"社会语境"进一步细分为如下三个方面。

1.社会基础

200多年来,民俗一直被当作是一个特定人群集体的表达,这一民俗学思想的影响力至今不衰。民俗的社会基础——它发生于群体或者集体当中——代表了其社会语境的一个重要的方面,问题是社会身份的哪一个特征使得一个特定的民俗得以流行？大部分美国民俗研究一直都局限于一个有限范围内的社会组织，比如地域的、民族的、职业的与年龄的群体，家庭作为民俗的社会基础也开始受到了关注，而社区是民俗被学习、使用、传承的重要基础之一。

2.个体的语境

如果说民俗是社会群体的集体性的表达，那么它也是使用它的个体的个人性的表达。正好像社会群体与社会生活构成了语境，在其中，个体需要使用民俗，个体的生活史与结构，以及一个个体的节目单的变化，代表了重要的语境性的框架，这是理解人类生活中民俗地位的重要语境。在一个人的民俗储备中，对于任何给定的民俗事项，我们都可以调查他如何以及何时被习得，这种民俗事项如何既是社会的(比如角色的适当性)，又是个体的(比如个人品位)，它对他的社会地位具有何种影响，它是如何与作为一个整体的民俗储备关联在一起的，什么样的选择性的因素与组织原则——同样既是社会的又是个人的——赋予了个体的民俗储备以结构与形式。

3.情境的语境

很早之前，马林诺夫斯基已经概括说明了情境的语境，这是对使用中的民俗的民族志研究，涉及的是社会生活的真实行为。这里最基本的参考框架，以及描述与分析的单元是交流性的事件(术语"事件"指的是一种文化地界定的行为与经验之流的固定部分，构成了行为的有意义的语境)。民俗事件的结构是多种情境性的因素的相互作用的产物，包括了物理的背景，参与者的身份与角色，表演的文化基本规则，互动与阐释的规则，行为的序列，它们共同构成了作为一个文化场景的事件本身。

对于文化的每一个方面做一个惯例化的、模式化的民俗事件的民族志描述，这是一个层面；与此同时，每一个事件都是独一无二的、呈现中的，它依赖于与众不同的表演环境。这些因素将表演事项的选择情境化，策略被应用于它们的使用当中，文本的形成与特定情境的结构都是生成性的。它们也将会给予被使用的民俗事项一种意义的维度，这种"意义"超越于其概括化的文化的意义之外与之上。

最后，鲍曼指出了民俗学家们的一种持久的冲动，即努力要追索一种所谓的自然的民俗形式的语境，即他所谓"自然的语境"。在这种语境中，事物处于一种理想的时空体中，它似乎存在于民俗学家们涉足之前，而正是民俗学家的闯入污染了它的纯洁性。在某种程度上，这样的民俗学家们对事物曾经的样子感兴趣，对事物在社区中本来的方式感兴趣，当时民俗学家们并不在场观察，他们试图解释"自然的语境"。但是，这一概念很快就变得没有生产力了，因为它支持这样一种观念，任何脱离开我们的传统主义者的自然语境的概念都因此是不自然的，都处于民俗学的范围之外。而且,新的事物一产生,变化就发生了。这种连续性的威胁也就是变迁的威胁。鲍曼认为,我们应该勇于接受这种创造性的过程,当一个传统民俗的表演者改变了他的表演以适应新的环境时,民俗学家们可以通过一个密切的语境性的描述来获得对于社会与文化的更多理解。

语境中的民俗学田野研究是一项多维度的研究工作。它围绕着六个宽泛的焦点来组织田野材料,它们分别是:意义的语境(它的意义是什么?),机制的语境(它适配于文化的何处?),交流体系的语境(它是如何关联于其他种类的民俗?),社会基础(它属于何种人?),个体的语境(它如何适配于个人的生活?),情境的语境(它是如何使用于社会情境当中的?)。总之,"语境"的民俗学意识到,民俗是植根于人类社会与文化生活中的实践,不应该去研究"民俗与文化",或者"文化中的民俗",而应该"把民俗作为文化"来研究。①

20世纪80年代末,鲍曼为《国际交流大百科全书》撰写《表演》的词条,在这里,他更加集中而全面地介绍了他的"表演"观。他说,表演是一种交流行为的模式以及一种交流事件的类型,通常指的是艺术性地标志出来的与受强调的交流模式,它以一种特殊的方式被框架,为观众展演。对于表演的——事实上指的是表演的行为——分析强调的是交流过程的社会的、文化的与艺术的维度。

在普通的意义上,表演是指一种行为的实际执行,是相对于能力与模式等等其他因素而言。在表演艺术中,这相当于脚本与表演之间的对比关系。这里有一个符号之间的翻译的问题,从脚本被转化为表演,或者从被表演的行为转化为书面文本。比如一个舞蹈被转写为拉班舞谱,或者一个口头表演的民间故事被转化为书面文本。对语言艺术的翻译方法被称为"民族诗学",这种方法的核心就是关注转写的问题。

戏剧家长期以来关注的是脚本与表演之间的相互关系,以及从前者向后者转变的过程。而"文本中心论"关注的是去情境化的、抽象的民俗事项,"表演中心论"关注的是民俗形式的真实使用。

在这些问题上,研究者讨论的焦点是:有多少种以及以何种方式的脚本、乐谱或者民俗传统决定着表演?相反的问题是:有多少灵活性、阐释性的选择与创造性的机会留给表演者?一个相关的关注点是:尤其是在精英艺术中,一种剧本或者乐谱的某一种版本在何种程度上准确地表达了创作者的意图?如果可以,我们如何把它体现于表演中?学者与批评家们倾向于把权威归于脚本的创作者,而表演艺术家们则强调他们自身的创造性贡献。总之,不可能存在中立的表演,表演总是呈

① BAUMAN R.The field study of American folklore in context[M]//DORSON R M.Handbook of American folklore.Bloomington:Indiana University Press,1983:362-368.

现出一种“呈现当中”的维度,没有完全相同的两个表演。此外,跨越表演艺术、文化与历史时期(以及在其中任何一个当中),其间更是有大量的变异。最终,权威性与创造性,准备好的与呈现当中的之间的相互比例与相互关系,只能在对于表演本身的密切的研究当中予以经验性的考察。

一个相似的对立关系是交流行为的潜力与交流的真实行为之间的对比,这是语言学家诺姆·乔姆斯基的生成语法学当中的两个概念,即“能力与表演”,前者指暗含的语法知识、语言的形式结构,是一种抽象的、理想的、认识的规则体系,用于生产与理解语法上正确的句子;后者指自然的讲述,讲述者事实上使用语言做了什么。乔姆斯基的语言学理论只关注前者,语法学就是特定语言能力的理论,后者被视为是偏斜的、不完美的、与语法无关的因素——分心、记忆限制、错误、注意力与兴趣的转变,等等。

语言学界的其他研究者,尤其是心理学家、社会语言学家以及语言人类学家,却集中地关注“表演”的一面,代表性的人物就是戴尔·海姆斯。他认为,社会地建构的语言学需要新的“能力与表演”的概念,还需要重新表述它们相对于语言学理论的重要性。在这一观点当中,社会功能赋形于语言形式,语言同时具有社会的与指称的意义,在社会生活的建构当中,语言的交流性功能被看作是其本质。他强调“交流的能力”,即让一个人按照社会的、恰当的、可阐释的方式进行讲述的全部知识与能力。它不仅仅包括语法知识,还要包括与欢迎、讲故事、承诺、发誓等行为相关的知识与能力。在这一观点当中,转化语法让位于表演,表演至少与语法具有同等重要的地位。

与作为一种交流行为的、呈现的表演观念不同的是作为一种特殊地标定出来的行为模式的表演的概念,它建立或者说代表了一种特殊的阐释性的框架,在这一框架当中,交流的行为被理解。在表演的这一意义上,交流的行为被展演、客体化,从其情境化的背景当中提升到一个高度,面向公众的评价开放。表演吸引特殊的注意,对于交流的行为有高度的意识,让观众观摩,赋予表演者以组织结构。表演使一个人的交流性行为为他人所理解;赋予观众以责任,让他们去评价表演者相对的技巧与成就之有效性。与此同时,表演也充满了危险,它笼罩在失败的阴影之下。表演者可能是——或者被判断是——无能的,或者可能会引起有问题的情感反应,当女性表演者被同时看作是欲望的对象或者道德上有危害的时候,即是如此。

在某种程度上,表达的技巧及其有效性会成为任何交流行为当中受关注的焦点。在交流功能的等级序列中,表演或者是主导的,或者从属于其他功能,比如信息的、修辞的或者交际的功能等等。劳动号子主要是为了辅助劳动的需要,但是,如果被在晚会上表演,则主要是表演性的了。因此,是不是一次表演,主要是看表演者是否承诺向观众展示交流的技术与有效性功能,而不是其他的功能。它可能存在于一种“完全的表演”与“突破进入表演”之间的一个连续体当中。处于两极之间的任何一个地方都可以被看作是表演,比如,有人讲一个听来的笑话,一方面要避免听众不接受,另一方面又试图尽量讲好,以使表演的技术与有效性获得正面的评价。这样的讲述便一定处于上述连续体中的某个位置上。

作为一个框架,表演是如何被标定的?每一种交流行为都包括了一系列公开的或者隐藏的框架信息,它传达一些说明性的信息,提示听众如何解释其被传达的信息。这一关于交流的交流被乔治·贝特森称为“元交流”。在经验的层面上讲,这意味着每一个社区都会利用一套特殊的交流手段来标定表演的框架。虽然会有一些区域的、类型性的模式与普遍的倾向存在,但是标定表演的手段可能具有文化的特殊性与多样性。鲍曼总结了一些框架化的技巧,诸如特殊的程式(比如,很久以前……),形式性的技巧(比如平行式、韵律模式),比喻性的语言(比如隐喻、明喻),求助于传统作为表演者之可解释性的参考标准(比如,老人们说……),特定的语域(比如,古代的语言),甚至是表演的否定(比如,我并不是一位真正的故事讲述者,但是……)。它们常常令人印象深刻地反复出现在世界各国人民的叙述性的表演的节目单里。

标志着表演的显著线索可能是情境的,比如,背景性的因素,像一个提升的舞台、台口、祭坛;特殊的用具、道具、剧服、面具;情境性的原则,比如季节性的仪式或者圣日。像所有的交流一样,所有的表演都是情境化的、被展演的,在社会地限定的、场景化的情境当中具有意义。

一个社会的表演形式倾向于属于最明显标记的文本化的、类型地管理的、可记忆的、可重复的话语形式。同样,表演形式倾向于是一个社区的交流性的节目单中最有意识地被传统化的,即它们被理解与建构为文本间相关联的、复述的、扩展性的连续体的一部分。在由理查德·谢克纳所提供的一个有影响的有关表演的概念中,表演意味着“从来都不是第一次的”,它把其本质定位于话语的“去/再语境化”当中,尤其强调的是后者。与此同时,没有任何表演可以被完美地复制。然而,表演的比较研究却倾向于强调那些具有明显特征的表演事件,美国人类学家弥尔顿·辛格称之为“文化表演”。文化表演倾向于是一个社区当中最重要的表演情境,它们具有一套本质性的特征:①这些事件一般都是安排好的,预先建立与准备好的;②时间上是固定的,具有一个固定的开头与结尾;③空间上也是固定的,在一个象征性地标定的空间里表演,或长期或临时,就像一个戏台,一块节日的场地,或者一个神圣的树丛;④表演是程序化的,具有一个结构化的脚本或者行动程序(这四个特点服务于下一个特征);⑤表演是协调性的公众的情境,它们面向公众,是集体参与的,是让人们聚集在一起的,是高度形式化的与艺术上高度复杂的表演形式,它们需要社区最高水平表演者的参与;⑥这样的表演情境是被提高的情境,通过现场欣赏表演性展演的内在本质而提高经验;⑦文化表演对于社会研究的最基本的吸引力在于它们作为文化表达的反思性工具的本质。美国学者芭芭拉·班布科克认为"反思性"显示了表演的两种能力,即植根于任何意义体系当中"成为自身的对象"与"指涉自身"的能力。这样就打开了体系构成之组织的与模式的原则。

首先,表演在形式上是反思的——关于意义的意义——它关注并涉及有意识地操纵交流体系的形式特征(舞蹈中的身体运动,歌曲中的语言与曲调),使人注意到了它的技巧。在其广泛的包容性上,表演可以被看作是元文化的,是作为一种客体化以及公开考察文化自身的文化手段,因为文化是一个意义体系的体系。这样,辛格在努力理解印度的复杂文化时,关注的就是其戏剧、晚会、演讲、仪式性的阅读与复述、仪式、庆典、节日,因为他的印度朋友们认为文化包含在这些不连续的表演当中,既可以展示给观众,也可以展示给他们自身。

较之更为流行的术语"反映"(reflective),"反思"(reflexive)是一个更有潜力的术语,后者把表演与其他艺术形式视为一些基本的文化现实,比如价值、行为模式、社会关系结构等等的反映、映像与反射、镜像(虽然可能有歪曲),是一种"艺术追随生活"的观点。然而,在20世纪70年代,在人类学的表演研究当中,许多人类学家与民俗学家,比如罗格·亚伯拉罕,克利福德·格尔兹,理查德·谢克纳,维克特·特纳,认为文化表演可能是基本的话语模式,它展示的是感官的形象与表演性的行为,而不是一套有秩序的、公开的、语言上明确的价值与信仰,是人们对于终极现实以及那些行为的现实内含的理解,格尔兹对于"19世纪的巴厘剧场国家"法庭仪式的研究尤其经典。

其次,表演还是社会的、心理学意义上的反思。既然表演的展演模式使得表演自身(舞台上的演员,火堆前的故事讲述者,乡村广场上的节日的舞者)成为了自身与他人的客体,表演是一种尤其有效的与提升的手段,它承担了他者的角色,并从这一观点回视自身。在这一过程当中,社会哲学家与社会心理学家乔治·赫伯特·米德与他的同行们发现了"自我的构成性",事实上,他个人也引述了戏剧的有效性来报告个体可以由此进入他者态度与经验的情境。这种关于意识的意识不只限于文化表演,而且可以阐释任何社会情境当中的认同。正在进行的社会行为过程中,一种"展示"感或者面对镜头的感觉,组成了我们这里介绍的表演。当米德把表演的本质归结为社会互动时,其中一系列隐喻的意义便来自狭义的戏剧表演,即"生活如戏",或者用他的话说,即"扮演泛化的他人"。①

---

① BAUMAN R.Performance[M]//BARNOUW E.International encyclopedia of communication.Oxford:Oxford University Press ,1989,3:41-49.另见:BAUMAN R.Performance[M]//BAUMAN R.Folklore,cultural performances,and popular entertainments:a communications-centered handbook.New York:Oxford University Press,1992.

2002年,鲍曼对《作为表演的口头艺术》一书的学科定位与跨学科影响做了一个简单的回应。他发现,自该书出版以来,有人从民俗学的学科立场出发,考察了该书从民俗学向其他学科——包括文学批评、讲述交流、教育人类学、音乐学(包括民族音乐学)以及古典研究——传播的过程,但是,鲍曼提醒民俗学界的同仁,这一传播与影响的过程有时间与空间的维度,不同的学科是在不同时间点上转向表演的。通俗地说,就是有一个早晚深浅的问题。

鲍曼特别强调说,虽说民俗学一直以来都是他工作的核心领域,但是,他的学术兴趣及爱好却已经大大地超出了经典民俗学的范畴。1967年,他在得克萨斯州从事博士后研究工作时,他的资助方有意在得州大学的人类学系创建一个民俗学的岗位。当时,系里民俗学界的年长的同事与主要发起人有阿莫里克·帕里戴斯与罗格·亚伯拉罕,他们两人都在英语专业,二人先后又都兼职人类学的教职。二人在鲍曼到达得州之前已经在从事着"表演"的研究。帕里戴斯关注的是得州与墨西哥边界上有组织的、表达性实践的社会认同及文化语料库,而亚伯拉罕在从事扩展性的民族志田野作业,并且正努力把肯尼斯·伯克作为生活装备的修辞学的观点引入民俗学。

鲍曼说,他来到得州大学人类学系之后积极参与组织了"语言人类学"的学术工作。为此,他从宾夕法尼亚大学挖来了乔尔·雪泽,他们俩同为宾夕法尼亚大学时期戴尔·海姆斯班上的研究生;当时,他还从加州大学伯克利分校和斯坦福大学挖来了一批人共同组成了"语言人类学"的研究小组。当时所有人的兴趣点都指向了呈现中的"讲述的民族志",表演的概念——作为交流性的实践,作为一种艺术性的讲述方式——开始变得引人注目,它作为概念性的及经验性的参考框架,最终成为民俗学与语言人类学之间知识关系重修于好的基础。这在戴尔·海姆斯的论文(《民俗学对于社会语言学的贡献》)中有所反映。

介绍上面的背景性材料是为了说明,走向"表演研究"虽然在当时鲍曼等人的思想当中还属于初级阶段,却代表了1960年代晚期到1970年代早期得州大学语言人类学与民俗学中重大的、生机勃勃的理论建构及学科建设的努力,显然,这两个领域之间存在着巨大的交叉点。人们可以追踪他们开拓努力的过程,那时,提炼学术概念的工作在年轻的学者之间热火朝天地展开了。

鲍曼自己对于"表演"这一概念更加坚定的建构得益于一个特殊的机会。20世纪70年代初,凯斯·巴索是《美国人类学》杂志的编辑,他负责该杂志中"语言人类学"的版块。1972年,当时美国人类学协会年会(AAA)在新奥尔良召开,一次午餐会之后,巴索告诉鲍曼,《美国人类学家》编辑委员会打算编辑一期综合性的文章,内容是关于正在形成中的概念,分析性的观点,理论性的方法等等,问他是否有关于语言人类学方面的研究成果供发表,鲍曼积极地利用了这一机会,撰写了《作为表演的口头艺术》这一论文的第一版,它被杂志社接受并出版于1975年。随后,罗杰·舒依,乔治敦(圭亚那的首都)大学的一位社会语言学家,也是一个正在发展的纽伯里出版社的社会语言学书系的编辑,同样给了他一个邀请,结果就产生了扩展版的《作为表演的口头艺术》一书,该书出版于1977年,附录了罗格·亚伯拉罕、芭芭拉·巴布科克、乔尔·雪泽以及加里·戈森的论文。

鲍曼之所以要介绍这些背景性的信息,是想说明,虽然"口头艺术"是他作为民俗学家的兴趣点,但是,这本书的出版也是基于民俗学与语言人类学紧密相关的知识及机构背景的。按照此书的出版历史来说,它是在语言人类学及社会语言学的支持下出现的,他原本是打算奉献给这些相关学科的。这样说来,公平地讲,他的表演的概念并非从民俗学传播到语言人类学,相反,它从一开始就指向了语言人类学。就该书代表了一种对于那些思想的重要构想而言,它被介绍进学术界,是在语言人类学这一亚学科的刺激下产生出来的。鲍曼郑重其事地指出了这一点,尽管民俗学家们对该书中提供的思想有令人满意的回应,但是,鲍曼更想强调语言人类学家们已经探讨了《作为表演的口头艺术》中提供的方法的重要方面,而民俗学家整体上——虽然有可注意的例外——并不倾向于探讨表演的形式构成,不探讨把诗学形式关联于社会功能及阐释性意义的关系,也不研究在社会生活的行为当中表演之更广泛的作用。

鲍曼承认,在提炼并使"表演"概念清晰化的过程中,他受到罗曼·雅各布森及布拉格学派诗学的影响颇深,尤其是受到詹·穆卡洛夫斯基以及欧文·戈夫曼关于框架的分析的影响。在后者的《框架分析》于1974年出版之前,鲍曼曾聆听过他的讲演,并与他有过私人的交流。布拉格学派的诗学,尤其是穆卡洛夫斯基关于诗学的功能的研究,以及雅各布森关于元语言的功能、平行主义、转换、语言的反思性维度的研究都使他深受启发。同样,戈夫曼的"元交流性"框架的概念,关于谈话的框架分析的长文,都对鲍曼的"表演"概念的形成影响巨大。

在写作《作为表演的口头艺术》时,鲍曼说,与芭芭拉·巴布科克(在得州大学时的另一名同事)的交流帮助他形成了关于"反思性"作为一种符号现象的更加概括化的理解。这就是附录当中她关于"元叙事"的思想,正是她促使鲍曼更加深入地表述了表演的反思性维度的问题;也正是她介绍了维克多·特纳当时正在形成中的方法,即作为元文化展演的文化表演——关于文化的文化形式,关于社会的社会形式——对于语言学的反思性是一个重要的补充,而语言学的反思性是鲍曼关注的核心焦点。

这些话是要说明,鲍曼反思性地意识到:"反思性"的概念在《作为表演的口头艺术》所提供的框架之形成中起到了核心的、深层的作用。批评者认为,在该书中,有一种反思性,但至多只是被模糊地预言了一下,而没有明确地加以澄清,这就是所谓的“反思性的意识”或者“表演者在一个互动中对自身作为一名参与者的自我意识，他们对于这一意识的信号，以及在观众那里所体验到的相对应的现象。”鲍曼承认，这一对于主体性之现象学的观点以及对于表演当中注意力之组织的关注，对于书中的漏洞是一个批评性的矫正。此外，批评者们还努力矫正书中未被理论化的观众的问题，即他们认为应该强调观众的差异性。这就告诉人们更多关于表演的经验——表演者的与观众的——二者都是主体间地建构的，却在表演之呈现性的展开当中面向着不同的经验与竞争。批评者们仔细地考察了表演当中意识的反思性可获得的全部符号学手段，包括身体、衣着、凝视、音乐、语言、空间等等——这是对鲍曼所提出的语言手段——《作为表演的口头艺术》中提到的表演框架之被广泛应用的手段——的一个巨大推进。

然而，所有表演指向的分析都局限在固定的表演事件当中，通过互动性及交流性工作的联结点，表演在主体间得以完成。专注于表演事件固然有益于表演的概念化及分析，但是，正如鲍曼所意识到的，在他的自我批评中，以及在与同事的讨论中，他发现，给定边界的事件，作为参照的分析性框架，亦有某种内在的固有的限制性，尤其是用表演中心的术语去理解超越了表演事件持续时间的时间范围——历史——与权力和权威的更大的社会形式方面时更是如此。通俗地说，就是表演如何与非表演相关，表演如何与之前或者之后的表演相关，表演事件如何与更大的社会政治经济活动相关。

鲍曼承认，早期的表演研究对观众的“理论化”程度关注不够：它偏好艺术的形式主义者的概念而忽视了表演之经验的、情感的动态性特征；框架化表演主体的意涵时没有充分地关注性别问题。尽管他在关注权力与表演的关系时，确实已经敏感地关注了性别的问题。

此外，鲍曼也承认，观众的确是表演的构成要素，在《作为表演的口头艺术》一书中所提供的表演的概念，的确使得观众成为了表演的构成性因素之一。但当时，他更多地关注去充实表演者的角色，努力把表演者从不加区别的大众的阴影当中突出出来，打破了民俗学及人类学当中“传统/创造”的二元对立中对于传统一面的先入之见的强调。

至于说“情感”，鲍曼承认，把对于表演的形式性构成要素的处理扩展到考察“形式—情感”的相互关系，应该是颇有生产力的研究路径。在写作《作为表演的口头艺术》时，民俗学与人类学很少关注“情感”，当然也不缺乏相关的著作，这些著作也曾把他引向了形式—情感的相互关系问题，也与他发展的有关表演的思想高度匹配，他也意识到了它们潜在的适用性，比如他关注到了苏珊·朗格的《情感与形式》(1953)和罗伯特·布兰特·阿姆斯壮格的《情感的呈现》(1971)。然而，在《作为表演的口头艺术》中仍然还有这样的缺憾。

批评者还说,既然鲍曼当年在界定表演者的责任时说,表演主体邀请观众的凝视,他们在展演的时候会发出强调性的信息,“嘿,看我,我开始表演了”,可是,鲍曼没有说明如果是女性表演者时会怎样。鲍曼承认这一问题需要更多的思考。比如权力是如何在《作为表演的口头艺术》中被论述的?在写作此书时,流行的权力的观念是用社会的、工具的或者机制的术语来辨认它,或者更通俗地说,是通过参照于抽象的统治与服从的社会形式(政府、社会阶层、性别、种族等等)来讨论权力的问题,但是,随着转向社会—互动的分析,学术界普遍地转向了一种权力关系的假定,它假设:参与者会把他们的统治与服从的关系带入互动,互动相应地打开这种权力关系。比如,一种普遍的观点认为,男性较之女性拥有更多的权力,因此,男性在男女互动中拥有更多的主导性,而女性会选择服从。讲述的民族志(表演分析、话语分析)的最主要的目的之一——最终的成就——却对这一标准的方法提供了一种批判性的修正,即互动的权力并不总是或必然肯定或具体化假定的权力关系。表演中互动的生成性的结果,可能是具体地协商而来的,权力关系是在表演当中创造的,而非简单地肯定假定的统治与服从的结构。当然了,人们想知道社会中机构性权力的假定的构形,表演中互动的权力的完成是否具有持久的影响,是否会超越于表演事件的终结而具有持久的效力,这是另外一个问题了。鲍曼再次强调,《作为表演的口头艺术》是想要为“讲述的民族志”做更大的贡献的,而“讲述的民族志”是服务于试图理解更加普遍的社会生活的。

表演的诗学本身不是目的,但是,对于理解表演是什么,表演如何起作用,表演的诗学却是富于启发性与生产性的。鲍曼还介绍了他最近关注的概念性的与分析性的问题,那是在与布瑞格斯以及跨文化研究中心的其他同事的合作中展开的问题。

(1)在固定的讲述或表演事件当中,互动性权力的实施如何关联于更大的社会形式,它如何组织了机构性的权力,这与社会是话语地构成的理解相一致——这是“讲述的民族志”的基础。

(2)话语如何在文本中流行(包括关注话语生产与阐释的“类型的”和其他定位性的框架),文本如何同时锚定在使用的语境化情境当中,又可从这一情境当中抽取出来,再语境化于另一场合中,这种“去语境化”及“再语境化”的文本之间的关系(这时已经应用了巴赫金的互文性概念)是什么,形构及权威化这些文本性实践的语言意识形态及“元话语性”的实践是什么。显然,“表演”为探索这些问题提供了一个非常有利的出发点。[①]

① BAUMAN R.Disciplinarity,reflexivity,and power in verbal art as performance:a response[J].Journal of American Folklore,2002,115(455):92-98.

20世纪70年代,国际人类学界的重要理论同样为鲍曼所吸收与借鉴。比如法国结构主义同样关注神话与仪式的文本,却极少关注象征形式的情境的与社会的使用;英国的结构功能主义人类学与象征人类学,尤其是维克多·特纳与艾德蒙·利奇,虽然深受法国结构主义的影响,却更接近于讲述的民族志的目标与方法。早在《一个非洲社会的分裂与延续》中,特纳就受"社会生活的戏剧化观点"的影响。70年代后期,他又转向了象征性形式(比如仪式、朝圣)的研究,他的分析基本上是基于详细的民族志与社会结构的现实,尤其关注情境化的意义。他的著作与"讲述的民族志"一样分享着符号学的观点,把符号学的形式视为交流,强调意义是情境化的与呈现当中的。他的观点被广泛地应用于对各种现象的分析中,而不只是应用于所谓的表演——比如仪式、游戏、庆典、节日——等所有框架化的、分立的、风格化的、安排好的、公众的、程序化的象征性的事件(展演)。他的研究成果广受民俗学家与人类学家的关注,他的研究方法打开了许多有趣的研究思路,其中有两个值得给予更多的介绍:一是关注作为交流模式的表演、仪式与游戏。在一个社会或者社区的更大的交流性语境当中,上述交流模式的研究打开了某种研究方式,它可以研究这些特定的标志性形式的独特性,也可以研究在预定的、固定的与设计好的事件中标志性形式的使用,以及它在其他模式与语境中交流的连续性,研究表演与非表演的模式,研究表演的技术与非表演中表演的技术的使用之间的连续性。二是关注表演的交流性的、象征性的结构与其他象征性结构之间的关系。在一种文化当中,其表演、仪式与节日具有某种特定的交流手段的秩序,呈现为独特的象征性的模式,交流着独特的信息,带着元层次的参照信息,比如象征性的颠倒,其中便蕴含着两种结构之间的关系。

此外,"表演研究"作为一种新民俗学理论的出现,还与"谁是民众"的问题相关。阿兰·邓迪斯打破了民俗学传统上把农民与原始人作为研究对象的限制,鲍曼则在"共享的认同"之外强调了"差异的认同"的观点。这两种理论探讨极大地推进了关于表达性的形式与社会结构之间的关系的讨论。民俗学不再只是说所有的群体都有民俗,因为并不是每一个群体都使用或者爱好相同的表达性的形式,而是需要进一步考察一个与另一个群体在组织与执行民俗表达方式方面的差异。口头艺术的表演者会尽力应用特定文化所提供的形式与内容,并赋予其表达以风格化的特征。

新民俗学家们强调口头文学创造性的、艺术的维度,这区别于学科传统上对于传统性的强调。在民俗学学科初创时期,即在赫尔德与格林兄弟的时代,人类学、语言学、文学与民俗学是组合在一起的,那时的民俗学强调的是后一方面,但是在表演理论中,多学科的组织方式呈现出了新的特征,同时强调了前一方面。①

下文将介绍鲍曼应用表演理论来分析口头艺术的案例,《任何一个多养一只猎犬的人都会对你撒谎:卖狗与得克萨斯州坎顿的故事讲述》一文是这方面的经典作品之一。鲍曼描述了得克萨斯州坎顿的集市,这是一个三千人的小镇,传统上每个月的第一个周一例行会有一个集会,它主要是围绕着地方法院的活动设立的,但是,它又更多地具有经济的与社交的功能。后来,政治的变迁使得其政治的功能转移了,可是,它的其他功能仍然得以延续。

在19世纪末以及20世纪早期,当地的马与骡子的贩卖生意十分兴盛。但是随着南方农业的机械化,马与骡子很少用于农业了,相关的市场也就消失了,但是它却转型为跳蚤市场。到1965年前后,市场变得更加庞大,而且增设了许多小市场。

市场上售卖各种家畜,主要是售卖狗,但是,狗的交易主要不是在广场而是在沿河的地方进行。这种交易不是由商业会议厅组织的,而是由当地人自发组织形成的。狗市具有与跳蚤市场不同的调子——跳蚤市场里主要是城里来的人,尤其是女人居多,而狗市上主要是农村人,男人,黑人居多,他们聚集在那里谈论狗,聚会、吃喝、游戏,度过休闲的时光。

人们来参加狗市的目的并不相同,其间有职业的狗贩,但是,更多的人是业余的爱狗人士,他们只是想出来参加活动,寻开心。买卖狗是次要的,谈论狗与打猎的话题,交流相关的话题才是主要的。

许多人参与活动就是为了交易与社交。鲍曼的论文主要关注传统的叙事与个体的叙事如何在一个统一的框架里展开。因为它们共存于这些讲述者的讲述当中,产生于狗的交易的机制当中,在讲述这些故事的过程中,形式的与功能的维度相互关联,这种关联性可以通过一种分析性的观点揭示出来。

那些售卖狗的人既是猎人又是商人,他们通过夸张地讲述猎犬打猎的故事——作为撒谎的故事的亚类型,是典型的美国长故事——吹嘘猎犬与他们自己,在这种讲述当中,长故事与个人经验的叙事并存。个人经历的普通故事,直接被当作真实事件讲述出来,是语境化了的长故事;夸张的长故事创造了一种撒谎的"光晕",但也会为故事的"真实"增色。因此,打猎的个人故事是讲述者身份建构的工具,是他们自我夸张的工具。他们有一种建构的冲动,用夸张的手法夸大狗的力量,以此作为提高某人自我形象的手段。

但是,这些售卖狗的人其实还是商人,做买卖被许多商人看作是一种策略性的游戏,正像许多其他的策略性游戏一样,欺骗占有一个核心的与被接受的位置。美

① BAUMAN R.Settlement patterns on the frontiers of folklore[M]//BASCOM W R.Frontiers of folklore.Colorado:Westview Press,1977:121-133.

国人喜欢听到商人们狡猾的讲述技巧。商人在商业行为中的语言技巧以及他们作为故事讲述者的语言技巧的相互作用十分重要。这两个方面是他们的整体形象的相互补充的方面,他们是机智与精明的化身,他们操纵人与情境——无论是商业往来还是社交聚会——以使自身获得好处。

在买卖狗的交易当中,从相关惯例与预期中产生的策略是人们努力在真实的交易中排除撒谎的光晕,最直接的手段是公开地坚持某人的真理性,拒绝撒谎。那么,如何在不诚实的商人与可尊敬的故事讲述者之间达成平衡,这是一个有趣的问题。

鲍曼在分析了交易商讲述的策略与技巧之后总结说,得克萨斯州坎顿交易狗的集市上,交融与汇合了美国文化传统中的两种重要的形象:猎人与商人。二者都作为主体与表演者与故事讲述相关,二者都是被人广泛关注的表达性谎言的主要讲述者。他们是美国民众传统在当代复兴的化身,其参与者的长故事与个人叙事把他们置身于未曾打破的连续体当中,一代又一代的猎人、商人以及故事讲述者给予美国民俗某种最与众不同的特征。① 通俗地说,猎人与商人都是合法的吹牛大王,是特定文化传统中被认可的合法的吹嘘性的讲述者,对于他们的讲述技巧的考察,是关于口头艺术的表演研究的重要使命。

① BAUMAN R.“Any man who keeps more'n one hound'll lie to you”:dog trading and storytelling at Canton, Texas[M]//BAUMAN R, ABRAHAMS R D.“And other neighborly names”:social process and cultural image in Texas folklore.Austin:University of Texas Press,1981:79-103.

第六章　文化表演

美国人类学家弥尔顿·辛格把特定文化中的音乐会、仪式、游戏、庆典、游行、节日等传统的公共展演活动称为“文化表演”(cultural performance)。鲍曼在重点研究“口头艺术的表演”之际,也曾涉足“文化表演”的研究。从前文的介绍中,我们已经知道,鲍曼对于弥尔顿·辛格、维克多·特纳、克利福德·格尔兹等人的“文化表演”研究十分熟悉。他的亲密朋友与同事罗格·亚伯拉罕更是文化表演研究领域的代表人物之一。

鲍曼特别关注过仪式与庆典,他思考的问题是:在仪式与庆典当中,为什么那些看起来完全违背社会秩序与得体行为标准的社会活动会被容忍,甚至还受到了鼓励?事实上,诸如此类的众多表演活动都有一种有趣的相似性,即它们都通过“颠倒”呈现出类型性的、象征性的对立性——生与死、男性与女性、自然与文化等等——结构关系。

鲍曼的材料来自两个不同社区,但它们属于类似的节日行为。其中一个是西印度群岛圣文森特的狂欢节;另一个是在新斯科舍拉哈兹群岛的贝尔斯尼克,一种基督教的戴面具的化装表演活动,或者可以说是狂欢节。二者都有高度象征性的颠倒——易装,男人装扮成动物或者超自然的人,性的放纵,以及其他对立于日常生活习惯的行为。尽管它们与复活节、圣诞节相关,但都没有特定的宗教含义。当然,它们是与历史上特定传统相关的活动,扎根于欧洲传统中季节性的节日化装活动。文森特的狂欢节强调狂欢,反映了南方天主教的影响;贝尔斯尼克则强调化装,受到了英国与德国新教徒传统的影响。

上述二者都是所谓“颠倒的仪式”,“对比于其他时刻的行为……特定时刻的规则对立于、应用于其他时刻的规则”。依据象征人类学家爱德华·诺贝克的看法,“颠倒是机制化的行为,对立于各种各样的日常惯例。这些行为是某些个体或者整个社会群体被鼓励、期待或者要求在特定的情境中去表演的。”①

诺贝克把这种种跨文化的信息纳入“颠倒的仪式”的标题之下,主张进行相关

① BAUMAN R, ABRAHAM R D. Ranges of festival behavior[M]//BABCOCK B. The reversible world: symbolic inversion in art and society. Ithaca: Cornell University Press, 1978: 194.

的比较研究。鲍曼认为,他的理论还有两个方面有待于提高:其一,“颠倒的仪式”只是更大的群体活动的一部分,它要求我们考察整个群体的活动,考察整个社区如何参与了这些仪式。其二,尽管象征性的身体的与衣着的“颠倒”在其他时间(日常生活中)不会出现,但是,对于理想规则之合法性的触犯肯定是时有发生的。也就是说,日常生活并不是像诺贝克所说的那样是彻底地对立于节日行为的。

总之,颠倒的仪式与节日的许可,必须按照社区之道德的与社会的宇宙中的“秩序与失序”之间总体的相互关系来考察,在其中,“颠倒的仪式”得以实行。如果许可与失序被发现发生于整个一年当中,那么,我们便不能说节日代表了其他时间中的日常行为的对立面,也许只是理想的行为体系所要求的行为的对立面。这是非常不同的事情。

这里有一种作为整体的人类学的节日观。老一辈的社会人类学家们(受制于结构、功能的概念)没有能够承认冲突的存在,在建构他们的理想化的理论与阐释时,他们认为社会结构处于稳定的与和谐的平衡当中。然而很久以来,人类学与民俗学早已经发展出了一种新的模式与理论,它可以把冲突包括在社会结构当中。事实上,人类学家与民俗学家的许多更新的对于仪式与庆典的兴趣,是源自麦克斯·格拉克曼的分析,即他对东南非洲的“反叛的仪式”的研究。

虽然这些节日现在广泛地被看作是社会结构当中“冲突”的象征性表达,然而,旧有的观点仍然被延续下来了。它认为存在着一种稳定的道德与规则的体系,这种体系被理想化地当作一种稳定的、免于冲突的社会系统的模式。人们禁不住会去关注节日中的“许可与失序”,因为它们是如此的极端,不由人不去思考结构与冲突的老问题。无论是完全忽视它们,还是把它们看作是偏斜的行为,人们仍然没有把“许可与失序”看作是文化中持久的元素,没有人否认理想的规则体系存在于社区当中,社区成员也意识到了这些体系,但是我们必须系统地接近这些体系在社会与文化中的许可与失序,即被社区所预期与容忍的反常行为。象征人类学的特定任务之一是分析社区中秩序与失序之间的对比及其象征性的分类与表达。正是出于这样的思考,鲍曼详细地分析了来自上述两个地区的民族志材料。

1.贝尔斯尼克的化装表演活动

这是当地社区中年长的男孩与年轻的未婚男子的一种活动。参与者的年龄一般在 18 至 21 岁,或者有一些甚至只有 15 或者 16 岁,有的却已经有 30 岁左右了。这种活动被认为只适合于年轻的男子。参与行为始于他们开始工作的时候,终于他们结婚成家,离开父母房子的时候。

他们每十二人一组,结伙活动。他们来自同一个社区,他们的活动也不会离开社区。除了一个人,其他所有人都是化装的。这个不化装的人充做向导。既然贝尔斯尼克被认为是岛屿上的外来者,他们就需要一名“向导”。向导带着灯笼照路,必要的时候还要撑船,但是不会进入要访问的房子。

化装有三种基本的类型:第一种是分离的、怪诞的,但基本上仍然保留着人的形态,他穿着破烂的衣服,且里面外翻;第二种更多的是动物的样子,在面具上画上动物的形象,装上角,带上动物的铃铛;第三种是易装,男扮女装。他们像妇女一样尖叫,夸张地模仿妇女的行为,而其他人用沙哑的声音说话,走路弯腰驼背,装出异样的步态。

贝尔斯尼克的活动开始于圣诞节的前夕,在人们出发之前,他们吹响了号角,敲起了锣鼓。他们在社区的每一家门上叫唤,要求进入人们的房间。他们敲打厨房的窗户,并问道“让贝尔斯尼克进来吗?”几乎每个家庭都会让他们进入。也许两三家例外,这种家庭可能只有老人,也可能是过分讲究的家庭,他们不想让访客弄脏家里的地板,或者是家里的孩子太小,怕他们受到了惊吓。

一进入厨房,贝尔斯尼克就开始为房主表演了。他们步态笨拙,举止夸张,伴随着口里的嘟嘟囔囔,或者是演奏鼓乐。他们大吵大闹,或者像是喝醉了酒。穿着像是妇女的则惺惺作态,以妇女的姿势行为。大胆的贝尔斯尼克甚至有野蛮的性放纵的行为,比如他们坐在主妇的膝盖上,搂抱并亲吻女性。

他们除了扮演蠢货,除了为成人表演,还要充当儿童的询问者。岛上的儿童从未有机会遇见陌生人,更不用说如此多的怪物。他们害怕贝尔斯尼克,把他们当作是魔鬼。他们也的确被孩子们当作是妖怪,一整年里,家长总是用他们来吓唬不服管教的小孩。在他们到访的时候,他们叫来小孩子,问他们在平常的生活中是不是很乖。当孩子们表示很乖的时候,他们回报以糖果。

房主也会给予贝尔斯尼克以回报,一般来说,赠给他们的是蛋糕、糖果、苹果,它们被带走或者在晚上被吃掉。

这是一个年轻人的狂欢节。能够参与其中的选择性原则,与其说是年龄,不如说是当地人所谓的粗鲁或者无意义的行为,比如醉酒、吵闹、大量身体的与语言的游戏与许可的行为。狂欢群体围绕着一个巡游的乐队组织起来,由一名向导带领着在社区当中活动,而社区的其他成员跟着行进,人们跟着音乐蹦蹦跳跳。

较之其他成员,乐队领导的表演技巧通常更加娴熟,他打扮得像是魔鬼,或者是野蛮的印第安人、勇敢的强盗、双头的猴子、一头野牛。其他队员也会打扮起来,比如抹黑他们的脸,在他们的白衬衫上印上粗鲁的字眼,戴上与情境相匹配的奇怪的帽子。干扰的人与跟随的人,也都穿上了他们的剧服。他们共同的主题包括了性的倒错与角色的倒错,比如,穿着老师的长袍却以夜壶当帽子。其他人也以形形色色的方式装扮自己。

从四旬期之前星期日的午夜开始,狂欢群体走向了街道,演奏音乐,唱歌跳舞,发出噪音,这是当地人对于这些粗鲁行为的描述。他们喝朗姆酒,做无意义的事,这是狂欢群体连续数天要干的事情。许多巡游的群体停在了酒馆前面,业主可能会为了他们的表演而给他们酒喝。

除了音乐与舞蹈,狂欢表演的一部分是热烈的讨论,这与噪音的主题相一致。表演者装扮成动物的样子,比如一头公牛或一只猴子,二者都是具有超级阳具的生物,他们给予围观的群众以陌生化的威胁,性的违犯,死亡的信号,当他们逃离攻击时,每个人都发出了笑声。既然挣钱是狂欢群体主要的目标,这种群体性的伤风败俗普遍地伴以一种乞讨。①

2.圣文森特的狂欢节

这一狂欢节并不限于地域范围之内,它有时会从乡村走向都市,这大约有四个小时的车程。其好处之一是表演者可能会撞上陌生的妇女,他们玩笑性地把她拉入娱乐队伍中,拉入酒吧甚至是田野。

在节日表演的类型与强度上,两种狂欢表演有许多相似之处:核心的表演者,通过系统性的倒错,打破基本的分类体系,诸如男与女,社区成员与陌生人,生与死,人与动物等等。噪音、打断以及性的放纵都是节日表演的核心。当然,在两个例子当中,积极的表演者只是构成了社区的有限部分。二者之间的区别则在于:象征性倒错在风格上的方式不同,在发生的地域上也不相同,社区赋予表演的价值也不相同,秩序与失序的主题之间的关系也不相同。

如果不把这种许可的行为关联于日常生活的无意义的维度,就不可能理解文森特的狂欢节上节日娱乐的地位。当地有一个重要的区分:在房子与院子里合适的行为,与在大路上合适的行为不同。前者一直被视为敏感的、远离了粗鲁的行为。在这样的情境中并不许可进行游戏,因为游戏是愚蠢的,而这样的无意义损害了可尊敬的感觉,可尊敬被用于作为家庭的特征。在这样的案例中,观察者被迫认识到,有另一种行为模式与判断行为的模式,这种模式远离可尊敬的标准。

我们可以按照另一种行为与判断的体系来看待大路上的行为,但是,一种体系——家庭的、"可尊敬的"行为——是对于所有行为进行判断的公开的基础,而其他的——在路上的、男人的、寻找名声的行为——是一套秘密的价值判断,基于这种意识,男人们通常在外在于家庭的环境下操控着后一种判断体系。

总之,在当地,家庭与院子的世界强调家庭、代际的连续性,其间以一种秩序化的冷静的方式行事,以保证家庭、院子在一种有序的情境中存在。这是当地人隐私的世界,这种隐私通过可尊敬的行为得以保护,它是工作的世界,因为工作伴以家

① BAUMAN R.Belsnickling in a Nova Scotia island community[J].Western Folklore,1972,31(4):229-243.

庭(尤其是妈妈)与尊敬。而路口的世界是恰当的公共场所,在这里,友谊战胜了家庭,同辈群体战胜了代际群体,获得许可的、大声的、甚至是粗鲁的行为被期待,事实上甚至被鼓励,尤其是这样的行为被有吸引力的表演者或者群体执行时,这里更是公共的世界。在这个世界里,游戏被认为是合适的。

这样一来,在通常情况下,无意义的活动同样可以延续,它也是开放的,即使并不总是被承认的。它是当地人经验的一部分,是双重价值体系中的一种。这导致当地人认识到,有许多活动是常规地进行的,是社区的特征,即使它被看作是坏的,是粗鲁的。当然,这样一种判断是从家庭的价值观做出的。独一无二之处在于,那些做了这样的事的人会承认自己这样做过。无论何时,当一个人与他的朋友们在一起时,他会自豪地承担这样的角色。既然一大部分男性,从青春期到中年晚期,都接受了这一角色,这种行为被预期为是一种常规的实践。换言之,“坏”因此而被接受,事实上,在恰当的场合,这样的行为甚至会被认为是高尚的,因为被许可的行为是表演的综合体的一部分,由此,男人们似乎感觉这样的行为更是属于他们自己。

这是当地狂欢节表演的语境。狂欢表演是路口以及朗姆酒商店的日常游戏的扩展与一种强化。这种强化被标记出来,事实上,很大程度上是伴随着的——通过剧服与面具而被象征性地颠倒。社区好动的年轻人放下了他们地方的与个体的身份,呈现出失序的状态。他们因此被转化,把自己投入到最紧张与持久的一年的无意义当中,在其中,噪音、喝酒以及摆脱统治变得至高无上(狂欢节的另一个名称是酒神)。狂欢节代表了一种扩展为两天的开放的庆典。在社区当中,无意义的动机在这一时刻成为主角,社区中粗鲁与好动的部分占据了舞台,社区其他的部分被迫承认它们的存在。在理智与粗鲁之间,整个分享与平衡得以维持。虽然只有好动的人被吸引去投入到狂欢节当中,而理智的人的“参与”却仅限于通过观察(而不是投身其中)见证了它的存在。正如我们所观察到的,狂欢节突出地是一种公共空间——街道、路口以及朗姆酒店——的庆典,在那里,运动、粗鲁以及许可得以流行。

如果人们以相同的观点来看贝尔斯尼克,就会发现一种有趣但是基本的对比。二者之间虽然有许多共同的元素,都代表了玩弄社区中秩序与失序之间关系的象征性的方式,但是,西印度群岛圣文森特与新斯科舍拉哈兹群岛的贝尔斯尼克完全不同。

新斯科舍拉哈兹群岛文化中的道德与端庄得体,在西印度群岛圣文森特,并不被以相同的平衡的双重体系组织起来。可以肯定,房子,尤其是厨房,在两个地方都是妇女的领地,是可尊敬的基石。岛上的男人并不是对于声誉不感兴趣,在秋天与冬天的晚上,他们聚集在商店里,通过交换个人的叙事与讨论,协商他们的男性身份与声誉。他们渴求这种声誉,然而,这种声誉的性质是不同的。岛民通过参照他们的工作来建立声誉，把他们呈现为有能力的与成功的渔民，他们表现为具有广泛的智慧、知识与经验。在普通的商店里，参与晚上的聚会是标记性地具有年龄的等级的，越是老年人，越是具有最多的知识与经验的人，越会主导着会话。在任何接近西印度群岛圣文森特的意义上，“坏”并不是当地成年男性身份的一个方面；只有一两个男人在每一个社区因“坏”而闻名，他们被人恐惧，被指斥为是偏斜的人，是不可尊敬的，虽然他们的探索有时可能是令人愉悦的。

然而，社区里有一部分空间是向参与失序的与不名誉的行为敞开的，那些相关人士的相关行为是被期待的。换句话说，他们通常是特定年龄段的年轻人，在某个特定的时间段，他们的社区允许他们来干狂欢的事。

岛民们谈起这个阶段的年轻人时，说他们爱好恶作剧，爱玩游戏，总是吊儿郎当的。他们总是爱开玩笑，这些事他们当然是会做的，大家也都习以为常。大家都开心地容忍他们，虽然直接的受害者可能会经历一时的烦恼。

基于这一背景，节日出现的结构便更加清晰了。通过面具与剧装的象征性倒置，被许可的社区成员暂时地脱掉了他们个体的身份，成为了失序本身的体现。但是他们并不仅仅是在对抗社区中可尊敬的部分。他们从自己的领域出发，在岛屿的公共领域中，投身于比失序的动机更加强化了的庆典。他们代表了失序的一面，在可尊敬的据点（厨房）中，他们直接与可尊敬的人们互动。

最初，失序被摒除出房子，但是在圣诞节的前夕，贝尔斯尼克被允许进入。他们在厨房里跳舞，表演他们抽象的身份。乍一看，房子的可尊敬的品质似乎受到这一侵入的伤害，但是，仔细观察会发现情况并非如此。首先，贝尔斯尼克必须询问是否能进入，房子控制权仍然是在房主的手里。当贝尔斯尼克向女主人索要食物时，这种关系被强调了，因为他们承认她在家中的位置，她在厨房中的基本地位。值得进一步注意的是贝尔斯尼克的表演，对比于圣文森特的狂欢节就可以发现，他们对于成年的观众来说并不可怕，表演只是一种娱乐。他们只是对于孩子来说才是可怕的。在这里，他们（贝尔斯尼克的表演）自身成为了秩序的象征，是社会化的强有力的行动者，他们验证孩子们的行为是否恰当，劝诫他们要在来年有好的行为。

因此，虽然贝尔斯尼克伪装成古怪的角色，虽然狂欢节在那些天里引起了无序，但是在更大的意义上，他们是承认他们要服从于家庭伦理，并要为儿童的社会化负责的，他们充当了秩序的维持者。总之，圣文森特强调了道德宇宙中秩序与失序之间的动态平衡，而贝尔斯尼克承认失序，但是利用了其能量以强调秩序与尊敬的优先性。

鲍曼强调说，他所描述的节日绝不是唯一的事件，在任何一个地方，秩序与失序的主题，以及二者之间的力量关系都会被公开地展演。然而，上述两种狂欢节是唯一这样的情境,即它们通过面具、剧服以及失序的人格化表演了象征性的颠倒。两者的"象征性的颠倒"又惊人地相似,而且与全世界范围内的狂欢节行为十分相似。然而,节日的道德结构在两个社区之间是鲜明地对立的。

在人类学的经典理论中,从潜在的意义上说,狂欢节作为一种"颠倒的仪式",就是被压抑的社会冲突的象征性表达。因此,仪式构成了一种机制,通过它,社会冲突产生的压力被导泄出来,而不会完全公开并威胁到社会秩序。换句话说,仪式导泄了冲突,让社会冲突所产生的恶意被合法地表达出来,当然,它是以象征的方式被包裹起来的,因此是一种中立化的表达方式。

然而,鲍曼提出了不同的观点,他分析的狂欢节的案例并不是把表演事件说成是具有恶意的,也没有把冲突作为它们的组织原则,而只是把对立的元素捏合在一起。在上述两个社会中,秩序与无序,可尊敬与仅许可,并不是相互对抗的关系,而是一起参与到了一个统一的事件当中,生产了一种娱乐,一种社区感。这个图景并不是一种恶意的表达,而是一种和谐。

人类学家已经严重地依赖以颠倒的概念与安全阀的机制来解释节日与庆典,把它们看作是统一的道德体系的分析性背景之下的具体的与极端的事件。通过分析与比较上述案例,鲍曼试图说明,上述观点是简单的与歪曲的。人们对于失序有着比人类学家们所承认的更大的容忍,对于象征性地颠倒的节日的分析一定得解释这一失序在他们的生活中的地位。在这个意义上,鲍曼的相关研究补充并修正了"文化表演"的相关理论。

把"文化表演"与"口头艺术的表演"的核心思想应用于木偶戏的表演研究,是鲍曼贯彻自己"表演研究"的思想的另一个重要的实践。他说,人之所以为人的一种品质是人类有能力客体化并反思人类自身的处境。人类创造了丰富多彩的呈现与表征人类自身经验的手段,给它们赋予形式、秩序、意义与审美。这许多符号性的与表达性的形式——包括了文学、戏剧、舞蹈、雕塑、仪式与游戏——已经获得了充分的研究。然而,木偶戏,虽然跟上述其他类型一样丰富与复杂,却相对地被忽视了,事实上,它也是一种有关社会与文化意义的潜在的学术资源。鲍曼从以下三个方面来考察木偶戏的表演,即从其作为文化文本,作为社会展演,作为交流形式来考察这种表演。

鲍曼首先把木偶戏当作是以象征性的形式公开呈现与表征人类经验的一种手段。通过观察何种生活的层面与何种经验的范围被表征于传统的木偶戏当中,我们可以了解人们把什么事情作为重大行为。动机、价值、目标与因果关系,这些因素给予行为以形式与意义,都被编码于表演之叙事的与戏剧的脉络当中。正像它们在民间故事、史诗、神话或者其他艺术形式中一样,木偶戏表演常常就源自这些类型。木偶戏表演不仅在有限的与字面的意义上遵循着重要的脚本,而且还代表了有意义的模式中文化脚本的转变，体现了人们对于生活如何运作、可能如何运作与应该如何运作的理解。一方面，人们可以把木偶戏表演当作是人类生存模式的象征性的转变；另一方面，人们也可以把生活本身看作是一种形式的木偶戏。“生活作为木偶表演”是“生活作为戏剧”的隐喻的一个变异。

除了其作为文化文本的意义之外，关于木偶戏表演的研究，我们还应该在更大的社会语境中，在它们发生的情境中来考察它们的社会目标。木偶戏的社会意义并不存在于其抽象的文本结构与内容中，而是存在于特定的社会情境中。有时，木偶戏表演是更大的语境的一部分，比如集市与节日。有时，它们本身即是事件的焦点，无论表演的语境是什么，我们只能按照事件本身、其更大的背景、其目标与结果、其参与的社会结构的动态关系来理解。谁是操纵木偶戏的人？他们如何着手一场表演？表演者与观众之间的预期、互动、阐释与反映的模式是什么？总之，木偶戏表演的社会意义是呈现性地产生的，是上述所有因素的情境化地互动的产物。

木偶戏的突出本质在于其交流手段的特殊使用，表演者用的人偶与物偶都是没有生命的，但是它们的行为与交流的方式又似乎是有生命的。木偶戏的符号学就是要调查木偶中所使用的符号体系的复杂互动。我们要知道创造一个木偶时什么东西被带进来了，从事一项木偶戏表演需要什么样的交流手段，人们理解这样的表演需要何种阐释性的手段。木偶是事物与偶像，其物质形象代表着其他的事物，是什么因素使它们能够作为人、神、魔鬼、动物（或者无论它们代表的是什么）去行动？木偶戏的操纵者的讲述与配音——其特殊的音质、音域与讲述风格——如何有效地促进了木偶的人化？观众又是如何理解这种表演的综合体的（由一些木头、布片、金属与线制作而成的木偶，在一个封闭的空间里被表演者拉拽，伴之以奇怪的声音，或多或少像是人在讲话，这代表着一个人参与了一种英雄的行为与互动，与人类生活具有重大的关系等）。①

鲍曼从上述三种表演的视角与维度，为我们展示了调查研究民间表演艺术的相关维度的重要性，它可以帮助人们理解特定社会中交流的模式与功能，并可以把它作为理解任何地方的社会生活的普遍基础。在某种意义上，这三种维度的“表演研究”颇有借鉴的意义与价值，它为一切民间表演艺术的研究提供了范本。

人们在谈到“口头艺术的表演研究”时，不难发现，它是以美国得克萨斯大学的一批民俗学家与语言人类学家为核心发展起来。那么，人们不禁要问，为什么会是得克萨斯大学？“以得克萨斯的风格做民俗研究”到底意味着什么？

---

① BAUMAN R. What puppetry can tell us about culture, society, and communication[C]//Program Book, International Interdisciplinary Conference on World Traditions of Puppetry and Performing Objects, June 13-14, 1980, Washington, D.C.. Austin: Center for Intercultural Studies in Folklore and Ethnomusicology, 1980: 3-5.

鲍曼自己回顾说,“以得克萨斯的风格做民俗研究”并不只是说居住与工作在得克萨斯,或者说有一个有关得克萨斯的研究主题,而是说其源自于一种特殊的学术传统,它是在一种人文的与社会的学术传统中积累与获得的,那是约翰·洛马西斯、阿兰·洛马西斯、多萝西·斯卡伯勒、J.弗兰克·多比、J.迈森·布鲁尔、穆德·博特赖特、阿莫里克·帕里戴斯等人缔造的学术传统。这些学者深刻地影响了罗格·亚伯拉罕与理查·德鲍曼等后来的学者,这种影响不仅通过他们的著作,而且通过他们的个人视野与长久的激励被延续下来了。前辈学者看待活态传统的方式,以及他们从仅仅是有趣的事项中筛选重要内容的方式都激励着后代的学者,鲍曼尤其强调了阿莫里克·帕里戴斯对他们那一辈人的影响。

“以得克萨斯的风格做民俗研究”意味着:一方面,民俗应该在活态的地点被观察;另一方面,民俗应该依据其社会的甚至是政治的后果被观察。前者意味着在情境或者环境中搜集民俗,在这一点上,鲍曼强调说,他们与其他学派共享着许多观点,尤其是与宾夕法尼亚大学的同仁们,但是,得州的民俗学家们要努力去发现民俗研究与社会行为汇合的地方,关注传统如何揭示了群体内部与群体之间的紧张点,以及在任何分层的社会中产生的不平等,这使他们在相当大的程度上不同于他们的同仁们。

以得克萨斯的特殊风格开展民俗学研究,是因为得克萨斯的民俗学家们有一种特殊意义上的“民众”观,以及对于民俗学家与民众关系的不同的观念。像约翰·洛马西斯以及他的儿子阿兰·洛马西斯,多萝西·斯卡伯勒,J.弗兰克·多比,J.迈森·布鲁尔,穆德·博特赖特,阿莫里克·帕里戴斯的著作,都对真实生活有一种深深的自我感受,它超越了怀乡之感,也在许多地方超越了地方民俗的研究。在他们的著作中,基于他们自身的感受与对于家庭、社区以及地域的经验,研究者可以看到真实的人们在庆祝他们自身的生活,介入了他们邻居的生活,即使他们的生活是艰难的。这些学者的著作有一种肌理与维度,它们出自他们知道他们来自哪里,也知道他们想要去哪里。在美国民俗学家的编年史中,他们身居真正的拓荒者的行列。正是他们帮助展示了学术民俗学家如何走出图书馆,走到歌手与故事讲述者当中,走到棉花工人与牛仔当中,走到牧场主与油井工人当中的可能性与必要性。早在支持民族自豪感的公开运动之前,这些得州的民俗学家们就在探索如何既是一位负责任的传统社区的成员,又是一位其历史与文化的学生。可以肯定,他们每一位都一定有关于家族与社区的观念,他们都通过上学,通过从学术的角度书写他们的传统。但是,这也意味着他们自己的民众渐渐把他们看作是朝向外面世界的代言人。在他们的时代,他们受到他们的邻居与朋友的尊敬,即使他们的“文化的倡导者”的角色常常会把他们置于强有力的他者的道路上,这种角色意味着具有不同的、更加“进步的”思想。

另一个把得州民俗学家们与他们的美国民俗学主流同仁们区别开来的特征，是他们自视为并不仅仅是他们自己的人民或者地域的知识的搜集者与学者，或者纯粹是学术圈里的作者，而且是远远超越学术界的读者的作者。他们撰写了大量的流行读物，他们都拥有广泛的读者群，比如像帕里戴斯，他就是小说家与诗人，也是新闻记者，还是历史冒险小说的作者。

当你知道你的群体是局内人，你就会清晰地意识到谁是局外人。当群体之外的力量与人的存在被考虑进来的时候，民俗学的研究就转变了其方向。直到最近，民俗被认为是作为传统的表达，或者是一个静态的，甚至是落后的社区的物质性的文化——但是这种飞地在得克萨斯的异质的与不断变化的文化环境中并不存在。也许是因为生活在边境或者前线的缘故——文化的与社会的边境，它把“我们”与“他们”区别开来，然而它是标记着汇聚在一起的地方——这使得得州的民俗学家们渐渐地意识到，民俗形式如何出自接触的社区与不同的身份。在帕里戴斯的研究中，他认识到了边境以及其他接触地带的生产性的力量，假定了真正核心的重要性——他一生都关注得克萨斯-墨西哥边境的歌谣，跨文化接触中的幽默（一种幽默，常常会掩盖愤怒、冲突与痛苦），以及文化典型的动态性。

也正是通过帕里戴斯的作品，从他的民俗研究应该是什么样的这一基本视野出发，得克萨斯的民俗学家们渐渐形成了“以表演为指向的民俗学”风格，这一观点要求关注展演行为的互动性的背景，关注表演形式的情境性的意义。就得克萨斯民俗学家们社会地参与的基本立场而言，它要求报告这样的知识，关注传统在社区运作的方式，关注它们在其中被发现的背景。这样一来，得州的民俗学家发现，并不仅仅只有歌谣与故事的文本才是重要的，谁在表演，向谁表演，出于何种目的表演，对于生活持什么态度，以何种方式从事生活，具有何种文化的意义等等问题都是重要的。甚至不止于此，帕里戴斯社会性地参与的意识形态表达了这样的希望——一本民俗学的书籍，通过忠实地报告与阐释文本与语境，知识与生活，应该阐明并提升民俗学家作为在其中生活与学习的人群的存在。他作为奇卡诺研究的老前辈的尊贵地位，证明这样一种研究项目的合法性，它尊崇民众的传统，承认民众文化的合法性，推崇民众文化连续的创造性。

在这一得克萨斯的环境中，新的民俗学观点得以发展，它聚焦于知识的三个维度，这些维度在传统的搜集领域中是被忽视了的：①在知识的内容中力量的辩证法（历史的、社会的与文化的）；②表演、游戏、节日、仪式等作为社区的重复情境的重要性；③创造性的表演者在这些情境的展演中的地位。这三种维度是表演研究重要的构成部分，表演者及其在社会当中的地位，在表演语境中的地位，表演者与观众的互动，以及他们如何利用群体的传统与个人的天才，面向真实的社会问题，做出属于自己的创造性的表演等等，所有这些问题都是此后表演研究的核心命题。

在这个意义上,“表演研究”是得克萨斯民俗学长期而可敬的学术谱系的直接传承,理查德·鲍曼公开承认他个人是阿莫里克·帕里戴斯的学术思想的继承人。①

鲍曼还借助“神话”这一概念来研究“文化表演”的问题。在《神话的制造者:得克萨斯神话的传播》一文中,鲍曼说,所谓“神话”,乃是讲述神圣的存在与半神的英雄的口头叙述,他们所处的时间与世界被假设为早于现存的秩序,或者外在于现存的世界。神话一般是关于起源的叙事,关于我们现在所知的世界上一切生物的创造,或者是从一种先在的存在状态转化为现在的状态的叙事。这种转化依赖于神圣的力量、存在与事件。神话内在地与宗教信仰相关,与一个神圣存在的实践相关。

依据上述“神话”的定义来判断,严格地说,得克萨斯并没有“神话”,当地人有关他们起源的讲述大部分只能算是移民传说,或者说是历史传说。但是,鲍曼认为,神话的有效性并不是由历史性的标准衡量的,因为神话为当下现实世界建立了一种“宪章”,它建构了现实,并指导着现实生活。

鲍曼具体地分析了所有流行于得克萨斯的移民传说与歌谣,这些传说与歌谣的内容都包括三个部分:一是祖先们离开故土的理由,二是祖先们在旅途中所经历的艰难困苦,三是祖先们为在新家园幸存下来而进行的不屈的斗争。在移民传说与歌谣中,新家要么是流淌着蜂蜜的土地,要么是灾难频仍的贫瘠土地。无论是哪一种描述,这种外在的环境都对得州人正在形成中的自我感觉产生了巨大的影响。此外,有关移民之间的接触史,我群与他群之间的文化差异与矛盾斗争,都被大量地保存在各种形式的民间讲述当中。在鲍曼看来,这些叙事都具有神话的功能,因为它们已经被当代的本土人的后裔当作争取社会公平的宪章。

民间叙事(歌谣与传说)只是得州人“形成性经验”(formative experience)的一种形式,神话的象征、主题与意义也体现在宗教仪式当中。正像民间叙事被一遍遍地讲述一样,宗教仪式被编码化、机制化,展演于年复一年的节日与庆典当中。就像一切“文化表演”所作的那样,它们会充分地应用一切节日的构成要素——饮食、音乐、竞赛、舞蹈、噪音、剧装,在象征符号、口号标语以及演说中体现庆典的精神,一次次地既展演给自己观看,又展演给他人观看。

得州正在出现的“神话”还包括了“民俗”的概念。具有讽刺意味的是,在传统的民众社区中,并不存在民俗的概念。事实上,民俗是在这样的语境之外运作的,它主要是局外人贴标签、反思与分析的现象。这个术语是由精英学者创造出来的,被用来描述那些不是他们的社会语境中所流行的传统形式。成为一名民俗学家,

① BAUMAN R, ABRAHAM R D. Doing folklore Texas style[M]//BAUMAN R, ABRAHAM R D. “And other neighborly names”: social process and cultural image in Texas folklore. Austin: University of Texas Press, 1981: 3-7.

就是把民俗作为某种被转变了的东西，从其传统的语境当中提升起来，以一种特殊的方式予以客体化。总之，关于“民俗”的文化意识是一种相对近期的、现代的现象，它总是伴随着一种认识，即传统的、农业的生活方式——经典的“民众”的社会的特征——在技术的与经济的变迁的影响下式微了。作为一种客体化的现象，它是一种不再属于我们的生活方式，它可能有价值、有吸引力，但并不与现代生活相协调。

面对搜集而来的口头讲述，早期的民俗学家们一方面积极从事着改编与提升的工作，另一方面则试图努力保持口头讲述的本真性。事实上，在被改编之后的作品中，仍然保留着神话的功能，它们仍然在给我们讲述着我们的形成性的经验，他们给予我们的是仍然扎根于民俗，但却是经过文化精英们提升之后想要提供给有知识的人欣赏的民俗。这里面有一个从民俗转向“民众的文学”(folky literature)的过程，神话的模式与本质通过这种表达仍然得以延续。此外，一些“民众生活节日”(folklife festivals)也在现代大都市中面向公众展示“我们传统的过去与我们的民族性”，节日的传统元素——饮食、音乐与舞蹈、奇装异服、酒水饮料以及甚至传统的手工艺展示被集中展演。

这两种“民俗”都被从它们自身的语境中提升出来了，都被予以客体化，被展示给了非其传统的观众们观看。甚至劳动过程也成为这种展示中的一种商品，然而它不再是生产的手段，而是一种表演。这种展示与传统的节日大相径庭。在民众生活节日当中，我们成为我们自己的文化之过去的观光客，成为舞台化的本真性表演的观众。尽管如此，鲍曼认为，这种民众生活节日有助于鼓励文化差异化，消除人们对于民间文化的误解，反思技术进步与同一化的趋势，丰富人们对于当下的感觉。它们是通过表演过去而对当下进行建构的，实际上是神话的现代版本。

民众生活节日中展演的不是民俗，而是舞台化、框架化的民俗之重构与再展演。在某种意义上，这种节日仍然是神话性表达的工具，是把我们自己呈现给我们自己观看的现代性的表达方式，贯穿其中的形成性的力量与经验，使得我们成为我们自己。我们已经被历史所改变，我们的神话一定会照着旧有的形成性的经验继续发挥作用，因为神话虽然从过去获得合法性，但它仍然是当下的。

在流行的话语当中，“神话”是一个贬损的术语，它意味着错误、幻觉、概念错误或者任何其他类型的愚昧，它是“现实”的反义词。然而，在鲍曼看来，科学的标准、历史性都与神话无关，神话是象征性的与艺术性的工具。通过它，我们给予我们对形成性经验的理解(及其后果)以表达的连贯性，我们不会受限于字面意义上的真理的价值。它让我们强调、提升、把玩、选择、探索这些经验，以获得科学与历史无法给予我们的理解。神话传播的工具可能因社会变迁而改变，但是只要我们仍然是社会的人,我们将继续神话化的工作。①

有关"神话"以及民众生活节日的思考,激发鲍曼进一步思考当代民俗学的一般理论问题。在《社区的节日与现代性的展演》一文中,鲍曼从学科发展的角度,把民俗学与现代性的问题关联在了一起。他说,民俗学诞生于现代性转型之际。商业与工业资本主义的兴起,现代都市与民族国家的增长,自然主义的与世俗的世界观的出现,以及所有其他政治的、经济的、社会的与知识的总体变迁,被总称为"现代性"。现代性的压力以及新旧之间的明显对立需要得到理解。民俗学就是努力理解这一"现代性"的象征性的知识建构之一。当社会思想渐渐地转向了解释传统社会的现代化的伟大事业时,民俗学承担了理解传统的、前工业社会的任务,而社会学、经济学以及政治科学则集中关注现代社会形式。

当传统社会进入工业时代时,它们仍然是我们生活的一部分。一种传统的文化形式,比如社区节日,在现代的伪装下成为一种现代性的展演。它尤其适合于调查研究传统在现代社会中的延续与变迁的动力学。

"现代性"集中地体现在两个方面:一是社会区分,一是社会集中。前者指的是社会生活的连续细分,并进而重组于复杂性之中。后者指的是社会相互依赖的程度连续地深化,地方结构不断地被纳入越来越集中的结构之中了。那么,社会区分与社会集中是如何展演于社区节日当中的呢?

鲍曼考察了鲁林的捶击西瓜节,他试图呈现现代性的两个方面是如何在其中被言说与展演的。一方面,其中的女王竞赛(不断的分化)代表的是一种表达的机制,以象征性地转化的伪装,展示了等级的差异与性别关系。它以特殊的方式框架化,允许表达会被压抑的但能被强烈地感受的冲动。另一方面,捶击西瓜节的游行(隶属于不同层级的集中化,但是这里是以地方为中心,而不是以外在世界为中心),展示了更加常规地被承认的与公开使用的社区中的区分原则,但是它们也被合并到集中的、关联的展演中。但是,这种集中化的行为是颠倒的,是鲁林把它们纳入其自身,通过在其主要街道上来展示它们。

现代性的力量——分化与集中——以复杂的方式展现在这些公开的社区展演中,它们代表了社区日常生活中强有力的因素。节日事件给予它们一个具体的与直接的展演,使它们展演出来,并使它们框架化为公共的展演。展演提升了客体化的过程,把它们置于特定的语境当中,给予它们以特定的强度,让人观看,让人考察,让人沉思,无论这个对象是女人、旗帜、农业产品还是社交关系。

这就是鲁林人表达性地处理的现代性力量。在社区节日的传统框架中,他们

① BAUMAN R. The mythmakers: transmission of the Texas myth[M]//O'CONNOR R. Texas Myths. College Station: Texas A&M Press, 1986: 6-10.

让民俗学家有机会熟悉这些大规模的社会过程本身。①

20世纪70年代以来,美国民俗学家纷纷参与公共民俗学事业,这些工作都不同于学术领域里的工作,其中最突出的工作模式——与此同时是表征的——是民众生活节日。

民众生活节日是文化生产的现代形式,它利用了诸如节日与集市这样的传统事件,公开展演符号性的、有反响的文化产品。在民众生活节日当中,被公开展演的是民众文化的形式,它们是由民俗学家与其他文化项目工作者构想的,是由他们所选择的从业人员执行的。

民众生活节日与博物馆具有明显的亲缘关系。博物馆展示文化所珍视的形式,传统上倾向于展示物质的对象;而民众生活节日保持了节日形式的气氛与动态,更多的是参与性的,指向了行为与表演。民众生活节日就是“一座没有围墙的活态的博物馆”。

当代美国民众生活节日的意识形态基础本质上是一种自由的多元主义。它从不同民族、地域或者职业群体当中搜集被看成是构成了美国社会文化的要素,它们被看作是多样化地补偿了精英的、大众的、官方的文化,因此是一种必要的、自然的、人类存在的、有价值的部分,从而值得被保留与鼓励。民众生活节日就是这种被保留的鼓励文化多元主义的工具。然而,民俗学家们开始质疑:这样的节日性的表征可能产生何种真实的效果?其去语境化、碎片化、集中化、机制化、官方化以及对民众节日进行干预的本质,到底会传达何种信息?对民间文化自身产生了何种效果?它们服务于何种政治的目标?民俗学家如何做才会更好?或者从根本上说民俗学家应该参与其事吗?

在民众生活节日中,民俗学家试图把民俗的本真性、准确性与逼真性最大化,这种表征的话语与策略显然是一种符号性的、意识形态的建构,显然是更大的文化政治经济的一部分。鲍曼借用布迪厄的“场域”概念,把“节日的场域”放置于权力关系、权威与合法性的结构、对于价值的不同控制的更大场域中来理解。尽管节日的生产者组织、安排与投资了民众生活节日事件以宣传他们自己的意识形态,但是,鲍曼强调,要理解一个民众生活节日的政治运作与有效性,一定得密切考察所有参与人员对于事件的指向,认识到参与者本身的能动性,他们并不是消极的、无生命的博物馆的客体。

比如,“美国民众生活-史密森节日”(FAF)已经成为诸如此类节日的模板。其

---

① BAUMAN R, STOELTJE B J. Community festival and the enactment of modernity [M]//WALLS R E, SCHOEMAKER G H. The old traditional way of life: essays in honor of Warren E. Roberts. Bloomington: Trickster Press, 1989: 159-171.

中通常有几个版块:一个有特点的州、一个外国、一个问题指向的项目。节日呈现的焦点有四个:音乐表演,职业民众生活,手工技艺展示,厨艺。在民众生活节日中,表演者不得不重新框架化他们通常的行为活动,从而使他们成为一种表演,可以为节日的观众所理解,可以被民俗学家以及他们自己所接受。每隔一天,表演者们会被邀请参加"谈话舞台",与前来观看的同行或者感兴趣的人进行交流。民俗学家作为表演者与组织者的中介,是整个表演活动的重要安排者。当然,最重要的问题是:参与者如何在这样一个场合发展出适合于自己行为的"框架"呢?他们怎么知道自己在这样的场合该如何行事呢?

1987 年,鲍曼在密歇根的 FAF 从事调查,试图从参与者的立场出发来考察上述问题。的确,正如他所发现的那样,许多受邀参与节日的表演者有许多想不通的地方,他们为什么选择了我?他们都是专家,他们脑子里有着知识与标准,他们到底要我表演什么呢?他们想要的表演是什么?是应该表演、展示还是说明?这涉及参与者在节日的情境中采用何种行为框架的问题,框架的概念代表了参与者对于情境的指向。他们所采用的框架是否合适,直接影响到他们在节日中的脸面问题。

总之,再语境化的体验是十分多变与微妙的。有的参与者可以很快地适应新的语境,有的参与者则自认为并不是合适的人选,有的参与者认为他们就像被展览的动物,而不是具有独特思维与自我身份的人,还有的参与者对于"谈话舞台"十分不满,甚至还有的参与者认为在被访谈的时候,受到了质询,而在他们自己的传统社会里,质询就是一种不礼貌的行为。此外,参与者会对那些被询问了无数遍的问题感到厌烦。而且,他们还要面对生产团队与民俗学家的不同要求,谨小慎微地处理多种关系。当然,事后回访参与者发现,大家对于民众生活节日总体上持积极的评价。

鲍曼描述了参与民众生活节日的复杂性。他在民众生活节日当中,全面地考察表征的政治,认为应该关注所有参与其中的人员:生产者、事务人员、发起者、听众成员与参与者。强调参与者并非消极地被展示的对象,而是具有反思性、调适性、批判性的能动者。显然这是一种有关民众生活节日表征的更具人文性的、更平等的政治。①

鲍曼曾在墨西哥瓜纳居托(Guanajuato)的阿林德(Allende)调查当地(Tierra Blanca)的节日庆典,这里有一种被称为"隐藏的宝藏"的圣诞剧的表演。鲍曼详细地分析了当地人的表演过程,尤其是关注了这一圣诞剧表演中剧本文本被严格记

---

① BAUMAN R,SAWIN P.The politics of participation in folklife festivals[M]//Karp I,LAVINE S.Exhibiting culture:the poetics and politics of museum display.Washington,D.C.:Smithsonian Institution Press,1991:28-313.

忆与有意识地改编的双重现象。

从理论上来说，当地人一再强调要严格地按照剧本来学习与记诵，但是，鲍曼发现，在实际的表演中，仍然有大量偏离标准的情况发生，比如在传抄剧本的过程中发生的误写；在排练过程中的遗漏与缩减；在排练过程中的本土化改编；在排练过程中的即兴发挥等。显然，严格忠诚于写定的文本只是一种理想的状态，当地人所谓严格按照写定的剧本记诵并不妨碍他们对剧本做出修改。

鲍曼特别关注并分析了其中一个突出的角色"隐士"。他是圣诞剧中的讽刺滑稽的角色，一般来说，他是一个文盲，尽管他也需要记忆台词，但是，对于那些较长的对白，他常常会偏离文本而自由改编。鲍曼具体地分析了他戏谑地模仿与转化文本台词的技巧，比如，他概括了他所采用的"凝缩"与"一致"的手段，在话语形式与语义的层面上，他如何协调着剧本文本与即兴创造之间的平衡。此外，"隐士"的话语中充满了叛逆的、狂欢的形象与主题，明显地体现出对权威文本的反驳与挑战。

面对"隐士"的话语技巧与策略，当地人表达了矛盾的态度，一些人认为他不应该如此不遵守文本的规则，另一些人则认为他的自由发挥是可以接受的，甚至认为他的表演技巧提升了圣诞剧的表演水平。

总之，鲍曼关于墨西哥地方戏剧表演的研究是在民俗学与人类学有关节日、象征性逆转以及狂欢节研究的传统下展开的，他关注的问题是"秩序与无秩序"之间的象征性张力。他的研究方式的创新性在于：一方面，他关注了整个表演的过程，而不是仅仅聚焦于表演的结果；另一方面，他具体地分析了反对权威的叙述的策略与机制。①

① BAUMAN R.Authority and anti-authority in the production of Mexican festival drama[M]//GAO Bingzhong. Festival culture：a collection of essays.Beijing：China Folklore Society and Beijing Folklore Museum，2006：372-379.

第七章　美国民俗学

作为20世纪后期美国民俗学界的领袖人物之一,除了着力提倡“表演研究”之外,鲍曼对于美国民俗学的学术史、研究范围、发展方向等问题也发表了自己的看法。当然,这些研究成果也应该被放在整个20世纪70年代民俗学范式转型的背景下来理解。

对于美国民俗学家来说,“美国民俗学”与“美国研究”的关系是什么?这是一个非常重要的问题。它涉及“美国民俗学”的学科定位的问题。理查德·鲍曼与罗格·亚伯拉罕合作撰写了《美国民俗学与美国研究》一文,此文提供了他们对于上述问题的回答。

他们从民俗学的学科发展史谈起。早在19世纪伊始,美国的民俗搜集与研究便在“新文化与旧体系、旧传统,复杂文化与简单表达,技术社会与农业社会”等等一系列二元对立的观念基础之上展开。当时的民俗学强调“过去与现在”在经济的、社会的、政治的、语言的以及互动模式方面的区别。通过这样的话语策略,民俗学建构了一个区别于“现在”的传统的社会与文化对象,把它作为更好地理解与建构“现在”的参照对象,并以之作为学科的研究领域。正是在这样的知识背景之下,美国民俗学家投入到搜集、描述与分析文化之“事物”(things)——物质文化客体、表演的文本、信仰与价值体系——工作中来了。

第一代民俗学家搜集与研究民俗的意图是为了促进民族文学的发展,为提出独特的文化伦理积累深厚的文化传统。这种文学层面的诉求要比“美国民俗协会”的成立(1888)早一百年。在“美国民俗协会”成立之际,文学家,历史学家,民族学家以及国际文学-比较民俗学家们,都抱着不同的学术目标投入到民俗学协会的组建当中来。然而,他们共同的问题是如何界定“美国民俗”?虽然美国民俗学深受英国民俗学的影响,但是,英国民俗是英国民族的民俗,美国的情况则大不相同。理查德·道森分别在1957年、1971年两次重新提出这个问题。可见,这是一个长期以来一直困扰着美国民俗学家们的难以解决的问题。

针对这一问题主要有两种答案:一是“在美国的民俗”,即旧有的民俗生活方式在新世界当中的遗留物,它们是不同的群体分别从世界不同的地方带入美国的;一是“美国民俗”,指的是一种呈现当中的文化现象,是不同群体之间相互作用的产物。前者强调民俗之保存的观点,而后者强调民俗的生产与形成的性质。大部分的民俗学观点处于这两个极端之间。

美国民俗学史上第一代民俗学家威廉姆·威尔斯·纳威尔对于这一问题态度暧昧:一方面,他强调要搜集来自世界各地人民所携带而来的旧民俗;另一方面,他又强调在美国本土上互动产生的新的文化传统。A.H.克兰帕则强调美国民俗为欧洲传统的遗留物,在他看来,所谓“美国民俗”的说法是措辞不当,他认为民众是一个复杂社会的中低级阶层,在其所处的情境当中,都具有一个漫长的过去。在这个观念指导下,他认为,民俗学只能是欧洲传统的民俗学。而理查德·道森则坚持认为,美国民俗是美国自身的历史产物,历经西进运动与殖民化,革命与民主共和国的建立,移民潮与奴隶制的废除,国内战争,技术革命以及工业化而产生的文化传统。在这一社会进程中,美国自身的历史影响了外来民俗,形成并创造了新的民俗,或者旧的民俗主题已经获得了新的改编。理查德·道森的这一定义解释了美国文化中重要部分的欧洲起源,然而既然它们已经处于新的环境当中,那么,他更强调这一文化及其民俗的部分——与众不同的、呈现中的、变迁中的形式。

总之,从一开始,美国民俗学家们就注意到了美国社会的多元性,虽然对英国民俗的遗留物的搜集一直都是备受强调的,但是,在美国民俗学当中,“多民族性”一直占有重要的地位。来自不同地区与国家的人民的民俗文化都有它们自己的地位。一方面,既然民俗被视为美国文化的一部分,美国民俗学对于文化差异性自然就有一种认可;另一方面,假设民俗与粗糙的、不复杂的、落后的人群有关,那么,把民众传统附加在“民族”的维度之上,就有自认为高人一等的嫌疑。

但是,在美国民俗学当中,各个民族之间的地位真的是平等的吗?是否有一些民族的民俗受到了歧视呢?比如,美国西部印第安人的民俗与英国后裔的民俗的地位一样吗?美国印第安人是“民众”吗?他们的文化是“民俗”吗?甚至他们是美国人吗?如果按照民俗学当中对于“民众”的古典的界定——一个复杂的文明社会中的底层农业人口,在他们当中,传统的习俗与表达方式得以幸存——显然,他们不是民众,他们的知识也不是民俗。因为他们并不符合“民众”的定义,而且,他们的习俗与表达,在他们的当代文化当中仍然起作用,这些习俗与表达也是其完整文化的一部分,而不是幸存物。① 因此,他们的文化并不是民俗。美国社会构成的复杂性使得美国民俗学变得复杂化了。

在威廉姆·威尔斯·纳威尔领导美国民俗学的时代,当时的民俗学家们区分

① 此外,非洲美国人又算是哪种人呢?他们被不同的研究者视为是农民、成问题的社会群体或者半野蛮人。不同学科从不同的立场出发研究黑人,从而形成了不同的研究传统。

了“民俗”(folklore)与“神话”(myth)来界定上述二者之间的区别。“神话”这一术语被用于指称故事、信仰与活态体系,在原始人当中,这些故事与信仰被用于解释人们的存在。而“民俗”是指文明国家的非书面的流行传统。然而,尽管美国的民俗学家与人类学家做出了这样的区别,但是它们在形式与起源上却具有相似性,这又使得它们有被放在一起加以研究的必要性。一个明显的结果是:它区别了人类学家与民俗学家各自的研究领域与范围。从一开始,两个学科的矛盾就出现了,二者之间壁垒森严而又各有所专。

在“美国民俗学”中,地域主义的意识并没有受到应有的重视,民俗学家是后来才借用了文化地理学的方法,使用民俗材料界定美国的地域性的。他们通过民居来讨论地域模式与文化传播的路径,比如,亨利·格拉西通过物质文化模式来界定地域特征。

在文化地理学中,地域的界定大部分是基于农业与家庭物质文化,文化区域的概念以及有关地域文化的思考大部分基于这一概念,它基本上是一种生态的建构。非物质文化,远没有紧密地与环境的概念结合在一起,很少进入地域概念的定义。大部分民俗学家以两种方式使用了地域的概念:一是自身成为地域主义者,有一种自豪的地域性自我认同感;一是寻找与世隔绝的地区,或在全国各地寻找具有“固定传统”的区域,认为这些区域都是更加具有“民俗的”本真性,从而可以与大众社会的其他区域区分开来。

在这种思想的指导之下,美国民俗学界兴起了地域主义性质的搜集民俗的竞赛。这种竞赛式的搜集活动更多的是出于地缘的相近,而非社会文化的认同,因此,大多是印象主义的、主观的、不系统的。例外的情况是,有人不只感兴趣于一个地域,而是不自觉地采用了比较主义的立场,广泛地、普遍地、包罗万象地、兴趣广泛地搜集各个地域的民俗,其中,本杰明·波特金的工作即是一个好例子。然而,大部分民俗学家却是采用了田园式的路线,只是在边远的乡村从事民俗的搜集工作。

理查德·道森以及他的同道们需要回答的问题是:当时,随着小社区的瓦解与机器开进了花园,机械时代的民俗与民众会是怎样的?当时,很少有人能认识到,在最后的搜集成果当中,到处夹杂着田园主义与乌托邦的怀乡意识。阿兰·罗马克斯主张保存文化当中的不同与差异,而理查德·道森却是一名典型的同质主义者,虽然他也看到了那些差异,但是,他倾向于把不同的声音整合成同一个声音。正是这种同质主义的思想,创造了一个“理想的美国民众社区”的形象,民族间的差异被建立在一种人性的共同的感觉之上,生命与自然和谐,远离了都市令人疯狂的拥挤。这里,大量分立的民众传统——民族的与职业的共存——被消音、整合为统一的声音,民俗学家们在差异之上建构了一个全新的、共享的、地域的民俗。

阿兰·罗马克斯也听到了这一合唱,但是他以不同的方式阐释它。他在这种和谐之下听到了刺耳的不和谐音,因为内在于美国社会中的是不可削减的冲突与异化。而理查德·道森看到的只是一个史诗级的战斗,是致命的技术专家政治与纯粹的民众的力量之间的战斗。罗马克斯的知识论及的是分裂——美国是躁动不安的,生产着“荒凉的声调”与“魔鬼之歌”;道森则通过区别“民俗”与“伪民俗”发起了战斗,他把“伪民俗”看作是技术专家思维的产物,从而创造了“本真”与“伪造”的对立体系。罗马克斯也抗议技术的占领,他区分了“大众文化”(mass culture)与“流行文化”(popular culture),在他看来,前者是麦迪逊大街大众化生产的表达性的产品,后者是记录于媒介当中的产品,但仍然接近于大众的思想与品味。道森与罗马克斯之间的分歧是一种经典的“自由-激进”的观念对峙,其间的冲突至今仍然无法彻底解决。对于道森来说,完整性存在于表演的未受影响的事项当中;而对于罗马克斯来说,完整性在于人们的精神及其风格化的结构。因此,罗马克斯毫不犹豫地把这样一些事项连接在他跟他的父亲所谓的“合成照片”当中,以造成一个修辞的与审美的观点,而这一点是受到道森强烈谴责的。

除了地域主义的搜集之外,还有按照类型搜集的材料,具体来说,比如按照年龄群体、职业群体搜集的材料,但是却几乎没有关注都市工业社会职业群体的材料,关于特殊的社会群体的知识更是缺乏。

民俗进入大众文化领域的研究只是在60年前后才开始的,民俗与大众文化多是根据表演与呈现的媒介而被区分的,一旦涉及记录的媒介,民俗学家就会依据假定传播传统,而把相关材料排除在外,但是,事实上,民俗学家的研究结果却并不这样认为。这一观点有利于把区分民俗与大众文化的标准,从传播的媒介转向表演者与他们的社区之间的关系这个新的维度上来。

鲍曼说,在20世纪70年代前后,“美国民俗学”传统的组织原则(民族性、地域、类型等)已经有了一些修正,“民众”作为乡土的、孤立的、同质的、不复杂的群体的观点也被抛弃了。按照罗勃特·雷德菲尔德关于“乡村-都市”连续体的经典描述,民众社会与都市社会是对立的,可是,民工进城之后,民俗学自然也应该进城,于是“都市民俗学”出现了。民俗学家们首先关注的是移民的民俗,可是,这种搜集工作很少去记录移民生活的整体图景,更不要说去进行理论方面的探究了。显然,它仍然是一种抢救意识下的民俗学研究。

与此同时,美国文化多元主义的观念兴起了,新的、白人的、不可融合的民族思想兴起了。这就导致了“民俗的复兴”。民俗的当代复兴挑战了民俗学的许多基本概念,比如,民众群体的概念;比如,有意识操纵的表演以及其他许多舞台化的互动的问题。可是直到1968年,仍然有人提问,“都市当中有民众吗?”

民俗学家一直以来在努力不断地重新界定“民众”的概念。这是一个不断扩展与变迁的概念,刚开始的时候是指乡村农民,然后又包括了非农民的群体。一直以来,学科传统的思维都在延续着,“民众社区”的概念一直都在被理想化。直到20世纪60年代,在校大学生们搜集的五花八门的材料极大地刺激了民俗学家,促使他们严肃面对并重新反思“民众”的本质,尽管当时民俗学家们仍然强调“民俗的传统性与类型的连续性”。

直到阿兰·邓迪斯提出自己的“民众”的定义——任何人群,只要至少共享一种共同的因素,而不论这一关联性的因素是什么,它可以是职业的、语言的或者宗教的,只要他们有共享的传统即可——美国民俗学界才开始形成新的共识。然而,尽管邓迪斯的界定工作有助于学科的概念性边界的扩展,但是,民俗学界仍然在围绕着传统的民众文化与表达形式工作。在过去的几十年里,民俗学界仍然维持着其自身的传统观念,田园牧歌式的假设仍然是最富于吸引力的。

也正是在这一时期,鲍曼认识到不同的群体当中的民俗多少可能会有差异,开始强调“社会互动”的重要性,他不是像大多数民俗学家那样强调共享的、认同的特征,而是强调不同的认同以及民俗的社会基础,强调民俗如何在内容与表演当中陈述群体的边界,即民俗如何团结却又排斥社会成员的问题。

社会互动的观点以“表演”的概念为核心,强调田野作业的核心性,关注民俗过程的动态性,考察的是口头传播真实运作的方式。当然,这与传统的民俗传播的研究不同,后者关注的是起源与传播的问题,其目的在于寻找特定文本的原初形式。它消极地看待传播的过程,这是一种宏观性的研究,且不关注有血有肉的表演者。民俗传播的研究方式是在图书与档案当中寻找材料,尽可能全面地搜集异文;相反,田野工作者们鼓励尽可能详尽地搜集活生生的材料,鼓励沉浸于特定社会的民俗实践当中,关注的是民俗活动的动态过程。在这里,表演者习得口头艺术,表演并传承着这种口头艺术。

表演研究关注著名的表演者,这些表演者肚里有货,擅长表演,善于提炼艺术,代表了当地文化的血脉。表演研究同时关注表演者的表演风格与表演的资源,考察个体表演者的生活与艺术。表演者的社会环境影响了他们艺术更新,他们描述社区与地方,有时是以印象式的方式,有时是以民族志式的描述方式。

社区、地方与个人经验对于表演者的形成性的影响力,导致民俗学走向口述史的研究,比如研究传说、歌谣与个人的生活史及其他叙事的关系。他们与历史学家不同,他们关注口头传统当中的历史性,目的是对历史性的过去加以重构;他们与人类学家也不同,他们关注一个社会对于他们自己过去的感觉,关注他们成员的世界观,他们并不计较口头叙述的历史准确性。

民间表演者的自传、节目单、表演风格、社会文化情境的研究丰富了美国民俗学的研究,他们已经开展了大量的表演本身的民族志研究,在事件与场景的语境当中考察表演。在这样一种研究框架当中,艺术性的表演是一种与众不同的交流与展演模式,它是风格化的,强调艺术性的事件。在所研究社区的表达性材料的背景下,调查重要的表达性事件及其相关的表达性手段,即类型、风格、符码等等,这一方法不只是关注表演的特征,还要关注文化的装备与期待,同时呈现展演于社会生活中的美国的表达性文化的统一性与差异性。①

民俗学不仅仅在群体文化差异的层面上参与建构了美国文明的历史,还作为现代启蒙主义运动的重要成果参与了现代美国文明的建设。在《民俗与现代性的力量》一文中,鲍曼回顾了"民俗学与现代性"之间的历史性关联。民俗学最具有形成性的概念是"民众社区"(folk society),它指的是传统的、农业的、同质的、地方的、面对面的社区,被认为是称为"民俗"的表达形式的占主导性的地方。然而,民俗学出现的时刻,正是传统的民众社会——作为一种理想化的构造——在技术与经济变迁的影响之下走向下坡路的时代。"民俗学"这个术语,在英语中,是1846年由英国人威廉·汤姆斯(William Thoms)提出来的,但是很少有人知道,当代某些其他术语,比如,"工业主义"是在1830左右提出来的,它指的是一种新型的社会秩序,即基于机械生产或者"工业革命",驱动了一种重要的社会变迁,达成了一种新的生活秩序。在英语中,大约在19世纪40年代中期到后期,"工业主义"渐渐成为一个流行的术语。同一时期,流行期刊与廉价小说获得了极大的发展,我们现在把它们视为大众媒介,正是它们渐渐地取代了大部分传统的民间表达。值得注意的是,"大众"(mass)这一术语的使用——它与多数人相关,但也带有"低级""庸俗"的意涵——也起源于19世纪30年代。换句话说,"民俗"与这些术语是同一时代产生的,它指的是相对独立的情境与现象,这远不是偶然的现象。汤姆斯自己也把大部分民俗视为"现在完全消失的""被忽视的""消失的",这也是自那时以来大部分人的看法。

民众社会行将灭亡的困境一直是民俗学背负着颇具讽刺意味的悖论,二战之后,民俗学的学科危机感随着科学技术的变迁、大众媒介、流行文化、文学、正式教育以及旅游的推进而逐渐加深,民俗已经被边缘化到世界上最遥远的角落里去了。对于这一问题,美国民俗学界有两种反应,第一种是退回到传统性与同质性。这种观点强调,要努力追踪遗存领域最后的东西,正在遗失的形式,挖掘出那些所有值得挖掘的东西。他们不只是有一种怀旧的浪漫主义情怀,而且一如既往地喜欢古老的东西。然而,在对于"民众"的概念做出了某种改编与重新定位,也就是说逐渐定位在某些社会语境与社会关系领域,它们还一直保留了传统民众社会的特征,即

---

① BAUMAN R,ABRAHAM R D,KALCIK S.American folklore and American studies[J].American Quarterly,1976,28(3):360-377.

面对面、亲密、习惯、非官方、互动与交流行为中共享的品质,交流传统的形式与民众表达模式,它们在类型与形式上为人们所熟悉,比如故事、谚语、儿童民俗等等。民众被当作是任何共享着至少一种共同因素的人群,正是共享的认同、同质性——无论多么有限——被认为是构成"民俗"的基本前提。

第二种是在面对传统民众社会的堕落时,试图正面对抗现代性的过程与影响。它们似乎是向流行文化投降,在大众文化的形式、功能、内容或者社会流通性方面,发现传统民俗的连续性,努力探索民众如何借用传统民俗的资源应对现代性的问题,试图发现何种真正表达性的与艺术性的反应被创造出来,以处理现代性的问题。

那么,"现代性"指的是什么?这个主题巨大而复杂,鲍曼只讨论了"现代性"的两种主要趋势:社会差异化与集中化。通过"差异化",社会生活被连续地细分,个体在不断提升的复杂性中认识自己。其中,在社会成员当中用于区分的分类性差异被提升了,社会关系变得越来越复杂,功能越来越特殊化,越来越不具有弥散性。用符号学的术语来说,差异化可能是通过参照特定的社会符号的数量来定义的,这是由一个特定的体系来维持的。"集中化"指的是社会相互依赖、相互整合的程度越来越高,地方性的结构被越来越多地纳入集中化的结构当中。有许多社会科学文献讨论这些过程,这是一些把传统的民众社会逼入墙角的力量,但是,极少有民俗学家讨论它们。

在《差异的认同与民俗的社会基础》一文中,鲍曼曾涉及这些问题。他曾质疑了同质性民众社会的传统概念,批评了民俗学传统对于"同质性"的强调,反思了把"共享的认同"作为"新-民众群体"的基础的做法,认为这种做法蒙蔽了人们的双眼,忽视了认同的差异性,忽略了社会差异、身份差异导致差异化地应用民俗的问题。该论文讨论的是在小型群体中,人们在口头民俗的面对面的使用中认同的差异。当然,那时他还没有涉及现代性的问题。事实上,无论哪一种社会,无论多么小的规模,它都是一种差异性的组织,在任何社会的民俗之社会使用当中,不同的身份认同可能是一种潜在的运作性的因素。也就是说,社会差异是所有社会当中的一种因素,问题的核心是差异原则的相对的增殖,这在现代的、技术进步的社会当中达到了数量的极限。

20 世纪 80 年代初期,鲍曼与其他美国民俗学家一道,开始重新思考"现代性"的问题。他们认为,民俗学家的工作正在从一种更加熟悉的、私人化的生活部分,一种社会群体内部的、区别于他人的、共同的表演,转向更加公共的、庆典性的展演——节日、集市、聚会等等。他们把这种新的展演称为"展演事件",如果有人想要真正地理解"文化多元主义",他就应该去看看集市与节日,它们是民众千百年来一直都有的传统,也是现代性特征的典型体现。

当然，人类学长期以来一直都在研究"展演事件"，从涂尔干到格尔兹与特纳，从阈限到现代阈限。然而，民俗学家们很少关注这些事件，也许是因为他们认为这些事件太复杂了，符号太多元化了，太异质了，不能依赖简单独立的文本、对象物或者同质的小群体来理解。但是事实上，这些事件可以直接引导人们获得社会学的洞察力，观察到现代性大规模的影响力，这些事件比民俗学家们一直以来关注的对象更有效。鲍曼认为，现代性的力量——包括突出的差异化与集中化——以一种复杂的与揭示性的方式，呈现在这些社区的公共展演当中，尤其是在当代社区基础的节日当中（不可混淆于舞台化的、被构造的"民众节日"）。社区节日表征了社区日常生活中的强有力的因素，给予它们一个具体性与直接性的展示，把它们框架化为公共的展演。展演提升了客体化的过程，通过把事件置于特定的语境当中，用特定的强度把它们标志为待观看的对象，标志为可供考察、反思的对象。以社区为基础的节日就代表了一种机制，通过节日的展演，社区成员表达性地处理着现代性的力量。①

在美国民俗学会成立百年之际，美国民俗学家开始深度反思与批判民俗学的社会与知识基础，反思学科核心概念产生与发展的过程。鲍曼介绍说，民俗学诞生于现代性进程中所带来的划时代的社会变迁——商业与工业资本主义的兴起与繁荣。现代都市与现代民族国家的增长，自然主义与世俗世界观的出现，以及现代所有其他政治的、经济的、社会的与知识的因素，共同影响并促成了现代学科意义上的民俗学。

18 世纪末至 19 世纪初，社会变迁的过程已经创造出美丽新世界，它充分地自我区别于过去的社会。当时，较晚近时期的农业元素，前资本主义的生活方式仍然保存于社会某些地方与一些人的记忆当中，现代性调整的压力以及新旧之间对比的无所不在，都需要被理解，民俗学正是在这一知识背景下努力开展的象征性建构。

从尤尔根·哈贝马斯对于"社会学"的产生的解释中，我们知道，社会学是作为资产阶级社会理论而诞生的，它的任务就是要解释传统社会的资本主义现代化的过程及其不良的附带效应。社会学的一切理论就是要捕捉从社区向社会转变的最重要的方面。正像社会学家所强调的这一转变背后的社会结构维度，民俗学家关注的是传统社会的象征性的形式特征，由此，这些社会表达了它们的生活方式，维持着它与一个重要的过去的连续性。

在其起源处，民俗学是一个更大的知识努力的一部分，它是在一个统一的参考框架中来理解社会生活与社会变迁的——它同时考虑了礼俗社会与法理社会，农

① BAUMAN R.Folklore and the forces of modernity[J].Folklore Forum，1983，15：153-158.

业生产模式与工业生产模式,农村的生活方式与城市的生活方式,地方的文化形式与文明的文化形式。上述二元对立的社会理论框架把一个社会变迁的连续体转化成为一种对立的社会类型。这又反过来支持一种科学知识的劳动分工:一方面是民俗学与人类学,另一方面是社会学、经济学以及政治科学;一方面是传统的社区,另一方面是现代的复杂社会。这一社会结构类型的对立模式一旦被学科化,民俗学家的自我学科训练便渐渐转变为一种狭隘的学术视野,它抛弃了学科出现阶段与早期发展阶段学科范围的广泛性。近一个世纪以来,民俗学的概念与理论范围一直是面向传统社会的,虽然大家都知道民间社会关联于并深受现代社会的影响,但是,民俗学家放弃了理解这一社会整体的责任,直到 20 世纪 70 年代,美国民俗学才开始逐渐恢复其早期阶段学术视野的广泛性。

当然,鲍曼承认,民俗学关注小型的、地方的、人类交往中面对面交往的部分,把它作为学科考察的基础,这是完全合法的、有生产力的。然而,如果不能全面领会所有现代社会的情境——工业与后工业资本主义、大型官僚机构、大众文化、大众传媒、政治意识形态、阶级、权力、全球文化——以及这些力量影响与改变人们生活世界的许多方式,那么,民俗学就会越来越没有阐释力。因此,当代民俗学的核心任务是重构一个概念框架。这个框架在美国民俗学界已经呈现出来了,它已经在指导着民俗学理解当代民俗与社会变迁的现实问题了。

在民俗学传统中,民众被理解为同质性的群体,民俗知识被看作是一种集体的文化产品,民俗为民众集体拥有,是民众集体的传承物,而民众是民俗传统的传承者。相应地,民俗知识是社会的集体的表征,是社会的象征性反映与投射。二者是相互依存的关系:一方面是民俗材料,另一方面是社会的与民族志的数据。两种材料独立,研究者要看它们在哪些方面相互匹配,哪些方面可以相互解释。民俗与社会,民俗与社会变迁之间的相互关系,许多都是在这样一种关系中被解释的。

20 世纪 70 年代以来,新的观点出现了,它把社会生活视为交流性的建构,视为交流性实践的生产与再生产。作为象征性的形式,民俗是社会行动者可以获得的交流性手段,是"生存的装备"。在这些术语当中,民俗与社会的基础纽带存在于社会生活的构造当中,存在于民俗的情境化的应用当中。

这一以"交流"为中心的分析思路的关键概念是"表演",它具有三个关键性的意义。一是"民俗作为实践",在普遍的意义上,指的是在社会生活的完成当中民俗的情境化应用。这一定义也是另外两个定义的基础。二是"表演的诗学",其本质在于假定要向观众负责,展示交流的能力,服从于观众对表达行为得以完成的技术与有效性进行评估,强调在社区互动性的语境当中艺术性的交流行为,强调"形式-功能-意义"之间的相互关系。个体的艺术性是其核心的关注点,虽然也要参考"社会给定的"与"生成中的"两个极端之间的动态关系:一方面是表演的惯例,另一方面是个体的创造性与情境化的独一无二性。三是“文化表演”(cultural performance)或“展演”(enactment),关注的是象征性地引发共鸣的公共事件,比如节日、景观、戏剧、集市等,其中,一个群体的核心意义与价值被体现、展演,用象征性的形式予以公开的考察与解释。这里强调的是集体性的意义与价值,强调的是过程的社会组织,由此过程,文化表演被准备与展演;强调的是技巧,由此技巧,在事件当中的经验被强调,意义被强化。“表演的诗学”关注的是面对面的互动与交流,是在技术的、社会的、心理的意义上的小群体。“文化表演”强调的是公共领域。两种表演的视角有融会贯通的趋势,因为“表演的诗学”常常处于“文化表演”的更大语境当中。

经典的“民众社会”的概念意味着同质性、地方性,是小型群体面对面的口头传播,它把注意力集中在了家庭的、社交的、工作的亲密互动的形式当中,关注的是谚语、谜语、儿童歌谣、民歌、民间故事等等。这与现代法理社会的象征性形式相对立,后者是非个人的、异质的、媒介化的、官方的、商业化的、集中化的。而“文化表演”所代表的公开展演,比如节日、集市、游行,又与上述两者不同,它们是更大的互动秩序的一部分,其中既有直接的共同的参与,又有间接的差异化的同在。事实上,公共展演的事件与现代性及市场的兴起有关。

显然,从亲密的面对面的互动到大型的公众事件的展演,这整个连续体包括了人际互动的整个领域,然而,民俗学基本上关注的是交流性的实践。“表演”的最普遍的意义,使一些民俗学家转向被媒介化的交流形式——从涂鸦、情景喜剧到电视剧——那里有一些形式与功能的连续体,其表达的形式给予互动秩序以某种特征。这是第三个交流圈,也是现代社会中关于民俗的全面观点中的一部分。

以表演为中心的分析已经转向上述三种领域——面对面的,公众的,媒介化的——考察民俗与社会的转型。一是个人经验与地方性的叙事。这是一些民俗学家熟悉的材料,某些社区消失了,在这些社区的废墟中,曾经生活于斯的故事讲述者站立起来了,他们从这些“地方”出发讲述,而且,他们的讲述被框架于表演当中。尽管社会的、物质的、道德的秩序被打乱了,但是故事却成为一种保留性的、抵制性的交流工具,它顽强地抵制着现代生活的异化过程。二是公众的表演。在现代化的大都市中,现代性的元素被编码化与展演于其社区的庆典当中,庆典游行代表了社会秩序,揭示了社会类型的交叉状况与群体内部的组织原则。在这个意义上,游行是社会差异的展演,展现了现代社会生活被连续地划分的趋势,反映了社会自身不断趋于复杂的动态。社会过程差异化的同时又是集中化的,社会依赖性与整合性也在不断地深化,地方结构渐渐地融入集中化的结构中了。庆典抵制权威、颠覆霸权,它吸纳并同化更高层面的社会结构,并在地方性的世界观中展演之,反复地肯定着用自己的术语理解现代世界当中存在的秩序的能力。三是媒介表演。民俗学家们关注类型与功能的连续性,可是,经典的口头民俗形式在大众传媒当中却消失了,这种现象引发民俗学家去关注大众媒介如何采用民俗事项,这种大众媒介化的产品又如何返回到口头表演当中来。此外,民歌表演者为商业记录的演唱会表演会产生何种差异?表演指向的民俗研究与电子媒介化的表演之间的差异何在?特定文化中流行的表演形式与新技术是什么?它们取代了活生生的表演?新媒介如何渐渐成为大众文化的一部分?表演者如何理解了媒介并因此来重构交流的信息?在这里,鲍曼首次把“媒介表演”的内容引入他的表演理论。

根据上述三种表演观,鲍曼认为,“表演”可以在一个统一的参考框架当中来理解民俗、社会与变迁,它集中关注的是“形式、意义与功能”的相互关系,关注作为交流实践的民俗的适应性与生成性。它可以同时被用于分析小型的面对面的互动、大型的公众展演以及媒介化的交流。

从表演的观点来讨论民俗与社会转型时,鲍曼集中考察了现代性的一些基本特征,比如:异化、思乡病、延异、集中化、媒介化的交流、反思性等等。民俗是社会性地建构的,社会是交流性地建构的。鲍曼强调,民俗本身——作为一种思想与一种研究领域——是以现代性的推进为代表的社会变迁的产物。民俗学家是现代之子,民俗学的学术实践正是民俗学家们对民俗与社会转型进行调查研究的一部分。以表演为中心的民俗学的观点尤其适合于分析性地、反思性地理解民俗学家自身的实践。

对于面对面互动中的民俗表演的分析,分析表演中生成的文本,导致了分析表演情境当中的田野遭遇,分析田野工作者与表演者的社会关系对于我们所记录的文本的形成性的影响。理解文化表演的动态性,尤其让民俗学家有机会去分析现代文化的产品,即民众生活节日,比如美国民众生活的史密森节就是美国自由多元主义意识形态的展演。从口头交流转向媒介化的交流,要求民俗学家去理解符号间的转换问题,比如把口头的表演转译为书面的文本,这是“民族诗学”的工作。一句话,表演研究给予我们高度有生产性的批评性的、反思性的观点,它促使我们反思性地看待我们学科的方法与我们的理解。

表演指向的研究框架,转向了民俗与社会转型的问题。这一研究方法可以洞察现代社会生活,可以批判性地看待民俗学的学术实践。讨论 19 到 20 世纪民俗与社会转型的问题,对于民俗学具有里程碑式的意义,它使民俗学家们意识到,在现代世界当中,他们有责任在整体的范围内去理解社会生活的交流性构成。①

最后,让我们把“美国民俗学”放在整个“国际民俗学”的总体中来理解。如前所述,“民俗”这一术语是 1846 年由英国古物研究家威廉·汤姆斯创造的,它显然

① BAUMAN R.American folklore studies and social transformation[J].Text and Performance Quarterly,1989,9:175-184.

是对德语“民俗”(volkskunde)的翻译,德语的“民俗”概念发明于1787年。汤姆斯的“民俗”概念在世界语言当中获得了流通。它基本上是通过枚举其中一些形式,比如古代各种方式、习惯、规约、迷信、歌谣、谚语等等。这里,“民俗”既指传统的文化形式,也指研究这些文化形式的学科。近些年来,新术语“民俗学”(folkloristics)被用于专门指代学科本身。

“民俗”的概念出现于18世纪晚期,是当时“语言、文化、文学与意识形态”的统一体的一部分,总体上服务于浪漫的民族主义。约翰·歌德菲里德·冯·赫尔德(1744-1803)的“民众”与“民众传统”的概念,决定了后来人们对“民俗”的理解。他说,拥有一种共同的语言是一个人民群体之与众不同的试金石,也是群体成员维持一种自我感觉的源泉;语言体现了一个民众群体的性格,代表了特殊的民众传统的手段,它代代相传,被用于培养特定的文化能力。在赫尔德的概念当中,文化与传统被保留在民众的诗歌当中,保留在他们的民歌与民俗当中,具有最高的与最真实的表达。然而,随着人文主义思想的现代化与碎片化,以及与之相伴的学科独立,之前统一的学术视野大部分解体了。人类学、语言学、文学、民俗学都还保存着它们对于民俗的兴趣,但是都是从它们自己的学科出发予以定义,都从各自的学术立场出发强调了民俗事项的某些特点与层面,却牺牲了另一些特点与层面,最终一直没有提出一个单一的“民俗”的定义。然而,鲍曼总结说,其间似乎又有某些共同关注的焦点。

1.传统性

民俗学家特别强调“传统性”是民俗的核心特征。这种强调是对挑战传统之权威性的一种反应。在韦伯的经典意义上,通过新教改革而引发的现代意识形态——启蒙主义以及工业资本主义——普遍地倡导理性、个体主义、革新以及进步等面向现代性的意识,这极大地刺激了民俗学,传统权威渐渐让位于实践理性。19世纪,新兴的民俗学必须要理解现代性所推动的基本的社会变迁,于是产生了一种流行的但却是歪曲的民俗观念,即把民俗看作是愚蠢的、迷信的、错误的、过时的残余物,是人类社会发展中较早的阶段的产物,且必将被现代文明的科学理性主义所超越。

与这种观点并行不悖,当时的民俗学同时把“民俗”看作是吸引人的、多姿多彩的、情感的、自然的、本真的、值得守护的记忆。浪漫主义的观点与理性主义的观点相对立又相共存。它坚持认为民俗是一种本真的民族文化的基础,是特定人群精神的与历史的整体呈现。这种观点为民俗的浪漫主义的、民族主义的美化提供了基础,激发人们怀乡式地进行文化寻根,努力复兴民间艺术、民间手工艺、民间音乐等民俗化的现象,推动民众生活保留项目等等。然而,无论是哪一种观点,在面对现代性时,民俗都被视为一种堕落,时代变革的意识激励了人们对民众传统的兴趣。

“传统”既指一个可独立的文化元素的历时性的传递过程,又指在这个过程中被传递的元素本身。把某一个民俗的元素看作是传统的,就是看到它具有时间的连续性,它以一种自然客体的方式扎根于过去却坚持到了现在。然而,传统又是呈现中的,它不只是一种扎根于过去的文化遗产,也是不断地在当下被象征性地建构的。事实上,传统是一种选择性的、阐释性的建构与重构。被发明的传统的现代建构,给予现代社会建构以象征性的回响,传统化本身的需要——社会需要通过把我们自己联系到一个有意义的过去,赋予我们现代生活的意义。这样一种思路,在区别民俗与民俗主义,区别真正的与虚假的、本真的与虚构的民俗时,明显地挑战了保守的民俗学思想,但是,这不会减少民俗学对于古老形式的兴趣。相反,它提供了一个完整的批判性的观点,来理解民俗的材料与过程。

“传统”的概念还强调民俗形式的集体性、预制性、典型性的特征。传统性意味着超个人性、传承性、连续性、同质性。用美国人类学家罗伯特·雷德菲尔德的话来说,“在理想的民众社会,一个人所知道与相信的,也是所有人所知道与相信的。”或者当学者们扩展了索绪尔有关语言与言语的区分,来对比民俗与书面文学,就倾向于把民俗视为语言,认为它是集体化的、社会化的、长久地保存下来的传统形式,整体上是集体的创造与拥有物。虽然说民俗的变异长期以来一直让民俗学家们感兴趣,许多民俗学家一直以来都在致力于异文与版本的比较分析,但其参照的标准一直是理想化的、概括化的民众传统,它被看作是一个公共的产物。最终,表达的个体性完全被归结到集体性、同质性、匿名性上去。

表演研究强调的是个体性与创造性,关注的是具体的使用语境中民俗的表演,研究真实社会生活行为中传统与革新之间的相互作用。民俗文本是生成性的,是交流性的资源、社会目标、个体的能力、社区的基础规则,文化限定的事件结构等因素之间复杂的相互作用的产物。个体与传统关联在了一起,在一种辩证关系当中,在情境化语境的行为当中进行着某种实践。

2.社会基础

“民俗”(folklore)的前缀“民众”(folk)意味着民俗的本质在于其社会基础。“谁是民众?”的问题不断出现于有关民俗之本质的思考当中。18 世纪晚期,“民众”的术语首次被介绍进德国社会理论,成为 19 世纪社会学发展中的形成性的概念,代表性的学者有威尔海姆·冯特,威廉·格拉汉姆·萨姆纳,费尔南德·滕尼斯,爱弥尔·涂尔干等人。1947 年,罗勃特·雷德菲尔德精炼地概括了理想的民众社会的特征,他说,“民众社会,对立于现代的城市社会,这样的社会是小型的、独立的、文盲的、同质的,具有强烈的群体的统一感……行为是传统的、即兴性的、非批判的与个人的……"

雷德菲尔德建构了"民众社会"的理想类型,它与"都市社会"相对应。对立的两极代表了一个连续体的两端,所有经验地发生的社会一定分布在这个连续体上。从历史的角度来看,连续体被看作是一个方向性的过程,要从民众社会向现代社会转变。这样的理论建构强化了这样一个观点,即民众社会让位于进步,民俗渐渐地与现代生活无法相融。因此,许多民俗学家把他们的研究指向了乡村人民、民族群体的成员,而不是完全地参与到现代的、都市的、技术的、大众的社会当中的职业群体,比如牛仔、锯木工、船员、矿工等。

前文提到,雷德菲尔德的程式的另一个重要的方面是他把部落的与农民的群体都包括在"民众"的标题之下。然而,许多民众理论家,包括大部分民俗学家,把"民众"保留给了农民群体、乡村艺术家以及其他职业群体,他们构成了一个复杂社会的低等的、部分发展了的社会阶层。部落社会则被看作是本质上不同的社会形式——整体(而非部分)社会,其中存在的原始模型保留了它们完整的功能的整体性。而另有一些人(像雷德菲尔德一样)强调部落社会与农民社会之间的连续性,把这些社会带入一个更加统一的参考框架当中。这一问题一直被讨论着,经常是人类学与民俗学学科区分的基础。

20 世纪 60 年代,美国民俗学家阿兰·邓迪斯提出,"'民众'的术语可以指任何人群,只要他们至少共享一种共同的要素,而不管这种共享的因素是什么……重要的是无论基于什么原因,一个群体形成了,他们可能会把某种传统称作是自己的传统。"在这里,"民众"的概念已经离开了进化论者与类型论者的假定,但是某些关键的特点仍然保留下来了。"共享的传统"仍然是民众群体的本质性特征,建立于共享的认同当中。然而重要的是,这是一种有限的均匀性,取代了理想的民众社会中完全的均匀性。邓迪斯转而依靠"共享的认同"中任何单一的特征,认为它们可以构成一个社会群体形成的基础。任何群体,当它在时间中坚持、积累了一套共同的经验时,将会有它自己的传统的核心,因此会有它自己的民俗。因此,我们可以发现航天员共享的笑话,计算机员工当中流行的谚语。"每个群体都有他自己的民俗",而且将会继续如此,只要人们继续聚集在一起。

以表演为中心的民俗学调查研究民俗表达的社会基础,通过把它看作是一个经验性的问题,来考察身份与角色关系的结构与动态。这样的调查揭示出,民俗除了可以是共享的身份的表达之外,也可以是差异的表达。它既可以是群体共享的关系,也可以是冲突的关系;既可以是同质性的,也可以是异质性的。

最后,在雷德菲尔德的理想的民众社会的特征的枚举中,描述的是文盲的社会标准。口头的、面对面的交流自一开始就是民俗的一个核心特征。自 18 世纪晚期以来,民俗学家们一直都赋予口头民俗以崇高的地位。事实上,某些人把民俗定义为"口头文学",或者"语言艺术",或者"口头传承的文学",虽然另有一些人坚持要把习惯性的行为与信仰、物质民俗文化等等也包括进来。总之,强调口头性、口头传承是民俗学的一个核心的特征,这意味着,它既强调传播的媒介,又强调习得情境的社会构形。就传播媒介而言,聚焦于口头渠道,传统上被用于区分口头文化与书面文化——尤其是印刷——的交流。也许口头语言与书面语言的最重要的区别性特征,就是语境性与变异性同固定性与标准性的区别了。

习惯性地从民俗的领域中排除出去的还有现代大众传媒,比如商业记录、录音、电影、电视等,它们使用了口头语言,但是其方式大大地不同于面对面的讲述性的互动。大众传媒因为三个原因而不适合进行民俗学的研究:一是它们并不扎根于社区生活,而是商业化的,无中生有地强加的;二是它们并不是参与性的,而是由观众所消费的;三是与印刷一道,它们并非可变的而是固定的,通过大众媒介而得以交流。

通过坚持口头性特征,民俗学强调口头艺术与众不同的学习模式与风格。文字性的习得是通过正式的、机制化的教与学的模式,这极大地不同于传统的民间文化的学习,因为在民间传统中,非正式的学习依赖于口头互动。民俗学家与民众生活的学者的兴趣点则超出了口头形式,还包括了习惯性的行为模式与民众物质文化的学习模式,它在口头互动的标准模式之外,增加了模仿与习惯的传承机制。

3.艺术性

对于某些民俗学家来说,民俗的核心是其艺术性。事实上,正是某些民俗形式的审美的吸引力激发了18世纪的学者们的注意力,这种现象远早于民俗、民俗学以及民众社会的社会学。在浪漫民族主义的意识形态当中,一种与众不同的语言与文学,是民族身份、民族自豪感与精神的表达。因此,要求在民俗当中寻找一种本真的、本土的民族文学的根源始于18世纪,浪漫的审美感给了民歌、民谣、幻想故事以及传说最高的荣誉,因为它们的活力、即兴性、自然性、不矫揉造作,总之,推崇民众艺术一直都被这样的审美标准维持着。丹·本-阿默斯提出"民俗是小群体内的艺术性的交流",就直接强调小群体中面对面的接触,强调它是直接的、艺术性的交流。

表演研究也强调讲述与行为中艺术性的层面,它不只体现在语言艺术的形式化的类型中,也体现在仪式与节日的象征性的展演中,还体现在讲述与行为的较少标记的方式中。与这样一种表演为中心的观点相关的是"民族诗学",它集中关注口头文学形式的审美模式,并翻译与展示其中所保留的口头表演的艺术品质。一种更加广泛的事业是"民族美学",用地方的术语来民族志地调查本土的美学体系,表征审美产品的生产、消费与阐释的条件。

在民俗学伟大的知识传统中,所有这些努力都在完整地抵制知识的与学科的区域化。虽然民众表达的形式以及致力于其研究的学科一直在转变,但是,民俗的象征性建构仍然是一种重要的社会力量,一直被传统化、意识形态、社会思想与日常生活的艺术性动态过程赋予能量。①

20 世纪 90 年代末期,鲍曼讨论了美国民俗学跨学科对话的前景问题。他说,这一问题与美国民俗学科在国家机构与知识空间中的总体位置有关。

当时,美国只有两个独立自主的民俗学系,在整个北美,也只有三个。这种学科分布的结果是,无论一位民俗学家多么优秀,他都不可能在真正的民俗学系获得一份工作。这就意味着,他们不得不取媚于其他系别。显然,民俗学是一个独立自主的、与众不同的学科,还是一个跨学科的研究领域。这已经成为一个真正需要认真讨论的问题了,因为它直接影响到民俗学家的就业问题。

鲍曼认为,把民俗学看作是一个独立自主的学科会降低其生产力。这种观点的最有害的后果是它会培植那种狭隘的专业思维,又会导致侵犯性的、保护主义的边界思维。所谓“如何是或者不是一位真正的民俗学家”,或者“跨越了民俗学的边界”等说法就是这种思维的具体体现。鲍曼强调,民俗学的伟大力量正在于其根本上是跨学科性的、整体的,它把人类的表达、社会、文化、历史与政治囊括在一个统一的参考框架中。

身处语言文学系(或者人类学系、语言学系、历史学系),传统的语文学观点提供了一种生存的智慧。民俗学的语文学传统起源于 18 世纪的古典语文学,托马斯·布莱克、罗伯特·罗斯、罗伯特·伍德等人扩展了传统语文学的事业。他们强调:一种良好的语文学知识是批判性地阅读经典文本的前提条件;通过引进一种文化的、历史的相对主义的维度,人们可以真正地理解一部文学作品是如何扎根于时间与空间当中的。这一研究指向需要读者或者批评家努力去通过生产这部作品的人们的眼睛、耳朵以及心理去看待文学作品。赫尔德的巨大贡献扩展了这一相对化的语文学的视野,它超越了古代希腊、古代希伯来以及罗马的古典文明,去拥抱所有的人、所有的语言、所有的文学,它们与人民的精神相一致,它们表达了人民的心声。

这一语文学的根基为民俗学提供了一个全面关注的范围,这与当代文学系的关注范围相一致,该范围包括类型、诗学、互文性、传统、天赋、文本批评以及其他。但事实上,民俗语文学的范围是相当宽泛的,比如赫尔德的语文学项目就扩展到了

① BAUMAN R.Folklore[M]//BARNOUW E.International encyclopedia of communications.Oxford and Philadelphia:Oxford University Press and the Annenberg School of Communications,1989:177.

功能的问题,语法的与语义的结构问题,政治权威的问题,文化的政治社会学问题,以及交流性媒介的问题等等。

鲍曼评论说,两个世纪以来,知识劳动分工的不断复杂化,导致了完整的学术视野被分解为多种学科,或者把同一层面的研究推向不同的学术路径。这样一来,文学专攻诗学,语言学专攻语言,人类学专攻文化,政治科学专攻政治。但是目前,人们不难看到,文学批评、语言学与民俗学,每一个又都在其自己的学科旗帜之下,探索着文本性的问题,无论是以类型、黏合性与话语分析,还是以形式诗学的名义。比较文学、人类学与民俗学都以一种这样或者那样的方式,关注着文学形式与文化的关系,无论是称之为"民族形式、文化的反映还是民族民俗"。民俗学维持与继承语文学的整体性视野,与流行的"文化研究"的综合性的分析策略颇多契合之处:集中关注大众文化交流形式的社会学与政治经济学,考察其生产的机制性纽带与社会应用,通过这些机制与应用过程,这些文化形式被生产、传播与消费,并作为社会生活之运行与建构的资源呈现出意义。

语文学的综合性构成了一个生产性的基础,民俗学家自然得走向跨领域与跨学科,他们必然得与语言学、文学、文化研究、社会研究、政治学、历史学等诸多领域的同事密切交往,无论他们获得的是什么学位、在什么系别从事研究,共同的知识背景以及相关的知识关注点为跨学科的对话提供了基础,他们之间存在着一种知识互惠、相互启发的关系。

为了说明这种关系,鲍曼介绍了几则个人轶事。

比如,鲍曼在撰写《13世纪冰岛的表演与荣誉》时,借鉴了格雷戈里·纳吉的著作《最好的亚该亚人》。几年以后,纳吉的同行,古典主义学者理查德·P.马丁受鲍曼的论文的启发,撰写了《英雄的语言:在伊利亚特中的讲述与表演》。此外,鲍曼还促使马丁关注到了其他人类学家的作品。

又比如,"讲述的民族志"是语言学与人类学两种学术路径的综合:一方面是博厄斯与萨皮尔的学术传统,另一方面是布拉格学派的诗学传统。海姆斯在其论文中多次向赫尔德表达忠诚;萨皮尔撰写了有关赫尔德的《论语言的起源》的硕士学位论文;雅克布森在讨论经典的平行主义时(作为诗学功能的经典范例)引述了赫尔德的研究。事实上,赫尔德最亲密的朋友以及语文学的导师克里斯汀·戈特洛布·海恩(Christian Gottlob Heyne)是神话的文化分析方面的先锋人物。总之,讲述的民族志与民俗学家的关注点高度一致。

再比如,《作为表演的口头艺术》以及《故事、表演与事件》出现在了苏詹妮·弗莱彻曼的《时态与叙事:从中世纪的表演到现代的虚构》的文献目录中,后者是一名法语与罗马语文学的教授。在任何一种情况下,上述几位学者不会自认为是民俗学者,但是民俗学家的思想在他们的著作中具有清晰的地位。鲍曼说,跨学科的对话并不是偶然发生的，如果民俗学家们把自己隐藏在学科之墙的后面，仅仅是高挑民俗学的旗帜，固守一隅，这样的对话就不会发生。民俗学需要参与到整个学界同行的学术当中去，使自己的研究与他们相关，也使自己的研究与其他民俗学同行的研究相关。

鲍曼还建议，民俗学家需要阅读其他领域的学术期刊，需要出席其他学术领域的会议并发表论文，需要组织并参与跨学科的讨论会与阅读会。民俗学系要开放课程体系，吸引来自其他学科的学生。同样，他还建议并鼓励学生去形成多种观点、吸收多种知识与培养多种同事关系，使他们置身于多学科的领域当中，让他们在不同的学会上发表论文。他教育学生在硕士与博士论文选题上，要努力做到不仅仅使其他民俗学家感兴趣，也要使其他系别的老师们感兴趣，这样，他们才可能在那里找到工作。①

鲍曼有关美国民俗学学科建设的观念甚至传播到了国际学界，比如，1995 年 7 月 17 至 19 日，在拉脱维亚民俗档案馆举行了“民俗、交流与社会”专题研讨会，其中有多个相互交叉的议程：推进波罗的海民俗学家之间的学术联系；在波罗的海民俗学家与来自美国印第安纳大学的民俗学家之间建立学术联系；探讨民俗学以交流为中心的观点；在民俗学者与相邻学科的学者之间发起对话。鲍曼参与了会议并借此机会把美国民俗学的理论与方法论介绍给了参会者。

鲍曼回忆了民俗的基本观念，即作为社会生活交流的一种强有力的资源以及作为政治性社区的基石。事实上，这是赫尔德的语言、诗歌、社会与政治的整体视野的核心。赫尔德曾作为里加的一名牧师与教师，他的学术观点部分地正是从他自己在波罗的海的经验中生发出来的。

在文化交流的框架中，民俗的文化形式被看作是审美地被提高的、可记忆的、有意义的交流资源，是个体的或者社区的交流手段，被用于完成社会生活。关注特定社区的话语交流，就需要把注意力引向话语交流的“形式、功能、意义”的相互关系；也要把注意力投向话语使用的情境化语境，文化地限定的情境与事件；还要把注意力投向话语交流的模式，它为民俗形式的情境化使用提供了框架。

在这些模式当中，鲍曼重点介绍了作为讲述方式的“表演”。他说它是一种交流技术与有效性的展示手段，服从于观众的评估。通过强调表达行为的内在品质，“表演”尤其是一种反思性的交流媒介；任何表演，在很大部分上是一种有关交流本身的交流行为。总之，口头传统并不是一种脱离实体的文化过程，而是实践，是社会行为中交流性手段的情境性使用。

里加会议上，鲍曼重点讨论了如下一些问题。

---

① BAUMAN R.Folklore as transdisciplinary dialogue[J].Journal of Folklore Research，1996，33：15-20.

（1）坚持“语境”——它是交流指向的方法论的核心——并不会使得去语境化的文本资料库变得无用。鲍曼认为，语境化的方法提供了新的阐释性的洞察力，因为文本资料本身经常会带着可接触的证据，也就是说，语境的维度可以从文本本身当中被阅读出来，它们也许是指向了其他文本，或者是指向了表演事件当中的其他参与者，或者是它们表征的类型，或者是其他索引性的关联。

（2）交流的民族志要求一个更加丰富、更加细化的田野研究的计划，它的注意力指向了使用中的民俗的模式与功能，研究者需要努力去发现民俗实践之社会的与文化的组织方式。

（3）聚焦于交流性实践的组织，导向了一种对于民族志遭遇本身（作为一个交流性事件）的自反性的意识，民族志遭遇本身会对话语产生一种形成性的影响。表演者与田野工作者在民族志遭遇中的“对话的田野作业”认识到，所有的话语，在基本的意义上，都是对话性地生产的。而且，理解我们在其中研究的社区成员之文本化、语境化、去/再语境化或者传统化他们民俗的方式，也提升了民俗学家参与文本制作、语境化、去/再语境化我们搜集的文本的方式，提升了对我们生产文本的方式的洞察力。

（4）把“交流”作为民俗学的参考框架，扩展了民俗学的研究范围，为民俗学提供了一个一体化的基础，把我们的研究范围扩展到口头/听觉的交流——这是民俗学经典概念的基石——之外，可以包括其他交流媒介。在论坛上，部分论文讨论的焦点超出了口头叙事与民歌，涉及新闻报纸、广播、电邮等等。非常明显，论坛的主题“民俗、交流与社会”打开了一个有生产性的道路，使其朝向探索跨越多种媒介的交流的连续与不连续性。而且非常清楚，向其他媒介开放并不一定会导向对于口头性的基本研究兴趣的抛弃，相反，它要求民俗学更加充分地考察人类交流的诗学、表达性与符号重心的维度，而不管什么样的交流技术应用于其中。

（5）打开了新的跨学科的可能性。与民俗学扩展研究范围相伴随的，是跨越学科界限的潜力，民俗学总是与相邻学科——比如文学、语文学、历史学、社会人类学、文化地理学与比较宗教研究——的同事们分享着他们的学术基础。在某种程度上，我们把我们的调查范围指向了“交流与社会”，民俗学将不可避免地要铸造新的跨学科的同盟，与媒介学者、社会语言学家深入合作。事实上，这样的联盟已经清楚地呈现在里加的论坛中了。

（6）参与机构建设与公共政策。从 18 世纪晚期民俗的思想首次被发明，民俗一直都是文化的政治与政治的文化，民俗的政治维度因地域、因时期而有变化。鲍曼非常理智地指出了这一事实。①

① BAUMAN R.Folklore, communication, and society: reflections on the Riga symposium[J].Journal of the Baltic Institute of Folklore,1996,1(1):189-193.

第八章 儿童民俗研究

鲍曼为中小学教育工作者推荐“儿童的游戏”,这也许可以算作是他在“应用民俗学”领域做出贡献的一个例子吧。既然美国的学校、社区与国家各个层面的文化都是异质性的,既然异质性是一种持久的力量,那么,教育工作就要理解与欣赏周围文化的差异性。遗憾的是,在美国中小学校的教育规划中,各种教育项目几乎无一例外地指向了欧洲的精英艺术形式。尽管鲍曼也承认,这些教育项目可以促使孩子们体验一种艺术性地表达的模式,但是,在任何情况下,学校决定采用的艺术活动形式——欧洲文化的精英艺术形式——可能无法为文化差异的表达留下太多的空间。

基于这一背景,鲍曼试图为中小学艺术教育提供另外一种方法。它以一种更加直接的、更少人为性的方式与文化差异性的维度关联在一起。他推荐的是民众的与本土的艺术形式——民间文学、民间戏剧、民间歌谣、民间舞蹈、民间音乐,它们来自于学生们所在的社区,是当地社区表演内容中的文化材料与行为模式,它们在故事讲述季、庆典、游戏活动当中出现,是传统的、本土的文化艺术形式。

鲍曼特别以“儿童的民俗”为例,说明儿童的民俗是由儿童自身维持的传统,这些歌、舞、诗的混合物非常有益于学校的教育,它们可以帮助孩子们理解艺术的本质、社会合作、表演的技巧、文化融合的形式等多个领域的知识。

鲍曼说,中小学教师们不必成为民俗学家,只需要几本民俗学的参考书,一双敏锐的眼睛与耳朵就可以了。最重要的是,老师们要认识到儿童是拥有自身传统艺术形式的文化人群,并能够以他们本来的面貌欣赏他们。这一点可能很难,但意义重大。老师们要重视儿童的表演技巧与表演传统。儿童的传统文化与学校教育并不相矛盾,相反,他们的教育应该是全面的、整体的,而不是分科的、零碎的。充分地理解与应用儿童的传统文化,可以有效地摆脱精英主义的教育观,可以让人们重新看到艺术在人民生活中的地位,理解日常生活的审美的维度。①

1974 年 1 月至 5 月,鲍曼曾参与了一项有关儿童民俗的研究项目,这一项目是

---

① BAUMAN R.Children's folklore[C]//Administrators Conference on Language and Cultural Differences.Austin:Texas Education Agency,1973:68-72.

要探索黑人、墨西哥美国人与白人儿童的传统表达性活动,受访者包括了5至9岁两种性别、不同种族的孩子,项目的研究目标是把握儿童民俗的发展趋势,考察不同性别与民族的儿童在其民俗节目、习得方式、使用方法与功能上的异同。①

1974至1976年,鲍曼参与指导了美国西南教育发展实验室开展的"儿童游戏与民俗"的研究项目,尤其是研究了"拍手"这一儿童民俗的形式。这是一种传统的、正式的儿童游戏活动,是儿童在同辈人之间参与和保持的民俗。人们所熟悉的儿童民俗的类型包括了拍手、谜语、游戏、笑话、嘲笑、反驳、数节奏、环形游戏、跳绳节奏,以及其他许多形式。其中一些可以追溯到遥远的古代,并在全世界范围内都有呈现。

儿童的民俗形式大多是一种展演,它意味着人们把自己与自己的文化呈现与表征给他人,以某种方式强调它们的文化对于群体的意义,以及他们自己作为其中一员的展演能力。儿童民俗的形式尤其是传统地为人们所共享的手段,它可以很好地展示参与其中的儿童的能力。儿童民俗的表演同样服从于对表演的技巧与效果的评估,是最艺术化的与最值得珍视的讲述方式与行为方式。在儿童的同辈人群体中,儿童的民俗指出了什么才是对他们而言最重要的东西,以及他们在其中的交流性的能力体现在哪些方面。② 可见,鲍曼把自己对于"表演"的理解应用于儿童民俗的调查与研究当中去了。

"交流能力"是鲍曼的口头艺术表演中的核心概念,指的是以社会化的恰当的方式讲述的知识与能力,它不只包括正确地使用语法,还要求合乎社会互动与阐释的规则体系。儿童是如何获得与发展这一能力的?他们是如何发展艺术性的口头表演技巧的?这一问题导致鲍曼关注传统的、正式的讲述游戏与口头艺术形式,这是由儿童自身参与和保持的口头民俗。

鲍曼关注的是5至8岁的儿童,5岁的孩子开始进入同辈人群体并参与其民俗,8岁时他们已经娴熟地掌握了一系列的儿童民俗了。鲍曼把这些儿童讲述的游戏形式称为"请求程序"(solicitation routines)。他的观点基本上是语言社会学的,重点关注的是儿童社会互动的问题,其中统一的元素是"请求"。在他看来,"请求"是一种讲述的行为,其功能是引出一种口头的或者身体的反应。他从材料出发,划分了两种"请求"的儿童讲述游戏,一种类型叫"激发"(elicitation),另一种类型叫"指令"(directives)。按照戴尔·海姆斯的观点,他认为,所谓"程序"在这里指的是超越句子的序列性的组织,是两个人或者多个人之间的语言的互动序列。

---

① BAUMAN R.Preface[M]//BRADY M,ECKHARDT R.Black girls at play:folkloric perspectives on child development.Austin:Southwest Educational Development Laboratory,1975.

② BAUMAN R.Introduction[M]//STOELTJE B J.Children's handclaps:informal learning in play.Austin:Southwest Educational Development Laboratory,1978:1.

“请求程序”看起来太过于简单了，似乎不值得引起成年人的关注。但是，在鲍曼看来，它是一种“询问与回答”的表达性的交流模式，普遍地流行于学校的背景当中。请求的能力是讲述者的一种基本的语言能力，它被用来操控交流的环境，这导致人际互动，获得信息，激发出想要的反应。它们是儿童的话语表演形式，其中饱含着比喻的语言、谐音、双关语以及其他模糊的讲述形式，是一种早期的与自我驱动的文学形式，是语言的艺术，它们又有趣又复杂。

5 岁的孩子习得传统的“请求程序”需要一段时间，需要一个发展的过程。在 8 岁时，大部分的孩子都可以娴熟地应用这些“请求程序”。传统的谜语都是请求式的，在词汇上是固定的、现成的言说形式，但是谜语是障碍物，要误导猜谜人。有能力表演一个传统的谜语要求儿童正确地“请求”，如果对方猜不出来的时候，他可以给出正确的答案。鲍曼以 8 岁孩子的正确做法为参照框架，分析了 5 岁孩子的努力过程。

他们开始学习时往往是“描述”，“请求”是以问题的形式出现的，但是问题是预制好的、传统的，但却又是由孩子自己创造的，他们按照传统谜语的语法模式，在其最普通的形式中交流信息，这些描述的程序要求其他孩子按照描述中的特征来辨认对象。被带入谜语之形式的与社会的互动结构中的孩子，可能仍然没有准备好理解与表演谜语的全部复杂性。

发问的孩子显然了解谜语程序的基本结构。既然他事先已经知道谜语的答案，那么他的询问就并不是为了寻找答案，相反，询问本身内含着权力关系，询问就是对另一互动者的行为施加一种权力，因为对方需要提供一个答案。提问的行为显然可以提高提问者的社会地位，因为它展示了知识与交流的能力。提问者与回答者之间具有某种共谋的关系。

当孩子们超越了描述阶段的谜语时，请求程序中的权力与控制的层面走向了前台，这是一种潜在的请求，讲述者已经知道他所出的谜语是一个令人困惑的问题，有着任意的答案，也就是说，他已经对谜语本身有了更高级的认识。这样一来，提问者永远是正确的，无论他给出的答案是什么。既然这样，回答者就不想回答问题了，只好在知道答案后消极地询问下一个问题。因为他只能说“不知道”。尽管提问者不能获得答案，但是他可以通过询问而娱乐回答者，使他们发笑，从而控制了他者参与游戏的能量。

6 岁以上的孩子会继续复杂化描述的程序，或者模糊化描述，从而使得回答者回答不上来他的提问，进而在知识上控制回答者。7 岁的孩子会更清楚地意识到什么是传统意义上的“谜语”，意识到存在着大量的现成的谜语。一旦意识到这一点——一般从长者那里知道——他们就开始讲述这些谜语而不是自我发明谜语。这样一来，判断表演“谜语”的标准就发生了变化，儿童开始学会从“标准的讲述”的角度来判断表演了。这里,“请求程序”是习得的与记忆的,是一种固定的形式。

但是谜语本身的复杂性可能远远超出了儿童对于谜语的理解,于是,儿童在表演的时候可能会有错误的记忆、不完美的习得、错误的传承等等问题,但是他们基本的冲动仍然是正确地讲述现成的谜语,在这里,社会互动的力量与控制仍然在讲述者的手里。

在 8 岁以上的孩子中间,对于传统谜语的正确的表演十分普遍。他们有机会去展示他们的知识与交流的能力,通过从所在群体的集体智慧中正确地学习与应用材料,他们玩弄谜语中的各种技巧——比如谐音、双关、隐喻与其他形式——大孩子们最终认识了谜语的本质。

鲍曼介绍的另一种儿童讲述的类型“敲”(knock-knocks),是一种小型的正式的五行式对话,也是一种小型的戏剧,它有某些强烈的固定的与连续的元素,在形式上非常明显,比如下面一则《*knock-knocks*》:

咚、咚(敲门声)

谁啊?

奥利弗。

奥利弗是谁?

奥利弗,我喜欢你。

作为来自生活的迷你的戏剧,“knock-knocks”只能是讲述游戏的形式,不可能被误解为其他的东西。5-8 岁的孩子都可以做对。其中的变化只在第 3 句与第 5 句中。5 岁的孩子还不能理解“knock-knocks”的微妙之处,也不知道这个回答是传统的形式。

第一阶段:孩子会老老实实地自报其名,没有意识到这是一个传统的讲述;

第二阶段:孩子们已经意识到了第五句的可变的规则;

第三阶段:孩子们会意识到“knock-knocks”的传统性,并能做出正确的表演。

显然,谁要是控制了第五句的意图,谁就控制了整个讲述。这其中涉及的是社会语言的与社会互动的操作,是人与人之间交流与协调的问题。

总之,在儿童的讲述游戏中,“请求”就是在操纵某人的交流环境,他们使用语言引出一个想要的回应。其中的儿童会发出或者获得信息,施展社会互动的控制,进入与他人的交流的与互动的关系当中,这样的表演行为与儿童的初级阅读与书写习惯相关,它们关联于比喻性的语言、语言的模糊性与讲述的框架,这些都是口头艺术的基本问题,是儿童在同辈群体间获得的口头艺术的初级形式。①

---

① BAUMAN R.The development of competence in the use of solicitational routines:children's folklore and informal learning[C].Working Papers in Sociolinguistics,1977,34:1-16.

对于美国儿童民俗的民族志研究，也是鲍曼从民俗学的立场出发为美国文化研究做出的重要贡献。他所谓“儿童民俗”指的是儿童传统的游戏活动，包括了讲述游戏与语言艺术的其他游戏形式，它们是儿童自己在同龄人群体当中参与和维持的传统，最为人所熟悉的儿童民俗的类型包括谜语、游戏、笑话、嘲笑、反驳、拍手、数韵、抓获、环形游戏、跳绳节奏等等。儿童民俗的突出之处在于：一方面，它来自长者看护幼者的知识，比如看护儿童时表演的手指游戏，膝盖弹跳的节奏，挠痒痒的节奏等，它们在成年人与小孩子之间的互动中占有某种位置；另一方面，它们区别于成年人的民俗，虽然二者之间共有某些事项与类型，并且具有某种连续性。

鲍曼提供了开展儿童民俗的民族志研究的具体方案。

1.游戏的民族志研究以及儿童民俗的民族志研究

传统人类学对于游戏的专门的民族志研究或者涉及部分内容的研究比较少，这种民族志的研究是在更大的社会与文化体系的语境中来考察研究的，在功能的问题上，研究者会把游戏融合到更大的社会与文化体系当中加以考察。习惯上，他们把儿童游戏当作是文化“涵化”的工具，儿童被看作是“前-成年人”，通过游戏学习文化事项、获得社会能力，游戏为他们后来的、更成熟的超越童年的人生阶段做好了准备。显然，这是一种目的论的观点，它把儿童看作是无能的，是成年文化的未完成的承担者，他们通过游戏活动走向了成年。

这种观点也描述了儿童游戏的心理学特征，这对教育工作者具有吸引力，因为教育在很大的程度上为儿童成长为成年人做了准备，正是教育使他们一步步走向成年。既然儿童的确会变成成年人，因此，这种观点还是很有市场的，而且，在成年人的世界里，幼年时获得的知识的确在很大程度上仍然在起作用。

然而，鲍曼认为，强调“涵化”、强调游戏潜在的可用性，严重地扭曲了人们对于游戏的认识，因为这里有一种潜在的态度，它倾向于认为游戏必须在道德的意义上是有用的，必须对“恰当的”“有生产力的”成年人的行为方式有所贡献。比如，我似乎必须得调查研究儿童的讲述游戏与语言艺术中的语言技术，它必须得内在地有助于未来阅读能力的提升、推理技巧的提高，有助于科学与数学技巧的熟练。这种倾向削减了儿童民俗游戏的、异想天开的、艺术性的层面，使之仅仅成为了一种工具性的活动，彻底地避开了其中侵犯性的、淫秽的、分散的、反权威的与颠倒的元素。然而，任何一个研究儿童民俗的学者都知道，上述这些因素恰好是儿童的表达性文化的核心部分。这些因素不应该被排除在外。那么，它们在儿童民俗的研究中占有何种地位？它们应该被排除出教育机构发起的研究吗？

在儿童游戏的民族志研究当中还存在着一个悖论：民族志的一个最基本的承

诺——事实上是一个基本的意识形态的原则——就是用其自身的术语来解释一种文化的现实,避免使用研究者局外人的参考框架所强加的偏见,或者功能性的命令,或者先在的无中生有的道德判断。人类学家对于违反这一原则的做法有一个专名,叫"民族中心主义",他们把它看作是一种最重要的认知与伦理层面的罪孽。

鲍曼尝试通过最好的相对主义的标准,努力展示一项儿童民俗的人类学研究的范式,呈现它如何在一个特定文化的涵化过程中起作用,竭力避免民族中心主义的影响。需要强调的是,儿童的民俗是儿童同龄人群体中独一无二的表达。它具有其自身的社会结构,具有自身与众不同的文化,甚至是自身的"亚文化"。作为一种生活方式,一种看待问题、理解问题与处理问题的方式,它与社会成年人处理问题的方式并不相同。

可传统上,我们往往是通过成年人的标准来看待儿童的民俗的,这种做法非常接近于"民族中心主义",鲍曼称之为"成年人中心主义"。他认为,非常有必要提供一种反抗"成年人中心主义"的方法,应该把民族志的学术棱镜转向儿童同辈人群体及其知识本身,准确地贯彻以他者自身的文化逻辑为中心的民族志的调查研究。而且,他认为,这一民族志地聚焦于儿童同辈群体的调查工作,逻辑上应该先于儿童民俗的研究工作。

描述儿童民俗的研究工作,首先需要明确一下民族志在整个民俗学研究当中的位置。作为一个学科,在民俗学的大部分历史中,其基本的分析单元是民俗文本,即民俗事项,有时是关联于事项的其他版本。在有关历史与传播的研究中,有时特定文本被关联于其他文本,它们之间可能有一种类型学上的联系,有时被关联于社会与文化的其他方面;有时甚至被关联于个人的自传或者个性特征。但是从整体上来说,民俗学一直倾向于把民俗作为一种可分享的事项,就像是一口锅、一把斧子或者一支箭,认为其本质是可以辨认的,因此习惯于只是在其形式结构与内容层面开展研究。20 世纪 70 年代以来,不断增长的研究兴趣转而聚焦于把民俗作为情境化的交流事件,强调要在社会生活的运作中考察特定民俗的地位与应用,以及考察潜在于这一应用中主体的能力(这里所谓"能力",指的是在一个社会地构成的与文化地限定的世界中,主体恰当地应用知识的能力)。作为情境化的交流模式与功能的研究,民俗内在地取决于其使用的语境,它在具体的语境中获得意义,这就是鲍曼所谓的"民俗的民族志"的研究方法。

鲍曼例证了"数节奏"的儿童民俗来强调他所谓"民族志"的观点。这是儿童用于分配游戏角色的方式,早在 19 世纪,人类学家们已经开始关注这个游戏了,他们在其中看到了神圣的古代形式的遗留。近来的学者,比如采洛斯,转而关注游戏活动的组织原则,以及这些组织原则与成年人社会关系的各个方面的相关性,他把这种游戏称为"机会的游戏",这是基于活动的形式结构而不是其实际的使用做出的分类。

美国民俗学家肯尼斯·古德斯戴因采用民族志的调查方法,考察了儿童如何真实地从事“数节奏”的活动,由此而获得了一个有趣的发现:儿童会使用许多有意识的策略,包括增加程式扩展节奏,选择另一种节奏,跳过常规的点数,改变立场等等。儿童明显会操纵随机的点数,以确保获得他们想要的结果。换句话说,对于这一儿童群体,“数节奏”事实上是一种策略的游戏,表面上依赖于随机,事实上却是他们获得想要的结果的策略。他的发现显示出这是一种比之前的想象要复杂得多的游戏活动。其中,表面上取决于机会的公开形式仍在被维持着,然而一系列策略性的做法又被用于相反的活动以操纵结果,这种相反的活动尤其具有相当大的选择性余地。在游戏的控制活动中,肯尼斯·古德斯戴因揭示了参与游戏的个体积极主动地发动个人能力的可能性与多样性,参与者显然并不只是掌握了游戏的讲述节奏及相关的活动,也不只是消极地应用游戏活动的空间关系学。

无辜的儿童们实际上是两面派的与操纵性的,民族志揭露了儿童隐秘的、潜在的能动性,这也许会让教育工作者十分不安。事实上,民族志不只是呈现人们如何真实地从事他们的社会生活,而且是要以它们自身的术语,调查研究作为一种文化系统的民俗如何具体地参与到民俗活动的运行方式与情境当中。在其中,民俗被用于同辈群体的社会生活行为;要把他们感觉到有意义的信息——体面与不体面,有意义与无意义——无一遗漏地记录下来,而不是首先询问它们是否是对未来成年人的生活有意义或者合适。就理性而负责的教育体系而言,必须充分地考虑儿童在任何特定的发展阶段所已经知道的与可能知道的。如果特定的教育内容与特定阶段儿童的能力无关,那它就无助于对他们的教育,无论它与未来成年人的能力发展的关系是什么。

这一观点可用于考察所有儿童同辈群体文化的一切方面,而不只是儿童的民俗。当然,选择研究儿童民俗是因为它是一种特殊模式的交流,即传统的、前置的、高度标志的、有价值的、被欣赏的交流形式。民俗形式是被展演的形式,它公开地呈现与再现自我、自我的文化、自我的社会结构给他人看,强调了它们对于群体的意义,也强调了群体成员的文化能力。儿童民俗的形式是特定的、传统地共享的手段,在儿童同辈群体当中,他们展示自身的能力给他人看,让他人评估其在表演中动用的技术手段的有效性,那是最有艺术性的讲述方式与行为方式。

2.自然主义的观察与儿童民俗

如上所述,民族志本质上是一种观点,基本上围绕着描述性的理论目标展开:人们需要知道什么;在一个社会地构成的与文化地界定的世界当中,人们需要如何行动;在内在地组织起来的意义上,通过社会群体成员本身的眼睛来理解与阐释意义。民族志作为方法,通常被看作是自然主义的、开放的、质性的,它规定了一个自然主义的参考框架。

无论使用何种方法论来搜集与阐释材料,自然主义的参考框架意味着关注自然地发生的情境化的行为,它不受外在地强加的方法论命令的操纵与限制。这并不是说,民族志者想要获得相关知识的一切事情,都是外在地、可观察地明显存在的,都是自然地发生的行为,或者说真正的自然的行为总是可为观察者所获得的。事实上,正如海森伯格所质疑的那样,人类学的视野,无论任何行为,只要被研究者所观察,那就都不再是真正"自然的"。尽管如此,一种自然主义的参考框架仍然可以并应该被用作一种指导性框架,在民族志的研究中,它也是评估方法论之有效性的一个重要标准。

自然主义的观察与参与总是一个特定的问题,在儿童民俗的研究当中,自由的同辈人群体的活动,本质上总是一个特权化的领域,成年人是外来的闯入者,尤其是大部分的儿童民俗节目违背了儿童理解的成年人的行为得体的标准。儿童民俗的民族志尤其需要与信息提供者建立关联,确保他们兴趣的本真性;在他们民俗的节目单的整体范围内,努力克服他们不愿意打开他们表达的世界给成年人细究的障碍。

此外,儿童民俗的大部分形式是转瞬即逝的,持续性较差。成年人很少知道或者确定是否或者何时一个儿童群体参与其中了。因此,直接的引导,主动刺激,或者引导出一种自然的语境,都要求研究者对儿童的节目有先在的了解;当获得观察的机会时,研究者应该退到表演语境的边缘,以方便同辈儿童群体互动态度的发生与展开。关键之处在于,无论采用何种独创性的方法论,都应该满足民族志的目标,尽可能地接近自然主义的参考框架。非常明显,在撰写上述相关内容时,鲍曼仍然坚持"自然主义"民族志认识论。

3.请求程序的考察

1973年至1976年,鲍曼与美国西南教育发展实验室联合,带领学生们一起从事了儿童民俗研究的扩展项目。他们集中关注了儿童的语言民俗,认为这些讲述形式的民族志研究可以揭示有用的信息,即在儿童自我促动的同辈群体的活动语境中,考察他们的交流能力。这是在更加正式的背景中所不容易获得的有关儿童交流行为的信息,它完全区别于成年人互动行为中的信息。

研究项目的对象群体是得克萨斯州奥斯汀5至8岁的各种肤色儿童的民俗节目。田野作业伊始,鲍曼发现,非常明显,他们当中(至少是在白人与印第安人的儿童当中)最流行的民俗形式是谜语与相关的讲述形式,比如"敲"("knock-knocks")与"捕获",鲍曼把这些游戏称为"请求的程序"。这是一些表达的惯例,它们的突出之处在于，其中涉及一种双向的社会交换的形式结构，是由一个请求（一个讲述的行为，其功能是引出一个语言的或者是肢体的反应）加上一个反应。从外部来看，请求的惯例是小的、不重要的形式，常常被认为是微不足道的与陈腐的，如果说不是完全的愚蠢的话。通过民族志的棱镜仔细分析之后可以发现，“请求的程序”揭示了一种迷人的复杂性，它意味着一种广泛的语言学的与社会语言学的特征。

民俗的民族志研究不同于民俗的抽象的、标准化的语言类型的结构研究，后者根本不考虑民俗事项真实的社会使用。而且，结构研究还假想并虚拟了标准类型的概念，与此相应，它倾向于去分析固定的、传统的文本，这种固定的、传统的文本是抽象的、标准的与完美的，这使得民俗学者们与局外人都会贬低、矮化那些有缺陷的表演。可是那些有缺陷的表演，恰恰是年轻的孩子们表达性输出的重要部分，在表演指向的民俗学的民族志研究当中，这些有缺陷的材料恰恰具有很高的材料价值。

比如拿“敲”的谜语游戏为例——这是一种流行的“请求程序”——鲍曼与他的研究团队搜集到了许多接近标准格式的文本异文，其中只有一则是标准的。那么，应该如何看待那些“不标准的”异文呢？事实上，它们可能是不同年龄段的孩子表演的不同的版本，年龄小的孩子们不知道这些材料是程式性的，只有年龄大点的孩子才知道它们的程式性。显然，有缺陷的版本与完美的版本都有价值，因为它们体现了孩子们学习过程的不同阶段，体现了在类型的表演中认知的与交流的技术的范围；它们不应该被作为一个错误的版本给抛弃掉。这就是从同辈群体中“涵化”过程的角度，而不是从成年人的立场看问题了。民俗的民族志研究的主要标记，除了从关注具体的标准文本中予以再定位之外，还考察民俗表演的情境性语境的结构，以及在这样的情境或者事件中民俗表演的模式。

美国儿童游戏存在多样性的不同的维度，诸如年龄、性别、民族性、社会经济地位，游戏的语言可能会具有一个影响儿童民俗的可变性，比如类型的优先性，表演的风格、内容，参与的结构等等的可变性。此外，某些儿童游戏受大众文化的影响较多，有的则较少。这些情况都需要民族志的研究。

4.教育与儿童知识的民族志

儿童游戏的同与异对于儿童教育意味着什么？儿童自己的同辈人群体文化支持着语言的与社会语言学的能力，他们动用着在他们的同辈群体之外不明显的技术。而且，这种能力与在学校的表现没有关系。学校反而成为了排斥上述能力的主要机构。一个人文的与理性的教育体系应该关注这些因素，它应该建立在儿童知识的民族志的基础之上。

艺术应该在教育中扮演更重要的角色，儿童民俗在很大意义上是本土的、儿童的艺术形式，它无疑受到了儿童自己的喜欢与珍视，可能构成了文化地重要的资源，因此，地方性地相关的儿童艺术项目，可以被积极地应于高雅艺术课程的教育之前。①

① BAUMAN R. The ethnography of children's folklore[M]//GILMORE P, GLATTHORN A. Children in and out of school: ethnographic perspectives in education. Arlington: Center for Applied Linguistics, 1982: 161-175.

第九章　贵格会的修辞学

转向行为理论，强调口头艺术的表演、语境、事件、交流等核心概念，这种理论观念的转向直接体现在鲍曼的个案研究当中。17 世纪贵格会的语言修辞问题是鲍曼博士论文研究的主题，他先后研究过贵格会的真理观、贵格会的修辞理论以及贵格会“讲述与沉默”的修辞策略。

1970 年，在《十七世纪贵格会修辞面面观》一文中，鲍曼考察了 17 世纪贵格会的语言使用模式。比如他们对于人称代词的使用是“THOU”而不是“YOU”，这与他们的社会等级与礼节观念有关。在贵格会看来，用“YOU”来指称个人，就是给予肉体以荣誉感，就是对上帝的一种挑衅。除了这种关于人称代词的不同于常人的使用法，贵格会还通过“沉默”进行交流，这是他们的第二种与众不同的“交流模式”。他们认为，上帝的精神在他们内部，它是一种内在的光辉，个体只有在放弃自我意志、世俗欲望的前提下，才可能接受这种来自上帝的光辉。这种自我压抑的状态就是“沉默”，显示在外的表征就是不说话。他们视语言为微尘，对语言持否定的态度。总之，他们一方面努力成为上帝的使者，召唤子民；另一方面又竭力否定语言，认为多言无益。这使得他们更强调身教而不是言传。总之，他们强调“让生活说话”。

此外，在贵格会看来，语言只是上帝教化人类的一种工具，任何其他交流手段——只要真理可以被由其传达——都可以服务于他们的目的。在这个意义上，“讲述并不是一种特殊的与独立的才能，本质上只是一种行为。”①从修辞的目的来看，讲述需要与其他活生生的行为一起被加以考虑。在鲍曼看来，在效果上，贵格会的理论算得上是象征互动论主义者的先驱，它认为任何行为都可能具有一种象征性的意义，这种意义超出了其即时的参考框架。对于贵格会语言的分析也可以说明它超出了语言本身，即早期贵格会的修辞并不仅仅是一种语词的修辞，而是一种象征性行为的统一的修辞——“让你的生活说话”。由此可见，早在这篇文章发表的年代，鲍曼已经了解 J.L.奥斯汀的著作，了解社会语言学的宗旨，了解象征互动

① BAUMAN R. Aspects of seventeenth century quaker rhetoric[J]. Quarterly Journal of Speech, 1970, 56: 67-74.

论的理论。有关贵格会修辞的研究是把表演理论应用于传统社会口头实践行为的经典案例。

讲述民族志的方法论适不适合分析历史性的材料呢？适不适合解释那些异质性文化群体间交流的现象呢？鲍曼通过《贵格会-塞内卡会议的分析（1798-1800）》生动地回答了这两个问题。这是一项文化接触的民族历史研究。塞内卡传教士详细的个人记录，提供了对于接触情境进行微观分析的一种机会与可能，它为了解贵格会与印第安人之间人际接触的真实情景，以及塞内卡社会与文化历史变迁提供了参考框架。

鲍曼研究的是贵格会与印第安人之间一开始接触的方式——聚会。聚会是在头人的房子里举行的，一般是由贵格会成员召集而印第安人响应，会议一般是男人们参加，但是也有女性头人参与的（当然这样的会议还是比较少的）。会议开始之前，印第安人的头人们在默默地抽烟或者进行内部议论。过一会儿，印第安人的头人宣布会议开始，他会有一个正式的开场白，表达对于大家到来的感激：感激大家的安全到来，准备要聆听将要讨论的事情。然后是贵格会的讲述与印第安人的讨论，此后是庄稼种植人的总结，最后灭火，并与贵格会成员握手道别。相反的情况也有，就是印第安人有问题需要咨询贵格会成员的意见。但是，显然，双方都非常熟悉委员会的规则。而这种规则可以追溯到殖民接触开始时形成的规则。

鲍曼发现，印第安人在使用贵格会的表述方式。因为贵格会有周、月、季度、年度的崇拜仪式，贵格会有彻底地机制化的公共议事传统。这是一种强烈地社会化的与强化的生活方式，而传教士把这一传统带到了塞内卡。

事实上，更重要的是，贵格会有所谓"内在的光"的观念。他们认为"上帝之光"产生了圣经，并在信仰上帝的人们的内心起作用。贵格会成员之间以及与他人之间的交流，基本围绕着这一信仰展开。因此无论是布道还是发表对相关事务的意见，都是围绕着这一思想展开，它确保相关的意见都是上帝之爱的真正表达。为了恰当地接受上帝的启示，贵格会的实践是静坐以待上帝神圣的指导。在会议开始之前，在发言之前，他们的崇拜习惯于沉默不语，这样，印第安人与贵格会成员在行为上就有了区别：前者直率，而后者总是沉默。但是上帝之光也可能遍照集体中的每一个人，所以，个体所体验的"内在的光"也可能为他人所体验，贵格会成员会劝诫印第安人保持沉默与安静，关注他们内心的良好精神。

那么，印第安人与贵格会成员组成的委员会会议模式，到底是谁在遵守谁的模式？显然，不同的行为模式并不完全匹配。在讲述之前，贵格会的沉默与停顿令印第安人生气，印第安人习惯于在一个评论之后的沉默，以便他们考虑一下说了什么；而贵格会沉默的目的是考虑下面要说什么。鲍曼的问题是：如何同时在宏观的层面与微观的层面上看到文化接触过程中双方的改变呢？

事实上,委员会上的接触及其内在模式,只是他们双方相互接触的整体中的一个情境,此外还有其他的接触情境,所有这些情境一起构成一个总体的社区,这是一个文化间角色、地位及权力关系的总体。贵格会从一开始就表现出他们的自我奉献精神,他们无私地帮助印第安人;此外,他们还要树立一种信念,那就是,印第安人与白人一样,也是上帝的孩子,同样具有伟大精神与血肉。他们甚至鼓励双方之间的通婚。在这些层面上,他们因此而区别于那些坏的白人。贵格会的自我定位是咨询者与指导者,他们把印第安人的一部分坏习惯归因于白人的教唆,比如醉酒的习惯;另有一些习惯则是他们自己的问题,比如讲故事、赌博、游戏以及各种仪式。他们引导印第安人从事农业及其他生产性的工作,认为这些事业可以提升他们的生活品质,但是,可以想象,经济的重组将带来印第安人社会结构的重组。他们鼓励印第安人定居下来接受他们的指导与帮助。他们指导他们把自己的地围起来,采纳核心家庭制作为劳作单元,采用男主外、女主内家庭模式,这样就改变了印第安人的角色模式,男人不再去狩猎与打仗,而是从事农业劳作,但在此之前,这些事务都是女人的工作。这样一来,也就打破了母系社会制度的格局,而当地人从前是处于易洛魁人的社会结构的基本单元之中的。为了支持与鼓励这些变化,贵格会承担了馈赠者的角色。他们会提供给印第安人工具、动物,帮助他们开采矿产。他们还提供了鼓励成功的农业与家庭生产的工具,并为那些无能力的人提供他们自己生产的东西。贵格会还鼓励印第安人的独立意识,教育他们不能只依赖于贵格会的帮助,并对他们取得的进步给予鼓励,对他们不再接触酒类进行鼓励与嘉奖。

在印第安人那里,他们对于贵格会的态度是复杂的,一方面,他们对于贵格会的许多建议是赞同的,但是,他们说服贵格会,让贵格会相信他们一年两次的崇拜仪式与舞蹈是无害的;另一方面,他们常常强调的是他们的贫穷,并常常把他们的贫穷与白人的富有对比起来,把他们说成是白人的受害者,把白人坏的行为看作是他们贫穷的原因。

印第安人区分了贵格会人与一般的白人,认为他们是愿意帮助他们的好人,因此愿意模仿他们,接受他们的建议,吸纳他们到委员会里来。贵格会与塞内卡人在委员里的角色相互补充,前者是自我牺牲的、容忍的与平等主义的,他们耐心地鼓励印第安人,坚定地献身于印第安人的事业。他们作为指导者、建议者、道德楷模以及提供者。他们看到,印第安人是贫穷的土著人、白人的受害者,但是在上帝面前与白人平等,急需他们的帮助。与此同时,他们认为印第安人只顾眼前、不负责任,因此急需改变其生活的方式。①

---

① BAUMAN R.An analysis of Quaker-Seneca councils,1798–1800[J].Man in the Northeast,1972,3:36-48.

基于这一合作性的、相互补充的角色关系，双方在委员会的框架内建立了一套相互补充的角色，由此又在更广泛的接触领域里建构他们的关系。由于解决各自的地位问题是委员会的主要功能之一，所以，在委员会中，双方讲述方式与内容的协商与交替，应该放在双方日常生活合作关系的语境当中来理解。鲍曼的分析提供了讲述行为与讲述语境之间相互关联的经典范式。

举例来说，鲍曼把“讲述的民族志”的研究方法——关于语言使用的研究并仅限于“当代背景下的田野作业”——有效地扩展于历史性的材料。这是他在讲述的民族志研究领域的一项杰出的贡献。

在谈到有关贵格会的讲述民族志时，鲍曼特别强调了其中两个方面：一是贵格会同样地珍视“沉默与讲述”，因此，其讲述的民族志应该同时重视这两个方面；一是贵格会更强调“沉默”，这又区别于大部分强调“讲述”的社区。

如前所述，贵格派强调“沉默”，主张让生活说话。他们对于“讲述”充满了否定性的态度，在他们看来，真正的“上帝之光”来自人们的内心，人们是通过点亮内在的光芒来获得拯救的。因此，贵格会抛弃外在的语言形式，倡导沉默，在沉默中与上帝发生交流。然而，贵格派也意识到，仅仅是沉默并不利于修炼，因为语言是必不可少的东西。单是语言绝不可能让一个人成为正直的人，但是，人们却可以通过语言来达到这种状态，这就是贵格派长老们的任务。强调沉默却也离不了讲述，强调自修却又离不开聚会。但是，贵格会的长老们在讲述之前并不知道自己有话要讲，讲述之后大部分人又记不得自己讲了什么，他们的讲述来自即兴的灵感，和内在的精神冲动相一致。正是按照内在的光的指引，信息的传播在每个听众当中被接受。

贵格会的长老们主要通过两种方式表达信息，一是祷告，一是布道(包括赞美与规劝)，前者是人与上帝的沟通，后者是人与人之间的沟通。贵格会的社会语言体系具有两个相互对立的原则，一方面是沉默，一方面是讲述。二者之间的调和涉及长老与听众之间关系的调和，即长老通过沉默而获得与上帝的沟通，放弃小我而与上帝沟通，上帝又借小我向听众讲述。长老的讲述意在在听众那里引出沉默(见表9-1)。

表 9-1　贵格会布道活动的交流模式

<table>
<tr><td>个人的精神过程</td><td rowspan="3">修辞过程</td><td>沉默</td></tr>
<tr><td>沉默……讲述</td><td></td></tr>
<tr><td>长老</td><td>听众</td></tr>
</table>

可是贵格会的长老如何判断自己的讲述是来自个人的幻想还是来自上帝的真实启示呢？在这一点上，他们只是服从于上帝的意志与拣选，而不是服从于自己的自私与理性。因此，当他们有话要讲的时候，既不压抑自己，也不修饰言辞，因为任何一种选择都是个人的而不是上帝的。[①] 鲍曼对于贵格会修辞技巧的研究极大地拓展了"讲述的民族志"的适用范围，丰富了人们对于讲述之可能存在的差异性的想象。

下面让我们来看看，在其随后的研究工作中，鲍曼是如何把"表演"的研究思路贯彻于他具体的研究工作中的。在《贵格会的民众语言学与民俗》一文中[②]，鲍曼借用贵格会的口头讲述传统来讨论民俗与日常行为规则之间的关系。他说，作为表演、展演的民俗，与日常交流是一样的，都受某种规范的约束。民俗在特定的文化当中占有特殊的位置，它服从于"行为规则的特殊体系"，反过来，民俗也影响着"其他行为规则"。这种双向的影响都值得研究，在一个基本层面上，民俗与行为规则是相互结合在一起的。

作为"口头交流"（verbal communication）的民俗同样遵守某种"规则"，这种规则控制着口头语言的使用，它是一种"有意识地陈述的语言之使用当中的民众的语言学"，暗含着社会允可的行为规则。无论这些规则的形式是什么，语言之社会使用的规则都直接影响着口头民俗的使用。这里，语言的社会使用规则与口头民俗的使用规则之间存在着相互影响的关系。换句话说，如果我们对口头形式的社会应用感兴趣，就必须考察控制口头行为的社会规则。

比如，美国贵格会信徒一方面宣扬上帝的真理，竭力排斥民俗的口头交流与虚构的叙事，认为那只是在浪费时间，只是一些愚蠢的、空虚的、世俗的东西；按照控制行为的、真实的、文化的内部规则，贵格会参考语言的正确使用的规则，排斥上述口头民俗娱乐（故事，歌谣）。这足以说明社会语言学的规则对于民俗施加了何种影响。可是，鲍曼认为，人们还需要了解，在何种规则之下，民俗不允许存在，在何种情况之下，民俗会存在。另一方面，贵格会却又利用某些口头讲述形式来强化自己的表述，从而呈现出了某些矛盾的态度。比如，他们会利用谚语来宣传他们的教义。在恰当地"表述"与"沉默"的矛盾当中，他们提倡一种"讲述的经济"，强调的

---

① BAUMAN R.Speaking in the light：the role of the Quaker minister[M]//BAUMAN R，SHERZER J.Explorations in the ethnography of speaking.Cambridge：Cambridge University Press，1989：144-160.

② 鲍曼区分了两种比较研究的思路，一种是陈旧的比较主义者的观点，它们有两个相互关联的问题，即民俗为什么普遍地存在着？文本的变异性如何去解释？鲍曼认为，这两个问题基本上没有意义，认为它们都是书呆子的问题。相反，新派的比较主义者的问题是：为什么民俗应当呈现不同的形式，服务于不同的功能，在不同的文化当中具有不同的重要性？要回答这些问题，鲍曼认为，需要把民俗作为更大的社会文化及行为体系的完整体的一部分来对其进行调查研究。

是“真理、机智、有用以及经济”的原则,因此,谚语进入了他们的讲述话语。后来,笑话与幽默故事也进入了他们的话语体系,一方面,贵格会基本的语言学规则是在会员当中排除笑话与幽默叙事的存在,另一方面,在贵格会的民俗当中,存在着超语言的故事,它们把这些规则置于幽默的光芒之下。通过使用笑话,贵格会可以表达他们对于某种行为的不满,并由此而走向新的行为标准,这样做,却并没有对传统的行为造成直接的与威胁性的冲击,但它反映了一直以来都在强调着的教派的持久的差异,并强化了教派内部的边界。在这个意义上,笑话的讲述是贵格会语言使用规则的体系变化的机制与征候,是社会语言学规则当中出现的变化,变化的力量来自于语言王国的外部,它提供了笑话的内容与笑话被讲述的情境,笑话本身又有助于这一规则的改变。

这就是鲍曼所观察到的民俗对于行为规则的影响,反之亦然。无论是行为规则影响了民俗的运作,还是民俗的运作影响了行为规则,其中都包含了一种观点,即把民俗与文化结合在人类行为的资源当中,这就可以解释民俗在人类交流当中所起着的多变的与不同的作用。① 显然,这样的研究明显地属于讲述的民族志与表演研究的范畴,是对多样化的文化传统中讲述之可能性的揭示。

鲍曼对于贵格会的全面研究,是美国文明史研究的重要内容,他在《基督不尊重任何人:早期贵格会的朴素语言和不礼貌的言辞》中探讨了贵格会的言行传统及其深层思想逻辑。如上所述,“讲述”的问题是17世纪贵格会的一个象征性的焦点,其独特的说话方式是贵格会区别于其他人的最明显的标记。在某种程度上,许多围绕着贵格会的宗教和政治冲突都与他们“讲述”的方式与理念有关。他们的讲述——贵格会拒绝使用礼貌用语与行为,比如问候、礼貌性的告别、敬礼、头衔称谓和敬语代词——挑战了社会关系和社会互动的传统习惯。

贵格会为什么拒绝表现出基本的礼节呢?他们首要的理由是出于“真理的需要”,而所谓“真理的需要”是指一种恰当的、上帝般的、精神性的说话与行为的方式,以“真理的方式”活着,就是要做上帝之所做,不如此,即是出离了好的生活。贵格会推崇以真理的方式言行,他们认为,只有那些不良之辈才不能见证“上帝之光”,才会沉溺于俗世的行为习惯与言行标准。事实上,他们努力尽量减少或者甚至不说话,他们认为繁文缛节与礼貌客套都与上帝的精神力量背道而驰。与此同时,他们也排斥那些俗世的尊称与谦称,他们认为这些称谓,在字面上与实际上都是不真实的,因为它们往往并没有描述对话者之间的真实关系。事实上,在他们看来,这就是在撒谎,而贵格会是拒绝撒谎的。“朴素的风格”是贵格会的言行徽章,

① BAUMAN R. Quaker folklinguistics and foklore [M]//BEN-AMOS D, GOLDSTEIN K S. Folklore: performance and communication. The Hague: Mouton, 1975: 255-264.

他们使用不同的人称代词(Thee and Thou 而不是 You),避免进行客套的讲述。在他们看来,一切习以为常的惯例,无论它们多么根深蒂固,在精神上恰当的行为风格面前,都应该被连根拔除。

贵格会的行为与讲述方式——朴素的风格——从根本上挑战了社会结构与社会关系的结构。他们的行为被认为是粗鲁的、不礼貌的、不文明的、缺乏教养的、不体面的、傲慢的、轻蔑的,是小丑般的行径,他们明显地挑战了社会秩序与文明权威。但是,贵格会遵从的是上帝的真理的指导,因为它严禁向任何俗世的人低头,在他们的心目中,精神大于一切肉体,真正高贵的是精神而不是肉体。

按照社会互动论者的观点,礼貌的行为是为了避免互动者之间损伤"面子",因此,人际互动总是要竭力弱化这种威胁,那么,贵格会为什么要冒天下之大不韪呢?鲍曼认为,他们之所以可以存在,在当时,一方面固然是某些人不在意这些惊世骇俗的举动,另一方面是当时有很多怪诞的行为方式。还有,就是怪诞的行为举止在长时间的实践之后会"习惯成自然",而且,贵格会通过称呼人们"朋友",可能得以补救他们的"不礼貌"所引发的麻烦。

总之,贵格会恪守的原则是:一定要说实话;严禁说废话;严禁对俗世的人致敬。他们之所以如此,除了上述的原因之外,还是出于对他人精神幸福的考虑,即努力要去拯救他人,使他们摆脱世俗的污浊习惯。在他们看来,"朴素的风格"有助于浊世里的人们摒弃沉重的肉体,返归灵魂的家园,点亮"内在的真理之光"。由此,贵格会成员自身成为了拯救他人的工具,成为完成上帝使命的使徒。然而很少有人能意会到他们的苦心,他们常常面对的是来自俗世的愤怒、暴力与迫害。尽管如此,带着"朴素的语言"的十字架在浊世修行,这是早期贵格会表示忠诚于上帝的特有的方式。朴素语言的修辞,无论成功与否,都满足了贵格会的理想目标。①

除了贵格会语言使用方面的种种民俗之外,鲍曼还在《17 世纪贵格会世界观中节日之地位的考察》一文中,考察他们的节日观念。他说,贵格会起源于 17 世纪 50 年代早期激进的清教徒运动,无论在教条上还是在实践上,贵格会都是极端清教徒主义的,它剔除了介于个体与上帝经验之间的一切象征、仪式与功能。对他们来说,上帝的精神处于个体的精神之内,它最普遍地被看作是"内在的光"或者上帝"微小的、平静的声音",它在人们内心里讲话。贵格会的核心经验是与上帝的内在精神相交融,这只能在一种肉体的"静穆中"获得。

---

① BAUMAN R.Christ respects no Man's person:the plain language of the early Quakers and the rhetoric of impoliteness[M]//BAUMAN R ,SHERZER J.Case studies in the ethnography of speaking.Austin:Southwest Educational Development Laboratory,1982:3-27.

早期的贵格会与清教徒一样反对节日，就像麦克斯·韦伯及其信徒们所描述的那样，他们的观点代表了正在出现当中的现代反节日的意识形态。

17 世纪贵格会对于节日的观点以及他们对节日的道德性的反对，表现出他们对无序与淫乱的农民收获节庆感到困惑，在传统农业社会的欧洲，过度的节日庆典不适应正在呈现当中的资本主义经济体系的需要，后者需要规则、规训良好的劳动力以及资本的理性积累。

而过度浪费的精神是节日的本质性特征之一，贵格会反对浪费，认为浪费导致了贫困。沉湎于节日、庆典与节庆，耽于过度的吃喝都有害于身体，无论在精神的层面上还是在肉体的层面上都是如此。人是上帝的造物，浪费是自作孽于上帝。

然而，世界性的宗教（比如基督教）正是深深地扎根于节日与庆典以及圣日当中的，因此，在贵格会看来，这些传统都是虚妄、腐朽而不实际的。贵格会的苦行观使他们尤其反对任何肉体荣誉的显示，反对任何赋予肉体以荣誉的节日活动，比如摔跤与演唱等节日行为即遭到他们的强烈反对。贵格会认为，人类在尘世的生活，都要为了上帝的荣光，而不是为服务于人类自身的意志、荣耀与肉体的沉迷。

如此看来，贵格会谴责节日的基本元素。然而正是在这些基本元素的基础之上，节日才得以建构起来。贵格会如何在人类生存的更大范围中构想节日的本质？显然，他们把庆典与上帝的生活对立起来。节日的本质是“并置”，节日必须展演对比，必须显然地不同于“日常生活”，节日的现实依赖于一种日常工作，依赖于对惯例与和谐的转换。艾德蒙·利奇在《时间与错误的鼻子》一文中用结构主义的术语说，正常的、世俗的、有秩序的生活与反常的、神圣的、无秩序的生活之间的转换与对比，创造出一种时间感，社会时间被创造出来，时间与存在的秩序是不连续的、不平均的、不规整的。

这种不平均的时间观，正如凯斯·托马斯所言，是农业社会的自然结果。在这里，时间与工作的流动是服从于天气与季节的变化的。然而，一种理性组织的工业经济，比如在 17 世纪英格兰所出现的，要求一种更加常规的、连续地算计的时间，这是由机械的钟表时间所发明而成为可能的时间观念。统一的时间流的出现，通过清教徒平庸与而整齐划一的生活节奏得以维持，这一规律被韦伯发现了，他发现这一规律是资产主义对生产的标准化感兴趣的潜在逻辑。这一激进的世界观的转变，被表达于贵格会对节日及节日在非贵格会生活中的地位的看法中。

贵格会把无节制的节日活动，如过度的饮酒、唱歌、音乐、舞蹈、性放纵、五月柱、体育竞赛看作是感官的放纵，是懒散、浪费、肉体的罪孽深重的快乐，参与节日就是参与罪恶的放纵。他们认为一切吃喝玩乐的习俗都是空虚的习俗，是魔鬼喜欢居住的世界的习俗，贵格会不承认工作日与节庆日之间的对比，认为工作日只是节庆日的延续。节日罪恶深重,以宗教节日的名义进行的节庆活动的罪恶尤其深重,沉湎于感官活动的人们在圣日里比在日常时间里使上帝蒙羞尤甚。

贵格会认为,罪人们因肉体在节日里的沉湎而使上帝蒙羞,他们假装通过节日行为来荣耀上帝,这反而使上帝蒙羞。罪人们寄居在快乐乡里与尘世当中,而贵格会则生活在他们自己的德性生活中。他们把颠覆节日的世界作为自己的使命,努力要做严肃的人,就像上帝永远在他们身边一样。

这样一来,对于贵格会来说,节日构成了神圣存在的对立面。但是贵格会并不认为节日精神与日常存在的情境之间是交替呈现的,而是在一个神圣生活对立面中两个统一但对立的生活方式的例子:感官的、世俗的节日生活与严格的、神圣的贵格派生活,它们之间势同水火。在现代社会中,"严肃"仍然被赋予强大的、积极的含义,清教徒的理性经济的意识形态主导着现代生活。①

众所周知,节日向来是宗教争论的对象,因为它们涉及世界观、信仰与象征。从一开始,天主教的教堂就是压制异教徒的景观、庆典、面具与狂欢节的场所。然而,天主教激烈地反对节日的行为,本质上只是一种表面的、形式化的做法,它真实的意图是修改与取代象征符号、超自然的存在、行动者,用神圣取代世俗,用隐喻性取代字面性,用新的圣徒取代旧的神。

新教徒激烈地反对节日,并不是停留在形式的层面上,而是集中在物质层面上。它试图简化节日,或者以一种激进的方式(像贵格会那样)完全根除它们,以支持一种全部严肃的生活,完全摒弃节日。如前所述,对于贵格会来说,上帝并不是被置于遥远的伊甸园里,而是存在于每一个信仰者的内心,并在他们的内心里讲话。这样的信仰抛弃并根除了所有与上帝的关系当中媒介化的人物与仪式,节日与节日行为内在地与贵格会新教徒的信仰不相匹配。

丰收节的节日仪式,带着它公开的性的象征,与贵格会所赞美的"肉体的沉默"直接相冲突。五月皇后辉煌的美丽(当代美丽皇后的先驱),以及运动竞赛的获胜者的胜利的力量与权力是世俗性荣耀与虚荣的标志,与此相应,五月柱、无节制的吃与喝等所有节日行为都是贵格会所竭力要排斥的。因此,麦克斯·韦伯才说,节日与贵格会新教徒的伦理之间不相容。这种不相容还来自于经济观念的冲突,贵格会的经济信条是赞扬劳动的理性,努力要把财富的逐步积累看作是上帝祝福的标志。再没有比节日的豪赌与显眼的消费更违背这一伦理态度的了,显然,在贵格会眼里,节日只是非理性的、变幻无常的、个体与集体财富的解构性的浪费。②

---

① BAUMAN R.Observations on the place of festival in the worldview of the seventeenth-century Quakers[J]. Western Folklore,1984,43,(2):133-138.

② BAUMAN R.The place of festival in the worldview of the seventeenth-century Quakers[M]//FALASSI A. Time out of time:essays on the festival.Albuquerque:University of New Mexico Press,1987:93-98.

第十章 民俗表演的符号学

如前所述，讲述的民族志直接形塑了口头艺术的表演研究，而布拉格学派的语言学家、符号学家、民俗学家罗曼·雅各布森(Roman Jacobson)的思想又直接影响了戴尔·海姆斯，因此，新民俗学与语言学、符号学的渊源很深。20 世纪 80 年代以来，鲍曼一直都在深入地挖掘民俗学表演研究可能的理论潜力，试图把兄弟学科的研究工作与表演研究的洞见嫁接起来，以创造新的理论可能性，拓展研究的范围与方法的适用性。

在《在文学符号学发展中民俗的概念》一文中，鲍曼回顾了美国民俗学家在应用符号学的方法分析口头艺术及其他表达形式方面的历史，回顾了符号学家在借用民俗以发展符号学的理论与方法方面的历史。他说，像普洛普、博加蒂耶夫、雅各布森以及巴赫金等人既是语言学家、符号学家，也是货真价实的民俗学家，问题是，这些人为什么要通过民俗来探讨他们所关注的理论与方法论问题？他们的民俗学著作对于民俗学的意义与价值何在？

首先是弗拉基米尔·普洛普，1946 年，罗曼·雅各布森就已经把他介绍进美国，但是几乎可以说毫无影响力可言；1958 年，托马斯·西贝克系统地介绍了他的《故事形态学》的思想，其影响力仍然十分有限；直到 1968 年，阿兰·邓迪斯进一步发展了他的思想，这才激发了大量的故事形态学方面的研究。

按照普洛普的研究计划，形态分析只是他的研究计划的第一步；而第二步是关于历史根源的研究，即对原始社会中的“通过仪式”及“死亡”概念的研究，然后是去追溯其随后发生的进化，它如何从宗教的束缚当中解放出来，从而变成一种艺术性地自主的文学形式；第三步则是对故事当中体现的普遍哲学及大众道德进行研究，但是，普洛普还没有来得及着手进行这方面的相关研究。

普洛普为什么会感兴趣于民间幻想故事呢？他可是圣彼得堡国立大学的语文学学者。按照鲍曼的理解，他的意图有两个：一是为了阐明文学类型之建构的特定原则；一是为了理解它们后来进化与呈现过程中的特征。而民间幻想故事一方面是高度风格化的、惯例化的，本质上适合于形式分析；另一方面民间故事也被视为虚构性文学类型的祖先。

然而，普洛普的局限性在于：除了他的故事形态学，他的其他著作并没有在民俗学家当中激起太大的兴趣，其中很大的原因在于，他著作中的单线进化论的思想。他深受语言理论家马尔的影响，把故事的母题解释为古老的习俗与信仰的遗留物，把它比喻为像地理学当中层积的岩石一样被保存下来的东西。他在当代原始文化当中发现的特征与农民民间故事当中的元素之间寻找共同点，从而进行比较，试图证明后者即是前者的古老起源。

普洛普在民间幻想故事情节与其他象征性的形式之间进行比较，在被操演的仪式与被讲述的故事之间进行比较，提出了从仪式转向故事的进化论的观点。但是，他的比较很多情况下只是一些无关证据的论证，再加上进化论的错误的观念，使他的历史研究的可信性大打折扣。但是，鲍曼承认，普洛普先做形式研究后做历史研究的思路却是十分有价值的。

另外两位著名的符号学家是罗曼·雅各布森与佩特·波各特里夫（Petr Bogatyev），他们合作撰写了《作为一种特殊的创造性形式的民间文学》与《民间文学研究与文学研究之间的界限》。他们首先从索绪尔那里借用了“语言”（langue）与“言语”（parole）的概念，把外在于个人的集体的体系与个体的行为区分开来，认为民间文学是集体的、社会的、持久的、传统的形式，为社区所创造与拥有，是外在于个体的、潜在的，是已经建立的规则的复合体；个体的创造性表演只有在经过集体的检验过程，并且被认为是典范的，成为后来表演的情境时才可能是民间文学。而那些被抛弃不用的东西就不再是民间文学了。他们并不否认个体创造性的存在，但是，作为民间文学的“言语”行为，在他们眼里，则并不属于民间文学事实的范畴。他们强调的是民众表达的集体性、规则性的维度，强调民众表演者是受这些传统束缚的。

在把“语言-言语”的区别扩展到“民间文学”之上时，雅各布森与波各特里夫有一些模糊的地方，当他们的参照框架是“民间文学作品”（比如民间故事）时，它被视为存在的、集体的、抽象的传统，属于“语言”的范畴，而在表演当中，个体性的展示就是“言语”；在另一些时候，他们所谓“语言”指的是成套的形式惯例，比如类型、风格、结构（就像在口头史诗传统中那样），而由口头诗人所生产的个别的文本，是受这一系统性的形式惯例所限制的，因此只是“言语”。这种模糊性使得他们尝试区分民间文学与书面文学的行为受到了威胁，尽管如此，他们讨论的要点是十分清楚的：民间文学是集体的、超个人的、标准的与保守的。

他们合作的另一个重要成果是关于“民间文学社区”的组织原则的思想，与他们的同时代人不同，他们并不认为民间文学社区仅仅局限于孤立的乡村农民群体，相反，他们发现存在着多种可能的社会组织原则，比如地理的、民族的、职业的以及时代的等等。这一革新性的观念后来受到人们的广泛接受。他们还强调，民间文学作为诗性形式的资料库,并不仅仅是一套民间文学事项的总体,或者只是具体类型的总和,而是一个统一的表演体系,他们强调要在体系当中考察形式之间的关系,考察它们之间的等级关系。而有关每一种形式的生产性的程度,是民间文学共时性研究的主要任务之一。

鲍曼又区分了两位民俗学家各自的观点(分开来看有助于区分与理解他们各自的思想),雅各布森于1945年发表的《关于俄罗斯的幻想故事》,以及他怀念波各特里夫的文章,还有他与克里斯蒂娜·波莫斯卡(Krystyna Pomorska)的对话,都仍然在强调民间文学的集体性创造以及集体性民间文学传统的久存性。而波各特里夫则一方面也强调民间文学表演之抽象的、集体的与历史的一方面,但是,在《是民间文学吗?》一文中,他又不再感兴趣于宏观的、传统的过程,而是感兴趣于表演者与观众之间的合作,听众的积极参与,即把微观的互动作为表演过程的形式性机制。他认为,界定一则民间故事的文本而不考虑它是如何被讲述的,这样的做法是不正确的。在他晚年,波各特里夫已经从强调"传统"之侧重规则性的重要性,转向了民众艺术当中传统的与即兴的创造形式的辩证统一:一方面,他看到了民间艺术表演者严格坚持传统的、风格的规范;另一方面,他也开始关注个人的表演风格、观众的构成与参与、情境、类型形式、情境化的民俗、即兴表演的元素。他甚至认为,即兴表演是非常清楚的事实,它占有非常重要的位置,独立的即兴表演不该被视为异文,而是最好的独立作品。这样一来,在他的观念中,民间文学与文学之间的界限被打破了。

1969年,波各特里夫考察了传统与革新之间的相互作用,认为即兴性的革新是传统本身得以延续的必要情境。如果革新没有进入所有类型的民间艺术,传统将会成为一种简单的陈词滥调,作品将被机械化,丧失其基本的功能,即对于听众的影响,这样的话,它将不得不从民众的资源库当中消失。

波各特里夫的"功能"的概念是他的民间文学方法当中最重要的方面,通过考察民间文学的表达性类型——民歌、民间叙事、民间剧服等等——他深入地研究了"功能"的组织体系。在他看来,"功能"决定着这些体系中形式的相互关系,它们分别在社会生活当中承担着多重性的功能,比如实践的功能与符号的功能。民间文学的形式与社会群体之经济的、文化的、社会的与政治的生活有关联。这样一来,在波各特里夫那里,民间文学与群体生活就被关联起来了,民间文学形式作为交流性的手段,成为个体或群体交流一系列社会与文化意义的资料库的内容。鲍曼认为,这一具有高度生产性的概念,只是近来才在民间文学的民族志研究者当中被重新意识到,并开始获得更深入的讨论。

波各特里夫对于民间文学的符号学观点,是通过参照沃洛希诺夫的符号学概念才得以定型的。沃洛希诺夫本人却并不集中关注民间文学,但是,他的导师兼同事,米哈伊尔·米哈伊洛维奇·巴赫金,却是民间文学的符号学研究方面最重要的贡献者之一。他在《时间的形式以及小说当中的时空体》《拉伯雷及其世界》等作品中,对于神话与节日中时间的象征性操纵,无赖、小丑、傻子的转变性力量,他们所带着的面具及其仪式性地颠倒与嘲弄的力量的研究,探讨了秩序与反抗之间的关系,他的研究成果的影响力是十分深远的。

巴赫金对于拉伯雷的研究更像是一篇极富启发性的表达体系的民族志,为了让拉伯雷的奇异世界为我们所理解,巴赫金解释了拉伯雷著作植根于其中的文化情境,他关注的是16世纪狂欢化的民众文化、集市文化,正是通过这些描述,他把它们当作一个文化地构成的表达性的体系。在集市本身当中,在这部伟大的文学作品中,风格、内容与交流的社会结构,集合成为一个信息的整体。

表达性体系首先是按照一个清晰的文化场景——集市本身——被界定的,即与社会之经济的、政治的、文化的与宗教的范畴有关,又在空间的、象征的与表达的方面与社会生活的其他方面相对立。这一场景通过一种社会关系的特殊秩序标志出来,“直率而自由,允许相互接触的人之间没有距离,从在其他时间里强加的礼节与体面的约束中解放出来,”但是,这些社会关系本身是通过特殊的狂欢化地表达的市场风格得以实现的。其特征是市场讲述与姿势的特殊形式,即咒骂、发誓、嘲弄、街头叫喊等等民间文学类型,这些类型本身又来自于食物与身体符号学,它们作为强有力的表达性资源,在西方文明的历史上,表达了人类存在的基本方面:生命、死亡、出生与腐败、丰产与贫困。在《拉伯雷及其世界》当中,我们发现民间文化被理解为一种文化体系,其中情境化的场景、社会关系、类型、想象的符码是相互依赖的。

上述著作是如何与美国民俗学界的当代趋势相联系的?上述几位学者的作品以某种重要的方式与美国民俗学中的一个主要的部分相一致,即民族志的方法或者表演的方法。那么这种关联点在哪里?未来发展的走向在哪里?需要特别注意的是,此时,鲍曼已经意识到要从巴赫金那里获得新的理论动力了,而在此之前,他已经提到了沃洛希诺夫。

前文已经说过,表演的民族志及其伴随的现象“作为表演的口头艺术”,其主要的灵感刺激来自“讲述的民族志”,它是语言人类学的一个子学科,戴尔·海姆斯把大家的注意力引向了“讲述”。在他之前,大家对于语言的社会应用这一人类社会生活之实践的与理论的重要方面几乎是完全忽视了的,在语言学与民族志这两个学科当中尤其如此。用索绪尔的术语来说,“讲述的民族志”就是要发现言语的结构,按照语言形式与社会、文化的功能与结构之间的相互关系来定义它。“讲述的民族志”的基本假定是:与人类文化行为的其他体系(亲属关系、经济、政治、宗教等等)一样,讲述在每一个社会当中都是模式化的,但又具有文化的特定性、跨文化的可变性;讲述的模式与功能应该通过民族志来予以发现。这本质上是一种文化相对主义的理论视角。

戴尔·海姆斯曾公开承认自己受到了两种思想的影响:一是战前布拉格学派,当时,托马斯·西贝克介绍了这一学派的观点,尤其是雅各布森大量有影响的作品,其中尤其是《结束语:语言学与诗学》一文,该文促使海姆斯开始关注语言的功能主义者的观点。虽然二人之间观点上的分歧也很明显,但是,受益于雅各布森的观念是毋庸置疑的。二是语言人类学的美国传统,艾德华·萨皮尔关于语言是文化不可分割的一部分的思想,直接塑形了美国的语言人类学。美国人类学一贯强调语言学,强调语言学观念在民族志当中的重要性。

从一开始,民间文学在"讲述的民族志"当中就占有突出的地位,为什么呢?其一,布拉格学派的核心兴趣就是语言的艺术,雅各布森的论文讨论的就是诗性的语言与一切口头艺术,而且,语言人类学家博厄斯与萨皮尔一直都关注民间文学。其二,从经验的层面看,语言艺术形式也最受社区的厚爱,是最明显、最有力、最受珍视的,也是最能吸引学者们注意力的讲述形式。其三,当代民俗学家关于"类型与表演"的观点与讲述的民族志的基本关注点相近,也对后者的理论发展有颇多助益。

那么,前述符号学的观点与"讲述的民族志"之间的关联点是什么呢?除了功能性的观点之外,在诗性形式的体系,体系当中形式之间的相互关系,形式之间的等级以及每一种形式的生产性的程度,每一种讲述的类型所完成的社会性交流功能的等级等问题上,两个学科倾注了同等密切的关注。

除了上述相似点之外,当时,美国民俗学者的研究工作已经超出了上述符号学的奠基人所划出的边界,它们应该会引起民间文学与书面文学符号学家们的兴趣,表演指向的民俗学家们质疑"民俗作为语言"(folklore as langue)的观点。正是雅各布森在《结束语》中提出了讲述情境的模型,引导"讲述的民族志"转向了交流的社会互动的组织(作为一种情境化的过程),转向了作为一种社会行为形式的口头交流。表演研究在具体情境当中考察民俗的表演,在更大的作为一种文化体系的讲述语境中考察表演。它提供了一种巨大的生产性的框架,它在经验的层面上理解传统与革新之间的相互作用,理解它们在社会生活的真实行为中的实现。民间文学文本不只是被作为一个固定标准的实现,而是作为呈现当中的、复杂互动的产物,是表达性的资源、社会目标、个体的能力、表演的社区的基本规则、文化地界定的事件的结构的共同的产物。传统的、集体的、公共的、惯例的因素并没有被抛弃,相反,个体创造性与文化传统被结合到了一起,传统性与个体性在情境化的行动语境中具有一个辩证的过程,这被看作是一种实践。

此外,民间文学的文本不仅仅被看作是呈现当中的,事实上,民俗事件本身也是呈现当中的。随着表演本身的展开,就像任何形式的交流一样,它都内在地具有重新安排互动的社会结构的潜力,参与者之间的社会关系的结构被延展到表演事件本身之外。民俗事件的民族志可以更好地理解民间文学作为交流,以及传统与革新之辩证的、互动的综合过程。在具体的交流行为中,民俗交流具有呈现中的本质,特定的个体会按照特定的、具体的、情境化的、独一无二的社会语境来框定他们的表演,操纵潜在的交流功能的范围,以获得特定的、直接的社会目标。表演的民族志让人们看清楚了民间文学当中惯例与革新之间交流性的功能与平衡,这是民间文学本质的、内在的、相互关联的层面,它形构着社会生活行为,也为社会生活行为所形构。

民俗学家意识到民间文学表演当中个体的创造性。民俗学家也要面对个体的民间诗人的独一无二的创造性,当然,民俗学并不是未注意民间文学的传统性,也没有忽视特定文本与之前文本之间的相互关系。正如巴赫金所说的,所有的文本,无论是口头的还是书面的,在一个特定的表演的与意义的领域当中,它们是相互对话的文本的网络与链条中的一部分。

过去的符号学家们关注民俗的集体性、规则性,强调传统的与共同的力量与本质上的不变性;而现在美国民俗学强调个体的、情境化的、呈现当中的特质,努力澄清传统与革新在民俗符号的社会使用中的辩证关系。这就模糊了文学与民间文学之间的边界。

在文学领域中,朱丽亚·克里斯蒂娃强调"文本间性",尤姆伯特·艾柯强调"开放的文本",巴巴拉·H.史密斯强调"叙事作为社会互动的一部分"。民俗的特殊性在于:表达性的形式与社会功能,个体的创造性与集体传统,个人的行为与交流性的互动相互缠绕于我们称之为艺术的交流性的行为当中。这一点指向了在社会生活当中艺术性创造的符号学研究的道路,即作为社会地建构的艺术的符号学的一部分。①

除了追溯前苏联以及东欧民俗学家的理论影响之外,鲍曼还回顾了人类学历史中语言艺术的研究传统。比如,前文说过,"语境研究"的方法对口头叙事的研究产生了重要的影响,"语境"这一概念有助于理解叙事在社会生活中占有地位所需要的模式与功能。传统上,对于口头叙事感兴趣的民俗学家与人类学家,要是对"语境"感兴趣,就会把注意力投向表达形式的"机制性的语境"(institutional context),或者投向"文化意义的语境"(the context of cultural meaning)。

早在1926年,马林诺夫斯基就敦促口头叙事研究的学生们关注故事真实地被讲述的"情景性语境"(situational context),但是这一呼吁一直到20世纪70年代才被真正地重视起来。在"讲述的民族志"的推动下,以口头艺术的表演为中心的方

① BAUMAN R.Conceptions of folklore in the development of literary semiotics[J].Semiotica,1982,39:1-20.

法发展起来了,作为情境化的口头故事讲述活动的分析蓬勃发展了。在这里,社会生活行为是通过口头讲述得以完成的过程的一部分。这样的研究涉及通过讲述情境中其他周边的话语,口头叙事被语境化的方式实现,这就需要研究在会话性的互动中故事被协同完成的方式。

既然讲述的行为在某种叙事当中具有核心性的地位,那么,理解这些讲述行为被语境化于叙事当中的方式,可能会提升我们对于讲述之运作方式的理解。在这里,讲述被理解为在社会生活中运作。

巴赫金曾经分辨出多种讲述形式,一种讲述可能指向其他的讲述形式,他最感兴趣的是被报告的讲述。鲍曼同样对被报告的口头讲述感兴趣,它被作为社会过程与艺术资源。被报告的讲述并不只是一种艺术性的机制,而是故事的艺术性的焦点,被报告的讲述是最大化的可报告的行为被以叙事的形式讲述。从类型的角度来说,鲍曼所考察的叙事是轶事,是一种短小的、幽默的叙事,它复述的是一个真实的人的事件。它包括了单一的情节与单一的场景,注意力通常会限制在两个关键的人物身上。它在结构上是对话性的,在某句妙趣横生的话中达到高潮,这句话最可能是某种直接话语中的可引述的言论。换句话说,被引述的讲述是该类型最显著的风格性特征。相应地,轶事特别适合于研究口头叙事中被报告的讲述的形式的与功能的作用。

欧文·戈夫曼曾说,在非正式的言谈中,谈论经历的故事从一开始就是按照将被证明是结论的内容组织起来的。这种高度指向结尾的故事的组织方式,设置了具有高潮性结尾的被报告的言说,它们为引述的讲述创造了一个语境,这种引述把它引向终结。这些故事的高潮句是反思性的。它们回环去重构之前的内容。在这一过程中,叙事之前在的部分,已经为高潮句建构了一个语境,而它自身也被再语境化了。相应地,我们既需要考察高潮句是如何设立的,也需要考察高潮句之前的故事部分是如何可以被顺理成章地导向高潮句。

许多轶事之讲述的初始部分都用于满足两个相互补充的功能:为“被叙述的事件”(the narrated events)介绍戏剧人物与场景的背景。核心人物被按照道德特征介绍进被叙述的事件,被叙述事件处于某场景中,通过某种场景行为与环境,戏剧人物被带入被叙述事件的场景,故事被置于时间情境中,比如使用“某一天”这样的时间标记,在某一个故事中,一个叙述序列的进程启动了,朝向被叙述事件的开展,以序列性的点为标记。

于是,我们准备好转向考察被叙述事件本身,行为与反应的序列,在叙述中被真实地传播给听众。轶事之介绍性的部分已经转向了它们。我们已经注意到被叙述事件的最重要的部分是会话性的遭遇,在关键句处达到了高潮,但是,这一部分叙述也可能包含其他的元素。从主题上来说,被叙述事件内含着一个道德的进攻,它提供了会话性遭遇的焦点,它终结叙述。被叙述事件终结于一个对话性的交换,在高潮句的引述中达到高潮。被叙述事件围绕的道德进攻已经在故事开头部分被预兆了,主要人物被按照特定的道德特征来呈现。“呆女婿”的故事也许是一种典型的轶事。

这些轶事的核心是会话的遭遇,在故事的呈现模式中,一个重要的转变发生了。一种转变是从讲述或者叙述环境与行为,转向了重演行为,即通过表面上重复在初始的过去事件中所做的事情来复现事件本身,对于事件本身,叙述只是一种解释。用经典的修辞学的术语来说,这可以被看作是从本真向模仿的连续体的转变。从讲述向展演的转变。

被报告的讲述,尤其是引述的讲述,涉及交流性管理的特殊问题。因为叙述者事实上是在谈论他人而不是他自己。这就需要区分讲述者与当事人的声音,当然,他们其中之一可能是故事的讲述者,但是,他们的声音并不相同。区分他们二者的声音是被叙述事件的核心。引用的框架是完成这一任务的重要手段。我们应该注意到引述“框架”的语言与语法的标记。

鲍曼还提醒我们关注高潮句如何与之前的叙述相关,也就是要关注高潮句在故事中的地位与作用。他是如何创造了故事的连续性?高潮句本身包含了两种声音,它自己的以及前面的讲述者的。而且它既是形式层面的,也是意义层面的。也就是说,高潮句之形式的本质密切关联于其基本的讽刺功能。为了说明这一点,需要考察被报告的会话遭遇的内容与互动结构,它们导致并达致故事的高潮句。

我们可以回忆说,这些轶事是道德故事,这些会话是有关道德的问题:得体、责任、工作与秩序。那么,这些维度是如何在主要人物之间的互动中发展起来的呢?

通过分析某些人物轶事,鲍曼试图说明高潮句在形式与功能方面的作用,它们把会话带向结束。由此,人们可以更好地理解这些故事的紧密的结构。高潮句是故事最重要的元素与焦点。高潮句反过来紧密地依赖于之前的句子,依赖于重演的会话中的社会互动与真正的冲动,正是整个重演的会话构成了被叙述的事件。所有这些元素又都扎根于特定的道德紧张的关系当中,这是会话性互动的主题,它给予高潮句以讽刺的与关联的影响。这种紧张关系预示在故事开始时介绍戏剧人物的场景中,因此,从介绍主要人物,到场景的设置再至核心的交锋,到他们之间的会话的互动,再到高潮句,整个轶事构成了一个标记好的严密的结构。

传统的口头笑话就代表了一种被报告的形式。它们常常被介绍性地讲述,既然它们在口头传统中被人们所知晓,是出于传统的抽象的集体的声音,它们在某种意义上被报告。而且,如人们所知,许多叙事性的笑话使用了虚构的被报告的讲述形式,既具备风格化的技巧又具备高潮句。

笑话、其他幽默故事以及我们这里所述的轶事之间的共同点与差异点何在?

鲍曼建议我们考虑一下故事发生的语境，显然，轶事的讲述必然是地方性的与熟悉的，讲述者与听众都知道故事中的主人公，他们在个人层面上知道这些人，或者这些人在社区中有关联，他们是亲属、邻居或者朋友。而笑话和幽默故事传播的地域受限制更少。

正是因为轶事是关于已知的或者熟悉的个人，它们构成了他们社会自传的一部分。在某种具体的社会意义上，它们密切地有所指，也就是说，它们的意义的一部分来自于索引性关联的巨大复杂性——被描述的个体，在他们生活的其他已知的层面以及特征，潜在的社区当中的所有其他的人，包括了那些呈现在故事讲述事件当中的，与他们一道，通过各种社会的与交流的纽带联系在一起的人与事，所有这些因素给予会话以连贯性，在这一会话中，有关他们的故事被讲述。

可以肯定，这些轶事，就像所有被用于作为生活装备的文学，具有某种隐喻的与转喻的意义，作为某种被扩展的命名与标签，被用以命名它们所描述的、复现的社会问题情境。这些轶事也传达了对于这种情境的一种态度，以及处理他们所面临的问题的一种策略。态度因情境而改变，但是，总有一种对于轶事所描述的公共道德冲突所带来的不安。从轶事当中出现的偏爱的策略来看，通过讽刺性地把当下的情境转变为其他的东西，轶事的讲述有意要缓减这种紧张。一句话，这些轶事所强调的是讲述之转变性的能力。巴赫金坚持说，“小说中讲述的人总是，在某种程度或者另一种程度上，是一位思想家，他的话总是意识形态，……恰是作为意识形态，话语成为小说中表征的对象。”同样，在这些轶事当中，讲述者在最后说出的是讽刺的与怀疑的，它显示了道德标准的压力所导致的社会紧张，以及这种紧张如何可能被那些具有机智的语言能力的人所逃避。

传统的具有高潮句的笑话具有相同的颠覆性力量，然而笑话不像轶事，并不扎根于熟悉的社区，它们是匿名的、非个人的、概括性的，实际上要依据推测。现代意义上的具有高潮句的笑话，最早出现于 19 世纪，是在现代工业时代的社会条件下从具有高潮性结尾的轶事中转化出来的。鲍曼所考察的轶事出自于小型地方社区的亲密的社会环境，然而笑话却属于都市工业社会的非个人情境。作为并不根植于真实个人的已知社区的想象性的产物，它与真实经验之间的关系只能是隐喻的与推测性的。它们以抽象的语言告诉我们，结构如何可以被分裂或者被推翻，而讲述真正的轶事，是让人们意识到生活如其真实所是的那样是易变的，而讲述的能力在于它使这种易变性明显，并把它置于控制之下。①

① BAUMAN R.The making and breaking of context in west Texas oral anecdotes[M]//SCHIFFRIN D.Meaning, form, and use in context: linguistic applications, Report of the 34th Annual Georgetown University Round Table Discussion on Languages and Linguistics. Washington, D. C.: Georgetown University Press, 1984: 160-174.

20世纪80年代后期,鲍曼有意识地把表演理论与符号学联系起来进行介绍,在《民俗表演的符号学》一文,他与她的夫人贝弗利·J·斯托尔杰联手,合作介绍了民俗学界的两种表演理论,并把两种表演同时置于"符号学"的范畴之下。这篇论文是鲍曼首次把两种表演的观念结合起来同时呈现的研究成果,尽管在之前的研究工作中,他已经多次关注过两种类型的"表演"。

鲍曼说,民俗在符号学的发展中占有重要的位置,尤其是在索绪尔的符号学传统中。然而直到当时,民俗的符号学研究还是把强调的重心放在了民俗事项之形式的与结构的分析上,尤其是放在了文本的分析上。过去的十五年里(自20世纪70年代初以来),美国民俗学界已经渐渐出现了从"文本为中心的民俗观"向"表演为中心的民俗观"的转向。其中,至少有两种研究民俗表演的方法出现了,它们都是符号学的。第一种扎根于俄国形式主义的传统与布拉格学派的结构主义,把注意力集中在口头表演的诗学上;第二种沿着爱弥尔·涂尔干、阿诺德·范·根纳普以及简·艾伦·哈里森的传统,聚焦于文化表演的符号学。

鲍曼再次介绍了"作为表演的口头艺术"。他说,"表演"的概念在许多研究语言的方法中都有使用,比如在转换生成语法当中,表演指的是"在具体的情境中语言的真实使用""自然的讲述",它与"能力"或者"静默的语法知识"相对;在讲述行为理论中,"表演性"指的是"言即行";在讲述的民族志中,表演(在社会生活的情境化的行为中语言的社会使用)是语言人类学这一分支学科中最核心的概念之一。所有这些"表演"的概念,虽然其具体的含义各不相同——比如转换生成语法把表演置于语言学理论之外,而讲述的民族志则把表演作为其研究的核心——但都与"使用"或者"实践"有关。

以表演为中心的民俗学家与讲述民族志的研究者携手,应用表演的概念超越了事项指向的、文本中心的传统民俗学的研究,走向一种在社会生活中来理解民俗形式之功能的路径。但是,口头民俗的学生们还从一种更加标记化的意义上关注表演,集中考察了该术语本身所传达的艺术性元素。在其艺术性的意义上,口头表演可以被看作是一种特殊地标定的讲述方式,它设定并代表了一种特殊的阐释性框架,只有借助这一框架,讲述的行为才能被理解。

这里,我们不惮其烦,再次复述鲍曼的相关理论观点:这一意义上的表演认为,讲述的行为——作为一种符号——被展演出来,被客体化,从其语境性的周围提升出来,达到某一个高度,面向观众开放,并接受他们的审查。表演因此而要求特别的关注,要求对被讲述的符号有高度的意识,表演者赋予它特别的厚度,许可观众去评价它。表演使得讲述者可能被交流性地理解,观众可以去评估表演者表演的技巧及其有效性。这就是鲍曼所谓"表演的本质"。

表演的技巧与有效性可能成为任何有意义的行为中关注的焦点,表演的潜力总是存在的。在这些术语中,表演的显著性是一种可变量,在一个交流行为的多种功能中,表演或多或少占据着主导地位,这种主导的地位依赖于表演者假定要向观众承担的责任的大小,即是否要展示交流的技巧与有效性,而不是其他的交流功能(指称的、交际的、意动的或者其他的),表演的程度可能沿着一个连续体——持久的、充分的表演到转瞬即逝的突破进表演,一种短暂地接触的表演——而变化。

表演作为框架,展示讲述行为的内在品质,这首先依赖于这一框架以某种方式被完成。在经验的层面上,它是特定讲述社区可获得的一套符号学的资源,是表演者用来传达"这是表演"的信息,一些被广泛记录下来的表演的"关键"(keys)有:特殊的框架化程式(从前,……从此,他们过上了幸福的生活);形式技巧(比如节奏、平行主义、韵律等);应用特殊的讲述风格;比喻性的语言;求助于传统;用于表演的特殊背景;放弃表演等等。这个列表当然只是枚举式的,并不是穷尽式的。我们需要经验性地考察特定的讲述社区,特定的文化与社会语境中用于标记表演的全部符号学资源。需要基于其形式的与功能的复杂性,分析性地理解讲述的行为,按照形式-功能的相互关系,考察其交流性的与元交流性的构成要素之间情境性的相互作用。

口头表演像一切交流一样,是情境化的,其形式、功能与意义是扎根于文化地界定的场景与事件当中的,它们构成了行为、阐释与评估的有意义的语境。在表演的民族志中,除了文本表演事件占有一个位置,作为描述与分析的基本单元,语境代表了最具体的理解口头民俗的经验性的框架,它把口头民俗作为社会行为,关注社会生活中口头民俗表演的真实行为。

研究表演事件的首要任务是按照与地方理解相一致的方式,与手头的分析性问题相关联——按照背景、机制性语境、情境性原则或者其他,分辨讲述事件本身。表演事件的结构是多种情境性因素系统地互动的产物,包括但不限于参与者的身份与角色;表演中所使用的表达性手段;社会互动的基本规则;标准;表演的策略;阐释与评估的标准;构成事件之场景的行为序列。

对于文化的每一个层面,表演事件的组织是可以被概括化地、标准化地进行民族志的描述的。然而,传统化的表演事件的民族志建构标准化、同质化了描述,但是,所有的表演都不是相同的。除了其普遍的结构之外,人们想要理解每一个事件的独一无二性。所有的表演都有其独一无二的与呈现中的层面,因为不同情境的产物在其中起作用。事件并非被预先决定的表演的模板,而是情境化的社会完成,在其中,结构与惯例可能会为一系列可能的变异提供先例、预期与指导,但是变异的可能性,参与者的目标与能力,事件本身呈现性的展开,都可能会构成可变性。事件的结构,口头文本及其意义,社会关系与互动的结构在表演中都是呈现中的。在民俗符号学的经典作品中,集体的、公共的与惯例的元素被过分严重地强调了,而在表演的民族志当中,个体性与创造性被纳入传统当中,以一种辩证的关系共演于情境化行为的语境之中。

总之,表演的方法有助于区分口头形式的表演与其他呈现模式(报告、游戏、引述、模仿等)。此外,它还把关注的焦点指向了讲述艺术的形式技巧与模式,指向了框定表演框架的形式手段,指向了机制性结构中——比如婚姻协商、法律争议、政治事件、仪式观察等——口头表演的社会模式与功能,口头艺术通过这些手段服务于劝说、权力、愉悦以及社会经验的普遍强化,这是“形式-功能”之相互关系的民族志调查的一部分。对于口头表演的复杂性形式的调查,不只是捕捉到了狭隘的语言文字的特征,还可以获得其他形式特征与模式化的原则,比如韵律的、辅助语言的、肢体的。“民族诗学”(ethnopoetics)的目标就是以这样一种方式来呈现印刷文本,反映被呈现的文本的本质性的形式特征,这是“一种赤裸裸的笔迹学”(a kind of graphological lying bare of device)。表演的概念与洞察力除了被应用于口头民俗,也已经被应用于研究其他意指系统,比如音乐研究、性别研究,通过它所开启的结构研究与关系研究,表演被关联于更大的符号系统。

弗利·J.斯托尔杰介绍了“文化表演”的概念与相关理论。她说,民俗学家们长期感兴趣的另一种现象是公共展演,比如节日、仪式、庆典、景观等,弥尔顿·辛格称之为“文化表演”。在这些事件当中,一种文化被集中展演出来,展示给他们自己与局外人观看。每一个表演都是由一个具体的复杂事件构成的,它有一个限定的时空,有组织的活动计划,表演者与观众,地点与情境。它经常是很有诱惑力的。这些表演聚焦于社会群体经验的一个突出的主题:季节、职业、民族性、历史事件、宗教信仰、运动竞赛。作为文化表演的核心关注点,主体是许多表达性活动的象征性资源。在一个广泛的表演的背景当中,一条河流、一个头领、一则故事、一堆谷物、一个动物都可以被转变为一种交流的工具。

表演研究的方法可以认识这种事件的共同特征,它们被用于完成更大规模的交流;与此同时,通过多元的符码与渠道,每一种表演形式又都具有与众不同的特征,不同地域展示出了多元文化的差异性。文化表演最基本的共同特征是“经验框架的转化”:要么是世俗与神圣的转化;要么是工作与游戏(休闲)的转化;要么是世俗与神秘的转化。总之,其中必有神秘的、迷人的或者令人恐怖的转化。文化表演涉及了从日常的符号体系转向了表演的框架,化熟为生,它把经验与意识形态交织起来,以戏剧的与象征的方式展演,并与特定的文化相关联,赋予其有关社会的与宇宙的信息。

文化表演赋予社区的个体成员以机会,使他们承担一种不同于日常生活的特殊的表演性的角色,比如作为演员、发起人、竞争者、庆祝者、音乐家、舞蹈者,或者接受强化的与提高的相对于日常生活中的自我的身份。文化表演中强调的是这些角色的展演,社会的实践与再实践。与形成事件象征性焦点的概念相结合的角色,创造了被体现的思想与被展演的阐释,形成让个体去提升自我的意识,强化社会认同的机会。表演中最基本的符号工具为人类自身进行自我反思提供了手段与机会。

承认自我的扮演、文化表演与戏剧性建立了联系。表演者们的展演方式是从成套的戏剧性元素中选择出来的,它们被组合起来以表达某种主题与信息。辨认这些被投入使用的主题与原则,以及其所生产的最终的表演事件的结果,是文化表演分析的主要任务。这至少包括了场景、形式与类型、多套符码等。

每一个场景都是一个独立的表演单元。无论它是否是更大的事件当中的一个仪式,如竞赛、舞蹈或者其他。场景总是设定在一个特定的地点,有开头有结尾,有特定的目标,利用了表达性的形式与类型,比如音乐、史诗、戏剧、仪式。这些表达性的工具代表了风格、焦点与文化的兴趣,它们把基本的表达性的元素组织成艺术的形式,通过这些形式交流事件的基本信息。这些基本的表达性元素可能被理解为符码,那些符号体系——在所有的人类社会中都是可以获得的,通过场景而涉及交流——使参与者参与到认知与阐释当中:时间、地点、饮食、衣服、运动、声音、光线等。某些符码需要给予特别的关注,因为它们对于表演的转化是核心性的,其他一些在表演与表演体系中只是次要的。

首先要考虑的是对时间的操纵,文化表演在时间上是固定的,是时间之外的时间。许多文化表演利用了周期性与节奏以把自身纳入到日历的常规位置当中,比如月亮的圆缺、变化的季节、历史事件。时间的运动为文化表演提供了存在的合理性,把个体约束于社会群体,约束于宇宙的力量与外在的运动,这些力量独立于人类的能动性。此外,这种周期性用有意义的重大时刻不时地打断人类的生活,使时间服务于维持年复一年的生活的连续。

时间在表演中又呈现为另一种维度,文化表演出自于传统,已知的与熟悉的元素把当下与过去联系起来,使新的与旧的结合起来以获得迷人与刺激的效果。而且,文化表演还提供了一种时间,在此期间,人们可以承认并反思当下的社会状态与情境,并为创造新的关系提供了机会。

表演的环境或者空间,对于表演框架的转化也是重要的,因为这些表演发生在特定空间。有些情况下,某些特定的空间被专门建构起来以为表演所用;在另外的情况下,文化表演把日常的空间转化为表演的空间,通过把一个日常的空间定义为表演的地点,这里,它混杂了节日中的各种活动。这些特殊活动的空间被明显地标记出来,告诉参与者"这里发生了什么,应该如何参与"。

此外,饮食作为符号,对于整个文化表演具有本质的重要性。味觉符码可以被语境化为一种特定民族的或者假日饮食的盛宴。在任何情况下,当人们吃喝与文化传统相关的特殊饮食时，就已经承认并重新肯定了自身的社会身份了。

声音与运动渗透在表演的环境中，并以各种形式连续地参与其中，从安静的观看到聆听紧张与复杂的声音。音乐、舞蹈、打击乐器在许多文化表演当中都扮演了重要的元交流的角色，烟花也被广泛地使用以标记表演的转变。

视觉的符码对表演施加了强有力的影响。色彩与设计是极端重要的工具，被人们用以编码信息、引出反应。人们操纵光明（比如篝火、火把、蜡烛、烟花）与黑暗来打断或者强化表演事件。色彩与设计还赋形于物质，通过制作剧服、面具与其他象征性的事物，把它们应用于戏剧表演当中。

在表演的整体中充斥着多种多样的口头符码。这些形式可能采用正式的讲述类型，从欢迎辞到神话讲述到演讲，表演的社会关系可能凭借口头艺术而达成，但是非正式的口语类型也被广泛地使用于社会互动当中，它们发生在多种场景的交叉点上。

文化表演的构成性符码、形式与类型可能会有无穷无尽的变化，但是，我们还是有可能辨认出一个相对有限的范围来，它们大多与这些大规模的展演类型相关。首先要考虑的是仪式，无论是神圣的还是世俗的，仪式都会施加某种转化的影响，无论它是关乎死亡、祖先、丰产的仪式，还是皇后的加冕仪式。

戏剧与竞赛普遍地代表了最核心的、最大的与最公开的文化表演的场景。通过民间戏剧、运动竞赛、游戏与比赛，社会紧张与冲突被置于群体经验当中表达出来。这些表演最终会肯定社会秩序，或者会引起社会变化，甚至会导致社会革命。戏剧展演常常使用剧服与面具，允许一系列行为的展演与角色的转化。化装直接导致象征与隐喻，允许情绪的展演，逆转标准与意义。表演还常常导致挑战现有的位置关系，支持探索与创造；此外，它甚至可能会以超自然的或者其他被许可的行为来创造可能性的交流。

盛宴把人们带到一起吃喝，味觉的符码充斥在事件当中，它交流着有关群体被选择的信息。通过选择饮食，并安排它们服务的方式，人们通过共同的活动结合为群体。一个人就是他所吃的东西，通过象征性地消化合理的物质，庆典从字面意义上赋予他们以特定的意义，这些意义被编码在那些被消费的物质当中。

文化表演是一个复杂的与计划好的整体。一些有预先的安排，另一些则没有，但每一个都按照一种模式展演，又都展示了某些变化。对于综合事件的结构来说，最重要的是开头与结尾的场景。虽然会有变化，但是游行、庆典会正式地发起表演，它将发生在特定的时间与空间。而且，它将展示群体的社会结构，或者至少是其中的一部分，并会普遍地肯定群体内所持有的主导价值。在更大的表演事件中，展演活动可能会走向混乱。但是在多数情况下，常常会走向参与的紧张度的提升。

在这一符码、形式与场景的整体中，一个社区建构了它的文化表演，为个体提供了体验强化社会身份的机会,提供了遭遇神秘的机会,其对审美的行为有了提升的意识。当经验的框架转向强调深厚地象征的与多维度的交流时,而不是面对单一价值的、与日常生活相关的形式时,幸存的、正式的技巧的必要性以及转变性的原则被调用,以使各个部分运动起来,赋予它们以意义。这些技巧与原则把经验——无论是常规的还是非常规的——转变为有意义的符号与信息,通过它们,群体可以展演、展示与阐释社会经验。这些转变的原则与意义包括了重复与变异、隐喻与转喻,压缩与夸张,并置与颠倒,增加与选择,活动的操纵,部分的瓦解,社会类型的操纵等。虽然文化表演在全世界大不相同,但是所有文化表演都采用了这些符号学的原则,都被用于强化经验与意义。

表演的符号学分辨了事件的形式与结构,分析了体现与展演于构成性场景中以及个别的表演事件的场景中的信息。这些信息表达了群体共享的经验。文化表演可能在更大规模或更小规模上运作。无论其规模与目标如何,表演的方法指向了活动的运作。表演的符号学有能力去辨认表演的事件如何使用了戏剧的原则以影响转变与超越,无论它是指向反思性,政治统一或者分裂,社会意识或者宇宙论。表演为中心的方法、考察扎根于特定文化中的事件,这些事件结合了历史的与社会的语境。表演为中心的方法分析了特定的意义体系,这种特定意义的体系被应用于被框架化与被提升的社会意义的表达中。①

在《十三世纪冰岛的表演与荣誉》一文中,鲍曼进一步把当时民俗学与人类学思想中有关"表演"的分析方法归纳为三种,它们分别是"作为实践的表演"(performance as practice),"文化表演"(cultural performance)以及"表演的诗学"(the poetics of performance)。

鲍曼回顾了民俗学的历史,他说,民俗学在争取学科独立的努力中一直处于劣势,学科内部文学学派的与人类学学派的力量,人文科学与社会科学的力量势均力敌,这使得民俗学一直未能形成统一的参考框架,然而,具备统一的学术参考框架一直是民俗学史上伟大人物(比如赫尔德、弗雷泽、哈里森)的理想。近年来,格尔兹号召重构社会思想,即把社会科学与人文科学加以重新整合。这一思想将会使民俗学面临新的挑战和机遇。

鲍曼说,格尔兹的号召令人喜悦,因为他采用诸如戏剧、游戏、文本等符号形式,来对社会行为进行阐释性的类比,并把它们作为呈现当中的社会重构的证据。在研究对象上,民俗学一直关注社会、文化、语言、艺术与意识形态的整体性。格尔兹的号召也是挑战,因为它摆在民俗学家面前的任务是民俗学如何可以参与并贡

① BAUMAN R,BEVERLY J S.The semiotics of folkloric performance[M]//SEBEOK T A,SEBEOK J U.The Semiotic Web 1987.Berlin:Mouton deGruyter,1988:585-599.

献于格尔兹所谓的重构工作。表演研究正可以在这项事业中贡献自己的力量。虽然格尔兹集中关注的是戏剧、游戏与文本,但他也的确使用了“表演”这一术语来包括符号性与艺术性形式的整个领域,他也试图在这些形式当中抽取新的社会模式。

对于戏剧、游戏与文本,表演研究认为,社会生活正是通过些文化形式被象征性地建构的。前述人类学与民俗学思想中三种以“表演”为中心的分析思路,在许多方面是汇合在一起的,但却有着不同的指向。这些观点当中最具有概括性的是“作为实践的表演”,其次是以“文化表演”作为参照的框架,第三种源自于“口头表演的诗学”。鲍曼对三种“表演观”做了简单的介绍。

其一,相对于把文化与社会作为抽象的、标准的、集体的、体系的学术传统,即强调机制而非行动,语言而非言语,传统而非呈现性,当时的社会与人文科学已经转向了把社会与文化生活视为情境化的人类成就,是由有目标的人类行为所生产与再生产的。人类学家雪丽·奥特纳曾提供了一个精确的介绍,它围绕着“实践”的概念来展开,这显然是受到了马克思的实践理论的启发。在民俗学与语言人类学当中,表演的概念尤其受到强调,它是对乔姆斯基的语言学传统的反抗。口头讲述的象征性与艺术性激发了民俗学家的热情,这种实践的表演论体现在早期讲述民族志分析语言与口头艺术之表演的工作中。

其二,“文化表演”关注的是那些框架化的、被强调的、公众的、象征性地引发共鸣的事件,罗格·亚伯拉罕称之为“展演与展演事件”,像仪式、节日、集市、庆典与景观都是其中最典型的形式。“文化表演”的观念植根于涂尔干的象征性分析的传统,视这些事件为“元文化”的展演,其社会成员把他们的文化展演给他们自己及他者观看。其浓厚的文化反思性本质使它们成为文化分析的焦点。其中,一个群体的核心价值与观点被展演、体现,以象征性的形式接受群体成员与民族志学者公开的考察与检验。维克多·特纳与肯尼斯·伯克的著作尤其重要地影响了这一观念的形成。它为民俗学家理解大型的、公众的、异质性的、多维符号的、象征性的形式(比如节日、集市、景观、庆典、游行等)提供了很好的分析框架。它们区别于亲密的、面对面的、家庭形式的口头民俗(比如民间故事、歌谣、谜语、谚语等)的展演形式。

其三,口头表演诗学的理论源泉是布拉格学派的语言学(尤其是雅各布森与穆卡洛夫斯基的诗学)与讲述的民族志。它基本上只关注口头艺术,这里,表演是一种交流的模式,一种讲述的方式。讲述者承诺向观众展示交流的能力,公开接受观众评价性的考察;观众考察相关的表演技巧与表演者展演的有效性,并通过欣赏其表达性的行为,借以提高自身的经验。在这里,表演就是诗性功能的展演,诗性功能是讲述性艺术的本质。

表演的研究方法丰富了口头民俗的研究,澄清了语言、文化与社会之间的相互关系。正是在这里,鲍曼认为表演的诗学可以充分地参与到格尔兹所勾画的更大的知识工程当中去。

鲍曼通过13世纪冰岛口头民俗的具体例子,试图展示作为表演的口头艺术的民俗学分析可以延伸到去阐释社会与文化生活的其他领域。在13世纪的冰岛,口头艺术家可以凭借故事与诗歌的创作与表演而获得荣誉,同时,他们也通过这种艺术的、可纪念的方式来赞颂他人的优点与成就,从而赠予他人以荣誉。当然,这些口头艺术形式同样也是否定他人荣誉的有力工具。

荣誉体系是一个符号的体系、交流的体系,它们不仅仅必须被人们展演与遵守,还必须被公开地承认、讨论与评论。追求荣誉就是追求好名声,这就需要听众的广泛讨论。

为了追求荣誉与好名声,13世纪的冰岛人公开地追求那些值得用一则故事或者一首诗歌的方式赞美的行为。

鲍曼试图说明,艺术性的口头表演是13世纪冰岛人获取荣誉的一种手段。成为一名优秀的诗人或者故事讲述者将会获得关注、声誉、赞扬甚至是物质奖励。与此同时,诗歌与故事的表演也是赠予他人荣誉的一种手段,它们赞美他人的勇敢、好客、慷慨、责任,甚至是艺术性的讲述本身,这些品质是当地诗歌与故事表演的表达性资源。也就是说,这些艺术性的口头形式成为当地人的荣誉被公开地、纪念性地认知的重要工具,没有它们,荣誉是不完整的,事实上,甚至是不可能的。因此,追求荣誉的行为本身是被构造并展演于观众面前的,目的是以诗歌或者故事的形式被赞扬。换言之,荣誉的展示依赖于一种表演的形式,需要通过口头表演来引发群体的认识与宣传。艺术性的口头表演与荣誉的表演是冰岛社会中核心道德意义的更大综合体当中相互依赖的元素。这一民俗研究使我们意识到,道德性地标定的社会结构可能在很大的程度上是通过表演艺术性地获得的。艺术性的口头表演与追求荣誉的表演之间具有密切的关联。

鲍曼特别强调说,“表演的诗学”可以为分析所有问题当中最基础的、最迷人的问题——生活本身的艺术——提供一种有力的整合性的参考框架。①

把表演研究的方法拓展到生活史的研究当中,是鲍曼探索表演理论的新尝试。尽管在民俗学、人类学以及相关学科当中,生活史的研究具有较为长远的历史,但是当时,新近的研究兴趣部分地是出于对生活史之建构性的反思性维度的认识。这种反思性维度认识到:一方面,在引导及呈现他人生活史的过程中,研究者具有形构性的影响;另一方面,第一人称的叙述本身是一种表达性的自我设计的过程,

---

① BAUMAN R.Performance and honor in 13th-century Iceland[J].Journal of American Folklore,1986,99(392):131-150.

它对构成社会自我的意识是具有高度的反思性意识的。理解了这一过程的动态性，就需要更好地理解一个人的生活是如何以象征性的方式被讲述的。这又反过来要求有一个系统的框架来考察个体在向他者表征其自我的生活时所使用的基本的表达形式了，这些形式又是如何被类型化、符号化地编码的。口头表达可能会把生活经验作为一种表达性的资源，使用它来在与他者的对话当中形构与呈现社会自我。沿着这条思路，鲍曼在《得克萨斯的故事讲述者伊德·贝尔：生活经验的框架与再框架》中考察了伊德·贝尔如何把他的生活投入到他的叙述性的表演与相关的表达性路径之中。

显然，生活史并不等于信息提供者生活过程的自传性记录，许多这样的记录都是以叙述的形式完成的；也有一些是由高明的讲述者艺术性地呈现的。鲍曼所研究的贝尔的生活史，是在反复的情境中以完全表演的方式展示的叙事。他考察的所有材料都是第一人称的叙事，主人公也就是叙述者。但是显然，并不是所有被讲述的内容都是"真实的"生活史。

个人经验的叙事，即自传性的故事，讲述了个人生活经验的片断。然而，它并不意味着它们在客观的、事实的意义上都是完全真实的。事实上，其中充满了差异与裂缝——创造性的修饰，不精确的记忆以及其他形式性的影响。尽管如此，这些叙事仍然被作为事实性经验的记录，本质上被认为是可信的，被观众视为是真实的。其主题、形式与功能都值得去研究。

按照雅各布森的思想，"被讲述的事件"（narrated events）是由社会互动构成的。在贝尔的第一个故事的讲述中，他、他的父亲以及马贩子构成了社会关系与社会互动，这些内容主题吸引了他的注意力。所有这些故事表达性地探索了知识与技术的力量，以及教与学的动态关系，把知识、技术、判断与分辨的能力对立起来，分辨了表象、真实、恰当的行为，以及其对立面，即天真、无能、无法区分表象与真实。这些个人经验的故事把贝尔个人的社会发展也展示出来了：从他的年轻无知与需要指导，转向了他成熟的能力，以及他可以教育他人。

贝尔最具有代表性的叙述形式是"长故事"，它也是第一人称的叙述，以自我为核心主角。许多民俗学家们都关注"长故事"与"个人叙事"之间的共同点，即类型划分的问题。鲍曼试图在个体讲述者的语料库当中来考察二者之间的相互关系。贝尔的长故事不仅使用了第一人称，真实自传的元素，相同的主题，而且，像真实的个人经验叙事一样，他的长故事也是他现象的、本体的与互动的关注之探索性的体现——能力与天真，表象与真实。但是，长故事提供了与个人经验叙事不同的关注点。换言之，不同的文类表达着共同的意图。

"长故事"是贝尔表达他生活之另一方面的重要工具，即想象与推测的一面，用它去描绘另一种现实，这对于他来说同样重要。长故事的特殊品质在于它的互动性的效果,在于由类型开发的观众的反应方式中。与其他讲述类型不同,长故事是操纵性的。它带上了第一人称的个人经验叙事的面具,结合了来自个人真实生活中的环境性的元素,目的是引出赋予个人经验叙事的相类似的信仰,在听众那里产生一种错觉。在讲述它们的一些点上,当它们穿越了可信性的限度时,长故事会挑战听众的信仰,进入到类型的夸张的中心。听众会经历一个"这是真实的",到"这是真的吗?"再到"这不是真实的"的过程,这里有一个"轻信—怀疑—明白"的过程。他的长故事互动性地做着他的个人经验叙事在主题层面做着的事情。

鲍曼发现,在贝尔的个人经验叙事与长故事当中,都有一个知识的与想象的关注点,即获得知识与给予知识,没有经验与经验老到,表象与现实的二元对比。从类型的术语来看,个人经验叙事是基本的叙事形式。贝尔与他的听众都倾向于把这些故事看作是真实经验的讲述,虽然也允许有一些创造性的改编;从类型的角度来说,长故事是更加复杂的,双重声音的,是对个人经验叙事的游戏式的改编。在改编一则个人叙事时,它最终成为了某种其他的东西,它们开发了我们有关个人叙事的类型的期待。

第三种类型本质上是一个元叙事,是关于讲述一则故事的故事,涉及了一个层叠性的关于一个表演的表演。它不仅仅是关于一则长故事的讲述的个人经验的叙事,还是一个极好的所有的表达性的形式多声部地缠绕的文本。

贝尔以多种伪装来表演他的生活,真实的个人经验叙事,第一人称的长故事,叙述性地表演叙事性的讲述,所有这些叙事都是对"被表演的自我"的表达性的创造与再创造,在形式的、功能的与主题的层面上,都是系统地相互关联的。每一种表达性的工具都有不同的能力,这些差异与组织都是贝尔对于其生活与艺术的应用,表达了他的知识与想象。①

通过理论总结与个案研究,在 20 世纪 80 年代,鲍曼在多种场合,通过多种方式,对"表演理论"进行了多侧面的概括。作为人类学与民俗学分析的一个焦点,"表演"这一概念的吸引力是多方面的,鲍曼从整体上归纳了"表演"的如下四个特征:①表演是艺术性的,是艺术性的行为,是在社会生活当中被展演的;②表演是反思性的,是关于文化的文化形式,关于社会的社会形式,关于交流的交流性形式,其中,意义与价值被置于象征性的形式当中,在观众面前展演;③表演是表演性的,在奥斯汀赋予该术语的意义上,它们是完成社会目标的有效的方式;④表演是传统的与呈现中的,这里,已经做过的被重做,语境被再语境化,表演行为形构着此时此刻展开的生活日程,也被当下的生活日程所形构。

① BAUMAN R.Ed Bell,Texas storyteller:the framing and refraining of life experience[J].Journal of Folklore Research,1987,24(3):197-221.

简言之,鲍曼把"表演"看作是洞察艺术、意义、价值、社会有效性、传统与创造的动态性的源泉。毫不奇怪,当民俗学家们赋予"表演"以社会学的、认识论的、价值论的意义时,他们就会比较关注完全的、已经完成的表演。如果它是我们所追求的艺术性的表演,我们希望其行为与形式是高度艺术性的,公开让观众批判性地评价其技巧与效果;如果它是价值与意义的反思性展演,我们希望它在公众面前公开伪装;如果它是有效性的与有结果的,我们希望它是充分的展演;如果它是关乎利害的再情境化的动态实践,我们希望记录被最充分地表演的文本。

然而,鲍曼认为,优先考虑充分的表演文本、固定的表演事件,妨碍了我们系统地研究表演的其他维度,比如,完全的表演(回响着艺术性、意义、价值、有效性等)是如何被生产出来的?当然,从整体上来说,也有一些重要的工作关注了表演生产的一两个方面,比如,有一些研究关注了表演的社会组织,但是相对较少分析表演本身。民族音乐学家关注了音乐表演技术的磨炼过程;口头诗学的学生们追踪了不同社会中表演者获得口头交流能力的过程,这涉及公开表演之前的创作、修饰与记忆。

鲍曼注意到,在表演研究的学者当中,理查德·谢克纳率先提出"整体的表演序列"的思想。在他看来,这一序列包括了七个部分:训练、研讨、排练、演前准备、表演、冷静、余波。虽然这一序列更合乎西方"戏剧-实践"的特点,尤其是合乎谢克纳自己的先锋戏剧家的实践特点。受他启发,鲍曼认为,表演的民族志应该关注表演的生产过程之阶段性结构,考察地方地界定的阶段,关注它们之间的相互关系,考察表演生产的过程是否服务于最终的表演等问题。

在交流的民族志的推动下,关注"表演事件"就是关注表演被应用的场景与情境。它让我们关注故事的讲述、仪式的展演、审判中交流性实践运作的过程,发现形式—功能—意义之间的相互关联。但是,关注固定的表演事件被证明是有局限性的,它导致"情境的"固定化,阻碍了调查超越个别事件的社会过程的可能性。当时,民俗学界部分学者的努力方向是阐明话语实践的更大领域,它超越了特定的表演事件,把特定的表演与更大的社会与历史过程关联起来。

在戏剧表演的研究当中,有许多老问题似乎与民俗学的表演研究的努力相关。其中最持久的问题莫过于"脚本"与"表演"的关系了。"脚本"是一个书面文本,它是表演基本的但也是部分性的资源;而"表演"是一种符号性的更加复杂的物理性展演,由导演的想象与努力,演员的能力与创造性,多种多样的参与者的阐释性的洞察力,过去的以及现在的多样化的因素共同形构而成。二者之间的媒介化转化,即从"脚本"到"表演"的转变过程,却很少被研究。这一问题的相对抽象的版本是试图区分构成表演领域的文本的不同秩序,像帕特里克·帕维斯罗列的戏剧中应用的六种文本:戏剧文本、舞台文本、表演、舞台布置、舞台事件、表演文本,或者让·阿特尔区分的“文学的文本、总体的文本、舞台文本”与真实的表演和事实的表演,这些工作都是这一问题的积极成果。最近,在保持了文本的参考框架的同时,上述问题被投射在“文本间性”当中,它打开了调查特定表演被反复展演的可能性,过去的表演回响于、关联于、形构了当下的表演,这一“文本间性”的观点历史化了表演,文本间的领域被奠基于一系列真实的表演,参与者事实上会指向它们,它们不只是一套抽象的文本,“文本间性”关联着一系列充分的表演,尽管它们只是人们介入被表演的形式的一部分。

强调地方性的表演术语是表演研究获得突破的另一种策略。以地方性的术语组织起来,对于参与者来说是真实的生产过程,这是一种考察表演的更宽广、更完满的过程性的观点,这一观点不限于最终在舞台上呈现的、表演的框架中的东西,它包括了伴随的话语中的其他活动。用地方界定的术语来讨论,它们不是外在地强加的术语与概念,它们也没有被分析性地客观化。应用地方性的术语,民族志地记录其生产性过程的构成性元素与阶段性结构,可以获得一种地方性地设定的过程的表演符号学。① 总之,通过借鉴理查德·谢克纳的相关理论,鲍曼开始从“完美的表演”框架中突围,他通过“文本间性”的概念,开启了探究表演研究之历史维度的可能性。

鲍曼在丰富与深化“表演”概念的阐释力的努力中,还借助了其早期在社会语言学领域的理论观念。在以田野调查为中心的社会语言学研究中,种族、地区、性别、年龄或职业都是“社会语言”的变量。然而,在语言和身份的关系中添加第三个术语“表演”,则会导致分析视角的重新定位。鲍曼发现,如果我们从语言实践的意义上——位置化、互动性、交流性——来看,我们的研究重点将从相关的社会语言学转向语用学,即“何时以及如何通过社会文化行为互动地调用身份”。从这个角度来看,身份是一种生成中的建构,是一个修辞的和解释的过程中情境性的结果。在这个过程中,互动者从社会构成的身份的和附属的资源中做出为情境所激励的选择,并创造出这些符号资源,向他人呈现身份。很明显,这是一个富有成效的考察路线。

然而,在承认和利用这种以实践为中心的观点之分析性能力的同时,还有一个更为显著的口头表演的概念。在这里,“表演”被理解为一种特殊情景的交流性实践模式,其前提是假定观众对表演的交流性技巧和效果负有责任。在这种表演的意义上,表达行为被展示、客观化,并在一定程度上从其话语的环境中被标记出来,向听众开放,以便进行解释性的审查和评价。表演通过语言展示强调形式、功能、

① BAUMAN R,RITCH P.Informing performance:producing the Coloquio in Tierra Blanca[J].Oral Tradition,1994,9(2):255-280.

意义之间的相互关系。

鲍曼通过六个案例研究表明,这种表演模式的倾向可能会揭示语言和身份之间的复杂关系。他试图指出,至少一些将表演作为研究语言和身份之间关系的切入点的研究成果已经获得了深刻的见解。正是表演的多重反身性的本质使它成为研究社会生活交际构成的一个特别有利的场所,它包括了身份的建构和谈判。表演引起了表演者和观众对交际行为内在品质、形式的特别关注,从而形成这种形式上的自反性,反过来突出了表演者所表达的意义和价值观的显著性和文化共鸣。

言语表演在多个方面具有反身性,它不仅是关于语言的语言形式,而且是关于文化的文化形式、关于社会的社会形式的反思。对参与者来说,这样的表演就是一个展示、思考和操纵突出元素、实践和关系的舞台,使语言成为表达身份的资源。对于研究者来说,他们在形式、功能、意义的相互关系上提供了一种启发性的优势,即它们一定是处于社会地构成的语言学的中心。“表演”的视角揭示了语言和社会身份之间复杂而深刻的有意义的关系,这种关系植根于具体的时间和地点,不可能通过其他方式被发现。在这个意义上,“表演”的概念很重要,它并不仅仅是一些独立构成的社会现实之上的美学修饰,而且是语言实践中一种重要的、有效的方式,是创造、谈判和展示社会意义和价值的有效手段,在社会生活的交流中发挥着重要作用。[①]

① BAUMAN R.Language,identity,performance[J].Pragmatics,2000,10(1):1-5.

第十一章　语境化与表演的政治学

1990 年与 1992 年,理查德·鲍曼与查尔斯·布瑞格斯合作发表了两篇论文,《诗学与表演:关于语言与社会生活之批判性的观点》以及《类型、互文性与社会权力》。这两篇论文是“口头艺术的表演理论”的进一步深化与发展,极大地强化了口头艺术研究与其他人文社会科学研究之间的联系。

在《诗学与表演:关于语言与社会生活之批判性的观点》一文中,两位作者回顾了诗学研究的传统,发现维柯、赫尔德、洪堡、萨皮尔、俄国的形式主义者与布拉格学派都关注诗学的作用。然而,一直以来诗学又都被人类学与语言学所边缘化,直到 20 世纪 70 年代末,强调“表演”的学者才开始再次关注社会互动中语言艺术的生成性功能。

事实上,表演研究不只是关注语言的艺术性使用,它还提供了一个分析性的框架,要求研究者批评性地反思人际交流的过程。首先,一个特定的表演与表演之前、之后的许多讲述事件相关联,一项充分的表演分析,需要探索表演的形式与意义如何关联于一个更加广泛的话语类型。其次,表演假定了本土讲述者关于其语言的元话语能力,他们不只是话语材料的发送者,还是能对话语理论做出贡献的知识伙伴。此外,研究者还必须深入思考话语被记录与分析的方式,从而形成一种学科的反思性意识。第三,要在一个更大的范围内去研究表演,这将会促使人们反思“表演性、文本与语境”之固定的、客体中心的观念,转而关注表演之间,以及表演与更大范围的社会文化的、政治经济的语境之间的辩证关系。“文本化”“去/再语境化”这两个概念,对于理解口头艺术参与社会生活的运行,具有重大的学术意义。

两位作者从理论发展史的角度说,所有的讲述行为理论家、萨皮尔-吴尔芙、布拉格学派、马林诺夫斯基、贝特森与戈夫曼的作品,都把语言使用描述为社会行为,然而,说“语言使用是社会行为”容易,真正要提出一套解释这一动态性本质的理论框架却很难。20 世纪 70 年代以来,交流的民族志、话语分析以及表演研究,都把研究的焦点从独立的句子与句法特征,转向整体的讲述行为,转向了语言讲述的诗性模式、框架、类型、参与结构以及表演的其他维度,都把注意力转向了“讲述作为社会行动”的学术立场。

前文讲到,“表演研究”是从文本的研究转向了语境当中文本之呈现性的分析,它认为“表演”就是语境中在文本层面所发生的事,强调的重心从“产品转向了过程”,从“传统的结构转向了能动性”。当时,“文本化”(entextualization)与“语境化”(contextualization)这两个术语在口头艺术的表演研究领域已经十分流行,两位作者详细地论述了从文本到文本化,从语境到语境化的理论转变过程。

首先,“语境”本身并不是可穷尽地被枚举的,而且,“语境”也不是可以被客观地、实证主义地描述的外在情境。把“语境”固定化的努力,意味着它仍然认为意义来自于与语境无关的命题性的文本内容。从“语境”转向“语境化”,意味着交流性的语境并不是由社会的和物质的环境决定的,而是由参与者在社会互动的过程中协商性地呈现的。“语境化”的过程可以通过分辨“语境化的线索”,来考察哪一种背景性的特征被互动者应用于生产阐释性的框架。这是走向“表演之以行为者为中心的观念”的重要一步。

从“语境”到“语境化”以及相关的关注使我们意识到,表演者与观众使用诗学模式阐释他们自己的话语之结构与意义的复杂方式。研究者相应地要把他们的分析建立在参与者的阐释性的努力当中,这种指向上的变化对于田野作业有着深刻的意义,让我们更强烈地意识到田野遭遇中表演的动态性。“表演的民族志”之最基本的概念与方法的假定是,表演事件的结构与动态指向所有参与者。在民俗学家与人类学家当中,这一认识即促使研究者解构“自然语境”的概念。事实上,在田野作业与民族志的遭遇中,反思性地关注“语境化”,已经极大地影响了“表演理论”的理论建构;通过聚焦于民族志发现的对话性基础,“对话人类学”诞生了,它提供给“民族志的诗学与政治学”一整套意识,研究者们反思性地意识到民族志对话中的交流性问题,意识到民族志遭遇中表演的问题,意识到实证主义民族志学者们天真的偏见。目前,对于“表演”的敏感已经成为民族志调查工作——它涉及通过口头交流搜集材料——批评性与反思性的重要组成部分。

“语境化”的研究强调的是语言艺术如何以及为什么无法“去中心化”,无法从语境中抽离出来。然而,鲍曼与布瑞格斯的问题是:既然有这些锚定性的力量,那么是什么因素使得语言艺术可以“去中心化”?可以使它们易于“去语境化”?是什么因素使表演的话语与情境之间的纽带松弛了?

为了回答上述问题,他们区分了“话语”(discourse)与“文本”(text)。“去中心化”话语的核心需要通过一个更加基础的过程(文本化),这是一个使“话语”可抽取的过程,它使一段语言产品成为一个单元,被组织成一个文本,这样,它就被提升到其互动性的交流语境之外。一个“文本”就是一个被“去语境化”的“话语”。“文本化”的过程,可能很好地吸纳了“语境”的某些方面,最终的“文本”必然地携带了“话语”使用的历史元素在其中。

表演——作为诗性功能的展演——是一种高度反思性的交流模式。当表演的概念在语言人类学中被发展时,表演被看作是一种特殊地标定的、艺术性的讲述方式。表演把讲述的方式展示出来,把它客体化,并提升到一个高度,从其互动的背景当中提升出来,公开让观众加以细察。表演提升了讲述行为的意识,让观众评价表演者完成工作的技术与有效性。那么,在本质上,人们可以说"表演"潜在地意味着"语境化",而"去语境化"也意味着"再语境化","文本"的"去/再语境化"是同一过程的两个方面。

表演研究的任务,是在一个特定的社会背景当中,经验性地发现何种讲述手段是可获得的;对谁是可获得的;在何种情境当中,可以把一个话语转化为一个文本。表演显然不是唯一的"文本化"机制,相反,表演作为一种框架,它强化了"文本化"。同样,"文本化"也是一种程度的问题,它跨越了一个社区的讲述类型。"充分的表演"意味着高度的"文本化"。一个被严谨地文本化的话语可以被报告或者翻译,或者呈现在一个非表演的框架当中。这是一个值得进一步研究的领域。

两位作者追问道,在被"再语境化"的文本当中,它从之前的语境当中带来了什么?在"再中心化"时,它在形式、功能与意义上又有什么新的呈现?"再语境化"文本的过程当中采用的脚注或者框架是什么?它在语音、语法、讲述风格、类型层面发生了何种变化?其显在的与潜在的功能有什么变化?它所涉及的人、时间、空间标记有什么不同?不同的语言与不同的媒介介入带来了何种差异?文本为场景化的语境所形构的同时,如何反过来又形构了场景性的语境?

被表演的话语的"去/再语境化"对于文本的政治经济、文本与权力关系产生了重要的影响。"去/再语境化"一个文本,是一种控制的行为。这种控制的不同操演便产生了社会权力的问题。更特别的是,人们可以发现,对于文本不同程度的接近,拥有文本的不同合法性,使用文本的不同能力,都会赋予不同类型的文本以不同的价值。所有这些问题都是文化地建构的,社会地形成的,都是通过意识形态维护的,它们相应地可能是因文化而异的。它们都不是社会或文化地给定的,每一次表演都在"文本化、去中心化与再中心化"的过程中获得协商。对于"去/再语境化"的控制是社会性框架的一部分,也是文本被赋予权威性的过程的一部分。关注这一过程就是把表演、文本、情境置于历史关系的体系当中,它类似于巴赫金所谓"对话"的社会学与政治经济学。

如前所述,20 世纪 70 年代早期,"表演"渐渐成为语言人类学与民俗学的核心术语,关注社会生活的运行中语言的艺术性使用——在亲属关系、政治、经济、宗教中——就是要理解表演是社会地构造的、有效的。上述指向完全依赖于民族志的调查,关注的是语言使用的场景化的情境中"形式、功能与意义"之间的相互关系。

总之,"文本化""去/再语境化"这两个概念,在如下三个层面上推进了表演研究的核心观念:①在历史的问题上,它们把讲述事件关联到相互关联的历史性体系当中,有助于建构表演的历史;②在微观与宏观的问题上,它们把语言的情境化使用关联于更大的社会结构,尤其是关联于权力结构与价值体系;③在表演与非表演的框架上,它们把表演与语言使用的其他模式联系起来,既在讲述事件之内,又跨越讲述事件(指涉、引述、评价、报告、回顾、再现),在社会生活的生产与再生产当中来理解口头讲述。

此外,借助于上述两个核心概念,社区话语中的诗学与政治学,民族志的诗学与政治学,也因此得以阐明,民俗学家们书写社区,也在社区中书写。他们与他们的民族志对话者的对话,辩证地关联于后者内部的对话,也关联于他们自己返回家乡后的对话。当民俗学试图理解语言及诗学在世界文化的社会生活当中的作用时,以表演为指向的分析可以很好地维持它建立于其上的批评的使命,验证其自身的语言概念及学术实践。①

20 世纪 90 年代以来,"文本"概念的核心性一直受到了鲍曼的强调,他重返美国人类学的历史,来追溯美国语言人类学获得的历史贡献。他说,搜集来自本土的语言文本,自 19 世纪晚期以来,已经成为了美国语言人类学的基石。美国语言人类学家对文本感兴趣,是扎根于欧洲的语文学传统的——尤其重要的是赫尔德与格林兄弟的遗产——"文本"构成了语文学研究的基础,而文本与语言一起又构成了文化史研究的参考框架。其中,语言、文化、文学与历史统一的视野构成了人们的口头传统,是特定人类群体文化的本真的表达。当时的学者鼓励人们去搜集民间故事与歌谣,并以此作为语文学调查研究的必要材料。

在美国人类学的民族志当中,语文学文本的核心性源自于约翰·威斯利·鲍威尔与弗朗兹·博厄斯的开创性工作,前者是美国民族学管理局的奠基人,他赋予了语言研究以首要的重要性。美国民族学管理局的民族志项目,以研究本土美国人的文化为核心任务,以汇集与编纂本土美国人语言的语法、词典与文本为第一要务。本土的语言文本被逐字逐句地翻译出来,附带有注释,以解释文本中有问题的语言与文化特征,偶尔会附录一些随意的翻译。

博厄斯是教师、学者与编辑家,他明确地赋予美国本土文化的文本记录以优先性,并把这些记录视为"一切未来研究的基础"。博厄斯搜集与分析文本材料的项目还形构了美国人类学的早期实践,并为后来的研究者——尤其是列维-施特劳斯的结构分析与戴尔·海姆斯的民族诗学的转写、翻译与分析——提供了基本的材料。

---

① BAUMAN R, BRIGGS C L. Poetics and performance as critical perspectives on language and social life[J]. Annual Review of Anthropology, 1990, 19: 59-88.

在美国人类学的传统中,"文本"构成了三种基本的调查研究路径的材料:①作为"文化-历史的"材料。它们既作为本土的历史证据,也作为历史过程的证据,比如传播、移民与文化接触;②作为"文化的"材料。它们是本土文化的反映,虽然可能只是一种有选择的与有偏向的反映。③作为"语言学的"材料。本土文本已经成为词汇与语法研究的基本资料。作为被扩展的、自然的话语,它们获得了超越于句法层次的有关语言形式与结构的信息材料。

与语文学的研究基础相一致,美国的语言人类学还特别感兴趣于语言艺术的本土形式,其中包括了本土范围内最广泛意义上的诗学。博厄斯在 1917 年发表的导论性质的论文中,集中讨论了这样的问题,比如,特定的讲述风格,比喻性的语言,程式性的技巧,叙事性的创作风格,类型性的、模式化的原则以及文学风格的其他方面。20 世纪 70 年代以来,讲述的民族志、表演的民俗学以及民族诗学对民族志与口头诗学的语言学研究感兴趣,它们除了关注形式风格,还考察形式、功能、意义的相互关系,考察作为表演的口头艺术的翻译问题——语言间的翻译(把本土语翻译成英语)以及符号间的翻译(把口头文本翻译成文字)。

讲述的民族志、话语分析以及巴赫金的对话的概念汇合在一起,引起了一种正在兴起的以"话语"为中心的研究趋势:在这里,"文本"并不被当作是文化的反映,而是被当作了工具,社会生活通过它得以互动性地完成。一种有生产力的研究方法正在转向"文本化的语用学",它是把一种话语转化为一种文本的过程,并与它的话语性的周围形成了边界(共生文本),它内在地是连贯的,语义上是连贯的、客体化的。"文本化"加强了话语的流通,文本的重述与"再语境化"处于这样一个互文性地构成的现象的核心,它是作为类型、传统、知识的出版(使公开)与社会化、权威化的混合的过程。这一以话语为中心的研究的一个值得注意的结果是,反思性地关注民族志遭遇的话语本质以及文本制造的过程本身,这对于民族志的方法以及人类学实践的批判性历史书写具有重要的意义,而对于本土文化的社会学分析而言,它同样具有重要的价值。

相反,英国的社会人类学较少感兴趣于以语言为中心的文本,而且,在某些方面,它根本上否定了文本的价值。一个突出的例外是马林诺夫斯基的著作,他的"语言的民族志理论",恰恰是一种语用学的、意义的、情境的理论,他坚持认为本土术语的意义取决于文化的语境。文本本身,作为一个统一的整体,是情境化的语境的一个构成要素。在马氏的理论当中,讲述是一种行为模式,其意义存在于一种言说的、语用的功能当中。

直到 20 世纪 70 年代,马氏的理论才与美国语言人类学家的以"文本"为指向的工作相汇合。然而,他关于语境与讲述作为行动的思想,对于讲述的民族志与表演研究具有一种形构性的影响力。①

20 世纪 90 年代前后,俄国符号学家与文艺理论家巴赫金的著作已经被鲍曼深入消化了,这极大地激发了鲍曼的理论创新能力,促使他更加深入地去理解语言作为一种文化与社会现象之组织方式的问题,与此同时,他又反过来以“讲述的民族志”的学术传统弥补巴赫金理论当中缺乏形式分析的局限性。

巴赫金著作的核心是“语言的对话性组织”的概念,他试图让人们注意,单一的讲述(言说、文本、故事)如何并置了来自于不同的文化、社会及语言环境的多种声音与言说形式,它们相互交错与渗透。一个典型的例子是“被报告的讲述”,在这里,被引述的谈话被置于另一方的言说当中。比较起来,“固化的类型”(比如诗歌)却少有被置入其他讲述类型的机会,而小说中的对话性讲述则是无尽的。鲍曼介绍了一位老人讲述 19 世纪冰岛“魔法诗人”的故事,诗人的预言性的诅咒被置入一个框架性的叙事当中。一种类型(诗)被置入情境化它的另一种叙事当中,于是就有了鲍曼所谓的“类型的对话”,二者之间相互关联与差异的形式分析,使作者应用并超越了巴赫金的理论。在国际民俗学界,这一研究方法打破了成问题的、固化的类型分类的做法,探索了对话性类型的创造性构造问题。在这里,一个单一的文本把一种类型置于与另一种类型的动态的并置关系当中。

巴赫金有关“对话”的理论促使鲍曼重新思考民间文学研究领域中的一些理论难题,比如,在正式讲述故事之前,讲述者习惯于给出一个在一系列其他话语当中定位自身的话语,这样一来,讲述者积极地卷入了“传统化”的过程,系统地把他在当下的讲述行为关联于一个有意义的过去,并通过追溯其起源而“本真化”他自己的故事,“传统”成为情境化实践的一个方面。这一框架把情境分析从事件转向了文本内部,由此可以追寻讲述者锻造的给予其表述以形态与意义的语境化的联系。鲍曼注意到了情境分析的两种对立的方法:一种“由外而内”,一种“由内而外”。他还发现,虽然讲述者引述了过去的讲述者,他仍然有能力自我区别于他们以及故事本身,这种叙事策略与戈夫曼所谓个体作为“采取立场的整体”的观念十分相似。

在以“表演”为中心的方法的推动下,鲍曼还批评性地反思了其最基本的概念“类型”。“类型”是一种动态的表达性资源,作为传统的期待与风格化的特征,它被讲述者纳入多变的形式及意义的生产过程。而“传统”被视为一种象征性的建构,借由“传统”,当下的讲述行为与一个有意义的过去建立了联系,从而赋予特定的讲述以价值与权威。这样一来,准确地说,“表演研究”关注的焦点是“传统化”的策略过程,而不是“传统”的本质。“语境”的概念被转换为“去/再语境化”,个体行为被

① BAUMAN R.Anthropological study of text and discourse[M]//BRIGHT W.International encyclopedia of linguistics.Oxford:Oxford University Press,1992:229-230.

置于关系与关联的网络中予以研究。

鲍曼考察了19世纪古斯堪的那维亚的吟游诗人,他说,吟游诗人的魔法力量与诗歌的魔法效力相关,然而这些具有魔法的诗歌并不是传统的,而是即兴创作的。这种魔法诗歌的力量有三个特征:一是诗人大多是具有特别精神力量的牧师;二是诗歌艺术的优秀独立于诗歌魔法的力量;三是诗歌是在一种强烈情感冲动的支配下被创作出来的。总之,诗歌的魔法力量来自言说的"诗的形式"与诗人的克里斯马型的力量。

鲍曼考察的是魔法诗人的故事,是关于他们诗歌的叙述,这里,讲述者要为报告一首诗歌而创造一个叙事性的情境,这是个类型间互动的问题。除了要情境化诗歌,讲述者也要情境化叙述本身。他编织了一个复杂的语境,把自己的话语与其他的情境与话语相关联,在这一过程当中,他赋予其讲述以权威性。

显然,"诗歌与故事"都具有自身的形式及功能的特征,当二者并置于同一文本中时,诗歌为故事所包容,诗歌为周围的叙事所语境化。在讲述过程中,动词的程式标志着叙述的开始,从讲述的过去时转化为现在时,叙述与被叙述的事件融合为一,叙述性的工作服务于诗歌的呈现,诗歌又在形式上与周围的话语相分离,具体体现在诗歌的音节、节奏、声高、比喻性的语言的使用、语气(虚拟语气转化为陈述语气)、时间的动态、句法结构等等方面。叙述者取代了诗人的声音,成为其替代者。诗歌一结束,讲述者便转向了先前的叙事与过去时态。诗歌中的预言与后来叙事当中预言的实现之间是平行性的,正体现了诗歌对其后叙事性话语具有强大的形式性的影响力,它超出了自己的形式边界,形构并穿透了叙事。

茨维坦·托多洛夫分析魔法性叙事时说,魔法性程式是一种微型叙事,其中的动词意味着一种状态的变化。意味着一个叙事性的存在情境,但它只是设定了一种"会起作用的行为",并非一种"真实的行为":它还没有实现但一定会实现。诗歌对其后的叙事具有影响力,但诗歌本身在形式上是不可穿透的,之前及之后的叙事在形式上对诗歌没有影响力,表演性的影响力存在于诗歌当中,叙事仅仅是描述诗歌的外在环境,描绘它影响的状态之改变的实现。

在这一"类型的对话"中,叙事在形式与功能上服务于诗歌,虽然在整体功能的意义上,有一个情境化的相互作用的过程,然而正是通过框架化叙事,所有的情境化才得以完成,叙事包容了诗歌,但诗歌保存了其完整性与整体的影响力。

鲍曼说,把自己的讲述关联于之前其他人的讲述,就是"传统化"的策略。讲述者把自己的讲述关联于过去,使之成为自己的一部分,这是赋予故事以情境化的意义的过程,是在现在与有意义的过去之间进行积极的关联性的建构。"传统化"的过程既是一种情境化的行为,也是一种本真化的行为,它赋予话语以"传统权威"的合法性。

当然,巴赫金所谓“对话”的概念不一定要有多名对话者,而是多种声音与言说形式的相互渗透,但是,巴赫金的观点需要一种形式分析的维度,需要具体地描述类型如何进行对话,对话性如何真正地实现。鲍曼区分了讲述之“内在的情境化”,与讲述之“外在的情境化”两个概念。前者是指叙述行为内部类型之间的互文性的关系;后者是指讲述者把自己的讲述情境化于其他的讲述与评论当中,代表了实践当中的传统化、本真化的行为,这种行为赋予其文本及自身以权威性,引起人们的注意与兴趣。传统成为一种修辞的资源,并非故事的内在本质。

语境当中的民俗分析关注的是把民俗锚定在其使用者的社会的、文化的世界中,锚定在复杂的多维度的关系网络当中,把民俗关联于文化地限定的意义与阐释体系及社会关系当中。在民俗学家的总体使用当中,语境的概念激发了相互关联的三个基本维度:一是文化意义的语境,即知其文化理解其民俗;二是功能性语境,即社会的与心理的功能,关注民俗如何合法化社会结构,维护社会统一,对儿童进行社会化,减轻心理的冲突等;三是场景化语境,即在具体的社会生活的运作中,在文化地限定的场景与事件当中民俗的社会应用。这些都是“自外而内”地切入民俗的方法。相反,鲍曼倡导一种以行动者为中心的分析路径,探索“自内而外”的观点,即以文本为出发点,由此索引式探讨语境的维度,讲述者自己会构造其语境化的关联,为他的表达赋予形态与意义。这并不是否认语境之集体的、机构的、传统的维度,而是提供一种反向的分析,使人们对所有生活中的人类学的问题,获得一种更加接近于平衡的理解,即对于社会的与个人的相互作用,已经建立的与呈现当中的相互关联之平衡关系的理解。①

非常明显,当民俗学从把口头文学作为事项转向把语言艺术作为行为模式,尤其是作为交流时,“表演”是这一重新指向的焦点。在鲍曼的理论中,表演既指“艺术性的行为”,也指“艺术性的事件”;从讲述的民族志出发,正在呈现中的、以表演为中心的研究方法主要是对讲述的行为与讲述的事件进行分析的。

作为表演的口头艺术,把“文本”与“语境”重新统一于“行为”当中,这里,“语境”指的是“场景化的语境”(situational context),它不只是指口头文学发生的文化背景与机制,而且是作为一种社会技艺的交流性的事件。但是,把表演仅仅视为传统意义上类型中心的或者文本中心的语言艺术的实践,并不能很好地促进对“作为表演的口头艺术”的理解。事实上,“表演”本身是一种特殊的交流模式,而不是简单地把文本与语境相加。

---

① BAUMAN R. Contextualization, tradition, and the dialogue of genres: Icelandic legends of the Kraftaskild [M]//DURANTI A, GOODWIN C. Rethinking context: language as an interactive phenomenon. Cambridge: Cambridge University Press, 1992: 125-145.

简单来说,在鲍曼看来,“表演”是一种元交流的框架,其本质性的特征在于:它假定表演者对于观众有责任展示交流的能力(有知识、有能力按照社会性的恰当的、可解释的方式讲述),强调语言交流的执行方式,这种方式超出于其指称的内容之上与之外。在这一表演的意义上,讲述的行为本身被框架化为展示、被客体化,并从情境化的周遭被提升到某一个高度,公开面向观众的评论。从观众的立场来看,表演者的表达方式需要被评价,即需要评价其相对的技巧与展示的有效性。表演于是需要特殊的注意,需要对表达的行为与表演者具有高度的意识。内在于这一作为框架的表演的概念(表演是交流行为本身的内在本质),“框架”本身是如何被获得的?用欧文·戈夫曼的术语,就是表演是如何被框定的?每一个社区都从自己的资料库当中选择自己独特的交流手段来框定表演的框架,这样,发生在这一框架当中的交流被当地社区理解为表演,这些框架可能包括一些特殊的程式,讲述的风格化,求助于传统,特殊的符码等等。当然,这些框架的手段会因文化而有差异。

表演可以被理解为“诗性功能”的展演,但是“诗性功能”仅仅是交流的功能中多维功能(指称的,修辞的,纯交际的,元语言的,等等)的一种,它总是与其他功能同时存在,虽然它们之间是以等级化的、变化的方式共存的。因此,在任何讲述行为中,表演的功能可能是主导的,也可能是次要于其他功能的。表演的相对主导性,依赖于表演者假定的面向观众展示交流的技巧与有效性的负责任的程度,展示的功能相对于其他功能的比例与程度是变化着的。它有时是持久的、完全的表演,有时则是偶然地突入表演,介于二者中间的是协商性的、程度不等的表演。

人们一般习惯于研究完全的表演,倾向于寻找并记录明星表演者,分析完全艺术化的表演,这种研究习惯使民俗学丧失了某些东西。为了在其所有复杂性当中理解表演的动态,鲍曼号召同行们必须调查研究那些模糊的、协商性的、中间性的、转变中的部分,在这里,表演者也许并不完全想对听众负责展示一种交流的能力。

鲍曼结合来自于新斯科舍省拉哈兹群岛的个案材料,考察了当地界定的讲述语言的美学,他关注的焦点是传统的岛屿文化中的讲述情境,即在普通的商店里,晚上男性之间的社交场合。当地有一种讲述类型“yarn”,它是一种叙事,本质上被当作一种真实事件的讲述,虽然有时候也允许创造性的夸张,其内容一般都超越了普通的知识、经验与期待。鲍曼材料的主人公是霍华德·布什先生,他讲述了15则故事。其中一部分总是要么否认表演的能力,要么否认表演的知识,因此,他无法承担表演的责任;而另一部分则是公开承认的表演。鲍曼展示了其中的四则,描述了他的叙述-表演中协商与转变的动态过程。

这种研究的启示在于:①不把口头文学形式的任何展示都视为表演,而是视为互动性地界定的呈现模式或者框架的一系列方式当中的一种,在讲述过程中的某一些点上,表演或多或少会是主导性的。这就要求我们密切关注文化地形成的、社会地构造的、情境化地呈现的讲述艺术的个体性,要求具备民族志界定的理解交流能力的标准,考察表演者如何标志或者放弃表演的责任。所有这些都要在讲述社区的特殊情境当中去发现。②虽然有许多技巧与模式性的原则已经被广泛地记录下来,并作为口头艺术的特征,但是,框定表演的方式并不能够完全依赖于这些先在的特征,比如平行式既可能是放弃表演的特征,也可能是艺术性表演的特征,这就需要通过民族志去分析“形式-功能”的相互关系,这只能在场景化的使用情境中才能发现。③要对民族志者对表演的动态所产生的影响敏感。情境与观众可能会对表演者是否承担表演的责任有着重要的影响,这在调查者在场与不在场时大不相同,当我们把表演者界定为口头叙事的表演者时,他们也会对这样的身份模棱两可,这种背景下的文本是可争论的。也有的表演者完全不愿意接受我们给予他的命名,还有一些对于这些命名并没有任何意识。作为调查者,我们总是相信我们被告知的信息,期望对方对我们提出的问题给予直接的回答,但是,在多数情况之下,我们获得的回答都是被表演的。我们必须意识到,在口头交流与访谈中,表演的力量可能会超过了直接的参照的功能。在这个意义上,我们越了解表演,就可以越好地理解口头文学与民族志的整体实践。①

“去/再语境化”话语的相关程式——从一个语境中抽取现成的话语,应用于另一个语境中——于社会生活中无所不在,是社会与文化生活连续体的本质性的机制。一个社会当中的表演形式,属于某种可记忆的、可重复的文本化的话语形式,也是一个社区的交流性资源中最有意识地被传统化的,即被理解与建构为一个被扩展的再语境化的连续体的一部分,谢克纳说“表演从来都不是第一次的”,其本质即指话语的“去/再语境化”,尤其强调的是“再语境化”。②

前文提到,“表演”的关键是“现成的、社会给定的元素”与“呈现当中的元素”之间的动态关系,前者指表演中再语境化所要求的恒定的文化整体,后者指在表演过程中这一整体的转变。这是传统研究当中的古典问题,即传统与创新,民俗的变异、传统与个体艺术家之间的关系。一个社会地给定的文本的权威性(剧本)对于表演中那一文本的复活施加了一种形构性的影响,节日戏剧中组织“脚本与表演”的生产过程是一个相对有限的实践领域,可用来考查表演过程的结构,即从剧本台词的再语境化到演员角色的分配,台词的演练,一系列的日常排练,真实的彩排,最终的表演等整个过程。

---

① BAUMAN R.Disclaimers of performance[M]//HILL J H,IRVINE J T.Responsibility and evidence in oral discourse.Cambridge:Cambridge University Press,1993:182-196.

② 注意到本文直接感谢理查德·谢克纳带给他的灵感。

鲍曼在梯拉-布兰卡的克罗库依的乡村社区中从事民族志研究。这里有一出被再语境化并被转变了仪式功能的戏剧表演。时间被选择在某一个特定的日子里,这是出于两个原因:一是错开时间,以便相关社区人员有机会互相欣赏对方的表演;二是选择农闲时间,参与者有时间、金钱投入庆典的表演。参与庆典的动机是多元的:一是表达对圣徒的崇敬;二是表达感恩并还愿;三是提高在社区当中的威望;四是获得社会身份与认同;五是表演本身的吸引力与愉悦体验。这是一项冗长而复杂的表演。表演持续 14 个小时,有 43 名演员,6 名音乐演奏者,还有一些其他人员参与。男人群体轮值组织活动,其中一人负责组织全局,一人负责主持表演与排练。

戏剧创作的过程始于 11 月初,当地人开始选择表演者,分派与学习角色,经过五至七次排练之后,进行大型彩排,最后就是正式表演了。这一过程建构了一个文本生产与再生产的复杂领域,期间,剧本文本会经历一系列的转变,这是一个复活的过程。虽然有文本作为指导框架,但是,参与者对于它的权威性有不同的看法,二者之间的紧张关系对于克罗库依的戏剧表演产生了强有力的、形成性的影响。

剧本文本一开始被作为权威性的参考点,参与者需要记忆剧本文本,与这种指向相反的做法是创造一些反权威的相反的台词出来。存在于上述二者之间的是相对有限的范围的中间地带,人们会展示出偶然性的、游戏性的、突破文本的做法。鲍曼从当地戏剧表演的过程出发,考察了戏剧表演中固定的文本与即时的创作之间的辩证关系。

剧本:一开始每句话都是脚本的一部分,脚本是克罗库依的权威性参考框架,脚本被荣誉化,被保护起来,被以相当高的、尊敬的态度维护着。当地的脚本共有 75 页,除了讲唱的内容,还包括了人物名称与提示性的语言等等。克罗库依的剧本共有 8200 多诗行。这些诗行的特点是每行八音节,偶数行具有谐音、省音、元音等等形式特征。拿文学文本的标准来衡量,这些脚本有一些不规则与不完满的地方,不符合八音节诗行的标准,充斥着拼写错误与语法错误。

当地人认为,文本的语言是一种外来语,是古典的、拔高了的语言,偶尔是模糊的,脚本当然还不至于是不可理解的,但是一些词汇、短语及部分篇章对于他们来说又是很难被理解的。

参与者们都知道这些问题,这就为他们在处理文本时留下了实践的可变化性,断章取义、遗漏的现象时有发生。总之,人们从来不会严格地忠于脚本,但这并不会削弱文本的权威性。参与者并没有发现这一矛盾,一方面他们要按照文本的样式来记忆,另一方面他们总是别出心裁地改变着文本。

台词:导演指导演员记忆与表演,但是由于演员受教育的程度有限,他们大多数人并不熟悉书面文字,因此,在每一次表演之前,他们都要重新抄写脚本,而每次的抄写总会使底本有所损失。

在分配台词的时候,每一个演员所拿到的只是与自己相关的内容,每个人只知道自己的台词。这些台词在每个表演者那里都被语境化了,他们根据自己对过去表演的记忆,根据自己的表演经验,以及文本台词中的索引性关联来扮演角色。这些台词变成一个个角色。戏剧变成了角色,角色变成了台词。

另外,在抄写过程中,书写格式也会引起文本的变异,比如单词拼写的组合方式等等。然而,这些都是相对次要的变化。即使如此,它们仍然对表演产生了形成性的影响,因为演员已经不顾剧本的本来面目,而只是按照自己抄写的台词来表演了。事实上,即使是依据忠实转录的文本来表演,也会出现疏忽大意,或者故意重新修饰的情况。

学习自己的台词:正是在学习与记忆台词的过程中,克罗库依表演风格的某些特征开始形成。每个演员早在学习台词之前就多次观演这一戏剧,他们已经内化了其地域化表演的风格,因此,他们复述的风格,早在正式学习台词之前就已经被习得了,这成为了当地表演惯例的一部分。总之,在学习台词的过程中,就存在着书写的台词本、社会惯例以及个人经验,它们共同作为参考框架在相互作用。

排练:排练代表了朝向表演的又一重要的转化。在这一阶段,脚本的台词被进一步语境化了,形式也更加复杂化了。排练代表了一种不同于表演的参考框架。从个人讲述到戏剧对话的转变,一切台词的表演都被发生于其间的场景框架所情境化了,被戏剧行为的互动性结构及与其他角色相连的讲述情境化了。在排练阶段,导演处于功能性的核心,成为脚本变异的另一个框架性的因素。他可能会打断、提示、校正演员的排练,而演员可能会越出台词的范围,另有即兴化的表演。音乐演奏者在这个阶段介入表演,某些文本要转变成歌唱。

大型排练:它不是作为一种表演,而是作为一种实践。在舞台上,部分演员穿上了剧装,也吸引了部分观众。参与排练的演员更多,表演的内容也更完整。导演在这个阶段会"中和"演员的创造与剧本的台词。台词的复述要求精确化,相对固定化。戏剧脚本要求更加接近于之后表演中的生产过程。

表演:文本的表演并没有展现出更进一步的转变,最大的转变在于表演框架本身的出现。表演公开化,表演者向观众负责,表演框架的界定是多元化的:节日背景,400 至 500 人的大型观众群体,装饰完好的幕布与背景,灯光照明,全副武装的演员。导演离场,离开行为的框架。这是生产过程的终结点,一部权威化的文本的权威化的公开表演,全体表演者希望带给观众以快乐,带给社区以荣誉。

嘲笑性的反击:上述表演的过程是忠诚于文本的、理想化的生产表演的过程,但是,还有允许偏差的表演。在这里,喜剧化的角色通过动作、声音进行诙谐的模仿。比如,丑角的扮演者通常是文盲,文本在他那里并不十分重要,虽然他也参与了排练,但是主要是依据生活史当中其他表演的经验,依赖于导演直接传授的台词进行表演,他的表演的即兴创作的程度很大。事实上,他只能记忆那些简单的句子,他无法记忆复杂的长句子,他会在这里引入一种完全不同的转变。在丑角的表演当中,台词成为一种与文本之深层的、系统的嘲弄性的对话,他以一种完全是狂欢化的方式挑战并反击权威。他需要才思敏捷,能够讲述表演的技巧,他一定得是一名优秀的笑话讲述者。

通常情况下,他有两种选择,一是忠于文本,只是略有偏差;一是嘲弄性地转变文本。嘲弄性的反击可能通过"内聚力"(cohesion)与"连贯性"(coherence)两种途径表达出来。前者是指形式性的语言特征,把话语结合为一个整体;后者是指阐释性的努力是否获得可理解的意义。前者指的是形式关系,后者指的是阐释性的、语义学的关系。二者之间的紧张关系产生了喜剧性的效果。

丑角表演的手段包括了平行主义、语音语义的关联(比如半谐音、头韵、节奏以及双关语等等)。所有这些形式的关联,建立起了明显的形式上的内聚力,但是,表演者的转变很难让人明白,或者根本就没有意义。形式上虽然一致,但意义上却不连贯。表演者远离了脚本,他的嘲弄性的话在语义上基本不连贯,声音却相同或者近似。表演者还可能会使用连词、省略形式等,留给听众的仍然是不连贯、无秩序与无意义。

丑角对剧本文本的嘲弄性的变形,体现了巴赫金所谓节日期间民众幽默的古典特征,是表演者对他的剧本台词的颠覆性的讲述,这种传统在欧洲的节日与戏剧当中流行了几个世纪。丑角对剧本的转变具有一种整体的颠覆性的连贯性,其中充满颠覆性的狂欢性形象、主题,与书面文本保持了一种有力的象征性的对话。嘲笑本身是双声的,构成了狂欢化的反击的核心资源。狂欢化元素当中最突出的是猥亵的性,这种性关系的暗示一贯地呈现于表演当中。

这样一来,表演者以多种维度反击权威文本,通过一套复杂的相互关联的颠覆性技巧挑战权威,所有这些技巧都是高度反思性的、客体化的,并强调了复活过程的实践,尤其是阐明了社会生活的构造。首先,它反击挑战的是克罗库依脚本的讲述风格,把古典的、高深的、夸饰的语言流行化、低俗化、粗俗化,整体的效果是戏剧化反语言的创造。其次,它削弱了脚本的文本性,拒绝服从脚本的风格与文本性,竞争权威。表演者引入了一种离心的反力量,对抗着生产过程当中向心的力量,表演寄生于脚本,却也嘲弄着脚本。再次,表演者的嘲弄性是对再中心化的实践的一种"元评论"。有人诅咒他,有人接受他,认为他的错误是可以理解的,还有人认为遵守或反击脚本都是有价值的,都有表达性的力量,都提高了经验,都需要某种艺术鉴赏。服从脚本的权威可以有效地传承克罗库依的传统,但是反击的表演者也可以被欣赏,并提高了表演的水平。

从总体上来看,对于形构了戏剧表演过程本身的脚本有两种截然不同的态度,大部分演员与导演接受脚本权威,忠诚于文本。整个表演实现的过程,就是要从文本转向台词,他们要记忆、排练、彩排并表演,这就经历了从书面向口头的符号间的转换、讲述语境的转换。被展演的台词在不同阶段的不同框架中,产生了可以接受的偏离,但是,这种枝节性的偏离并不被视为威胁到了文本权威的意识形态。相反,丑角则公开挑战正式文本,他对于台词的转变来自一种不同的冲动,即对于权威文本的狂欢化的颠覆,他介入表演代表了一种激活的过程。作为一种离心的力量,它虽然不足以打破激活的过程,却以一种有效的方式,保持着对正式秩序的声音进行反权威式的对话的力量。

20 世纪 90 年代以来,美国民俗学渐渐对象征性的“秩序与反秩序”间的对抗十分敏感。巴赫金的著作提供了强大的动力。从话语的“去/再情境化”的观点来看,它至少在两个方面提高了人们对这一现象的理解:首先,过去的研究关注的是已经完成的话语,是充分的公开表演的文本性的产品,而鲍曼关注的是生产的过程,关注的是整个话语生产的领域。固定的文本只是该过程当中的一环而已。显然,如果我们要理解话语的社会生活以及文本性的实践,生产过程的调查就变得非常重要。其次,对于权威与反权威的话语分析,一直以来缺乏相应的形式分析,在讨论对话主义的维度中,巴赫金指出了形式-功能的相互关系,但是,他没能以细密的形式术语来分析它是如何运作的。鲍曼认为,对于社会地建构的话语及话语地构成的社会生活的理解,要依赖于形式与功能之间的相互关系的澄清,这也是话语之“去/再语境化”的观念的基础。表演之功能的有效性,根本上依赖于形式性反思的强化,依赖于可记忆性与反复性,表演研究为这一调查研究提供了有生产性的路径。①

---

① BAUMAN R.Transformations of the word in the production of Mexican festival drama[M]//SILVERSTEIN M,URBAN G.Natural histories of discourse.Chicago:University of Chicago Press,1996:301-327.

第十二章 类型与表演的诗学

《类型、互文性与社会权力》一文是理查德·鲍曼与查尔斯·布瑞格斯合作撰写的另一篇重要论文,文章反思了民俗学、语言人类学以及文学批评等领域中,“类型(genre)”被当作分类性概念的传统做法,强调了“类型研究”后来如何被民族科学、结构主义、讲述的民族志、表演研究、巴赫金的超语言学所重视,最后,两位作者建议把握潜在于类型背后的复杂的文本间关系,并把这种关系与社会的、文化的、意识形态的与政治经济的因素联系起来进行考察。

在民俗学的传统中,口头类型的分类问题一直都是其最基本的关注点。在美国,博厄斯发明的人类学之语文学传统,有时也会把类型分类看作是一项必要的任务。这首先体现在对搜集到的文本所进行的组织与编辑的工作中,然而,细读这些搜集到的材料后会发现,这种组织与编辑的工作其实是相当随意与混乱的,各个部分的概念基本上没有被讨论过。博厄斯把北美口头文化大致区分为神话、故事与历史叙述,但是他常常混用这些概念。当然他也发现了类型边界自身的模糊性的问题。他偶尔也会尊重信息提供者的分类原则,发现对于同一讲述内容,不同的民族可能有不同的分类方法;在某些地方,他甚至提供了民族志工作者与信息提供者共同创造类型分类与文本形式的例子。博厄斯所做出的区分——“分析的类型”与“地方的分类”——代表了美国语言人类学早期的洞见。博厄斯的学生保尔·拉丁则发现了类型混杂的问题,他认为,类型的划分可能是依赖于情境性的因素的。

托马斯·西贝克则受普洛普的形态学分析的影响,试图从结构与形态的角度来定义类型的特征,他说,“我们的分析性的程序应用的是二元对立原则。作为一种模式化的原则,我们将重复地按照两分法来区分序列,直到最终获得其构成要素”。比如,咒语就被划分为构成部分、句子、短语、行动者-行为的片语,最终是对比性的构成元素,其中的结构关系以象征性的逻辑符号被呈现出来,最后获得有关该类型的定义性结构。后来,西贝克在形态学的形式分析之外添加了诗性风格的分析,在“总体结构”之外增加了“个别肌理”。形态的结构定义了整体类型,而文本的结构形成了个别的文本。西贝克把优先地位赋予形态结构而不是肌理模式,这意味着,他的工作仍然是一种分析的而不是民族志的研究。

像西贝克一样，阿兰·邓迪斯的灵感也来自于普洛普，他坚持形态学分析在民俗类型研究中的基础性。对他来说，形态结构的界定开启了众多民俗学问题的大门，其中之一就是类型的定义。邓迪斯也把形态结构看作是民俗形式中不变的核心，但是，他虽然承认风格或者肌理之不变的本质，却又着重强调了内容是一种可变的元素，他说，"内容可以变化，但是形式相对地总是稳定的"。在邓迪斯的作品中，他关于类型的结构性定义具有某种模糊性：有些时候，他强调结构分析是定义类型的基础，他说，"在民俗学中，结构分析的一个直接的目标，就是去界定民俗的类型"；在另外一些时候，他又认为完全依赖于形态结构是不充分的。在《北美印第安民间故事的形态学》的结论中，他说，神话与故事并不是在结构层面上相互不同的类型，事实上，从形态的角度来说，神话与故事是同一个东西。这意味着它们之间的区别完全得依赖于内容标准或者完全是取决于外在的因素，比如信仰与功能等。换言之，邓迪斯提出了一个永恒的问题：何种特征构成了定义"类型"的充要条件？是形态结构、故事内容、相关信仰或者社会功能？抑或是上述多种元素的综合？

作为一个社区的讲述经济中的组织性元素，"类型"的概念很早就出现在戴尔·海姆斯的"讲述的民族志"的理论框架当中。海姆斯认为，所有的讲述都与类型的形式特征有关，"讲述的民族志"应该努力去发现何种讲述是被类型化地组织的，何种讲述逃避了类型化的管理。在建立"类型"在"讲述的民族志"的概念群中的地位时，一个重要的任务是描述类型与其他核心概念以及分析单元——诸如"讲述行为、讲述事件、讲述风格"等——之间的关系。

威廉·汉克斯的论文《一种实践理论中的话语类型》试图综合种种"类型"的概念，并且为其调查研究提供了一个全面的框架。虽然他主要依据"讲述的民族志"的理论贡献，但他也直接把巴赫金的社会诗学与布迪厄的实践理论综合起来了。他拒绝把"类型"看作是一个文本的结构性特征，而看作是一个话语生产与接受的指导性框架。在他的观点中，类型构成了讲述行为的指导性框架、阐释性的程序、成套的预期，它们并不只是话语结构的一部分，而是行动者组织与使用语言的方式。类型同时是历史的特定行为的理想结果，而且，在构成性的、可转变的参考框架当中，依据类型来交流行为是可能的；它们因此面向革新与开放，是被操纵的、不断变化的。

两位作者抽象并概括了有关"类型"概念的基本问题：对于"类型"的最核心也是最一贯的方法是从分类的观点切入的。它可以划分作为语言产品的文本，也可以被用以分析作为讲述方式的话语。这里所内含的是"局外—局内"的划分方法——前者是一种先在的、分析性的与普遍的分类，通常以西方的术语为标签；后者则是一种地方地构造的分类体系，应用了地方性的标签。这些划分标准一般都会借助于形式、功能、效果、内容、价值、音调、社会分布以及使用的方式或者语境等维度。总之,有一种学术倾向是把“类型”本身当作是一个问题,另一种倾向是探讨“类型”与其他术语、概念以及社会文化因素之间的关联。在语言人类学当中,一种学术路线是关注“类型”与其他社会语言学的组织原则的相互关系,尤其是与讲述行为、讲述事件、讲述风格与框架之间的关系;另一种学术路线是调查者分析类型、类型体系与其他社会文化领域之间的相互关系,比如伦理学与宇宙论,或者其他社会结构与社会关系之间的联系。

上文中巴赫金通过关注“复杂类型”——它们吸收与消化了其他“简单类型”——挑战了“类型”之静态的、风格性地同质的、非交叠的概念。巴赫金提供的“互文性”的观点,有助于建立另一种研究“类型”的方法。这一观点的两个层面是极为重要的:首先,结构、形式、功能以及意义并不被看作是话语的内在特征,而是被看作生产与接受话语的过程中的产物。其次,这一过程并不是集中在讲述的事件当中,也不是集中在一个书面文本本身的创造当中,而是处于它与至少另一个言说的交互关系当中。巴赫金的兴趣在于“超语言学”,它关注的是互文性,认为“类型”典型地是互文性的;当话语被关联于一个特定的类型时,它被生产与接受的过程是通过它与先在的话语的关系而被中介化的。

从共时性的观点来看,“类型”提供了强有力的手段来把话语形构为有序的、统一的与固定的文本;从历时性的观点来看,类型的互文性提供了一种强有力的手段,以历时的与社会的术语来组织话语。“类型”也带着社会的、意识形态的与政治经济的关联;“类型”可能因此与不同的群体相关联,比如通过性别、年龄、社会阶级、职业等维度而与不同的群体联系在一起。“类型”因此与身份、权力的协商相关:通过征用一种特定的类型,话语的生产者肯定(默会地或者公开地)他们拥有的权力。他们需要“去语境化”话语,而这些被“去语境化”的话语携带着历史的与社会的关联,又被“再语境化”于当下的话语背景当中。

所有的“类型”都是有渗漏的。“类型”的框架从来都不会提供充足的手段来生产与接受话语。“去/再语境化”的某些元素偷偷进来,把索引性的关联引入正在进行的话语当中,在社会互动、更宽广的社会关系以及特定的历史关联中,话语被生产与接受。在这里,把特定的言说与特定的类型关联起来,一定会生产一种互文性的差距。虽然这一差距的创造是不可避免的,但是显然,它对这种差距的相对压制或者突显,却具有重要的社会效果。一方面,文本被框架化于某些类型当中,讲述者试图由此获得类型的透明性,通过缩小文本与类型之间的差距,使得其话语可以被最大限度地阐释,这一策略维持了高度的保守性,传统化了创造文本的权威模式;另一方面,讲述者也可能最大化或者强调文本间的差距,强调通过策略去建构权威,强调个体的创造性与革新性,抵制类型的霸权性结构,换言之,他把自身与已经建立的类型联系起来时,努力与文本的先例(类型)保持着距离。

操纵话语与类型之间差距的可能性是多样化的：①一种最普通的策略是使用形式特征来创造类型的互文性，在音位、词汇、形态句法、修辞结构、转折、主题内容、韵律、手势、参与角色以及其他特征方面，把话语与类型的先例关联起来，最小化或者最大化文本间的差距。②通过类型这一秩序性能力的不同分配，把话语与先例关联起来。③创造文本结构的类型的力量是可变的。④变异的最有趣的一个焦点涉及互文性策略明显或者不明显的程度。⑤在创造互文性的关系中，使用口头与书面资源。⑥需要考察类型如何形成了情感的表达，以及类型与性别之间的关系等相关的问题。⑦音乐在创造互文性当中的作用也是十分迷人的。⑧某些文本的框架被关联于许多不同的类型，或者混杂的(次要的)类型。

这些例子说明，如果我们要想把握住互文性关系的本质，那么，类型的互文性不能仅仅按照形式的与功能的模式本身就得到充分的理解，意识形态、政治经济以及权力的问题也必须得到说明。这一讨论因此打开了一个更大的理论的与方法论的问题。

乍一看，许多研究者似乎已经在应用“话语”的概念，已经提供了丰富的分析，然而仔细一看，不难发现，其中有关“话语”的本质与意义的高度不同的概念化，已经扩大了研究计划的差距。在语言人类学中，研究者在应用“以话语为中心”的方法研究文化，它们聚焦于对“使用中的语言的真实个案”进行细节分析，详细记录了其形式的与功能的模式以及二者之间的关系，考察了其社会互动、社会结构以及文化过程的维度。“话语”的概念也被其他学者使用，他们利用了福柯、布迪厄以及其他后现代主义者的观念，在这里，“话语”被更多地定位于普遍的过程中，由此，社会群体与机构创造、维持并质疑社会权力，而不是只在特定的“讲述事件”中从事社会交往。这样的实践者普遍地更感兴趣于学术著作、媒介化的交流以及机构性的话语之修辞的与政治的参量，而不是民族志的“他者”之情境化的讲述。

许多人类学家最近关注民族志书写中的文学的互文性，阐明了田野工作及其表征被互文性关系所形构的方式。民族志的类型的参量并不只是通过与他者的话语的互文性的关联被形构，也是通过与诸如游记、自传、殖民记录等文学类型的关联被形构的。虽然人类学的书写普遍声称其权威来自于在“田野”中获得的知识，但是，它们还借助于所谓叙事的与修辞的比喻，建立了互文性的关联，这些修辞策略在创造本真性与科学权威中扮演着重要的作用。从类型的互文性之创造的观点来考察，这些文学特征是迷人的，这既是因为它们试图把民族志工作者对于互文性过程的控制进行自然化，也是因为它们寻找擦去他们所表征的话语与他们自己的文本性的表征之间的巨大差距。录音机被广泛使用于田野以及语言人类学家的逐字转写，这在这一表征策略中起着某种重要的作用。在研究与书写的过程中所建构的文本类型，似乎是在否认重要的信息线索，即有关这些材料的科学地位的蛛丝马迹。

在这篇文章中，两位作者批判了传统的类型观点，即那种据称是内在的、不变的特征的类型观，它试图提供内在地一致的相互排斥的类型体系。两位作者主张另一种类型观，它把类型的区分置于实践当中，置于用于创造与其他话语整体的互文性关系的使用当中。一个文本可以被以多种方式关联于类型的先例；文本的类型性的框架因此常常是混杂的、模糊的、矛盾的。相应地，类型性的关联一定会产生一种互文性的差距；用于建构互文性关联的策略可以寻求最小化这种差距，或者最大化这种差距，或者二者兼而有之。互文性策略之间的选择是意识形态地促动的，它们密切地关联于社会的、文化的、政治经济的以及历史的因素。

语言人类学与民俗学是把讲述类型的研究定位于地方地构建的分类体系的民族志的研究当中，而不是置于先在的分析性的分类当中。这一转化具有一个积极的影响，即它把注意力引向了文本的广泛的生产者与接受者所负责的话语秩序的过程，而不只是与学术实践相关。民族志的研究常常描述民族类型的情境化的使用，在表征这样一个秩序化的过程中，学者们冒着的危险是双重地神秘化的问题，一是无法分辨意识形态与权力的安排，一是掩盖他们自己对于“类型”的修辞性使用。在这样做的时候，学者们与社区成员相联合，他们注定控制了互文性关联的生产与接受。然而在这里，语言人类学有关“类型”的研究，关注了意识形态、权力与学术实践的总体。①

如上所述，传统上，“类型”基本是在分类的意义上使用的概念，指一种文学的、民间文学的或者普遍的话语分类，比如十四行诗、传说、演讲、欢迎辞等等；但是20世纪90年代前后，语言人类学的观点指向了交流性的实践而不是客观的分类，它把“类型”看作话语生产与阐释的指导性框架。

分类本是文学与修辞理论关注的核心，自古以来，它就在文学史的语文学指向的研究中占有突出的地位，强调文学之文化地赋值的、经典地保障的不同形式，比如悲剧、喜剧、史诗、抒情诗以及像小说这样的现代形式。民俗学研究的语文学传统始于18世纪的晚期，同样给予“类型”的概念以突出的地位，它强调的仍然是分类的类型：故事、传说、歌谣、抒情民歌、谚语以及谜语等等。在民俗学中，类型与分类是核心性的倾向，它形成了民俗学搜集、档案化、教学以及民俗学学术研究的主流传统。

虽然类型的概念基本上是关于语言民俗的（口头文学），是从文学实践中扩展开来的概念，但是，某些民俗学家已经扩展了民俗类型的概念，在其他的表达性媒

---

① BRIGGS C L, BAUMAN R. Genre, intertextuality, and social power[J]. Journal of Linguistic Anthropology, 1992, 2(2): 131-172.

介当中使用它，比如在物质民俗、习俗信仰以及实践、民间音乐与舞蹈当中。在讲述的民族志以及巴赫金的超语言学中，“类型”的概念呈现出一种全球化的视野，包括了人类话语的全部范围，从没有标记的、日常的话语到高度标记化、形式化的、包装好的言说形式，从欢迎辞与惯例性的叙述，到政治演说，到小说，无所不包。

类型的定义与分类体系建立在广泛的特征之上，包括了形式、功能、效果、内容、指向世界与宇宙的方式、真理价值、社会分配、使用的方式与语境等多种维度。比如，民间故事的定义，同时使用了社会分布（由农民下层人士以及传统社会的人讲述）、内容（人类的特征）、指向世界（在社会历史或者地理上的不可分辨）与真理价值（虚构）等多种标准；又比如，辱骂的定义，是按照音调（粗鲁或者无礼）与效果（创造敌意）来建构的；谜语的定义（在术语最狭窄的定义上）包括了形式的元素（问与答的结构）与使用的语境（在一个特定的表演语境中）。

尽管类型的概念在民俗学中具有核心性，但是有关类型的理论探讨，直到 20 世纪 90 年代前后，才在美国民俗学中突显出来。在很大程度上，民俗学家们倾向于实用性地使用类型的概念，只是关注经典的民俗形式的应用，关心分类体系，以及以档案形式搜集的材料与已经出版的文本，汤普森的《民间故事的类型》以及卡尔·威尔海姆·翁·西多的《散文传统的分类》就是代表性的例子。

民俗学思考类型与分类时，首先是把“类型”作为原子式的概念，类型本身似乎是一个具有明确的内涵与外延的整体；其次是把“类型”作为理想的分类，各个类型之间具有相互排斥的标准特征；第三是把类型与具体的材料相结合，类型的定义与分类体系是建立在一种霸权性的民俗概念之上的，即是由一系列的文化事项构成的材料的总体，它主要是文本的（像民间故事、歌谣、谚语与谜语）或者易受学术文本化影响的（像习俗或者迷信），它们被看作是“理想类型”的经验性的象征。

对于“类型”的研究，一种是进化的或者过程的观点，一种是非时间性的或者共时的观点。比如，19 世纪的进化论学者把民俗形式看作是文化进化的产物，认为它们是来自于前一阶段的古代遗留物，是早期社会形式与实践的转变与遗留。某些儿童的游戏被看作是牺牲仪式的幸存。其他一些过程性的观点，比如像安德烈·约勒斯，他颠倒了发展的轨迹，把形式上更加复杂的类型看作是从更加基本的前例中发展而来的。

随着单线进化模式的失效，功能主义人类学家提出了类型的共时性观点，试图给予民俗形式以具体的特征性的描述。值得注意的是，共时的与进化的类型观点并不一定是相互排斥的。伟大的俄国民俗学家普洛普，既提倡民俗类型的形式性定义，又把这样的共时性的努力看作是民俗形式进化研究的必要基础。从 20 世纪 60 年代中期开始，民俗学与语言人类学开始对类型的问题投入了极大的兴趣。阿兰·邓迪斯是民俗学与人类学界对于形态学分析方法最坚决的支持者，他把它作为类型定义与分类的基础,认为形式结构构成了民俗形式的不变的核心,它是相对于表层内容与风格的可变的元素。

20世纪60年晚期到70年代早期,讲述的民族志开始致力于调查研究本土的讲述模式与功能,考察其在社会生活的行为与构成当中的作用。从讲述的民族志的观点来看,本土类型构成了地方性地界定的讲述的方式;类型划分的地方性术语,有助于发现一个特定的讲述社区中作为一种文化系统的讲述是如何被组织的。丹·本-阿默斯的奠基性的论文《分析的类型与民族的类型》(1969)清楚地阐明了先在的分析性类型(是由学者定义的)与地方地定义的类型(在特定的社区中讲述与互动的被组织的方式)之间的区别。之后多年里,许多学者开展了经验性的研究,探讨了类型分类的本土体系。

在这里,"类型"并不只是组织文化对象的分类性的类别,而且也是指导性的框架,是生产与阐释话语的方式的组织手段,这标志着民俗学概念的再定位,即从事项转向实践。事实上,这一新的"类型"的观点已经是表演为中心的方法的核心。当代对于"类型"的思考继续发展并扩展了这一实践的与表演的观点。它明显地对立于较早的原子的、固定的与事项指向的方法,当下对于"类型"的概念倾向于强调其体系性,即强调相互关系的维度,它组织了交流性的生产与接受;强调其开放性,即把类型看作是易变的、可协商的参考框架;强调其实践为中心的特性,聚焦于社会生活行为中的话语实践。

这一方法的最强有力的构想体现在威廉·F.汉克斯(William F.Hanks)的《实践理论中的话语类型》一文中,按照作者的观点,"类型是社会的与历史的特定的惯例与期待,依据它,讲述者与作者创造话语,听众接受它",在这些术语当中,类型是由指导性的框架、阐释性的程度与成套的预期构成的,由此,行动者组织并使用语言。作为社会实践的元素,类型既基于社会关系的结构,又由社会关系的结构所构成,意味着它是一系列的讲述者与听众的概念,以及界定了一系列可能的社会意义。用这些术语来理解,类型的预期是可变的交流的资源,为了不同的交流目标,它可以以不同的方式被动用,虽然可变性因类型而有差异。一个讲述者可能会努力坚持传统的期待,但是也可能以多种方式操纵它们,把与不同的类型相关的风格性的特征结合起来,或者操纵框架技巧或者摆弄语境化的线索,以创造全新的与呈现中的形式与意义。

这一类型的概念不仅提供了一种有生产性的视点——关于社会生活的行为与构成中的民俗本质与功能,而且阐明了旧有的方法中某些成问题的层面。比如,传统的方法对于纯粹类型的偏见倾向于把混杂的形式边缘化,压制或者忽视某些本质性的特征。当类型被概念化为一套开放的、易变的与可操纵的话语性的惯例与预期时,传统地混杂的形式——像谜语故事或者笑话寓言(作为呈现中的综合类型）——就变得可以理解了。同样，以实践为中心的观点帮助我们解释为什么相似的文本在一种情况下被看作是神话，在另一种情况下被当作传说；或者有时甚至被理解为谚语，有时只是“说说话而已”。而且，这样的观点为类型革新与转变的历史考察提供了一种框架，由此，人们可以方便地理解讲述者操纵“类型”的惯例以回应社会变迁的各种努力。①

“谜语故事”就是一种类型混杂的好例子。鲍曼考察了谜语以及与谜语相关的类型所呈现出来的意义的模糊性与多元性，显然，正如鲍曼所说的那样，对于这些形式的定义与分类也是非常有问题的。

劳里斯·波德克为谜语所下的定义是：“谜语短小简明，不像民歌或者故事，它很容易处理。但是说到内容与形式，它们又同时是如此多样与模糊，人们很容易把它们划分到任何一个类型中去，这是任何一个想要在已经出版的集子中找到某个谜语的人都知道的事实”。

谜语的基本形式很难界定，而谜语混合于其他类型的能力——比如谜语歌谣——使得问题更加复杂了。谜语与叙事的混杂尤其是棘手的，它构成了表达的复杂性，其标志就是类型的高度非决定性。

许多学者（包括了吕蒂、亚伯拉罕）已经探讨了谜语与故事混杂的问题。而吕蒂提供给我们大量的凭印象而来的洞察力，亚伯拉罕则考察了谜语与故事的互动关系。巴赫金则区分了“基本（简单）类型”与“次要（复杂）类型”的问题，后者是基本类型的结合体。他说，“在它们的次要类型的形成过程中，它们吸收并消化了多种基本类型，而基本类型则形成于非媒介化的讲述交流当中”。当它们进入复杂类型时，这些基本类型被转化，并被假定具有一种特殊的品质。因此，按照这些定义性的特征的相互关系，理解次要类型将要求分析类型的混杂是如何获得的。

在巴赫金的观点的影响之下，鲍曼试图按照形式特征、功能目标以及这些构成要素的相互关系，通过具体案例考察类型混杂的问题。他的材料由两个谜语叙事的文本构成，它们被记录于20世纪50年代，一个是苏格兰的旅行家哈米什·亨德森，他来自珀斯郡，另一个来自安德鲁·斯图尔特的苏格兰研究学派。故事的版本是AT922（牧羊人代表牧师回答国王的问题），以及AT927（出格的谜语的判断）。这是经典的“谜语故事”类型。两个故事是被连接着记录下来的，后一个故事关联于前一个，因此，这两个故事在表演上是相关的。之所以把它们关联于AT分类，是为了提示读者这些故事的相关性，并不是要把它们直接归于它们的分类范畴。鲍曼直接从磁带上誊抄了这些文本，其在格式上更忠实于原版本。

① BAUMAN R.Genre[M]//BAUMAN R.Folklore, cultural performances, and popular entertainments: a communications-centered handbook.Oxford: Oxford University Press, 1992: 53-59.

这两则谜语故事都是典型的民间故事,都是围绕人物、故事的发生与发展,矛盾的提出与解决等展开的,然后,在故事中插入了谜语或者有韵的语言形式。鲍曼要求人们注意故事讲述机制的权力关系与故事人物机智的能力关系,以及问题与回答之间内涵的不平等的权力关系。尤其是杰克如何把一个国王加给磨房主的不可以回答的问题转变为了一个容易的问题,从剥夺财产的问题转化为一个娶妻的回报。

从故事文本来看,一是利用了谜语的类比原则(月亮重1吨(4 quarters)①。二是国王自己也不知道问题的答案,这就剥夺了他自身的交流能力,因为它无法去验证他的问题的答案是否正确(天上有多少星星)。三是国王正在想什么?(你以为我是磨房主,其实不是)。杰克多次中和了国王独有的权力。通过重构询问的路径,杰克使得问题可以回答,中和并克服了国王的优势,颠倒了他们之间的权力关系。国王的认知被颠倒了,同样,我们的认知也被颠倒了。杰克也从愚蠢的杰克变成了机智的杰克,成为了磨房主的女婿。

那么谜语与故事到底是什么样的类型间的关系呢?除了上述的关系,还有三叠式,以及由之而带来的谜语的无时间性,它对立于问答式的时间性。问答式就是叙事,问答序列的报告本身构成了一个极小的叙事。问之后,等待杰克的答,这个答让国王不得不承认它是对的。这个谜语于是对叙事的结构具有一种形式性的影响,与此同时,它们又被包含在叙事当中,作为被报告的讲述。巧妙之处在于,前两个问题与答案是被报告的讲述,而最后一个问答既是模仿的,又是寓意性的;既在引述的讲述中,又是对于行为的描述。

整个故事是谜语与故事的相互关联与渗透。问答式的连带结构以及谜语的谜一般的动态与转型,给予叙事以形式与组织方式,而叙事反过来包括了相互质询的路径,民间故事的惯例贡献于附带的结构元素(开头的程式,三叠式)与内容(傻杰克,无望的英雄的婚姻)以及整个组织的综合体。最终的文本是一个复杂的类型的综合体,它混杂了谜语般的询问的路线与民间故事,建构了一个呈现中的类型的混杂,具有其自身的形式、功能与意义。

第二个文本同样需要注意故事机制的权力与互动的权力的关系问题,这一次杰克是出谜人。出谜人与答谜人之间的平衡关系将是不确定的。杰克把自己转化为了谜本身,他把语言的询问的路径转化为了叙述的行为,谜本身被讲述并被展演。它的特殊之处还在于,一是它的谜语是有节奏的形式,使得外围的叙事无法介入其中,二是因为它是杰克提出而国王无法回答的谜,所以,故事必然以谜

① 因为"There are four quarters in the moon",就是说一个月可以四分,而四夸脱(four quarters)又等于一吨(a ton),所以戏谑地说是月亮重一吨。

的形式结尾。

密切关注谜语叙事,揭示了附带的复杂性。谜语对于被叙述的事件中的人物与叙述性事件的听众都是未知的。之后,听众会知道的内容多于故事中的人物。谜语对于国王来说是叙事,但是对于听众来说却不是。谜语的功能是伴随着国王与杰克之间的地位的颠倒,对应着地球的空间关系,离开了关系于人类的空间,并倒置了生与死。

总之,谜语以三种方式被叙述出来:一是只作为谜语来呈现,插入到叙述的行为中作为被引述的讲述,保留了其充分的形式的完整性。二是通过讲述杰克的行为,谜语被阐释给听众,他已经为谜语奠定了基础,他的行为将以一种顺序被执行。三是当国王不能猜出谜语时,杰克分解了谜语的描述性的元素。

谜语故事如何构成了巴赫金意义上的"次要类型"? 首先,谜一样的套路给民间故事提供了一种表达性的资源,这样的套路强调、强化并形式化互动的技巧与它潜在的聪明。无论是提问还是回答,都展示了一种互动的技巧,因此是展示了一种互动的力量。一方面,它提供了一种以机制性为基础的权力关系,机制的与互动的权力对立,提供了驱动故事的紧张关系。谜语依赖于转化性的隐喻、人格化颠倒与双关语等技巧,这些机制伪装或者隐藏了参照的路径,模糊了表象与现实之间的关系。此外,谜语本身在叙述的过程中被功能性地转化,在故事的高潮处,谜语与故事合而为一。在最基本的层面上,对话性的问答结构构成了谜语的核心,它内在地是序列性的,使它自然地适合于被叙述。

在另一个层面上,通过把谜语奠基于某些促动性的叙事行为上,谜语可以被叙述化,民间故事可以被谜语化。那么,什么是作为类型的"谜语故事"呢? 有时是故事,有时是谜语,很大程度上是二者的一种复杂的融合。作为一种次要的类型,它的定义性特征的全部复杂性,最终要求扩展去分析更大更多的全面的文本。①

"表演的民族志"(ethnography of performance)是一个术语,它并不是指一种特殊的理论或者分析方法,而是指一种研究口头传统的整体的方法论,即不再把口头传统仅仅作为一种文本对象,而是把口头传统作为一种特定的交流行为模式的显现,或者作为社会生活行为的资源。

从 18 世纪晚期民俗的概念首次出现以来,口头传统一直被当作是文本的单元——在全世界传播的、长期流传的、集体的、传统的文本,它们填满了民俗档案馆,反映了特定传统的文化。从这些术语来看,口头传统似乎具有其自身的生命,

---

① BAUMAN R."I'll give you three guesses":the dynamics of genre in the riddle-tale[M]//HASAN-ROKEM G,SHULMAN D.Untying the knot:on riddles and other enigmatic modes.Oxford:Oxford University Press,1996:62-77.

服从于某种非个体的、超有机的过程与法则。但是,这一观点是一种抽象的、建立在故事被讲述、歌曲被歌唱、咒语被讲述的记忆与记录的基础之上的。从表演的观点来看,口头传统所具有的象征性形式,只是在人们的行为中才存在,它们扎根于社会与文化生活当中。文本,我们习惯上把它看作是口头传统的材料,事实上,它仅仅是深深地语境化的人类行为的简单的与部分的内容。表演为中心的方法并不把口头传统当作是脱离肉体的文本事项,而是主张语境地与民族志地看待这些传统。

在这一研究指向的刺激之下,“表演”这一术语已经呈现出几种相关的意义,它们反映了这一方法论的关注。在最普遍的意义上说,表演即“做”或者“实践”,是语言艺术形式在语境中的活态使用。把表演看作是实践,通过强调它们的动态性与创造性,加深了我们对于口头传统的理解。

然而,当我们说“表演”时,附带地意味着它是一种特定的交流模式。当然并不是所有口头传统的“做”都展现了同样的艺术性。更加有限的“表演”的意义,指的是一种与众不同的交流模式,它依赖于这样一个假定:即向观众负责展演技巧与有效性。它强调艺术性的交流被执行的方式,超越于交流行为的其他特征之外与之上。从观众的观点来看,表达的行为是面向评估其技巧与有效性的,它们以此得以被完成。在表演当中,表达的行为也被标记为可获得经验的提高;行为本身的内在品质被欣赏。这一表演的方法强调社会互动。表演者与观众的互动对于表演有一种构成性的影响。一个表演者时尚化他的表演,试图影响、触动、劝服、启蒙、肯定观众,并期待来自观众的评价。同样,观众的反应对于表演的展开过程具有一个互惠性的影响。

表演的民族志是为了强调表演——作为模式化的文化行为——在每一个社会中,有着文化的特殊性,是跨文化地与跨历史地可变的方式。在一个特定的社会里,表演的形式、模式与功能要被经验性地发现,而不是被先在地假定。民族志强调要持久地调查一个特定的讲述社区当中的讲述行为。虽然民族志基本上是指向田野研究的,但是,持久地、经验性地调查的过程可以被扩展到探讨历史个案或者书面文献当中去。

表演研究结合了语境、传统性、文本性以及类型的概念。通过考察口头故事讲述的特定个案,它可以被应用于研究叙事性的表演。

把表演看作是一种艺术性的交流模式,这意味着表演涉及一种使用语言的方式、讲述的方式,它是一个特定的讲述社区里的成员们可获得的交流性的资源。这一理解的参考框架来自于讲述的民族志。这是一种在社会与文化当中来研究语言的方法,它已经超越了语言人类学当中的方法指向。在一个宽广的学科领域当中,它结合了民俗学、文学、阶级研究、语言学、讲述的交流、社会历史、宗教研究等领域。与语言学的方法——它排他性地关注语法，作为一种抽象的、独立的形式体系，或者关注语言作为一种思想的工具——不同，讲述的民族志试图发现文化地特定的讲述模式与讲述功能。因此，它把重点放在了讲述行为上，放在了讲述的情境性语境上，或者放在了个体的能力上，考察的是人们如何以文化的、情境地恰当的、可阐释的方式讲述。所谓情境性的语境指的是文化地限定的场景或者事件，在其中，讲述的行为、阐释与评估得以发生。讲述的事件是讲述的民族志描述与分析的核心单元。它最经典的问题是：谁说了什么、向谁说、怎么说、出于何种目标、在何种情境之下。所有问题都指向了讲述事件的本质性的构成要素，以及通过扩展，指向了表演事件本身。

利用这些洞察力，口头传统的表演研究考察了在社会生活的波澜中获得一个表演所需要的知识与能力。在某种程度上，表达的技巧与有效性可以变成为任何交流性行为关注的焦点，表演的潜力总是在场的。表演因此一定被理解为一种可变的本质，通过一种交流性的行为所服务的多种功能——告知、劝服、娱乐、联系等等——而或多或少地呈现出来。表演的主导性依赖于表演者假定要向观众承担的责任，他要展示交流的熟练，而不是展示其他交流的功能。这种责任可能沿着一个连续体变动，从持久的、充分的表演到一种转瞬即逝的突破而进入的表演。在某些情况下，人们可能公开地发出信号来标志表演开始了。比如，比较一下拐弯抹角的讲述与充分自信的讲述（我并不是很擅长于讲笑话，但是……）。

为了理解表演如何区别于其他的交流模式，非常有必要应用一下“阐释性框架”的思想。框架的概念依赖于认识到，每一种交流性的行为都纳入到了某种框架性的元素中，这些元素服务于传达阐释性的指导框架的信息，这些信息说明如何理解其中的行为。考虑一下眨眼睛的信号吧，“不要当真”；或者提高嗓门，“说明其人疯了”。眨眼与提高嗓门，都是一种有关交流行为的交流，它是交流行为的一部分，即作为“元交流”。元交流发出信号，为交流行为提供框架，指导听众在这一框架下去阐释其中的信息。

在效果上，表演的框架发出信号，“我在表演，看看这个口头技术的展演吧！考虑考虑我们在表演我所说的内容时，是多么有技巧与有效果吧”。发出信号或者框架化表演的特定手段，是因文化而有差异的，表演的民族志的重要任务，是发现表演是如何在一个讲述的社区当中被框架化的。当然，某些表演的框架化的手段是反复出现在世界文化当中的，比如：特定的框架化的程式（从前，你听说过……？）；正式的模式化原则或者技巧（节奏、语法的平行主义、韵律、音节模式、声音呈现）；特定的讲述风格或者语域（古典的讲述，冲撞或者暗示性的讲述，有趣的讲述，行话）；比喻性的语言（隐喻、明喻、讽刺或者其他修辞）；求助于传统（古人常说……）；特殊的身体运动（站起来，踱步，低头，模仿性的姿势）；与表演相关的惯例性的特殊的背景（夜晚俱乐部的舞台，演讲厅，说谎者的长凳）；表演的放弃（我不适应公开地讲述……我并不是像我父亲一样好的讲述者，但是……）。

框架表演的手段，以及作为一种讲述方式的表演的模式、功能与意义，是因文化而变异、因历史时期而变异的，它们一定要被经验性地予以发现，这是表演的民族志的重要部分。

既然表演聚焦于表达行为的内在的品质，聚焦于言说被建构的方式，那么，信息的形式建构的某些方面（诗学），总是与表演的框架相关。认识到表演是一种艺术性的讲述方式，就应该关注文本与语境之间的相互关系，情境性的语境可能对文本具有一种形式性的影响力，它在其中得以出现。比如，晚上睡觉的时候，人们会鼓励表演恐怖的故事，像《幽灵搭车人》《钩子》等故事经常使得一个夜晚更像一个夜晚，这样的语境建构了讲述的事件。反过来，有人可能会说，“如果我们不讲恐怖故事，那就不会是睡前的晚会”，正是口头传统的表演建构了语境。作为艺术性的交流，聚焦于表演，意味着文本与语境都一定要被理解为情境性地完成的，二者都是在表演当中呈现的。传统事项的类型规则、标准的场景、先在的表演所提供的模式，都是可为参与者所获得的材料，那是一套惯例化的期待与关联，但是这些模式可以被应用为创造性地操纵的资源，形成当时情境中正在呈现中的文本与语境。

情境性的语境不只是语境化的参照点。比如，在表演一个叙事时，讲述者可能把他的表演联系到物理背景的元素（那是发生在一个雨夜，就像是现在一样），或者是文化信仰与价值（男孩子、女孩子们出去在遥远的地方过夜是十分危险的），参与进事件当中（这件事就发生在我的一个朋友的朋友身上），或者过去的经验（上次有人照看孩子，差点吓死了），或者其他叙事（那就像是那次……），或者这一叙事的上次表演（我从我姐姐那里听说了），等等。

一个表演的语境化，通过参考过去的表演，就像是“老人们过去常说”或者“我从我叔叔那里听过这个故事”，这尤其让口头传统的学者们感兴趣。我们习惯于把传统性考虑为一种品质，它内在于一种文化形式当中，它起源于过去，长久以来代代相传。然而，非常有用的一点，是认识到，把传统性归于歌谣、故事或者谚语，在交流实践当中，这是一种阐释性的建构，表演者积极地建立这样的关联时，他们就是把自己的表演与先在的表演联系在一起了。这是一种“传统化”的手段，要把目前的表演关联到过去，由此把自身纳入一个表演的行为系列当中。

既然文本与语境不可分离，那么，是什么因素导致人们把文本当作是自我包含的、自主的对象呢？是什么因素促使人们去把它们与它们的社会的、文化的与话语的语境分开呢？在去语境化的过程中，“文本化”即展演一段可抽取的话语，使一段口头讲述成为一个文本单元，它被提升到语境之外。文本制作的这一过程使我们返回到形式，返回到那些形式技巧与模式当中，它们使得成段的讲述与周围的讲述不再连续，不再具有内在的连贯性。比如，巴哈马人的故事讲述是下面这样的。

开头的程式是：

布达，从前，一个很好的时代，猴子在抽烟……

结束的程式是：

如果你不相信我们的故事是真实的，请你询问一下独木船的船长吧，布达！

这些话就是用于把叙事与之前或者之后的内容分开的程式性的话。在开头与结尾之间，这些附带的程式性的技巧——像开始说话、拟声、不同的发音与习语的使用、短歌反复等——提供了内在的关联，它把被表演的故事组织进一个连贯的单元，使得文本成为一个固定的对象，有助于去语境化。表演，作为一种高度反思性的交流模式，它对讲述的行为具有高度的意识，把行为置于展演的位置，客体化它，在某种程度上，把它从情境化的周围提升起来，进一步强化了这一敏感性。

从一种语境当中“去语境化”的可能性意味着在另一个语境中的“再语境化”。无论是在另一个表演当中，还是在档案馆里民俗的收藏、故事书或者小说当中，“去/再语境化”可以被理解为同一个过程的两个方面，时间或者其他因素会媒介化它们。因为“去/再语境化”的过程是转变性的，因此，把一个文本锚定在一个新的语境当中，将会改变其形式、功能与意义的某些层面，重新语境化把注意力转向了一个文本从早期的语境当中所携带的，以及在新的语境当中它所获得的呈现中的形式、功能与意义。关注“去/再语境化”的过程给表演的分析引入了一个历史的维度，通过聚焦于互文性的关联，在口头传统的情境化的使用的链条当中，表演历时地发生了。

从更加传统的观点来看，互文性可能呈现在同源文本的可展示的关系上（版本与异文），然而，从表演的观点看，互文性是一种创造性的完成。互文性的关联是在表演中创造的，当表演者表演一首歌曲或者一则故事时，或隐或显地，他总是参考了前在的表演。但是，互文性并不必限于传统文本的再语境化，它也可能被应用于类型。类型常常被用作是一个分类性的概念，一种为口头传统——幻想故事、传说、神话、歌谣、谜语等等——分类的概念，每一种类型似乎都具有传统的界定性的特征。按照表演的观念，虽然类型最好被理解为一种社会地提供的与文化地形成的框架，但可以被用于理解话语的生产与接受，是一种理解的模式（参考框架或者一套预期），有助于恰当地理解言说。正是类型区分的体系，为表演社区的成员所利用。在表演民族志的参考框架当中，学者们探索的并不是普遍的分析性的类型，而是当地人实践中所应用的类型的原则与方法。

口头传统与社会生活如何共同锚定在人类事件当中？鲍曼区分了“叙述性事件”与“被叙述的事件”。表演的诗学如何与现实生活的政治学相关？如果人们把记录下来的表演文本大声地朗读出来，他们马上就可以体会到，“表演”的确提供了一种强有力的阐释性的框架,它可以很好地说明口头传统的形式、功能与意义。①

"类型"的概念在语言人类学当中起着重要的作用,自这一学科成立以来,它就是博厄斯所设计的语文学基础的一部分。在博厄斯的语言人类学传统中,文本的核心性需要在文本的秩序当中进行区分,继承自欧洲(尤其是德国)民俗研究类型的分类法,正好服务于这一划分的目的。自20世纪60年代晚期开始,在诸学科的共同推动下,"类型"的概念才再次受到批评性的与理论性的关注。

20世纪90年代,民俗学与语言人类学界流行的"类型"概念把类型作为一种讲述风格的秩序,是一个系统地相关的综合体,包括了共同存在的形式特征与结构特征。作为一种传统化的指导框架,类型指导着话语的生产与接受。尤其需要强调的是,"类型"是一种讲述的风格,它指向了一种特定种类的文本的生产与接受。当一个讲述被吸收进一个特定的类型,它被生产与阐释的过程是通过它与先在文本之间的关系而中介化的过程。一种类型化的框架技巧的援用(比如"很久很久以前……")带着一系列的关于话语进一步展开的期待,通过这一类型性程式,指向了其他文本。这些期待构成了文本化的框架,即赋予话语以文本的特性:边界、内在的一致性、连贯性、可以被"去/再情境化"等等。

在类型的互文性概念中,其意涵着的形式关系也有着语用的与主题的关联。类型性地提示的话语的情境化生产,指向了先在的场景化情境与它们的构成要素(比如背景、参与者的角色与结构、脚本、目标与结果等等),在其中,类型性分类的其他象征性标志也被应用。这样一来,类型超越了固定的、地方生产的讲述事件。从这一观点来看,作为建立互动性交往的一种手段,类型显然是作为一套惯例化的指导规则,来处理反复出现的交流性的突发事件的。但是,正像某些人所做的那样,假设在特定类型与讲述事件之间存在着一对一的关系,这也是一种误导,虽然特定的类型基本上等同于特定的场景性的情境化应用,比如,治疗歌与治疗仪式,但是,类型的本质也可以在外在于这样的基本情境当中被看到。这样一来,一首治疗的歌可以为了娱乐而在另一个场合被表演,比如歌手为了娱乐而展示他的歌唱的技巧,或者作为一种教育的材料展示给一个新手。

每一种类型以相同的方式,通过其主题的或者参考的能力被区分,作为一种惯例化的工具,它被应用于编码与表达特定秩序的知识与经验。这一对于世界的主题指向,是内含于类型互文性关系当中的索引性领域的一部分。

对于一个社区的讲述,有多少被包括在类型当中学者们意见不一。既然类型的概念强调的是传统性与文本性,人们习惯上把类型的概念局限在那些话语的形

① BAUMAN R, BRAID D. The ethnography of performance in the study of oral traditions[M]//Foley J M. Teaching oral traditions. New York: Modern Language Association, 1998: 106-122.

式和实践上——即惯例性的期待与文本的边界、连贯性、一致性上,聚焦于相对地更加明显而可以辨认的特征上。

虽然类型的互文性强调惯例化、传统化的形式,但是,类型的惯例本身并不足以解释任何特定言说的形式—语用—主题(formal-pragmatic-thematic)的结构。这是因为,一个特定的文本与类型模式之间的配合从来都不是完美的。当场即时的、呈现当中的因素情境化地、不可避免地进入了话语的过程,它们与类型性指向的框架互动,形构着言说的生产与接受。这些因素反过来影响着类型框架的构成性的特征(形式—语用—主题),它们不可避免地是变动的,这就打开了类型性重构与变化的方式。这样,类型互文性不可避免地卷入了一个文本间差距的生产。差距的校准——其相对的缩小或者放大——有着重大的相关性与结果。某些文本化的行为可能努力争取类型的正统,通过接近类型的先例,把讲述同化为惯例化的实践,在普通的情境下完成惯例性的目标;相反,扩大文本间的差距,就要调整类型的框架,以适应呈现当中的情境与过程。这种调适性的校准可能会涉及许多"形式-功能-主题"元素的操纵,由此,一个言说可能会关联于类型性的先例,也可能会把一个文本同化进不止一个类型框架,利用并混杂了涉及的每一种类型之形式的与功能的能力。

在任何一个讲述的社区及其历史时期,"类型"将会按照类型性的操控,变得相对宽松或者紧张,但是某些类型可能成为某些意识形态关注的焦点。规范性地坚持严格的类型规则,就是保守地服务于已经建立的权威与秩序,而朝向扩大文本间的差距与类型革新的冲动,则更可能是创造性的实践,更可能抵制霸权性的秩序,而面向改革。这些因素也紧密地关联于价值与品味的等级(哪一种类型被看作是相对更高、更好、更美丽、更有道德),关联于获得特定类型形式的社会规则(谁有资格学习它们、掌握它们、拥有它们、表演它们,以获得何种效果)。①

许多研究者发现,类型的划分并不是相互排斥的,相反,类型的划分是在不同的层面运行的。一种类型可能已经结合了其他类型,类型混杂或者复杂类型的问题,使我们面对着一种明显的紧张关系:一方面是相对清楚的与传统的类型;另一方面是类型滑入了分类的模糊性的边缘。鲍曼与布瑞格斯想要提供的是一种新的类型观,它把两种可能性纳入到一个统一的参考框架当中去了。这种解决的办法要求一种观念的转变:过去,人们把类型作为一种已经完成的文本产品的分类性参考框架,认为它具有内在的形式特征;现在,需要把类型理解为一种理解话语实践的参考框架。

他们认为,类型是一种讲述风格的秩序,是一系列系统地相关的、共同发生的

① BAUMAN R.Genre[J].Journal of Linguistic Anthropology,1999,9(1-2):84-87.

形式特征与结构，它们与其他的系列相对立，为话语的生产与接受提供了一种惯例化的指导框架。更加特定的是，一种类型就是一种讲述的风格，它指向特定种类的文本的生产与接受。一个文本就是一个固定的，形式上严格地、内在地连贯的话语的延伸，它被提升到其直接的话语环境之外，在另一种话语的环境中被再语境化了。当一个话语被吸纳到一种特定的类型中时，它被生产与阐释的过程是通过它与前在的文本之间的关系而媒介化的。一个类型框架的技巧的调用，比如"从前……"，就自带有一套期待，即相关话语的进一步的展开，通过这一打开性的程式索引着其他的文本。这种预期构成了一种文本的模式，创造了紧密性与连贯性，生产并阐释了特定的特征系列及其形式的与功能的关系，即生产了文本性。

当类型的文本间性是一种手段时，它使文本充满了秩序性、统一性、固定性与连贯性，同样的关系性的纽带也把注意力引向了手头言说之"形式—功能"构形的自我充分或不足。因为特定的文本与类型模式(或者类型的其他象征)之间的合适度从来都不会是完美的。对于话语的生产与接受而言，类型框架从来都不会提供充分的手段与基础。语境化的呈现中的元素，不可避免地进入这一过程，它们在与周边的话语、进行中的社会互动、更宽广的社会关系、工具性的或者策略性的议程以及其他因素之间锻造关系。一句话，除了类型之外，其他语用学的以及元语用学的框架，一定也会共同起作用，形塑着话语的生产与接受。这些因素反过来将影响类型框架之构成要素——形式的与语用的——被多样化地运用的方式，这样就打开了类型重塑的复杂方式。那么，按照类型的预期，把特定的言说指向先在话语的过程，必然地会产生一种文本间的差距。当这种差距的创造是不可避免的时候，间隙的校准——其相对的抑制或者扩大——就具有重要的相关性与效果。一方面，某些文本化的行为可能试图获得类型的透明度，按照类型的先例，通过缩小文本与类型模式之间的距离，这样使得一个言说在最大程度上是可以理解的。这一过程把一个言说同化进传统的实践，在普遍的环境下完成惯例的目标。另一方面，文本间间隙的操纵允许类型框架的调适，在呈现中的环境与过程中创造新的话语实践。这种调适性的校准可能把一个文本同化进不止一个类型的框架，利用并混杂了涉入的多个类型的形式的与功能的能力。

按照上述方式来概念化类型，转变了类型概念的基本的焦点，它不再是信息形式的分类与划分(这曾是大多数类型研究的核心关注点)，而是转向话语实践：语言手段的类型化组织如何作为一种资源，被用以完成社会生活运作中的社会目标。"形式—功能"的内在关系之一被实现于交流性实践当中。作为一名语言人类学家，这个问题的解决，需要求助于民族志的研究。

鲍曼把上述观点应用于一项在墨西哥开展的经验性研究。他区分了墨西哥市场上的叫卖术与招徕术，他发现，商品的品质不同，小贩们叫卖的方式也就不同，它们被使用的场合不同，使用者的类型也不同。一种讲述类型或者风格与某种重复的情境性语境相关，这就是所谓的语域。一种讲述的风格与一种讲述者的社会类型相关，这就是所谓的方言。从交流性的实践的观点来看，重要的是，话语被关联于其他文本、情境以及其他的讲述者，它们都是社会意义之生产与阐释的资源。在社会生活行为中，没有任何文本会独立于语境与讲述者。虽然话语实践中的一个或者另一个构成要素可能被讲述者或者分析者元语用性地予以强调，被作为激发特定的、传统的关联性的联系（在风格与文本、风格与情境、风格与使用者的联系当中），但它们不可避免地相互牵连于真实的实践当中。而且，把一个言说纳入到风格化地指示的框架当中时，无论其风格是什么，它总是一种话语之间校准的事情，在交流性互动中协商着传统与创造之间的间隙。这种协调的动态只能通过具体地调查研究其形式-功能之间的相互关系才可以被发现。①

"风格"也是表演诗学的核心概念，在其最普通的意义上，风格指的是表达的特征性模式，是一种惯例化的、形式性地构成的话语生产与接受的指导框架。更加精确地说，风格是一种系统地相关的整体形式特征，与其他这样的整体的形式特征相对立。考虑风格总是意味着不同风格之间的对比问题。因讲述社区不同，讲述的历史时期不同，便自然会呈现出不同的风格。

18世纪的语文学就关注民间文学当中的风格问题，比如关于文学形式的起源与进化，关于伟大文学的基础，关于民族文学的差异，关于文学的结果等问题。探讨民间文学风格问题最有影响的是赫尔德，他竭力辨认不同民族的风格，认为民族风格集中体现在人民的诗歌当中。他强调风格的"集体性"，这一观念至今仍然主导着民俗学研究。当然，赫尔德也为个体民众诗人（只要他表达了集体的、人民的精神）预留了风格性特征的地位。总之，赫尔德是一个文化相对主义者，他区分了一个民族或者人民的民俗与另一个民族或者人民的民俗的差异，也打开了考察个体风格的路径。

人类学家通过具体的民族志研究来呈现特定讲述群体的风格，比如美国人类学家迈尔维尔·雅克布在博厄斯的语言人类学传统当中，发现了一种表达性的风格，它是美国西北海岸文化区域中的本土美国人所共享的表达性风格，他详细地调查与分析了这一地域讲述风格的形式、功能与意义的相互关系。除了强调民族整体的讲述风格之外，许多人类学家转向考察民族内部讲述风格的差异，这种差异具体地体现在地域、职业或者其他亚文化之间。一个例子是正在流行的对于以性别为基础的风格的研究。美国民俗学家乔与苏珊，分辨出了一种典型的女性的表达

① BAUMAN R.The ethnography of genre in a Mexican market: form, function, variation[M]//ECKERT P, RICKFORD J.Style and sociolinguistic variation.Cambridge: Cambridge University Press, 2001: 57-77.

性风格,她们称之为“符号化”(coding),这种符号化的风格充满了间接的技巧与伪装,包括了隐喻、第三人称取代第一人称、省略、反叙法、委婉语、修饰词,这些语言技巧都是女性口头表演的重要媒介。

讲述的语言与口头诗学的不同品质,以及讲述的语言与书面语言或者文学之间的差异,是18世纪的语文学家的核心关注点。其中,文学、哲学话语的推进与扩展是现代性的基石。在这一知识语境当中,像布兰克威尔、罗斯以及赫尔德说出了前现代的文学形式的形式特征——从荷马史诗到旧约、到民间歌谣——它们是“口头-听觉的”媒介化的创造物。由此,他们提出的一种与众不同的口头风格的概念——程式、多元合成性以及重复——突出了口头表演的要求,强调作为一种交流媒介的“讲述”的特征。丹麦的民俗学家阿克谢尔·奥里克的民间叙事的史诗法则,人类学家博厄斯的口头艺术的理论,以及帕里-洛德的口头程式创造,都是极有影响的口头表演风格的理论构想,都是在这条思路上提出来的。

当理解口头风格已经成为一项严格的、细致的形式性研究时,口头表演的符号间的翻译问题,即从口头讲述转写为书面印刷物的问题,已经成为一项复杂的与考虑成熟的工作。民族诗学的先锋人物——丹尼斯·泰德洛克与戴尔·海姆斯,在“民族诗学”的名义之下,使得口头表演的风格性的组织方式在书面印刷物中可见,他们的工作已经提高了阅读书面文本的审美经验。对于口头风格的研究而言,他们的分析方法的敏锐性是显而易见的。①

① BAUMAN R, SCHACKER-MILL J. Style[M]//BROWN E, ROSENBERG B. Encyclopedia of folklore and literature. Mary Denver: ABC-CLIO, 1998: 629-632.

第十三章　边境民俗学的风格

在鲍曼的学术生涯中,除了戴尔·海姆斯与巴赫金之外,阿莫里克·帕里戴斯的强大影响力也是不容低估的。他有关"民俗的社会基础"以及"类型的文本间性""表演研究的反思性"等相关思想,直接来自于这位伟大的民俗学家。事实上,正像鲍曼所公开承认的,阿莫里克·帕里戴斯是得克萨斯民俗学派的杰出代表,这整个学派又有着自己清晰的学术理念与学术风格,孕育并滋养了美国新民俗学。

阿莫里克·帕里戴斯是得克萨斯-墨西哥边境地区的民俗学专家,边境地区的民间文化遗产对于阿莫里克·帕里戴斯的民俗学思想具有形成性的影响力,他的作品《得克萨斯-墨西哥的卡西诺罗》,就是一本低地边境地区的民歌集,充分地体现了作者对于地方口头传统的道德的与审美的责任。

他是如何完成这样一种民俗责任的?一种办法是通过自己演唱来传承口头传统,正像它们在当地日常生活中被传承的那样;另一种办法是用自己创作的歌来回应传统歌手的歌,或者记录与出版他们的歌谣,或者研究歌手及其歌谣,并向他人阐释他们的传统。阿莫里克·帕里戴斯做过所有这一切工作。20 世纪 30 年代,当他还是一名年轻人的时候,他曾是边境地区的流行歌手,也是激动人心的诗歌的作者,他积极地回应着边境地区传统的声音。他同时也是一名民俗学者,开展了大量的田野作业,出版了多部边境地区民俗的学术性著作。他一生的成就使他获得了极高的荣誉,但也带给他不少麻烦,比如他出版《枪在手》时,就有人因此威胁他。

阿莫里克·帕里戴斯出版了各种文体的作品,包括了诗歌集、小说集与学术专著,然而以论文形式发表的学术著作比较少见,《得克萨斯-墨西哥的卡西诺罗》恰好是这方面的代表作。遗憾的是,他的许多代表性的论文没有收入其中。不过,如果有人对他的全部著作感兴趣,可以去查看这本书附录中他的全部著作的列表。

阿莫里克·帕里戴斯所书写的得克萨斯-墨西哥边境地区,充满了紧张与危险,也充满了模糊性与无限生机,它可以引发深度的学术反思。这是内陆安全地区的研究所不能提供的。阿莫里克·帕里戴斯是一名民俗学家、人类学家、文学学者、社会历史学家。他的学术研究超越了这些学科的分界,具有明显的学术完整性与跨学科性。

美国与墨西哥的边境地区是他的家乡，从一开始，他就对当地的民俗与文化深深地感兴趣。他年轻的时候在这里生活，一生中不间断地访问故乡，投入了极为专业的学术性的关注。需要强调的是，他密切地关注故乡，却从来没有堕落到只是一种乡巴佬的狭隘的观点上去。一个根本的原因在于，尽管他的研究焦点是低地边境地区，但他总是策略性地或者公开地把这一地区置于一种更大的美国-墨西哥的深度知识中，因为这里是美国-墨西哥的政治边境，也是美国的墨西哥裔人通过维持他们的墨西哥文化身份而建立的一种存在。阿莫里克·帕里戴斯关注的是“在美国的墨西哥裔群体的民俗”，应用的是比较的与语境化的观点，这使他的研究工作很具有说服力与权威性。

阿莫里克·帕里戴斯的一部分理论贡献在于把“边境地区”概念化。他把“边境地区”作为一个文化区域，描述了它的轮廓，它的历史地出现的进程，呈现了它的复杂的与动荡地发展的历史。1848年，美国与墨西哥以河为界划定国界，这使得界河以北的墨西哥人成为了美国人，虽然他们与界河以南的墨西哥人具有文化的与血缘的关联。国家的边界与民族的关联造成了身份认同的问题，边境地区的墨西哥人对于边缘性存在的反应，使得他们成为了阿莫里克·帕里戴斯学术关注的焦点。这是一个接触的地带，不同的文化在此相遇，它们基本上是异质的，由社会差异的力量——民族性、阶级、语言、权力——所界定。历史上，英国人给墨西哥人强加了接触的模式，然而，出于生存的需要，墨西哥人又带着某种程度的包容来抵制英国人的主导地位，在冲突的环境中获得了一种民族文化身份。这一冲突的文化的构成要素之一就是民俗（民歌、民间的诅咒、传说、笑话、谚语），它们是斗争得以继续的一种工具。

在记录与研究边境民俗时，阿莫里克·帕里戴斯关注了这些民俗之广泛共享的与地方专属的层面。正是在有关边境抵抗民俗的书写中，他的学术力量突显出来了。为了更好地理解这一点，有必要介绍一下阿莫里克·帕里戴斯的“边境文化”的概念如何挑战了流行于当时的“民俗”的概念，以及他的修正主义的观点的意识形态意涵。

自“民俗”的概念发明以来，在两百年左右的时间里，主导的“民众”的观念，民俗的社会基础的理论，向来是指向一个固定的、同质的、不复杂的、传统指向的群体，他们共享着共同的语言，有一套集体性的本土的知识、习俗、口头传统等。在这样的建构当中，民俗学强调的重点落在了群体内部的共享的生活方式上；同质性被看作是民俗的基石。边境地区——正像人们所期待的那样——在这样的理论模式中只有有限的空间，它被看作是民俗传播的障碍，也许，甚至被看作是这样的地带——在其中，英雄的歌谣或者史诗出自于军事前线中的恶意的对抗，就像在希腊人与土耳其人之间，西班牙人与摩尔人之间，英格兰人与苏格兰人之间那样。边境地区的艺术形式对于主流民俗学理论的影响极小。而且,人类学功能主义的观点一直以来都在强化群体内的参照框架;传统的民俗学理论正是基于功能主义才得以建立的,它强调的同样是民俗在维持群体的平衡与社会体系方面的作用。

面对有关"民俗"与"民众"的根深蒂固的思想,阿莫里克·帕里戴斯的"边境文化"的概念提供了一种明显属于修正主义的看法,它抛弃了把民俗理解为建立在同质性的群体之上的观念,放弃了有关民俗在群体的边界之内运作以维持其社会平衡的看法,转而试图呈现一种更加微妙与复杂的生活图景。得克萨斯-墨西哥边境民众生活的某些元素,如人们所知,是大墨西哥的共享传统的一部分,但是,这只是一半图景,另一半图景是边境地区赤裸裸的社会对抗,是对不同的而非共享的身份的反应。而且,这样的民俗文化之出现的原因是冲突、斗争与对抗,民俗作为这种冲突的工具,而不是作为维持体系的工具被应用。自 20 世纪 70 年代以来,这一观点已经在民俗学家当中获得了广泛的认可。

此外,阿莫里克·帕里戴斯发现,民俗的传统主义的观念同样具有重要的意识形态的与政治的意涵。依据这一观念,美国-墨西哥边境地区的民间文化会被看作古代墨西哥民俗文化的遗留物,当地的墨西哥人会被看作是头脑简单的、接受宿命的、驯良的民众,他们的习俗与信仰本质上是落后的。显然,民俗学学科一直以来都在服务于霸权,它通过宣传一种消极的民众的形象,即作为浪漫的、古雅的、简单的、落伍的、五光十色的形象,是被贬低的与落后的群体。阿莫里克·帕里戴斯的作品提供了一个雄辩的、对抗的声音,它记录并赋予一种文化以抵制传统的价值。他发现了反抗霸权的口头艺术,出版了赞颂英雄反抗行为的民歌集。因此,他的作品不仅提供了新的理论观念的基础,而且提供了政治运动之符号的与意识形态的资源。

作为一个接触地带,美国-墨西哥低地边境地区充斥着文化与身份的斗争。阿莫里克·帕里戴斯对于声音与意识形态的多样性特别敏感,这直接导致他去关注冲突的类型形式——咒骂与侮辱、谚语、歌谣、故事——的研究方法。他总是倾听着边境类型中的对话的声音,既然它们是多声部的,并在使用中相互动,通过时间构成了更大的表达的体系,那就意味着:这些口头艺术的类型不都是自我包含的与相互排斥的类型;这使得民俗学传统的类型理论——扎根于同质的民众社区当中的——变得不合时宜,边境地区的类型是多声部的、相互渗透的、混杂的类型。

阿莫里克·帕里戴斯从历史的角度来研究民歌,他把边境区域之外的历史与口头艺术类型的起源及进化研究关联起来。显然,当地的民歌与古代西班牙的浪漫文学之间具有基本的联系,它不可否认地出现在新西班牙,那么,为什么在 1860 年之前,这些类型的歌谣很少,而在 1880 年之后猛增了呢?在他看来,虽然作为一种类型,墨西哥的民歌来自于西班牙(期间当然也有重要的形式变异),但是,它的出现却不能参照浪漫文学的历史来解释,因为它的本质不只是它的形式,而在于英雄的逞强精神与男子汉的气概,这一精神扎根于正在形成中的墨西哥民族主义的情感。在与美国的战争中,它搅进了生活;之后法国人入侵,这种精神渐渐发展;30年代以后,这种精神渐渐稳定,并在革命时期开花结果。这样,借助于大墨西哥的民歌记录,阿莫里克·帕里戴斯认为,1850年前后的边境冲突创造了当地真正的民歌传统,在1850年之后,低地边境地区生产了它的第一代民歌英雄。

然而,起源研究只是他民歌研究的一部分。类型与传统的进化问题也是十分重要的。阿莫里克·帕里戴斯追踪了民歌类型,从其最早于19世纪中叶被形成,通过一系列阶段,在1910-1930年发展的史诗时期达到高潮,然后,于1930年开始衰落,1970年以后,民歌被墨西哥大众媒介所转化。他注意到民歌中所体现的古老的精神遗迹不时地显现着,但是,阿莫里克·帕里戴斯对于民歌类型的讨论,并不限于对民歌进化的轨迹进行宏观的追踪,他还细致地考察个别民歌的生命过程。

阿莫里克·帕里戴斯辨析了口头艺术类型发展的一般过程(民歌与民歌传说之间的关联),这对于普通的类型理论具有重要的意义。阿莫里克·帕里戴斯带着类型之间相互关系的问题进入了其他的研究方向,比如嘲讽性的故事,它们本身是对话性的形式,这是对另一种广泛的叙事类型的嘲讽,即一种对于民间医药的信仰故事的嘲讽。阿莫里克·帕里戴斯微妙地阐释文化的嘲弄,他依赖于两种批判性的语境化维度,即表演者的社会身份以及情境化的动态语境,这些故事在其中被讲述。

在阿莫里克·帕里戴斯的作品中,我们可以找到大量的对于表演者与使用语境的分析,这种分析性地聚焦于表演者的社会身份以及使用的情境化语境,与把类型理解为一种易变的表达性的资源,标志着阿莫里克·帕里戴斯的作品与朝向表演为中心的民俗学家的观念的亲缘性。事实上,阿莫里克·帕里戴斯的学术思想对于美国新民俗学的发展具有基本的重要性,他对表演研究的原创性贡献体现在了《朝向民俗的新观点》的编辑工作中,强烈地影响了随后得克萨斯大学民俗学家们的学术走向,他们都密切地认同于表演指向的民俗学。

然而,鲍曼认为,阿莫里克·帕里戴斯对于表演研究及其最广泛的运用的最突出的贡献体现在《在少数群体当中开展民族志工作:一个民俗学家的观点》一文中。他动用了他所有的有关表演的知识——社会认同、情境性的语境、表达性的声音、交流的框架等——以一种深刻的反思性,批评了人类学的与民俗学的实践。他的批评的最基本的目标是有关于大墨西哥的文献——尤其是得克萨斯-墨西哥——的社会与文化研究,这种文献中充斥着不精确的阐释,其深层的结果不仅仅是学术的,而且是文化政治的。为什么这些学者会那么草率而不检点呢?阿莫里克·帕里戴斯认为,这可以追溯到实证主义民族志实践的天真以及文献主义者的偏见。

他发现,民族志的遭遇——另一种跨文化的对话——要比人们所承认的更加复杂,民族志主体的话语可能会被其他交流性的动机所塑造。在民族志的遭遇中,“本土的信息提供者”与外来的民族志者之间的不对称关系一样可能会产生交流性的对话关系。他们可能会应用笑话,或者委婉语,或者客套话,总之会说一些研究者想要听到的话。阿莫里克·帕里戴斯指出,把这些交流的表面的话语当真,将导致民族志的愚蠢与错误。这一警示影响了表演指向的民俗学家,他们意识到:民族志调查中信息的取与予,显然跟讲述社区中一切的讲述行为一样,本身也是民族志调查的焦点,是需要被调查研究的,而不是预先假定的与毋庸置疑的①。

在阿莫里克·帕里戴斯对于得克萨斯-墨西哥民俗的研究中,多种语言与多重声音的双重主题是他学术研究的核心特征。他用英语与西班牙语写作,他的学术成果扩展到了整个西部拉美地区,这种中间状态标志着他的学术生产的特征。他不仅仅以多种语言书写,也以多种声音书写。他的学术是丰富地组织起来的表达性的组织,根本不限于传统的标准的学术书写(我们-他们的对立,这是民俗学与人类学的学术惯例)。他既使用主流学术话语又颠覆它。他的作品是多种声音与多种文类的综合体,即使是“我们-他们”的对立,那也是多种可能的“我们-他们”。②

在纪念阿莫里克·帕里戴斯的文章里,鲍曼给我们提供了一个有关阿莫里克·帕里戴斯的更全面的形象。阿莫里克·帕里戴斯于1915年9月5日出生于得克萨斯州的布朗斯维尔一个古老而杰出的边境地区的家庭。他在布朗斯维尔初级学院的时候,就开始了在《布朗斯维尔先驱报》当记者。那时,他20岁刚出头,他是一名杰出的职业歌手,还创作诗歌和小说,其中包括《乔治·华盛顿·戈姆·埃兹》,这是一部他于20世纪30年代完成的小说,直到1990年才出版。在第二次世界大战期间,阿莫里克·帕里戴斯担任《星条旗》杂志的记者和编辑,在《星条旗》工作时期,他广泛游历了日本和中国。战后他留在日本,为美国红十字会工作,在那里,他遇到了他未来的妻子阿米莉亚,一位日本外交官的女儿。帕里戴斯夫人在丈夫去世几周后去世了,她是得克萨斯大学(UT)几代民俗学家忠实、仁慈和好客的朋友,也是得克萨斯州智障公民权利的不屈不挠的拥护者。

阿莫里克·帕里戴斯于1951年回到得克萨斯州,在奥斯汀的得克萨斯大学学

① 阿莫里克·帕里戴斯对于“民族志调查”的反思,也体现在近期对于马格丽特·米德的经典研究《萨摩亚人的成年》的批评中。她的一个主要的信息提供者回忆说,他们回应了米德的试探性的问题,即关于他们的性生活的问题,他们提供了一些煽情的答案,因为他们认为她会感兴趣,但这却并不是真实的情况。因此,阿莫里克·帕里戴斯的论文涉及一切民族志工作的基本问题:如果调查者不能理解信息提供者的讲述方式(他们可能是在讲笑话、做游戏或者是应用其他的讲述的框架),如果调查者不去理解对方讲话的方式,那么,调查者提供的民族志研究(不只是民俗)只能是一种歪曲。

② BAUMAN R. Introduction[M]//PARADES A. Folklore and culture on the Texas-Mexican border. Austin: University of Texas press for the center for Mexican-American studies, 1993.

习英语。他在五年内完成了研究生课程,在这段时间里,他被他最喜欢的得克萨斯-墨西哥民间传说所吸引,并在1957年获得了博士学位。帕里戴斯在得克萨斯州西部大学(现为厄尔帕索大学)任教一年,之后又回到得克萨斯大学英语系任教,后来又获得了一项人类学教职的联合任命。1962年,他获得了古根海姆奖学金,这使他在格兰德河下游地区进行了为期一年的高产量的、密集的实地调查。他在创建得克萨斯大学民间传说和民族音乐学跨文化研究中心方面发挥了重要作用,在担任美国墨西哥研究中心主任之前,他曾担任该中心的主任。

在敏感的问题上,尤其是与美国-墨西哥人有关的问题上,唐·阿莫里克(Don Americaco)经常因其公开立场而与得克萨斯大学的行政部门意见相左。有一次,在有几位高级管理人员出席的晚宴上,他向他们提出挑战,要求他们拒绝工会出租土地,因为这是一种表达与农场工人团结的方式。因此,直到他积极从事教学工作的后期,他仍然是薪水最低的全职教师之一。阿莫里克·帕里戴斯一直在得州大学任教授,并于1984年退休,退休前不久,他获得了狄克森、艾伦和安德森的教授职位,并于1997年获得了得克萨斯大学的总统奖章。

阿莫里克·帕里戴斯虽然是一位著名的民俗学家,但他所从事的事业远比这个术语所能描述的要多。自20世纪30年代以来,他一直在记录他的人民——得克萨斯州的墨西哥人——的斗争和胜利。他从不同的角度——作为一名歌手、诗人和小说作家——开始;然后作为一名期刊编辑人员;而且,他同时仍然是一名学者。事实上,在他漫长的一生中,帕里戴斯拒绝被铸造成任何传统的角色。他是个民间表演者吗?小说作家?诗人?散文家?民俗学家?历史学家?人类学家?政治活动家?他是一位伟大的老师、幽默家、值得信赖的朋友和同事,正如他身边的人所知,他是一位模范丈夫、父亲和祖父。在他作为一名思想家和一名行动者的漫长一生中,他跨越了各种随意定义的界限(艺术界、学术界、政治界),他在追求一个理想——一个男人或者女人都能充分发挥自身具备的人类潜能的公正世界。

帕里戴斯理解并欣赏权力和等级制度的含义。他不是一个无政府主义者,但他憎恨基于不合法权力的等级制度,特别是当这种权力被用来压迫整个人民群体时。这种权力通常是处在一些明显更高的社会命令的伪装下,例如将美国从"黄祸"中拯救出来,或者把墨西哥人驱逐出境以保护"真正的"美国人的经济安全。因此,他通过自己的作品和行为,努力揭露这种非民主行为背后隐藏的动机:种族主义、古典主义甚至性别歧视。在这个过程中,帕里戴斯成为了被剥夺权力者的捍卫者,这些人通常是他自己的人民。他认为这些人在种族斗争中处于劣势,但他们坚定地反对美国对西南地区的政治控制。我们在帕里戴斯早期的诗《沙丁尼斯塔的未来之父》(一首塞萨尔·奥古斯托·桑迪诺的诗)中得到了他对种族和社会压迫的道义上的暗示,在这首诗中,他也为他的人民树立了强有力的地位。

这种同情心和认同感,加上他坚定不移地反对社会上的不宽容,把帕里戴斯的一生编织成一条统一的线索。这就是为什么在他早期的文学作品中,后来在他的学术著作中,他把注意力集中在西南部特有的跨文化冲突上的原因。

正是由于认识到西南地区的文化冲突,唐·阿莫里克自然而然地将民俗学作为理解跨文化冲突的最重要的来源。他的人民的民俗很早就引起了他的兴趣,特别是当他成为一个有成就的“柯里多”(corrido)①的表演者时,这是他后来称之为“边境冲突之歌”的有力例子。与其他形式的民俗一样,得克萨斯-墨西哥边境的“柯里多”给了他对于这种冲突的雄辩的声音;然而,帕里戴斯发现,学者们(尤其是民俗学家)似乎倾向于忽视它(柯里多)在美国人和墨西哥人冲突中的核心作用,似乎揭露墨西哥文化和北美文化之间的冲突是不合时宜的。但是,在这场文化间的“战争”中,帕里戴斯开辟了自己的知识战线,他集中精力开展了一项新的科研项目,他将民俗作为表演。他以自己的学识,慷慨地与同事分享自己的思想,在他作为《美国民俗学杂志》1969 至 1973 年编辑的工作中,帕里戴斯做了很多改变美国民俗学学科面貌的工作。

帕里戴斯对表演的定位是他对民俗学和历史学、人类学和文学研究的相邻学科提出的一个更广泛的批判性纠正措施的一部分。在他的学术生涯中,他把注意力集中在得克萨斯-墨西哥边境的民俗和文化上,他认为这是一个动荡的接触区,由社会和文化分化的历史和当代力量以及由此产生的不平等等级制度所塑造。与拉美裔西南部的其他学者不同,帕里戴斯认为,边境地区不是一个保存了西班牙半岛或墨西哥古代民间传说痕迹的文物区,而是一个独特的表达性文化的温床,它是一个历史上出现的表现形式、风格和模式的生成源。在对得克萨斯-墨西哥人的刻板印象的持续而尖锐的反驳中,墨西哥人一直被认为是浪漫的、古雅的、简朴的、不合时宜的,充其量是丰富多彩的、贬低的、宗教性的、落后的,帕里戴斯将斗争和抵抗的文化和传统作为典型加以记录和珍视。

帕里戴斯的学术著作和他创作的作品的生动性和修辞力,在很大程度上源于他对边境文化的体验和理解,它们不仅是由一系列同源文本构成的,而且是一种异质语言的大合唱。对帕里戴斯来说,传统在时间和地点上被彻底地语境化,由血肉之躯的个体创造、体现、表演和体验:歌手、诗人、说书人、小丑和治疗师,他们把帕里戴斯当作孩子和年轻人包围着,只要有机会,他就会回到他们身边。更进一步,他认为传统是由对过去表演的记忆形成的,然而,在当前的社会背景下,在对未来表现的预期中,传统又出现了。从这一细微的、根深蒂固的、经验丰富的视角中,帕里戴斯不仅对表演的概念做出了开创性的贡献,而且对我们理解民俗学的社会基

① 这是美国墨西哥人的一种地方性民歌类型。

础、理解民俗学类型的易变性和对话性、语境的多维性——历史性、话语性、情境性、社会性——以及将艺术形式、社会心理功能和文化意义联系在一起的相互关系做出了贡献。

无论是在他的民俗学同行中,还是在年轻的墨西哥裔美国学者中,帕里戴斯的作品,尽管有争议,但最终得到了应有的认可。1997 年,他获得了美国民俗学会关于拉丁美洲和加勒比地区民俗的一个奖项,承认他是“墨西哥-美洲和边境地区民俗领域最重要和最有影响力的美国民俗学家”。在 20 世纪 60 年代和 70 年代,在这些研究墨西哥-美洲和边境地区民俗的“奇卡诺”(chicano)①学者中,帕里戴斯扮演了先锋和榜样的角色。他直接或间接地影响了许多年轻的学者,因为他们努力寻找新的观点来挑战在美国学者中流传的关于墨西哥人的许多误解。帕里戴斯不仅对民俗学领域产生了变革性的影响,而且对奇卡诺文学和边境地区的研究做出了基础性的贡献,这一点值得肯定。

这位边境之子应该受到塑造他个人身份的两个国家——墨西哥和美国——的尊敬。1989 年,国家人文基金会授予他“查尔斯·弗兰克尔奖”,表彰他对人权的贡献。1990 年,墨西哥通过将他引入阿兹特克鹰的行列而授予他一项殊荣②。墨西哥政府在授予他成员资格时,引用了他“为捍卫墨西哥公民在美国的人权和墨西哥文化的地位所做的努力”,在他接受嘉奖的演讲中,他以典型的帕里戴斯的方式指责墨西哥在捍卫本国移民和墨西哥裔美国人的权利上的失职,尤其是在美国滥用人权的时候。

在他生命的最后一年里,唐·阿莫里克同样受到了家乡和两个他最为亲近的城市的认可和尊敬。在得克萨斯州议会大厦举行的得克萨斯书展开幕式上,他获得了终身成就奖。奥斯汀独立学区以他的名字命名了一所新中学,并因其杰出的成就而受到家乡布朗斯维尔的公开表彰。这是对这位长期以来为得克萨斯州墨西哥人民辛勤工作的人的最高的敬意。美国的学者为政治解放运动做出重大贡献是非常罕见的,而阿莫里克·帕里戴斯则因为他给我们大家提供的灵感而受到了公正的赞誉。③

《枪在手》是帕里戴斯的代表作,在该书出版 50 周年之际,大家聚会纪念它的出版。它是民俗学、奇卡诺研究、边界研究以及跨国研究领域的杰作,作者应该因此书获得殊荣。我们在此反思他工作与生活的其他方面,他的“科里多”研究,尽管非常重要,但只是他的更深的有关得克萨斯-墨西哥边境民俗与文化研究的一部

---

① 其为墨西哥裔美国人。

② 阿兹特克鹰的奖项是非墨西哥公民所能获得的最高荣誉。

③ PENA M, BAUMAN R. Obituaries: Améric paredes (1915-99) [J]. Journal of American Folklore, 2000, 113 (448): 195-198.

分。鲍曼在这篇文章里想要探讨的是阿莫里克·帕里戴斯一生都着迷的另一种民间诗歌的类型“迪赛玛”(décima),它比“科里多”的研究更深入、更迷人,他在这方面的相关工作可以在很大程度上丰富我们对这一伟大的民俗学家工作的理解:本土诗歌在社会生活中的本质与功能。鲍曼在这里除了关注相关研究中未曾关注的各个方面,还主要是要澄清阿莫里克·帕里戴斯从未清楚地说明的有关这一类型(迪赛玛)的某些方面。

阿莫里克·帕里戴斯个人的、职业的、政治的甚至是世界史的环境导致他延缓了他所参与的创造性的、学术性的项目,转而去支持他认为是更急迫的事务。他退休后完成了许多他长期拖延了的项目。其中包括了两本小说集,一部短篇故事集,一部诗集,一部笑话集,他还从手抄本里收集了大量的“迪赛玛”,发表了相关论文三篇。

“迪赛玛”的基本形式元素,可以追溯到15世纪晚期的西班牙,西班牙语韵律学的学生们是十分熟悉它的。它是一种诗歌形式,由十个八音节诗行构成,展示了许多节奏体系,其中最普遍的是“镜像”模式,具有一种“abbaaccddc”的交叉结构。在第五行与第六行之间有跨行的关联,它把两个半句结合为一个整体。

帕里戴斯为什么把如此多的精力投入到这个类型的研究上呢?首先是因为这些边境“迪赛玛”深深地扎根在了当地的社会关系之中。它们讲述的是当地人民农场与牧场“有关生活与工作问题的事件”,它们纪念婚礼与洗礼,纪念亲人和社区成员的死亡,纪录值得纪念的娱乐事件,并以幽默与讽刺的方式,直指社区某个知名成员的人性弱点,或者是整个社区的一般品质或条件。

在他对“迪赛玛”的兴趣中亲属关系尤其突出。帕里戴斯出生在这样一个诗歌与亲属关系的圈子当中,搜集相关的诗歌是他自高中以来的最大梦想,这也是他作为一名民俗学家与社会历史学家的事业的种子。但是由于环境与事务所迫,直到20世纪80年代,他才有机会严肃地从事相关的研究,可是当时,他本想记录下来的相关的人、诗人、地方等都已经消失了。他对此后悔不迭。

为了获得一个对有关边境“迪赛玛”如何缠结在当地家庭纽带的网络当中的具体的感觉,帕里戴斯深入地在家庭成员中间展开了调查研究,除了建构文本的历史性,他也关注其语境的信息,把诗歌放置在时间、地点与社会关系当中。

后来,在他进入研究生论文的写作时期,他关注到了拉美裔人的民歌“科里多”。“科里多”的英雄形式,以其巨大的篇幅关注男性、荣誉、文化间的冲突以及暴力,那是帕里戴斯学术研究的基本焦点,这时,“迪赛玛”就显得没那么重要了。对他来说,作为一个对立的案例,“迪赛玛”是基于亲属、社区、地方性、低地边境,与普通的世界更加接近。正像他自己总结的那样,“‘迪赛玛’从来都与男子气概、革命或者冲突无关,与来自北方的猫眼陌生人无关,它是与我们相关的事物密切联系的歌谣”。他之所以强调“科里多”的重要性,是因为他是一名墨西哥裔的美国人,他之所以致力于研究“迪赛玛”,是因为他是一名西内罗人。

帕里戴斯从事“迪赛玛”的研究与“科里多”的研究有关,但是,较之民歌研究,他以一种更复杂的方式发展了他的某些核心思想。他之所以神往于边境的口头文学,是因为它们在声音层面的多维度性,边境地区的某些类型,类似于喊叫的比赛,这一特点弥散于当地的表达性文化当中。帕里戴斯一直对边境地区的多声音性感兴趣。“迪赛玛”是不同的、更加亲密的、更加安静的表达,较之于边境冲突的类型,它是更加复杂的声音。他深度地参与“迪赛玛”,反映出其中存在着多维的类型、文本、对话者、生产模式、传播与反应的方式,这些内容构成了类型对话的领域。在这里,“听”也许是一个较之“看”更好的术语,可以更好地捕捉到帕里戴斯密切地聆听低地边境地区诗性声音的细密工作。这里想要强调的是:帕里戴斯关注的是民俗形式与文本如何关联于其他的形式与文本,比如说与听的对话的关系,如何相互补充、反对、混杂与再框定,民俗文本如何与多维的声音相回响与共振,人们如何通过对已经表述过的内容进行复述、反应或者竞争,并期待着未来的言说。他关注的正是语言的混杂现象,各种方言与讲述的风格在边境的“迪赛玛”中尤其丰富。

互文性的一个维度吸引了他的兴趣,那是内在于“迪赛玛”的类型当中的。这种类型内部就是一种召唤与应答的结构,整个“迪赛玛”的次要类型中的类型对话,赋予诗歌以一种形式,它具有连贯的与统一的语言结构。而且,整个诗歌的不同的部分,可能是由不同的人创造的,不知道哪一部分更早被创作出来,但是整体上它是一个互文性地创造的领域。

此外,还有地方与跨地方的互文性关系,一个地方的诗行被创造出来,期待着另一个地方的人来回应它。移动的诗行是传统的,它们是匿名的,存在着多种版本,被分别记录于不同的地方,但是整体的诗行是原创的,是一次性地创造的,由可分辨的作者在某个地方创作出来。

某些诗行的片断传播于特定的社区当中,它只是更宽泛的对话过程的一个维度。不只是特定的版本,其实整个“迪赛玛”,从个人的十行诗至整个的四十四行诗,都是由诗人讲给听众的,可以作为回应的挑战,或者作为社交活动的邀请,作为讽刺性的玩笑,作为表达祝贺或哀悼的方式,或者标记一种通过仪式,等等。本质上来说,“迪赛玛”是一种亲密细致的讲述类型,它并不像“科里多”那样被广泛传播。

作为一种交流资源,“迪赛玛”被用于建构与维持社会亲属关系与社区关系,这里涉及“迪赛玛”的目的性、社会范围和流通范围的问题。“迪赛玛”会服务于何种社会目的?在何种社会情境之下,诗人会使用“迪赛玛”作为完成社会生活的手段?会让帕里戴斯如此倾心?

在得克萨斯-墨西哥边境地区，诗歌常常是一种亲密的交流手段，它被讲给一个特定的个体，按照其独特的环境给予框架化。参与讲述的结构是双向的，一般都有一个讲述者，一个接受者。讲述一般是发生在生命危机的情境中（包括了出生、婚姻、死亡）。在这样的情况下，"迪赛玛"是一种标记性的手段，帮助通过生命危机的时刻。这是一种亲密的、私人性的、交流性的交换，具有特定的对话者，仪式关系的互惠性结构，命名的地点，固定的参与性角色等等。这就是"迪赛玛"的"类型的可交流性"：它们标记了它们假定传播的地方，它们知道如何去传播，谁将接受它们的传播，它们应该产生何种诗性的与社会的行为。总之，它们是一种被精熟地展示的语言工具，是语言艺术的小型表演。

在帕里戴斯开始从事相关研究的时候，"迪赛玛"的习俗已经开始式微了。20世纪中期的时候，"迪赛玛"已经丧失了其流通性与生产力，很大程度上被"科里多"取代了。一种混杂的形式是人们用"科里多"的曲调来演唱"迪赛玛"。而且，由于表演与新作的减少，越来越多的价值被置于从前传承下来的文本。

当帕里戴斯个人创作"迪赛玛"的时候，它已经变成了一种被引述的讲述，一种被保留的传统，而不是一种生产性的传统。在"迪赛玛"的历史的与进化的语境当中，其传说的对话性最使他感兴趣。在地方讲述的传统中，它们构成了诗歌与故事的家庭传统，边境的"迪赛玛"变成了家庭认同得以产生的生产性的与可持续的核心。

除了家庭与地域的关系，促使帕里戴斯从事"迪赛玛"研究的原因之一是这一类型的对话性与互文性。长期以来，他一直都对多声部感兴趣。作为一名诗人，他深深地扎根于诗性的敏感性当中，喜欢优美的语言形式。他自己的诗歌作品就是充满了类型间性与互文性的，发挥着类型的诗学与类型间混杂的力量。他在"迪赛玛"当中所找到的，不只是他的家庭与地域的强有力的关联，而且是他自己的对话性书写的灵感。这对鲍曼自己转向互文性研究也有深刻的影响，促使他深入到巴赫金小组的理论工作当中。

遗憾的是，虽然材料已然搜集好了，但是帕里戴斯从来没有真正地完成他的工作。他已经发表的有关"迪赛玛"的几篇论文，并没有涉及他在得克萨斯大学从事的拉丁美洲研究的大部分文件，这些材料都值得予以批判性的关注，因为它们涉及低地边境地区的表达性的文化，尤其与本土诗歌的对话性有关。①

除了阿莫里克·帕里戴斯的突出影响之外，在纪念热拉德·贝哈格（Gerard Behague）的个人纪念文集的序言里，鲍曼回忆了40年前在得克萨斯大学度过的美好时光。那个令人兴奋的时期是1974至1986年，当时，他与贝哈格等人一道创立了

① BAUMAN R."First verses I ever knew"：Américo paredes and the border décima[J].Journal of American Folklore，2011，125(495)：5-22.

后来为大家所津津乐道的所谓表演指向的"得克萨斯学派(Texas School)"。作为一名民族音乐学家,贝哈格先生让鲍曼这样的语言指向的学者对其他符号体系持开放的态度,并使得他们所在的空间里充满了艺术的氛围。

当时,得克萨斯民俗学的奠基人大部分都是音乐学家,但是,只是到了1971年,得克萨斯大学才把民族音乐学系纳入到民俗学系,单位的名称才从"民俗与口头历史跨文化研究中心"改为"民俗与民族音乐跨文化研究中心"。1974年,贝哈格调入单位,正是他负责建设了民族音乐学的研究生课程,民族音乐学才正式走上了发展的轨道。

当时整个系里的学术思想是趋于一致的:大家都认为他们的学科是文化的政治,知识与学术的基础是要培育对于社会不公正的批判性的观点,发展对于社会与政治问题的批判性的矫正。学术上,系里的所有研究者都是跨学科边界的,成功地打破了根深蒂固的学术壁垒。他们共同的目标是让学科冲破高等文化的霸权、精英的鉴赏力、文本客体的自主性。他们把本土的音乐与语言艺术,以及其他符号性的展演,看作是达成社会生活、强化经验的资源。作为展示的模式,它们把形式与内容关联于技巧性的表达当中,成为某种可记忆的、可重复的、可持久的与可反思的东西。整个学术研究被置于"表演"的概念之下,指向了由音乐的、语言的或者仪式的展演所构成的情境化的表达实践。大家都采用了民族志的方法论,经验性地发现与阐释社会生活行为当中的形式、功能与意义。他们最基本的描述与分析的单元是表演事件。大家关注的问题是:它的情境性的原则是什么?发生的地点在哪里?社会组织的形式是什么?交流性的手段是什么?表达形式的生产与阐释的指向性框架是什么?与此同时,他们也关注超越了表演事件的时空边界的更大问题,比如,本土文化在民族主义的培养当中的作用是什么?政治边界、社会差异以及不同的身份认同的动力与生产性力量是什么?

贝哈格先生承认他受惠于鲍曼的"表演"思想,但是,他提供给后者的是历史音乐学中表演实践的观念。他注意到了音乐表演中物质的与身体的层面在时空关系当中的重要性,及其与技巧、风格的根本性的相互关系。另外,鲍曼说,从另一位同事诺尔玛·麦克劳德(Norma Mcleod)那里,他知道了弥尔顿·辛格的"文化表演"的观念,这一概念对于理解社会组织以及那种被突出展演的事件之反思性的复杂性,具有持久的适用性。①

---

① BAUMAN R.Foreword[M]//BUCHANAN D A.Soundscapes from the Americas:ethnomusicological essays on the power,poetics,and ontology of performance.Farnham,Surrey,U.K.:Ashgate,2014.

第十四章　文本化与表演研究

20 世纪 70 年代以来,民俗学家与语言人类学家把民俗看作情境化的交流性实践,表演、文本化、去/再语境化与类型等概念,已经被证明非常适合于分析小型的、面对面的交流形式,这些形式构成了口头艺术的经典类型:比如寓言、传说、史诗、歌谣、谚语、谜语与故事等家庭及社会互动中的口头类型。表演研究的范式也被推广应用于更加大众化的语言讲述形式,比如政治演说,仪式性的讲述行为,市场交流及其他话语形式。与家庭及社会互动中的口头类型一样,这些交流模式也是被用于互动性秩序的生产与再生产,即同样是发生在共同在场、面对面互动的社会场域之中。

20 世纪 90 年代以来,鲍曼把注意力转向了媒介化形式(包括报纸、书籍、广播、商业记录、电影等)当中的民俗(口头传统)的转变。它们把民俗从面对面的互动秩序中提升出来,扩展到由大型的民族群体及现代民族国家构成的“想象的社区”当中。

民俗的国家化即意味着民俗的国际化,民族主义者的意识形态与运动,不仅不可避免地指向民族身份与文化的象征性建构,而且指向与其他民族的对比(与连续)的建构。此外,全球化使得来自地方的文化形式扩展出民族国家的边界,多民族的娱乐工业即是这个方面的典型的例子。国家及国际的民俗场域——能动者、权力关系、媒介、认识论、修辞、机构以及其他组织性元素——值得在历史与现代的视野当中被考察。鲍曼试图从情境主义的立场出发,考察民俗的国家化与国际化,考察民俗被转变的方式,即民俗如何被人们从互动性的秩序当中“去/再语境化”,并转变为国家与国际的文化要素。他所谓“语境主义”指的是密切关注特定民俗文本如何关联于其生产的语境,关注它获得形式、功能及意义的过程,关注它与其他话语的关联性。

语境主义者习惯于分析面对面的互动事件,而对于印刷媒介与其他交流媒介——作为一种去语境化的运作——却不甚熟悉。事实上,这种媒介化的过程涉及“去/再语境化”的问题,每一种去语境化的行为,同时也是一种再语境化的行为。

民俗的国家化与国际化,不只是意味着民俗材料——文本——可为不断扩大的听众/观众群所获得,其中涉及一系列的手段与技巧,促使民俗事项语境化、再语境化,并与国家或者国际层面的话语产生联系,最终成其为一部分。民俗学家面对的问题是:它是如何从面对面的交流性事件当中抽取出来,在面向国家或者国际听众的过程当中,被一再形构或再形构的。这里,去/再语境化的工作,就是从一种直接互动的背景转向一种国家的或者国际的场域,并重新分配它。最终,它成为一个国家或者世界文化的一部分。

在欧洲民俗学的发展历程中,格林兄弟最早创造性地提供了呈现民俗事项的框架,他们创造了一系列文本性实践及呈现模式,从他们那个时代一直到今天,那些创造性的工作整体上形构了后来民俗学家处理民俗的方式。对他们来说,民俗的国家化、国际化,只能在浪漫主义、民族主义意识形态的语境当中,在跨国性的比较的语文学中被理解。

大约与格林兄弟同一时代,美国有一个可对比的例子,但却少有人关注。他就是亨利·罗威·斯库克拉夫特,最近,他被看作是"美国民俗学与人类学之父"。虽然早在他之前,民俗学界已经在搜集与出版民俗材料,但是,亨利·罗威·斯库克拉夫特极大地改编了文本,以方便出版。他的改编性工作引发了人们对他的材料的"本真性"的质疑。鲍曼认为,正是这一改编及附带的有关"本真性"的修辞十分有趣。他的文本化实践与框架性的修辞正好是"去/再语境化"的工作,也正是经过这一道工序,民俗从面对面的语境转向了国家与国际的领域。显然,这里面有一个对话性的过程,国家的与国际的力量形构着民俗文本生产的地方性行为,而后者也反过来重构着前者。

鲍曼通过追踪一则文本在一系列语境中的变异过程,试图了解它如何从故事讲述的事件转向了世界文学的场域。苏珊·约翰斯顿(Susan Johnston)和约翰·约翰斯顿(John Johnston)是亨利·罗威·斯库克拉夫特的岳母与岳父。鲍曼呈现了斯库克拉夫特文本化过程当中的多重讲述与再讲述。

(1)商人约翰·约翰斯顿讲述吉特·加法兰的英雄故事,把这一故事当作是印第安人的迷信。故事的内容是吉特·加法兰做梦试图改变当地葬礼,隐喻着他想要把文明带给印第安人。他在不同的时间、不同场合讲述了这一故事。

(2)麦肯尼的转述。作为当地印第安人的长官与约翰·约翰斯顿的庇护人。他把这一故事转录下来,寄给了内阁秘书。从而实现了英雄故事从本土向民族国家的转化。

(3)斯库克拉夫特从他的岳父那里记录了吉特·加法兰做梦的故事版本。他故意删去了故事讲述者的信息,当地人则认为民俗学家们偷去了他们的故事。他还在其他的地方把故事归于全部奥吉布瓦人,他把他们当作一个民族,把他们与美国人之间的关系假定为民族与民族之间的关系。他在《游记》中把吉特·加法兰归于奥吉布瓦民族,并面向美国人宣讲他的故事。

(4)斯库克拉夫特还发现当地故事与习俗互为因果。他强调的并不是一种特定的、情境的、互动的功能,而是更加普遍的叙事与习俗之间的文化关联。在他的《文学旅行》与《阿尔及克研究》当中,该故事的叙述方式是不同的。他开始把印第安人的故事当作了商品来处理。

(5)朗费罗把相关材料作为美国文学的来源。他对斯库克拉夫特已经出版的材料进行文学化的转型。也正是通过他的努力,印第安人的民间文学走向了大众,走向了世界。斯库克拉夫特解释过,只有在印第安人被征服之后,他们的知识才成为一种文学的资源而被发现。

(6)斯库克拉夫特的语言学研究渐渐地带了语文学的特征,总体上是一种比较神话学、比较语文学的研究。他努力与语文学家们建立联系,他的《阿尔及克研究》展示了这一努力,并把他自己的研究工作定位于学术语境当中。他努力区分了奥吉布瓦语与易洛魁语;比较了不同的印第安人部落神话的异同,并与欧洲的神话故事相比较。这样做的时候,他已经把印第安人的故事与世界文学比较起来了。

这就是斯库克拉夫特在呈现印第安人故事中的语境化与再语境化的策略,为了让故事可为国内与国际的读者所知,故事文本必须从奥吉布瓦语翻译成一种国家的与世界的语言,其中,一方面是转变文本之外的不同文类框架所导致的不同的讲述模式,另一方面是文本内部的翻译,即从地方语言转译为英语,从口头语言转译为书面语言,还有为国际化与国内化而采用的改编性的策略。

斯库克拉夫特搜集的材料主要是用英语讲述的,因为他的讲述者们都是双语人士;他自己也对文本的形成施加了重要的影响;鲍曼通过上述加法兰故事呈现的多种方式,考察了其中再语境化的过程。斯库克拉夫特偶尔也会应用一些本土语言调剂一下地方色彩。此外,文本要获得独立,还得通过添加标题方式赋予其独立性。他不断地为同一故事更换标题,反映了他认为故事既是一种文学作品,也是一种民族志的材料的观念。以文学的风格呈现材料时,他就会强化其文学色彩,以民族志的风格呈现时,他的叙述就会被以相对简约的方式概括起来,没有描述性的细节、直接话语或者其他文学的特征。

把讲述的材料客体化的另一个维度是使得每一个文本只有一个单一的情节。他把复杂的故事分解成单个的故事,并且为非奥吉布瓦的受众做注解,坚持使用奥吉布瓦人的讲述风格等等。但是在以书面语言呈现时,为了迎合欧美人的阅读口味,他又对文本进行了删除与精炼化的提升。

鲍曼通过追踪语境化与再语境化的过程,呈现了一则奥吉布瓦人的叙事,如何从其故事讲述事件的互动性语境当中被抽取出来,然后面向不断扩大的听众讲述,最终呈现为民族的与世界文学的一部分。在一项民俗实践的发展过程中——从圣·索尔特·玛丽某一个晚上的讲述,到朗费罗的最后的改编,中间经过斯库克拉夫特的多元化的干预——可以从中追寻一个形成性的过程。

鲍曼说,通过理解斯库克拉夫特的实践,民俗学家可以更好地理解自己。那么,这一个案的更大的批评性意涵是什么?民俗学家常常假设自己可以搜集或者出版“本真的”民俗文本,以这样的方式,他们可以保护这一初始的本质,使它们避免其他的做法与框架。但是,细致地、批判性地考察文本的意识形态及实践,细察我们自己的文本性的实践,可以更加清楚地告诉我们,国家化与国际化的力量形构了民俗学得以形成的总体的思维框架,在记录性的相遇当中,它们形构了作品,也在随后的各种呈现当中形构了作品。在这一方面,鲍曼认为斯库克拉夫特并不是特例,相反,考察他的工作强调了一种形成性同时也是范式性的时刻。因为没有哪一种文本不是国家的与国际的视野下的民俗学文本。①

在美国民俗学与人类学界,亨利·罗威·斯库克拉夫特被知识史学家们赋予了类似于格林兄弟一样的奠基性的地位。然而,对于他的学术工作的合法性,史蒂斯·汤普森就持否定性的态度,因为他重构了故事以适应他自己的文学趣味;而罗斯马丽·祖莫瓦尔特则肯定他的方法论原则,却指责他在实践当中没有贯彻这些原则。像格林兄弟一样,他的文本性实践主要是按照一种“本真性”的修辞和“文本间性”的问题框架化的。

在《表征本土美国人的口头叙事:亨利·罗威·斯库克拉夫特的文本性实践》一文中,鲍曼更加详细地介绍了斯库克拉夫特的文本化的实践策略及其成果。他介绍说,1822年,斯库克拉夫特来到密歇根地区,作为印第安人的代理人,刚开始,他需要依赖商人与翻译来获得材料,他当时很沮丧。可是不久之后,他就碰上了约翰·约翰斯顿,此人是奥吉布瓦商人,又是爱尔兰裔人,这个人在前线边境一带有着丰富的生活经验,他娶了当地具有极高的社会地位与政治影响力的奥吉布瓦女人,他的孩子们都精通两种语言与文化,后来他其中一个女儿嫁给了斯库克拉夫特。这一联姻关系为斯库克拉夫特了解奥吉布瓦人的语言与文化提供了绝佳的立足点。

不久之后,斯库克拉夫特兴奋地发现了当地人的口头叙事传统,他把这一发现看得很重,认为搜集与介绍这些口头传统会提高自己的学术声誉,因为他的赞助人凯斯长官鼓励他进一步调查,以便制订一个国家层面的印第安人政策。深入了解奥吉布瓦人的文化是了解他们性格的关键,而口头叙事是掌握这一文化之本质与民族性格的最佳切入点。

---

① BAUMAN R. The nationalization and internationalization of folklore: the case of Schoolcraft's "gitshee gauzinee."[J].Western Folklore,1993,52:247-269.

可是斯库克拉夫特缺乏既有的模式与先例来指导他搜集、理解与呈现这些材料的相关工作，他急切地希望介绍他的发现，但如何说才好呢？这些故事是什么？其意义与价值何在？谁会对它们感兴趣？他决定从头搜集当地人的讲述，理解它们的本质、意义与价值，他希望找到一个认可他的工作的阅读群体，使他的发现可以为读者所获得与理解，所有这些因素都对他的文本性实践具有形构性的影响。

他把印第安人的叙述的本质同时构想为“文学形式”与“民族志材料”。他所谓的“文学形式”意味着它是用来“读”的，而阅读行为本身又与特定的社会阶层相关，那是服务于资产阶级群体的行为，因此附加了一种道德的意义，意味着那是一种“体面的”学习。此外，他还有高度的“版权”意识，因为文学作品是一种知识财富，文学作品的商品化可以为他带来声誉与收益。

在 19 世纪的上半叶，“文学”还指向创造性与想象性，被看作是一种艺术性地形构的作品，斯库克拉夫特也是在上述意义上使用“文学”这一术语的。他也评价了印第安人叙事的“诗性”本质，它们并不是诗，而是叙事性的散文。他把这些叙事文学类型化地称为“故事”与“传说”，应用了“叙述”与“叙述者”的概念来描述它们的来源。在强调它们的诗性品质的时候，他还强调印第安人叙述的“想象性”与“幻想性”，意味着它们是“虚构的”。这些特质使他方便地应用了“口头文学”这一概念。斯库克拉夫特是这一术语的创造者与最早的使用者之一，他用这一术语来描述这些口头艺术形式。他强调“文学”的概念，指的正是其诗性的、想象的、创造性的特质，它们是要被阅读的。而“口头文学”这一概念却同时内含着一种紧张的关系，突出了某些最明显的问题，在结构与实施他的文本性实践当中，他不得不面对这些问题。

从一开始，斯库克拉夫特就认为印第安人的口头文学是洞察印第安人文化的首要资料，他一直强调叙述与习俗之间的相互关系，他说无法判定到底哪一个是原因，哪一个是结果，是习俗先于故事存在，还是故事被发明出来以适应习俗。他认为故事的主要价值在于，它体现了印第安人思维的隐蔽面（他们的信仰、教条、意见），他们隐蔽的思维模式，他们真正的哲学。他认为对于印第安人生活中这些层面的揭示，构成了他个人工作永久重要性的基础。

在这个意义上，奥吉布瓦人的叙述又是“民族志材料”，斯库克拉夫特发现，仅仅是记录下来的口头文学并不能使它们成为完美的文学，它还需要进一步被提炼，但是提炼与修饰使它们远离了初始的口头特征。显然，要迎合故事的文学性十分困难，斯库克拉夫特努力消除口头与书面文本间的差距，他强调新鲜、直接保存文本、忠于原文，而文本化过程潜在的“改变”效果被他公开否认了。

斯库克拉夫特对于印第安人故事讲述的直接观察构成了强调“本真性”的重要基础，通过强调直接的经验，他表现出自己在揭示与发现印第安人生活的秘密，这种印象来自于他田野作业的本真性、严格性、特权性地获得真实材料的前提,他正是通过这些话语策略来追求他所渴求的学术荣誉的。

比如,我们知道其中一则故事的起源,这一故事是讲述一个奥吉布瓦人的头领有关葬礼的梦的,他是约翰·约翰斯顿的讲述节目之一。这个奥吉布瓦人的头领早些时候直接讲给了约翰·约翰斯顿。虽然约翰·约翰斯顿的奥吉布瓦语十分流畅,但是,他是用英语讲给了斯库克拉夫特听的。但是,这个“媒介”转换的问题被斯库克拉夫特忽略了,好像他是直接从奥吉布瓦人的口头讲述中听到它似的。

斯库克拉夫特注意到了由“符号间”及“语言间”翻译打开的文本间的差距,即从口头转向书面,从奥吉布瓦语转译为英语所产生的差异。他有时断言,他没有经过中介转换,是直接记录了印度安人的叙述文本,从而隐瞒了他的家庭成员用英语转录给他的过程;在另一些地方,他又公开承认这些家庭成员是叙述的阐释者与翻译者,这些翻译者的语言能力以及他们久居印第安人村庄是他们翻译之准确性的保障,也是材料本真性的保障。这也是田野工作者直接接近材料之权威性的可能的方式之一。

斯库克拉夫特在材料的“本真性”问题上十分焦虑,他一再澄清他在编辑过程只是“删去了粗俗的语言,保留了风格的简单性,复杂的故事被一分为二,删除了冗余的内容”。这些操作使“形式与内容”之间的差距更大。一方面,他明显关注材料的文学性,另一方面,他更关注故事的文化内容:信仰、教条与意见,这些是必须被保留的。从他的文学艺术的标准来看,那些故事是有缺陷的。他恪守最初的语言与表达,或者保留了本土表达的其他形式特征,这些将会损害它们对读者的文学吸引力。它们的主要缺陷是冗长,对于主要情节的发展一无用处。

他把印第安人的叙事风格的缺陷视为内在于其语言本身的缺点,其形式复沓冗长,他认为,这种叙事的风格需要用优雅的文学品味来磨炼。这样一来,他的陈述中便具有了“修饰”与“本真”的内在紧张与矛盾。他说,“要努力恢复初始风格的简单性”,我们不知道他说的“简单性”指的是什么,但是,他总是把复杂的讲述分解为只包括单一情节的讲述。

1856年,斯库克拉夫特出版了一个奥吉布瓦人的故事集,其主要材料源自《阿尔及克研究》,故事集的标题为《海瓦塔的神话》。其中有对于其文本实践的终结性的陈述。文本间的差距被进一步扩大。文本被说成是“来自印第安人口头讲述的版本”,“版本”意味着与最初的版本不完全相同,强调了编辑性的干预,编者书写并再创作了文本,补加了偶然的情节与结论;故事的“真正精神与意义”,“本土人的思想与发明”不是被保存,而是被“获得”,被引申或者甚至是被创造出来。他的编辑工作修复了本土人文学的匮乏、叙述的冗长、语境的细节、粗俗的地方等等。

事实上,斯库克拉夫特对本土人的思想也持否定态度,他对于故事当中的信仰持批评性的看法,但是,他对于印第安人思维的否定性的判断,并不意味着他认为他们天生地思维低下,他以批判性的先入之见把印第安人带入基督教的审视之下,通过牺牲本土人叙事的风格而强调其文化的内容,从而揭示了印第安人思维中的阴暗面,这种揭示的工作,至少在他看来,是把他们引向基督教之光明的先决条件。构拟一种民族政策的本质基础在于,正视这些不可避免的失败者在北美大陆的竞争中失败了。故事与政治之间的关系非常明显。通过从内部了解印第安人,可以更好地评估他们的性格,从而可以找到更好的改造他们的手段。显然,斯库克拉夫特的文本实践与政治意识形态是相互一致的,本土故事讲述的口头形式与斯库克拉夫特出版的文本之间的文本间差距,意在减少其内容层面的文本间的差距,更好地服务于文化的与政治的统治。

此外,斯库克拉夫特还十分关注他的著作的商业效益,材料显示,他之后还要靠著作维持生活,他需要吸引读者与书商;与此同时,他还关注学术声誉,这需要他展示学术知识的丰富性与严谨性。当时,语文学与民族学都正在走向学术化,所以,尽管他的目标主要是揭示印第安人思维的秘密,但是商业的与学术的考虑也是同等重要的,换句话说,他需要在政治、文化、商业与名誉之间寻找平衡点。

印第安人故事既是文学的也是民族志的材料,其在文学层面上是有缺陷的,但仍然是有吸引力的,它可以成为一种与众不同的美国民族文学的资源。要使它们成为可被接受的文学就需要修饰,他应用了许多手段与技巧来提高其文学的品位,试图达到优雅的文学品味与标准,提高它们对于读者的吸引力;另一方面,他还有另外的一套相应的文本化的手段来强调其民族志的"本真性"与学术的合法性。在不同程度上他结合应用多种手段与技巧,以校准特定文本的框架,它们既是文学的又是民族志的,既是大众性的又是学术性的。这样一来,同一则故事可能以不同的面目出现在两种类型的刊物当中。

无论成功与否,终其一生,斯库克拉夫特都在努力设计一套方法来表征印第安人的叙事,努力设计一套修辞框架来为他的文本提供合理性。在文本性表征的历史上,他建构了一个形构性的时刻,这对于后来的民俗学、语言人类学及其他相关学科都具有重大的意义。斯库克拉夫特的"元话语实践"既与他个人的、自传性的环境有关(他作为印第安人的办事员,与约翰·约翰斯顿一家的关系,他的个人野心);又与更大的历史性的因素相关,当时,他缺乏口头叙事被记录的先例,但是,他需要为他的工作辩护,需要创造读者及市场,希望影响国家政策的制订。①

众所周知,鲍曼在口头艺术的表演研究领域的精深探索,很大程度上源自他的学术身份,作为一名语言人类学家,他想在这一领域做出积极贡献。自20世纪早期以来,语言人类学的话语理论认为,语言是一种社会现象,社会生活是被交流性地建构的。人际交流被描述为"讲述者-听众[S-H]"的二元矢量模式。这一模式对于理解"语言是社会性的"以及"社会是交流性地获得的"具有基础性,它沟通了"语言"与"言语"之间的鸿沟。

20世纪70年代以来,语言人类学家们开始质疑"讲述者-听众[S-H]"的二元矢量模式,深刻反思它是否能阐释语言形式与功能的某些基本的层面。其中一个困难是,如何把口头互动当中"讲述者-听众[S-H]"的二元矢量模式关联于更大的社会形式(机构、社区、国家)。简言之,人们如何把时空固定的情境化场景中"讲述者-听众[S-H]"的并向矢量,关联于社会与文化更加宽广的集体的与历史的维度?一旦我们试图打破固定的讲述事件的边界,我们从讲述事件的分析当中所获得的洞察力能把我们带到多远?

大部分研究习惯于考察面对面的讲述,鲍曼试图考察的是中介性的交流,即被传播的言说是对初始言说的一种复制,这种再情境化的言说在某些词汇的与形式的方面与初始言说存在差异,他所讨论的正是这些变异的维度。

鲍曼所说的讲述的"中介性"(mediational)指的是什么?信息、言说、文本在一系列讲述者之间传播,这并不足以界定他要讨论的现象,虽然这些现象也是这一过程最重要的部分。他所讨论的是在表演当中故意操纵的、传统地控制的过程与惯例。表演当中中介性的惯例化,以尤其富于启发性的方式,强调并探索了过程的一些本质性的特征与能力。

"中介性"建立了一系列对话当中的暗含的或者索引性的关系,鲍曼把对话序列当中的第一个对话称为"初始对话"(source dialogue),把第二个或者随后的对话称为"目标对话"(target dialogue),"初始对话"先于"目标对话",对话之间暗含着某种关系。在中介性序列当中,对话之间蕴涵着的关系对二者施加着一种形成性的影响,形构着参与者的结构与话语,通过这种结构与话语,对话以多种方式被结构起来。这一蕴涵关系的结构,给予我们一个框架,引出中介性表演中组织的明显的维度。

从参与者的观点与角度来看,以这样一种方式控制的每一种对话是如何在建构它们之间暗含的关系的?

---

① BAUMAN R.Representing native American oral narrative: the textual practices of Henry Rowe Schoolcraft [J].Pragmatics,1995,5(2):167-183.

表 14-1　媒介化的交流模式

来源 (Source)	初始言说 (Source utterance)	中介 (Mediator)	目标言说 (Target utterance)	目标 (Target)
初始对话(Source dialogue)			目标对话(Target dialogue)	
先在并对目标对话产生形成性的影响(Reaches ahead to and has formative Effect on target dialoge)		内含的关系(Implicational Relationship)	回溯并对初始对话具有形成性的影响(Reaches back to and has formative Effect on source dialoge)	

首先,鲍曼研究的焦点是中介性形式,它们是惯例化的表演,被安排好以包括媒介化的路径(见表 14-1)。参与者对于他们的媒介化结构具有传统的理解与期待,这些表演的惯例化的、传统化的本质,构成了元语用学管理的一个强有力的层面,基于此,初始性对话与目标性对话之间暗含的关系得以被理解。

其次,当两种对话分别发生于不同的时空当中时,二者之间的索引性关联必须被基于传统的理解及其他可获得的证据加以推断。

再次,除了惯例化的事件结构的元语用功能,话语的某些反思性的特征暗示了惯例的中介性的本质,其中最突出的是特定的构成性言说的文本性。通过文本性,一种特定的构成性言说的文本性,与一段脱离其语境的话语,内在地具有连贯性,它把话语转变为一种可用于“去/再情境化”的对象物。

最后,需要关注参与者的结构以及表演被组织的参与者的角色、功能性目标。中介使得交流性交换的参与结构远比“讲述者-听众［S-H］”的二元矢量模式复杂。建立在中介结构之上的表演代表了参与者操纵参与角色的多种方式。有必要比较研究一下中介性过程中实用性地构造与再造的参与角色的惯例。

鲍曼试图提出一个参与者的角色清单(见表 14-2),以调查研究中介性的惯例,把这样一个惯例性的结构作为界定性的参考框架,会发现其中一些角色(较之另一些)是在更广泛的层面上运行的。

表 14-2　媒介化交流中的角色

	参与者	在事件过程中任何被正式批准的角色
1	讲述者或者发送者	任何一个口头言说的生产者
2	作者	一个言说的制作者
3	起源	原始言说的讲述者
4	接受者	任何一个口头言说的听众
5	听众	一个言说直接面向的参与者
6	旁听者	不是听众的接受者

续表

	参与者	在事件过程中任何被正式批准的角色
7	目标	一个言说的最终的目的地,目标言说的接受者
8	听众	一个表演的接受者
9	中介或者中继站	原始言说的目标;目标言说的讲述者

鲍曼强调,需要关注“初始—中介—目标”之间的相互关系。权威被赋予初始性言说的生产者,而表演性的模式则被赋予中介者,他在目标言说当中复制文本。

鲍曼直接以中世纪爱尔兰诗人的诗歌创作与吟游诗人的吟咏作为个案,来讨论中介性表演的问题。当时,诗歌创作的赞助人与诗人之间互相支持,前者为后者提供物质帮助,而后者则为前者提供种种赞美。诗人的赞美诗在赞助人死后仍然长存。这些诗歌不仅是传统的一部分,而且构成了传统本身。当然,理论上,诗人既可以支持与赞美他的赞助人,也可以诋毁甚至嘲弄他。重要的是,中世纪爱尔兰的诗人只是负责创造诗歌,却并不表演它,另有职业的吟游诗人来表演它们。诗人是有高等社会地位的人,而吟游者是低等社会的人。鲍曼讨论的正是从诗人到吟唱者再到保护人之间的媒介性结构。

除了空间维度上的中介性传播,当时还有生死之间的灵媒的(中介性)传播,它也采用惯例化的表演模式,意在把存在领域的分离复制出来,并以提升了的、反思性的行为把它们结合到一起。灵媒创作诗歌被认为是神灵附体所致,是出神与入睡之际灵感突现,是受到了超自然的精神导师指导的,他们不承认诗歌是他们自己创作的。虽然他在传播时受到高度评价,但是表演的本质存在于表演者当中,而不是在祖灵那里。被表演的歌谣的中介性,不仅跨越了现存的领域,而且跨越了时代的间隙。人们借助于中介的表演,了解了他界的祖先的知识。灵媒借助于祖先传授的知识以及其传达的谱系,对应于现实社会中的等级谱系,这样一来,灵媒成为头领的萨满,那些知道如何与祖先交流的人补充了头领在社会控制中的权威。

当目标对话中对象群体无法了解初始对话当中的言语讲述者的言说时,比如今天的听众不能了解祖先的言说时,目标对话以何种方式,通过何种手段暗示中间的过程呢?表演者如何呈现初始对话当中的关系?如何在目标事件当中再情境化文本时对自己的技巧与效果负责?如何呈现自己作为中介者的角色能力与努力?他会诉诸人物、地点、文本的形式特征以表演文本,在地方性理解的更大的语境当中,呈现中介性过程的某些方面。在这一传播过程中,参与者又是如何参与到社会与文化权威的结构当中?显然,媒介化的惯例可能会跨越空间的、时间的、存在领域的以及地位与权力的政治等级的不同位置,口头诗歌在服务于社会的、政治的与宗教的权力与权威方面起着重要的作用。鲍曼认为,中介化的表演通过如下三种机制,帮助维持权力与权威。

(1)传统化:在西方对于口头诗歌的理解中,传统起着重要的作用。早在18世纪后半期,部分地是赫尔德的传统,部分地是美国人类学的传统,他们都强调诗歌表达的持久性能力,它们构成了一个人群的永恒遗产,一种文化本身的基础。在赫尔德的理解中,诗歌形式的文本化的力量使诗歌的话语可记忆、可反复、可持久,想唱就可以唱,当一个文本被再次演唱时,一种文本间的关系就建立起来了,一种文本间构造的传统得以延续。

在赫尔德的概念中,传统与活态的表演的直接性并不遥远,诗性传统的文本间的连续性依赖于一系列的再表演。赫尔德除了强调表演之外,还强调语文学的先在的文本史与起源,强调表演的临时性。文本的客观性与可分离性,潜在地是可以去语境化与再语境化的。这些都支持一种抽象的传统的概念,都基于互文性关系的具体化,它把同源文本的历史连续性关联起来了。

这里有一种"传统化"的理解,它不再是具体化的"传统"的观点,而是把传统理解成为话语的与阐释的获得,一种积极的创造性过程,把目前的话语与过去的话语联系起来。让我们关注传统化的手段与过程,关注如何通过传统化赋予话语以意义。中介化惯例当中就有"传统化的核心结构的反思性展演",即这些中介化的表演代表了形式化地、惯例化地强调"元话语的"实践与过程的方式,这对传统的获得至少是必要的,这里又有一个"去/再语境化的"过程,即"初始话语"、"去/再语境化"与"目标话语"的过程。首先是对初始材料的"文本化",赋予其充分形式的与功能的固定性及内在的一贯性,被从它的生产语境当中剥离开来,再语境化于目标对话当中。中介性的惯例尤其是以一种反思性的方式展演传统化的核心结构,强调惯例与客体化过程。

(2)知识的社会化:中介化的过程不仅影响了文本的时间的连续性,它也在以基本形式展演着文本的社会流通性。它们的传播超出了个人,成为他人可获得的有用资源。因为知识外在地呈现于交流信息当中,在主体间传播,从一种思维向多种思维转变。这一主体间转化的完成,只是一种简单的交流行为,一种单一的客体化至少是必要的,它就能满足"讲述者—听众[S-H]的并向矢量"。在有些情况下,需要公开肯定知识的转化已经完成,知识成为接受者的财富的一部分,这种展示至少需要一种二次客体化。当二次客体化呈现出与首次客体化同样的文本形式时,观点性的内容及文本性的形式就被固定化了,二者之间的融合对于其意义与有效性是必要的。既然文本化提高了符码化的知识的可转变性、可记忆性与可反复性,它显然易于转向作为形式化的一种元素的知识的社会化。转化为一个文本,作为一种可持续的知识单元。在这里,中介性表演过程显然是核心过程的反思性展演,由此,文本化的知识的社会化可以被展演,初始信息被以文本性的形式客体化,期待着文本的二次客体化,最终肯定了其社会流通性。

(3)权威化:对于永恒传统的神圣性的固有信仰,是追求权威性的坚实基础,中介性的表演也关系着权威化的过程,就是使话语权威化的过程。巴赫金提供了"权威性话语"的概念,称它是"父亲的话"。它的权威性在过去即受到承认,它是优先的话语,是明显地被标示的话语,不容许玩弄其边界,不可有渐近的、易变的转化。作为一种压缩的、不可分割的整体,它进入了我们的语言意识。问题是,巴赫金并没有考虑话语是如何被权威化的,即它融合权威的过程。事实上,中介者位于初始文本与目标文本之间,他是复制文本的形构者,他对于话语的权威化过程具有重要的作用。

然而,作者显然比中介者占有一个更高的地位与权威性,具有更大的艺术性技巧、精神力量、政治力量,这种等级上的不对称可以看出,作者话语的权威性来自于他角色的权威性。中介性表演的过程即是展演话语的权威性,使权威外显,以公开可见的方式客体化。中介者复制作者的话语,但能动性在作者一边,在信息的构造与文本化过程中,中介者被否定了其积极的能动性,相反,他是受束缚的。文本自身的完整性似乎是不可撼动的。

当然,这并不是说中介者对这一过程毫无贡献。中介者负责正确地复制作者的文本,表演使他很好地复制它,使它获得特殊的关注,调整权威性话语复制标准的接受与实现是权威化过程的一个完整的构成部分,即初始话语优先于目标话语,保存其完整性,重点突出,服从于初始话语的形式,这是对带有权力的话语过程的反思性的展演。可是,中介者的声音也可能会渗入目标话语当中,而且在某些情况下,尽管初始话语的完全权威是标准,但是中介性过程,作为一种对立性的操纵方式,改变着初始话语。当中介者严格地复制初始话语时,它最小化了文本间的差距,以最强大的可能的术语展演了其权威性;当中介者的声音介入初始话语,在再情境化的过程当中加入了他的声音时,文本间的差距就扩大了;而当中介者只是在转述作者的话语时,这种不完全的复述只是一种"再文本化"。比如,墨西哥克罗库依戏剧中的丑角,他完全是在嘲弄导演与剧本的台词,显然,他质疑了文本的权威性。

中介性表演代表了形式化的、惯例化的交流性结构,其最重要的设计性特点之一是展演话语跨越了时间、空间、存在领域及社会地位的连续性,它们展演了构成社会生活过程的核心结构:传统化、知识的社会化与权威化。正如文中所说,如果说中介性过程可以展演这些核心的过程,它们也可能评价它们,校正或者重新校正它们的力量,甚至以嘲弄的方式颠倒它们,这提醒我们,话语的表演可以服务于权威,也可以颠覆权威。①

① BAUMAN R. Mediational performance, traditionalization, and the authorization of discourse[M]//KNOBLAUCH H, KOTTHOFF H. Verbal art across cultures: the Aesthetics and Proto-Aesthetics of communication. Tübingen: Gunter Narr, 2001: 91-117.

第十五章 元话语的实践

《一切未来研究的基础:弗朗兹·博厄斯、乔治·哈特、本土美国人的文本以及现代性的建构》是鲍曼与布瑞格斯合作研究的项目成果之一,这一研究项目的最终成果以《现代性的声音》为名结集出版。整部著作通过回溯现代学术史上不同的语言哲学家的语言学观念,展现现代性的思想如何通过对口头传统的界定而折射出来。

弗朗兹·博厄斯自然是这一学术研究谱系中的重要人物之一,在我们考察他的文本制作模式之前,有必要先阐释一下所谓"元话语的实践"的概念,分析一下话语被生产、传播、接受与融合的方式。

鲍曼认为,文本被权威化的方式有两种:一是文本化,二是再语境化。在博厄斯、哈特合作转写的文本中,博厄斯教育哈特如何书写夸扣特尔印第安人的语言,提供给他印刷文本的模板,批评他的工作方式,告诉他翻译与撰写的方法;而哈特自己也发展出了一套书写技巧以记录本土人的话语。这种转译的工作就是"文本化"与"再语境化"。"文本化"与"再语境化"意味着要擦去特定类型的人的意识形态、语境、词汇、风格等相关话语。

"文本化"与"再语境化"的过程密切地关联于文本的形式与内容,它们的意义并不只是文本层面的,也是社会的与政治经济层面的。在文本化的过程中,话语被从多维的实践、事件以及与它们的生产相关的地点当中抽取出来,我们把这一过程称为"去语境化";当文本被传播时,它们被称为"再语境化"。文本的"去-再语境化"过程,通过社会实践而受到影响,不只是关联于前在的话语与语境,而且建构了这些话语与语境。术语"元话语的实践"指的是特定的书写模式,它调整着话语被"去文本化、再文本化、去语境化、再语境化"的过程。文本拥有其自身的价值,本身是交换的对象,也是更广泛的社会关系层面的与政治经济关系层面的交换。鲍曼与布瑞格斯通过深入分析博厄斯-哈特文本的生产过程,细读这一文本生产的模式与过程如何反映了宽泛的社会的与历史的问题。

在博厄斯搜集记录本土美国人文本的年代,录音机还没有被广泛使用。因此在他与哈特、亨利·W.泰特以及其他人合作之前,他主要依赖于听写来记录他们的讲述内容。博厄斯珍视他所搜集的神话、传统以及部落历史的细节,关注文本自身的长度、内在粘合度以及连贯性。他动用了殖民主义者的办事方法来获得材料,首先,他像买卖物品一样购买材料,科学事业直接成为更大的殖民政治经济交换的一部分。其次,当他发现材料不合格时,他会粗野地通过克扣工资来促使信息提供者改进工作。

为了通过听写获得文本,博厄斯训练了许多本土美国人以及具有混杂祖先的人。他们熟悉本土语言,掌握了充分的文学技能,哈特就是其中最出色的一位。博厄斯与哈特的合作长达四十年之久。哈特是一个高等级的特林吉特女人与一个英国人的儿子,他父亲曾经为哈德逊湾公司工作。他在鲁珀特堡长大,这是一个多语种汇集之地,哈特在这里被看作是一个"外国的印第安人",他从来不觉得自己是夸扣特尔人,但他的妻子在当地地位很高,这使他具备了获得精英谱系的知识与话语形式的机会。而且,由于他在商贸关系及本土人—白人关系中占据主导性,所以他个人也拥有很高的社会地位。简单来说,哈特熟悉特林吉特语、夸扣特尔语、英语以及奇诺克语,是政府、商业与宗教机构,以及本土美国社区之间的中介人。

为白人收购物质文化是哈特的核心事业,他为世界博物馆贡献了绝大部分材料。在 19 世纪末 20 世纪初,博厄斯告诫哈特不要搜集那些明显带有现代痕迹的东西,他要的是旧有的东西,还要附带上好的解释说明,包括与这些物品相关的歌谣或者故事。在送来一个物品清单的时候,博厄斯说,他只要好的旧刻的面具与好的绘画,要好的、精心搜集的面具与舞蹈工具,而不要新的与破烂货,每一个面具都一定要有故事,要用夸扣特尔人的语言仔细地写下来的历史;如果这个面具还有相关的歌谣,一定要一并记录这些歌谣。以这样的方式,文本直接被物化,物品被直接文本化。

在他们的通信中,博厄斯要求哈特生产夸扣特尔人的文本,用英语进行中间的翻译,回答他提出的要求与问题。通信伴以定期的面对面的交流,讨论哪些文本要被生产出来,以何种速度生产,如何被构造。博厄斯控制着夸扣特尔人文化之文本化的整个生产过程。他送给哈特某些他已经出版成卷的文本的复印件,包括了那些记录有其他本土美国人群体的材料。哈特则从那些有关爱斯基摩人的故事与歌谣的材料中,学到了如何把自己的材料集合在一起的方法,这为他发展"元话语性的实践"提供了重要的模式。博厄斯对于哈特的文本中语音的与语法的准确性一直都十分怀疑,对他表征夸扣特尔人文化的权威性也表示不信任,而哈特也意识到了博厄斯对他的工作持保留态度。

显然,在形成文本的过程中,博厄斯扮演了一个重要的角色,他训练哈特撰写夸扣特尔人,提交研究议程,编辑文本,把它们框定在序言、章节、标题以及其他文本性的建构当中。

总之,博厄斯-哈特的文本是复杂的。一方面,1910 年前后,已经出版的有关夸扣特尔人的民族志文本为哈特树立了权威地位,它们不仅成了民族志的经典,而且为某些新民族志提供了范式。哈特并不是通过听写记录故事的,他是听完故事表演后,回到家里重构故事,因此是再语境化的工作。他写作时用一种"本真的"夸扣特尔人的讲述风格,即使讲述者可能很少会使用这些风格。他告诉博厄斯这些都是最古老的讲述方式。显然,他试图融合他的书写方式与讲述权威的讲述方式,通过把它们转化为一种明显的古风,哈特建构了文本,他借此机会强调了自身作为叙述者的社会身份,即作为一名传统的权威知识的高等级的教授。面对博厄斯对他的工作的怀疑,哈特试图断言他的文本的权威性,比如强调他参与了传统的展演,报告他如何获得了他的信息,或者把他的材料关联于先在的形式、实践与话语。他甚至借材料的"货真价实"与科学性而向博厄斯讨价还价。带着尊敬与爱戴的情感,博厄斯同意以哈特的名字命名文本集,并存放在哥伦比亚大学的图书馆里;而哈特也显然清楚地意识到了他与博厄斯之间社会上的与经济上的不平等,当他要在他的雇主面前声称话语权威时,这一点体现得非常明显。另一方面,博厄斯把哈特说成是一种讲述夸扣特尔语的本土语言者,把哈特反思夸扣特尔人文化的文本作为夸扣特尔人的文本,作为夸扣特尔人的民族志。他有意忽略了哈特用英语提供的信息,给人的印象是夸扣特尔人的社区并不讲英语,从而提升了文本的单一逻辑性与单一语言的特征,移除了有关它们扎根于殖民语境的重要证据。在某些情况下,博厄斯可能会模糊哈特的角色与位置。

在与泰特的合作中,博厄斯训练泰特用钦西安语(他的本土语言)去记录他们自己的神话。在《钦西安人的神话》的序言中,他责骂泰特,因为他越出了自己的角色界限,试图形成元话语的实践,把本土美国人的"传统"关联于白人读者。博厄斯说,比较泰德的文本与他自己搜集的文本,显然,他搜集的故事并没有很好地表达钦西安人传统的、古老的叙事类型。而且,泰特还看过博厄斯与哈特合作出版的故事集,他没有很好地保留钦西安人的叙事风格,而是模仿他们的。而在哈特那里,他并不反对哈特去看有关夸扣特尔人的文本或者其他相关的人类学书籍。这里,博厄斯的态度是矛盾的。

博厄斯还在已经出版的文集中擦掉了哈特试图去权威化文本的痕迹。博厄斯承认哈特与泰特参与了工作,但并不把著作权给予他们及他们的家属。而且,事实上,合作并不自然地意味对于元话语实践的共享性的控制。事实上,博厄斯全面地控制了文本生产的全过程,它生产了文本与翻译,这在他独自撰写的序言中体现了出来。在序言中,他介绍了他的信息提供者风格的、内容的以及语言形式的缺点,这些可能限制了文本的权威性。尽管如此,他们形成了修辞的一部分,这使得材料具备了准确性、本真性以及权威性。

博厄斯努力出版了大量不同类型的文本，这些文本是在本土美国人的社区当中搜集的。为什么博厄斯认为以本土语言搜集文本对于人类学具有核心性的意义呢？他的语文学指向（在赫尔德的传统当中）潜在地形成了他的文本中心的方法。虽然他并没有显示出他在印欧语文学领域获得过任何正式的训练，但是，他肯定熟悉欧洲的语文学传统，他承认在知识上获益于海曼·斯坦塔尔，而此人是亚历山大·冯·洪堡的学生。对于他来说，语文学既提供了一种材料的模型（对于他者文化的研究来说是必要的），也提供了一种学术标准。本土语言的资料集不仅仅是研究当下的重要材料，也是人类的重要遗产，人类学家可以把它提供给未来的学者。在研究美国的印第安人时，我们没有文字材料可供研究。因此，我们必须要获得这样的材料，要获得为未来的语言学研究所必需的材料。他赋予文本以崇高的地位，而以本土美国人的语言记录的文本是进入他者文化思想的入口，这一工作理念使他被置于赫尔德以来知识传统的谱系当中。

在"原始文化"这个标题之下，博厄斯研究叙事与诗歌，把它作为一个文化的领域，一种语言模式，一种民俗的层面，一种艺术。原始的文学与艺术整体上提供给博厄斯一个核心的场域，以推进他关于人类普遍性与历史特殊性的交叉的观点。他坚持说艺术是普遍的，审美愉悦以一种或者另一种方式被人类所有成员所感知到；重要的是要记住艺术性效果的双重起源，一种基于形式本身，另一种基于与形式相关的思想，即纯粹的形式与意义，而历史的特殊性，正好呈现在与内容相关的方面。

博厄斯清楚地说明了以文本为基础的研究的有用性，这对于没有文字记录的民族的研究尤其重要，口头叙事弥补了历史事实的缺乏。此外，田野调查所获得的文本可以被系统地、科学地、比较地研究，由此可以获得关于人类思维与文化的限制与创造性的一般性概括。

由于战争与传染病的缘故，印第安人口迅速衰减了。这对于其口头讲述传统的影响是毁灭性的，比如当时，博厄斯说，只有三个幸存的人可以讲奇努克语，这些奇努克人已经几乎完全忘记了他们部落的历史。这些元话语、元文本的话语便与他的文本的本真性与准确性问题相关了。博厄斯利用了拯救与保存的话语来合法化他的文本的搜集与出版工作。既然研究的对象本身正在消失，文本就不仅仅需要被固定下来，而且需要被恢复与保存。这些言论合法化了博厄斯的文本项目，充满了话语的权威，与此同时，他强化了本土美国人正在加速地遗失的文本的权威性。而且，越往后来越如此。然而，奇努克人与夸扣特尔人或者其他民族的讲述者，因为流行病的原因，或者因为殖民控制下所遭受的压抑，导致他们讲述了许多当时面临的问题。博厄斯显然已经很好地发现了诸如此类的大量的例子，但是，在博厄斯-哈特的合作中，这样的记录却是被边缘化了。

博厄斯的元话语实践的叙述与审美理论认为，叙述不仅仅反映社会生活，而且是建构、强化文化模式的重要手段。他的叙述与文化模式的观念整体上是历史的。博厄斯强调需要搜集文本，要聚焦于社会生活的方方面面，包括最世俗的与那些受欧洲影响明显的层面。因此，虽然博厄斯的框架可能已经提供了一个基础，由此可能会去搜集叙述，记录正在进行的斗争，然而，博厄斯真正关注的是把本土美国人卷入民族志记录的过程，他通过本土的棱镜来看本土的社区，这并没有使他放弃对于元话语实践的控制，而正是这些元话语实践形成了文本的生产与接受。

鲍曼与布瑞格斯扩大了他们自己的学术棱镜的角度，考察了博厄斯人类学的其他维度，即考察了他对诸如类型的本质、美学、意识、情感、客观性以及理性等核心问题的观点。他们认为，上述相关观点形成了博厄斯在人类学的分析中文化与解释中能动性的观点。博厄斯认为，欧洲人所习惯使用的类型的区分是有缺陷的，在他看来，它们不能提供一种清晰的、一致的分类模式，它只是可以使他把每一个叙事置于一个不同的分类当中而不会有重叠、剩余或者遗失。相反，博厄斯认为分类的思想处于"印第安人的思维当中"，这使得博厄斯从一种先在的、分析的分类，转向一种民族志的分类，这在人类学当中是广泛地被称誉的。他创造了所谓"美国本土人的思维"的修辞，并获得了某种学术话语的权威地位。

博厄斯认定叙事是一种"原始艺术"的形式，它们相应地处于他整体的美学理论之下。对于艺术来说，创造性的过程总是完全无意识的：艺术生产的思维过程并不发生于意识之中。

艺术创造也存在于日常生活的解释之外，对于博厄斯来说，一方面，审美的复杂性对立于审美的必要性；艺术家必需能够欣赏休闲，能够"为了艺术而艺术"。他也想象了诗学的创造在本质上是个体性的。在"文学"的创造中，一种令人惊奇的独立与孤独的形象，出现于博厄斯描述的爱斯基摩人猎人的形象中，他们枯坐数小时，他的幻想是自由的，他们大量的歌谣出现于这些时刻；另一方面，博厄斯看到群体体现于"一种思维模式对于人们的想象的强大的影响当中"，作为限制与保守，阻止创造性而不是刺激它。虽然博厄斯的审美与康德的相反，因为他强调的重点是历史与文化对于审美判断的决定论，但是，博厄斯是康德主义者，他也强调艺术的创造超越了意识与认识，超越于生存、必要性与日常生活，对立于集体性的经验。

博厄斯认为故事元素的连续传播，会创造出新的地方类型来，这是一个基本的过程，但是，整体上来看，新的主题的发明一定是非常稀少的。故事与神话的偶然事件并不直接地取自于日常生活经验，它们是概括化的、共享的文化的模式。当叙事变成了有意识的对象，当它们被讲述、欣赏与再讲述的时候，这一过程并没有导致历史的自我意识的发展。叙事可能会被给予一个阐释性的意义，但它是完全不同于原始的故事的阐释；因此，一个故事的阐释的风格依赖于讲述它的人们的文化的兴趣……在许多情况下,象征的或者阐释性的解释是一种外在的元素,被添加在故事上,以与控制人们的想象的风格性模式相一致。

在博厄斯看来,风格,行为的动机,叙事的细节以及阐释是独立运作的。情节元素基本通过传播而获得,虽然风格部分地是普遍的,部分地是地方的;叙事的细节与阐释被嫁接于风格与情节,以保持"人们对文化的兴趣",完全独立于"最初的故事"与"真实的历史性的发生"。当它们被科学地分析时,本土美国叙事便具有巨大的历史价值,但是作为历史性的阐释本身,它们是简单的、不可靠的。它们的讲述者缺乏使用叙事阐释他们自己的历史的能力,因为偶然的意义、阐释的风格,文化兴趣以及象征性的阐释歪曲了历史事件的意识。

总之,两位作者认为,已经出版的博厄斯-哈特的文集构成了一个相对没有中介的与直接反映了"本土美国人思维"的文本,这正是这些记录材料的权威性的基本来源,它压制了一种广泛范围的复杂的元话语,从而锚定在历史、政治经济、人类关系以及与其他文本的关系当中。

回忆一下博厄斯描绘的语文学家的形象,他们关联于古典学,他由此赋予本土美国文本的搜集工作以迫切性与权威性。博厄斯看到了语文学如何已经建立了经典,作为权威的声音,它连续地传播的不仅仅是单词,而且是死去的语言与文明的世界观。为了创造一种本真的文学,它将使人类学享有某种语文学的权威,他把这些文本作为权威性的剩余物,一个遥远的、固定的、消失的传统的世界的剩余物。他的元话语性的实践僵化了文本的边界,删去了哈特试图展示它们是如何被生产的过程(通过一种本土人的与白人的声音交替,它们出现在复杂关系的过程中,两种独一无二的个体之间的、动态的、多民族的历史的语境)。

博厄斯并不是第一个构想现代性的他者的人类学家,传统之消失的修辞以及传统的民众的话语构成早期现代性的意识形态的基础。17世纪的约翰·奥布里,作为英国皇家协会的宪章成员,通过建构一种"无知""荒诞""错误"的圈子,把现代性否定性地对比于文盲的与迷信的"可怜人"与"妇人"。奥布里自我定位于一个关键的位置,在两者之间,坚定地站在文字、现代性与理性一边,与此同时,服务于一个重要的目击者,目击这一正在消失的世界。

一个世纪以后,赫尔德提出"民众"的概念,他认为传统的文本在生成中的德国民族性中占有核心性的地位。人民的诗歌变成了他们生活的总体的财富,是其教育与历史、法律与道德、高兴与快乐以及安慰的声音。正像语言一样,诗歌储存着文化;它是民众的档案馆,是民众精神的体现。赫尔德哀叹理性与复杂性已经极大地取代了情感与本真性,他搜集、传播与庆祝德国民众的本真的表达。赫尔德的权威在生产一种民族主义者的过程中出现了。派生于赫尔德的方法同时把他们自己的方法予以校正,格林兄弟职业化了正在生成的民族主义的文本工作,格林兄弟并没有找到民间故事,而是发明了一种新的类型。格林兄弟删掉了他们自己干预文学叙事的迹象,包括了他们用于创造故事的技巧,使得格林童话似乎是传统的、本真的、古老的。

19 世纪的上半叶,亨利·罗威·斯库克拉夫特利用他与一个成功的白人商人的女儿、一个高等地位奥吉布瓦妇女的婚姻,搜集出版了一本本土美国人的口头传统的集子。他设想要创造一种独一无二的美国民族的文学;这一民族主义的吸引力也形成了他创造一个该民族文学的国际市场的基础。他的工作远不只是一个简单地把口头传统转换为书面文学的事情。斯库克拉夫特实验了多年,用了一系列的技术来把这些本真的本土美国人的声音转写出来,使它充满民族的本真性与文学的吸引力。斯库克拉夫特框架化的文本成为了本土美国人民族文学之源。

博厄斯在西北海岸的研究站在了长长的传统当中,创造了现代性的他者的文本模型。像他的先驱者们一样,他把自己定位于一位权威的中介者、人类学科学的典型代言人,他也拥有本土美国语言与习俗的充分知识,促使他成为消失之传统的关键目击者,他也负责监督其文本的与人工制品的保存。文本因此特别有效地具有在场性、独一无二性、权威性价值。

博厄斯的突出贡献在于,他介入到了他那个时代的社会与政治讨论当中,既然本土美国人一定是要灭亡的,博厄斯便雇佣哈特来搜集他们的人工制品,本土美国文化遗产被转移到白人主导的文化机构当中。在那个时期,尽管博厄斯持有文化相对主义的立场,但是,他的工作恰恰适合于殖民主义统治的更大轮廓,它不断地剥夺本土美国社区的土地、物质财富、文化的与语言的自主性。

尽管如此,博厄斯一直都在努力删除他的作品中研究者的痕迹,移除其中可能存在的殖民语境的迹象,因此,现代性被置于传统性当中。他的元话语实践因此在建构人类学中起着某种作用,这里的人类学是一种文化的科学,而不是殖民的遭遇,一种学术历史的模型,它依赖于一种原则性的努力,把历史建构为一种前接触的、浪漫化的过去,它细致地排除了人类学,使之处于视野之外。

比如,他认为,"我们"发展出了科学的分类,进入了"一种更好的体系,整个知识的领域。而原始人的分类是来自于粗略的代际经验。""文明的推进"已经使我们获得了一种越来越清晰的洞察力,了解了我们推理的假设性的基础,通过不断清除传统的元素,那些东西本质上是体现在神话当中的。"原始人"利用了这一传统的材料,通过创造异质的、主观的关联,通过一种"思维的情感状态"的运作,而没有得到有意识的推理的好处。从原始文化转向文明,"充分地应用我们的理性"引出了一种对于情感生活的压抑。利用一种古典主义的修辞,博厄斯讨论说,越少受教育的人从"传统的材料的根除"中获益越少。在这里,传统、神话、主观性、情感是一个方面,而实验、科学、理性以及客观性是另一个方面,它们等同于另一种分类法，原始与文明，贫穷的乡村人口与低级的平民，是相对于现代文化的积极的思维的代表。在这里，传统的概念贡献于现代主义者的项目，去建构前现代的灭亡，以合法化现代性的兴起。传统的建构成为一项强有力的社会的与政治的工具。

博厄斯的文本制作项目也关联于学术的机构化与学科的专业化。博厄斯努力去建立作为一门学科本身的人类学，试图确保它在大学与博物馆中的机构性地位。文本的制作提供了一个关键性的构成要素，通过赋予它对于一种新的基本文本的科学生产与阐释的控制权，而确保人类学的学科权威性。尽管他在欧洲语文学方面缺乏训练，但是，他仍然倾向于肯定语言学（事实上是文化人类学）的基础地位，把它作为对书面记录的研究。在斯库克拉夫特之后半个多世纪里，博厄斯转变了本土美国人文本的生产模式，把民族志记录从文学转向了科学，从作家的研究转向了大学与博物馆办公室里的研究。

正如詹姆斯·克利福德所言，博厄斯的修辞结合了科学的与道德的权威，把他者建构为虚弱的群体，他们需要一个强大的局外人提供表征的服务。尽管博厄斯反对种族主义，为建立本土美国人文化的尊严而斗争，但是，博厄斯对于传统的建构——在面对科学、有意识的理性以及现代性时，作为无意识的、情感的、不可避免的传统之消失——与白人控制本土美国人社区的做法具有同谋关系。

通过分析博厄斯、哈特的合作关系，两位作者考察了元话语实践与现代性的问题。他们从一种文本的修辞的阅读转向了分析文本是如何被生产、传播与接受的，作者的权威地位是如何被构建起来的。聚焦于文本中表征与说服的技术，他们尝试把这种表征的策略与技术置于历史的与社会的语境中，考察讲述、书写、阅读、翻译、编辑、通信、调试、出版等行为的整个领域。我们已经指出那种方式：文本的公开的特征（诸如呈现在博厄斯的序言中的文本化过程的起源叙事）与内在维度（风格参量，文本被出版的方式，文本或者文本性的元素被移除或者边缘化，文本生产的指令等等）反映了话语是如何被生产、传播、接受与权威化的。

从一开始，现代性就卷入了针对元话语实践的竞争。作为一种建构现代性主体与话语的关键手段，“传统文本”的建构已经服务了超过三百年。以线性的与目的论的方式，它们与被假定的前现代的主体与话语联系在一起。在 19 世纪早期，这种实践被科学化，遮盖了元话语实践的迹象，并根除或者至少是边缘化话语抵制的形式，成为本真地生产前现代文本的关键性特征。在这一更大的现代性事业中，博厄斯-哈特的文本建构工作是重要的，他们不仅仅创造了美国人类学学科，而且建构了 19 世纪末的美国的现代性。在 20 世纪末，前现代的他者的文本建构具有持续的价值,它仍然被用于合法化现代性的形象。①

鲍曼与布瑞格斯的另一合作成果是《语言哲学与语言意识形态:约翰·洛克与约翰·哥特菲尔德·赫尔德》,他们关注的问题是"话语与权威"的关系,即一方面是话语的生产与接受,另一方面是权威、合法性以及社会不平等的生产与使用,他们关注二者之间的关系问题。曾几何时,话语被消减成符号体系而被孤立地研究,人为地摆脱了其社会地、文化地、历史地受限制的特征。但是,洛克与赫尔德乃是西方语言意识形态之父,他们激发了语言的意识形态,强调共享的认同,与此同时又生产了话语等级关系的手段,以及生产与接受它们的模式。话语与权威的关系在他们那里并不是分裂的。两位作者应用了西尔文斯戴因的"元语用学"的概念,试图严格地分析其"元话语性的实践",并追踪它们的社会基础与效果。

17 世纪的"新科学"创造了一种认识论的转向,其中最基本的一条原则是强调抽象与理想化在获得自然界知识中的作用,用抽象的规则与理想化的模型来代替事物的复杂性。"新科学"的追随者认同这样一种观点:通过人为制造的模式,世界可以真正地被知道,它把经验之流消减成抽象的原则与程序。

"新科学"的最主要的机构性设置是 1660 年成立的皇家协会,协会以促进对自然事物的认识为任务,通过实验获得有用的知识。波义耳、牛顿、洛克都是其成员。洛克把牛顿、惠更斯的科学思想纳入自己的思想,他也崇拜波义耳,他把自己定位为清扫地面的低级劳工,把通往知识的道路上的垃圾清扫干净。从而把自己与那些知识界的大师联系在了一起。

洛克觉得大家在日常的会话中言不及义,漫无边际。语言的滥用降格了哲学,它妨碍了知识的进步。这一意识促使他着手去思考语言的本质。

洛克的四个语言观点如下:①语言形式是一个符号学的特殊领域的一部分;②研究语言的一种方法是强调抽象与去语境化;③把语言秩序与原子的、极小的单元等同起来,而不是与更大的话语单元等同起来;④符号是相对地武断的、惯例化的、共享的以及与语境无关的。

洛克特别地指出了从物理的、社会的、语言的语境中抽象的核心重要性,洛克注意到,把大量特殊性纳入一个普遍等级使我们避免浪费时间。洛克反复转向数学,以之作为话语的模型,看到了它有能力使用经济的、基本的术语,带着精确界定的价值,可以生产普遍的、肯定的主张。他认为,获得普遍的真理与抽象的概念的能力预设了理性的应用;抽象思想的发展是渐近的而非与生俱来的。比起受过教育的成年欧洲人来说,儿童、白痴、文盲以及劳动者,野蛮人只拥有有限的抽象思考

① BAUMAN R, BRIGGS C L. The foundation of all future researches: Franz Boas, George Hunt, native American texts, and the construction of modernity[J]. American Quarterly, 1998, 51(3): 479-528.

的能力。

既然语言内在地是可靠的,对于科学是安全的,洛克因此而建构了一种语言的意识形态,对于洛克来说,唯一需要的是使它成为一种完美的交流模式,一种生产普遍的主张、知识的可靠的手段。这需要一场语言改革,以清除语言中的欺骗与滥用。让人们尽快地从语言的互文性中走出来,走进普遍的知识与理性。

洛克猛烈地攻击文本的权威性,他认为,语言必须只是作为一种中立的、透明的交流思想的手段。权威文本鼓励了信仰,却牺牲了知识与理解。虽然信仰是对话的,涉及了社会的与话语的关系,知识是独白的、个体的、理性的与普遍的。当洛克推进"理性的人"作为"真正真理"的仲裁者时,它就取代了通过变老而获得力量的人的地位。

在这里,洛克建构了一种区分:与理性相关的话语实践,涉及去语境化的符号之间的逻辑关系;秩序化符号并且索引性地形成其意义的实践,涉及语境的与互文性的关联。在哲学领域,要求语义的准确与参照的连续性是十分严格的,而粗俗的概念适合于粗俗的话语,商人与热恋者,厨师与裁缝有他们所需要的词汇来完成他们的日常事务。

洛克提出的语言意识形态与元话语性实践,对于社会不平等具有深刻的意涵。虽然所有人生而具有语言的能力与天赋,然而,并不是每个人都会让自己投入到"更多的时间、痛苦、技术、严格的追问、长期的考察"当中。洛克清楚地说明,在个体推理的能力、理解的广度以及所获得的语言能力的程度上,社会阶级、职业以及性别创造了巨大的鸿沟。

在提供了一种全新的语言意识形态之后,洛克又去合法化一套全新的元话语实践。在洛克看来,科学的语言是精确的、不重叠的,具有稳定的意义与逻辑关系;而修辞是需要改革的话语实践,因为它是模糊的、不精确的语言艺术。修辞变成了理性与知识的仇敌,逻辑的普遍性对立于修辞的特殊性。理性的话语导向真理,其特征是普遍的、无懈可击的、内在的。修辞只是语言的装饰,它努力获得的是娱乐与快乐,追求的是快乐而不是信息。

洛克做出了一个二元式的区分,一方面是知识、真理、普遍性、理性、能动性、科学,另一方面是热情、美丽、信仰、消极、特殊性、错误、欺骗、修辞,以及男人与女人之间的关系。后者是一切混乱与无序的根源,只有依靠语言的改革,社会才会走向秩序化。强加元话语性的实践——围绕着理性的自我规训——对于科学的推进来说不仅是必要的,而且是必然的;文明社会的命运与新的讲述方式的发展以及强加于它们之上的实践密切相关。

那些已经接受洛克的建议的人构成了一种话语的精英,成为认识的与社会秩序的元话语的仲裁人。洛克相信他倡导的实践将推进社会的与知识的秩序。那些扩展了他们的理性能力的人可以合法地拥有更多的财产,避开劳动,并为他人的语言行为提供模型。一方面,他否认语言能力的差异与不平等,另一方面,他合法化了语言的与政治的实践的差异,这种实践创造并维持着社会阶级的差异与不平等。

如果说洛克的语言意识形态是建立在正在形成中的科学认识论的基础之上,那么,赫尔德的语言意识形态则是建立在一个同样形成中的民族文学的概念的基础之上。赫尔德把语言与文学看作是人类存在的基础。

18 世纪的时候,有关德语的焦虑困扰着德国知识阶层,一种努力去革新与重构德语的知识动力弥漫在一些有影响的人物中间,德国的知识分子努力去理解语言的本质及其在德国文化形式中的作用,即语言的起源与进化,以及德语和文学与民族身份的关系。

关于第一点形成了这些争论,其中核心的问题有如下四个:语言是神的礼物还是一个进化过程的结果?语言是人类区别于动物的决定性的元素吗?语言与意识之间的关系是什么?语言是社会的先决条件还是人类社会情境的一个结果?

那些提倡神学基础理论的人认为,人类由神启而被赋予了语言,但是,到底是神给了成品的语言作为礼物,还是给了人们创造语言的能力,这一点上他们存在着分歧。相反,理性理论的提倡者认为语言是人类推理能力的产物,因此代表了人与动物之间的一种基础的区分。第三种立场认为语言的出现,就像所有的人类知识一样,是扎根于感官认知,是由感官的进化性区分形成的。所有这些理论立场都内含着社会本质的概念,这就是要质问语言是社会的先决条件还是人类社会本质的产物。事实上,神学的与理性的立场可能会轻易地用“社会”来重构、取代“语言”。

语言起源与进化的问题,在 18 世纪中后期被广泛地讨论过,相当大的刺激是来自于孔狄亚克与卢梭以及英国的启蒙主义者。德国学者参与了这些问题的讨论,但它发生在一个更加广阔的知识的场域当中,它超越了政治的与语言的边界,与此同时,允许珍视某种特定的语言,而它以某种方式优于其他的语言。事实上,一个问题是,它提出了相对能力的问题,以及特定语言的优点的问题,这与第二个广泛的问题相关,它聚焦于讨论 18 世纪的语言改革,即语言与文学表达的关系。在某一个层面上,比如通过询问语言发展的阶段,或者何种语言最适合于诗歌与散文,这个问题被普遍的、普通的术语框架化。

在 18 世纪的德国,当讨论被联合起来时,我们发现,一方面,出于文学的目的,拉丁语与法语的支持者,甚至是英语的支持者认为,它们优于德语;另一方面,各种各样的德语支持者,过去的与现在的,自然的与建构的,认为德语才是真正的德国文学的恰当的工具。

影响德国有关民族文学思想的一条杰出的线路,是来自于英国的语文学家托马斯·布兰克威尔,罗伯特·罗斯,休·布莱尔,罗伯特·伍德等人,他们研究荷马、古代希伯来人的史诗，以及奥西里语的史诗，他们倡导一种历史的、语言的与文化的相对主义，即语境的理论，以此方法来对待文学表达。他们坚持认为真正的文学的表达只能通过一种以语境为基础的批判性的阅读，才能够被发现与欣赏，在其中，时间、地点与语言的特殊性被予以充分的考虑。这要求一种阐释的努力，预示着"通过本土人的眼光看"的民族志的目标。

批判性的方法的相对主义的冲动，由这些英国的语文学家们所提倡，被有影响力的德国学者所采纳，他们支持一种文学的概念，即作为一种民族的现象，一种文学的力量与本真性的标准，它只能通过忠实于其人民自己的民族语言与文化才可以获得。

在这样一个语言与知识大讨论的背景下，赫尔德登上了历史的舞台。在他看来，真正的人类语言，在于依赖于人类特有的能力，它把我们与其他动物区分开来，赫尔德把这种能力定义为"反思"（reflection），这是他全部哲学当中最重要的概念。反思，是人类力量的全部性情，是一种复杂而统一的人类能力，它包括了他的感官与认知的全部能力，或者他的认知的与意愿的本质。在这个概念当中，他抛弃了能力的区分（理性、情感、意志等等），康德哲学正是基于此。对于赫尔德来说，所有这些词汇都是感官的与本能的，幻想与理性，毕竟都是一种单一力量的决定性因素，在那里对立、相互取消。在反思这个概念当中，康德的区分消失了。反思当中具有人类的不同的特征以及语言的能力：人类置于反思的状态当中，获得了充分行动的自由，发明了语言。反思不只是聚焦意义上的反思，而且涉及对于意识的意识；在实践反思时，人类一定会对注意力本身有意识。

在赫尔德看来，在其起源处，第一个人类思想本质上预备好了与他人对话的可能性。第一个特征性的标记是一个交流的词汇。反思，因此是双向的反思，一种对于自身意识的意识，它内在地努力与他者对话。语言、思想以及交流都扎根于反思。

在《关于语言的起源》的第二部分，赫尔德提出一系列的"自然的法则"，关注的是在个体的、社会互动的以及民族民众当中语言的发展。第一条自然法则是：人类是自由地思考的与积极的存在，其力量以进步的连续性在起作用，因此，他是一个语言的创造物。这一发展的动机性的力量在于人类的反思的能力。在理解世界的过程中反思性的思想实践得越多，语言就会变得越是发达；它通过经验而增长。第二条自然法则是：语言与讲述主要通过会话获得发展，语言起源自对话，而不是独白，通过交谈，每一个表达被形成与修饰，这样一来，对于赫尔德来说，像洛克一样，语言的社会应用，作为社会互动的工具，不只是语言本身的自然本质的一部分，而是其进化培养的内在的手段。第三条自然法则是：从个体到国际的每一种结合的层面之上，因为经验与学习的个体的区分，没有两个个体的讲述是相同的。以相似的方式，每一个家庭，每一个群体，都以他们自己的方式分享着语言。反过来，这些社会力量，在与环境差异的互动中，引出了对于讲述器官的修正，引发了方言，最终导致了民族语言。事实上，在赫尔德的概念中，正是这种与众不同的语言的拥有，构成了民众的基石，成为民族身份与精神的必要条件。正是语言与民众的关系才是赫尔德的核心关注点：每一个民族拥有其自己的转化为符号的思想的基石，这就是民族的语言，它是多少个世纪以来积累下来的宝库，它像月亮一样不停地消长，已经经历了革命与转变，是整体人民的思想的宝库。对于洛克而言，它们是真理与知识的障碍；对于赫尔德来说，却是值得珍视的宝贝。

诗歌的形式、功能与意义逐一被赫尔德予以细究，它随着哲学分析的话语的出现，也随着书面文字的出现而受到挤压。古代的与野蛮人的诗歌，在很大程度上是从即时在场而来的，从即时的感官的刺激出来的，来自于想象。表达越是源自于直接的感官经验，就越是真实、本真、有感染力。在推崇感官经验与在场中，赫尔德的观点与洛克的感官指向有所汇合。当然最重要的区别在于，赫尔德珍视感官经验的、情感性的构成因素，鲜明地对立于洛克的观点，即感官经验一定要服务于理性而被规训。对于赫尔德来说，诗歌的本质——语言——在于情感与形式的统一，它诞生于直接的感官体验。这些共振性的元素的集合，构成了诗歌，坚持在场，灵感的活态的直接性，经验性的与语言性的形式的平衡，形成了赫尔德关于自然诗歌的清晰的概念。而且，情感越真实、越符合表达的形式，其效果与持久性就越强大。赫尔德观察到翻译，这使他明白形式、内容以及意义是相互构成的、持久的。诗歌的“意义”“内在感情”，依赖于外在的感官，存在于形式、声音、音调与旋律当中。

这样一来，被呈现的有意义的、可记忆的、悦人的、有说服力的、诗歌性的文本，在灵感到来的时刻被创造出来，被人们所接受；他们相互分享它，就像是太阳反射的光线。当人们学习、记忆与传递文本的时候，诗歌性的创造与表演的直接性，引发了一种互文性地构成的传统。在诗歌连续性的过程当中，形式与传统是相互维持的。形式的管理使得传统的连续性成为可能，与此同时，特定的形式结构——诗歌的语言结构与艺术结构，通过耳朵的适应被传统化，通过反复、模仿与社会化而成为传统。这样一来，诗性的传统是通过互文性关系的多种维度形成的。诗性的文本在一个传承的链条中被传递，与此同时，诗性的形式被传统化，变成指导性的框架，用于新文本的生产与接受。人们的诗歌变成了他们生命的整个财富，是他们的教育与历史、法律与道德、快乐与安慰的声音，像语言一样，诗歌储存着文化，它是民众的档案馆。

同样的社会化的过程把诗歌表达的形式印在一代代听众的思维当中，传递了他们民族的文化。那么，传统形构着世界观、生活方式、价值以及人们的灵感，形成了儿童与成年人的生活。其反思性的能力让人们描绘他们自己，看到他们自己，如其所是。洛克否认传统，认为它有害于真理；而赫尔德尊崇它，认为它是文化身份的基础。

在原则上,赫尔德的视野是流行的与相对主义的,在文化上与语言上,它坚定地锚定在历史当中。真正的民众诗人一定以集体的精神言说,一定是集体的天才,一定是集体共享的思想与情感的表达者。民间诗人可能是一个被命名的个人;赫尔德把荷马、莎士比亚当作是伟大的民间诗人,他们以伟大的力量说出了他们人民的集体精神。此外,时代精神推崇共享的、集体的民众精神的品质,在很大程度上,赫尔德谈论的是民众的诗歌,是作为人们的集体的与匿名的表达。

传统本身因此被呈现为民族精神,其与历史的变迁相配合,这是赫尔德历史哲学的核心。

一个文化的诗性传统的形式,从最早时期传递下来,从部落的奠基人那里传递下来,本质上,这是一个政治的过程。儿童的社会化,传统与文化连续性的基本的机制,相应地也是政治文化的基础。正是诗性的形式,显示为强有力的谚语与格言,寓言与谱系,歌谣以庆祝伟大的事迹,诸如此类。由此,政治的权威得以建立,所有这些都是早期父权统治的印迹。

赫尔德一直推崇的是家庭扩展的政治统治。在某种层面上,它就是对帝国征服与统治的谴责,同时,这也清晰地重新肯定了一种可行的政治的自然的基础,其内在的含义是:一个民众、一个民族、一个文化、一个政治的同质性。差异是不自然的,是对情感纽带的摧毁,但正是情感的纽带把人们聚拢到了一起。在这一观点中,赫尔德压制了民族内的差异、可接受的差异,无论其是语言的还是文化的。像所有组织一样,政府,无论被建构得多么完美,最终必将衰落。按照赫尔德的历史哲学,每一个国家都有一个生长、成熟与衰落的时期。

赫尔德推崇他所谓原始人的语言与诗歌,这包括了古代的希伯来人与希腊人,以及休伦人、巴西人、印度人、易洛魁人、爱斯基摩人和塔希提人。赫尔德认为,每一种语言与诗歌都是民族的与个人的,都适合于某种耳朵的习惯。这表达了赫尔德的相对主义的思想,他尊重所有语言与文化本身,这与康德的普遍主义的美学完全对立。赫尔德坚持认为,第一个民族的诗性的语言要依据“特定时间与空间”来评估;对每个民众而言,其诗歌的本真性与重要性在于它们忠实于他们的本质的天才,他们的国家,他们的生活方式,他们所生活的时期,他们祖先的特征。只有同情性地进入到一个民族的精神当中,才有希望获得对于其文化的理解。因此,对于德国人来说,正确地创造诗歌必须在德国民族的传统本身中来寻找,在德国民歌、民间故事、神话以及其他诗性形式当中寻找。需要恢复与回收本真的民间文化以对抗所谓的文化,即普遍的启蒙的理性主义。

赫尔德悲伤的修辞与诗学,被附着在民众身上,直接导致了后来民俗学抢救与搜集的学术传统。在这一语境中,“民众”指的是一个民族、一种人群,但是它也指一个复杂的、分层的社会的一部分，它仍然坚定地扎根于继承而来的遗产性的语言与传统当中，面向感情开放，不同于那些已经远离了他们的根与他们的感情的人，这些人已经过度地理性化或者采纳了外来的语言与外来的方式。知识分子、贵族阶级、市民与乌合之众则因为过度的理性化、过度的知识化或者过度的无知而远离了民众。

但是值得注意的是知识分子是抢救民俗的角色，而民众自身是不足以做成这件事的。这种元话语的管理是建立在知识的与性别不平等的基础之上的，其影响直到今天仍然可以被感觉到。

在密切地考察了洛克与赫尔德有关语言的哲学著作之后，两位作者认为，元话语的实践控制着话语的生产与接受，控制着权威、合法性以及社会不平等的结构的建立与运作。洛克与赫尔德是相对立的语言意识形态的奠基人，都对后来有关语言的思想与实践产生了深远的影响。

洛克反对传统的权威，而赫尔德珍视传统；洛克的抽象的与普遍的科学理性相对于赫尔德具体的、相对的审美的特殊主义；洛克压抑索引性与互文性，而赫尔德推崇这些相关的原则，并以之作为文化的构成要素；洛克不信任情绪，而赫尔德推崇情感与热情；洛克基本的关注点在于词汇，而赫尔德强调文本；洛克抛弃了诗歌与修辞的价值，而赫尔德赞赏诗性的表达及其感染性的力量。这些基本的认识论与价值论区分，自然地导致不同知识的与意识形态的方向。

对于洛克来说，参照的精确与连贯对于理性的哲学话语是本质性的，它们是语言的内在特性。但是，一种完全实现的理性的语言的获得需要讲述者方面的反思性的努力，他一定得连续地、严厉地关注一种纯粹的、平实的语言的培养。在洛克看来，虽然每个人从一出生都被赋予了能力与才干，这些对于反思性意识是必要的。但是，把这些能力发挥到极致的能力却是受限于社会因素，比如职业、阶级、性别等社会身份。手工劳动者，那些低等的人以及妇女，他们并不能接触到经验、教育、公司、时间或者机会去实践，这是思想与语言的反思性的培养所需要的。他们被有效地排除在了这些元话语性实践之外，而这些元话语实践本可以允许他们完善他们的能力与他们的语言。

赫尔德则倡导一种非常不同的元话语的秩序，他把最高的价值置于一种语言的内在的诗性品质之上。基于反思性的诗性的表达，统一的反思性的能力，它理解情感、理性、意志等一切人类的能力。然而，语言与表达的模式易于受到潜在的破坏性的影响（抽象与无情的哲学化，人为性的书写与印刷的中介化），它使人们远离感人的表演的感官体验。在赫尔德自己的时代，他感觉到，德国人民最重要的传统是破碎的，只在农民、艺术家以及市场小贩的令人苦恼的遗留物中得以保留，中产阶级的民众仍然唱歌、讲故事，这些已经被城市贵族们抛弃了，也被过度哲学化的人与流氓无产者抛弃了。然而,重要的是,反思性的能力对于人类的生存是如此的重要,却明显地不再在赫尔德自己描述的语境中起作用了。民众不能分析性地对待他们自己的表达性手段,不会反思他们的语言与诗歌,或者阻止它们的堕落。语言反思的能力被保留给了学习民众传统的知识分子。如果民众文化要复兴,他们一定要干涉这一过程。这里的知识分子指的是男性的知识分子,对于赫尔德来说,妇女并不适合于知识分子的任务。在赫尔德的视野当中,一个可行的政治可能建立在民族语言的基础之上,它抵制外国语言的穿透,再一次,公共话语的圈子以一种语言、一种声音为特征。

在建构他们的语言意识形态中,我们已经看到,洛克与赫尔德否认了普通人与妇女有能力反思性地理解他们自己的语言与语言性交流模式;只有被培养的男性知识分子可以穿透真正的语言理解的层面。现代西方的语言意识形态,虽然在其他基本的层面上是不同的,但是都把民众的语言学知识排斥到语言学问题的边缘地带。

没有文字能力的故事讲述者与他们的听众,可能会很好地坚持他们自己的区分,然而,那种区分看起来是相当的武断与不合逻辑。关于民众的话语,只有学者才能够从事有效的分析性的反思。既然民俗学者可以拒绝给予民众合法性,他也就能够授予他们合法性。民俗学者是有效性、合法化与本真性的最终的仲裁人。

洛克与赫尔德的语言意识形态的另一个政治意涵与公共领域的话语性组织相关。洛克通过提供一种理论的基础,断言理性的、无功利的与非激情的话语的社会的与政治的必要性,大部分人被排除于这一话语的领域之外,他敦促元话语实践的机制化,这一机制将自然化并维持公共话语的使用,维持社会不平等。赫尔德提供给我们的公共领域的构造与洛克的完全不同,这是一个诗性表演的公共领域,它提供的宪章更少具有现代国家民主的政治意识形态,而是具有文化的民族主义,其中语言与民俗是文化身份与持久的关键的象征。

以意识形态的观念考察洛克与赫尔德的哲学著作,可以帮助我们获得这样的批判性的认识,即把知识分子与民众区分开来的潜在的意识形态,这对于反思民俗学的概念体系是有价值的。哲学是一种语言意识形态,它对于元话语性实践的管理也就是一种对于权力关系与不平等关系的管理。①

---

① BAUMAN R, BRIGGS C L. Language philosophy as language ideology: John Locke and Johann Gottfried Herder[M]//ROSKRITY P V. Regimes of language: ideologies, polities, identities. Santa Fe: School of American Research Press, 2000: 139-204.

第十六章　新民俗学的关键词

21世纪以来，鲍曼为多部辞书撰写了民俗学的关键词词条，这些词条集中地反映了他长时期以来所形成的民俗学思想，兹分别介绍如下。

一、传统

很少还有哪个概念像"传统"一样，在人类学的发展与实践中扮演着如此核心的角色。鲍曼回顾了在人类学思想史当中"传统"的主要意义，然后又追溯了这些概念在当代应用中的历史性基础，在词条的结尾部分，他还考察了当代人类学当中围绕着"传统"这一概念的主要思想路径。

1."传统"作为物质、过程与实践

在其最普遍的使用中，"传统"被定义为在历史上具有连续性的元素或者文化中的社会传承，或者是被连续地获得的社会过程。实质上，"传统"指的是特定的人、文化、社会、群体或者集体性的社会传承。简单地说，它是其集体性身份的指示物。在这个意义上，"传统"被普遍地构想为文化形式的总体，被塑造为知识、信仰、特定的行动路线或者文本，它们是一种文化的构成性元素，被代代传承下来。人们可能也会谈论到"一种传统"，它是指普遍整体中的任何具体的元素与特征。在这里，"传统"被当作是"过去"的内在品质，那是对传统性的一种诊断。因此会有"一种传统的实践""一种传统的信仰""一个传统的故事"等等说法。在这样的构想中，一个"传统"被假定为一种可持久的自然事物，在实践过程中，它通过一代又一代的"文化携带者"传承下来了。

对于"传统"的更加具体的与实践指向的理解是，"传统"的时间连续性是在文化形式的连续性展演中被实现的，而这些文化形式是通过先例与惯例指导的，是被建构为"复制"的，在某种本质的意义上，它被看作是之前已经做过的事情。当研究的焦点转向"传统"的动态性，传递的过程性，或者是代际的传承时，社会学习的元素经常被强调，无论是在"涵化"的标题之下(它强调的是文化知识的学习)，还是在"社会化"的标题下(它强调的是学习过程的社会母体)。

"社会化"与"传统"的联合考察倾向于培植一种代际传承的概念，用安东尼·

F·C.华莱士的术语，即作为一致性的复制的过程。这种思想观念指向了也许是人类学对于“传统”的思考中最普通的主题，即其标准化的力量。这种观念认为“传统”命令一致。“传统”强调先例的力量，强调复制的惯例性，压制偏离的思维与行为模式，是对公众意见的道德重压。它是一种外在的压服性的装置，是神圣的授权得以维持的机制（就像来自于祖先），总是通过仪式性的展演而得以强化。作为最强有力地许可的、社会继承的仪式化元素，“传统”被集体地保留下来了。然而，从整体上讲，人们对于“传统”的概念，几乎没有下过严谨的定义，也没有严格的术语使用的规则；通常情况下，人们混杂地使用着传统、习惯、民间方式等概念。但是，一般而言，“传统”被区别于法律，前者的力量来自于“远古的神圣不可侵犯的传统”，而后者的力量来自于“被展演的规则的合法性（用韦伯的经典表述来说）”。然而，像马林诺夫斯基这样的人类学家，总是倾向于把习惯与传统看作是等同的概念，而且，某些“传统”，尤其是那些由超自然的授权包围着的，受压服性的机制所维持的“传统”，在原始社会当中，在功能上却又等同于法律。

对于传统性权威如何获得的问题，存在着不同的观点：一种思路是聚焦于认识论的问题，强调传统的思维模式的结合性力量，即对于知识与信仰没有理性的、反思的、批判的或者怀疑的能力。这种保守主义的认识论体现在“经验证明是好的”的传统模式上，体现在行为的自然化的模式与仪式当中。第二种思路关注权威性的话语，这里，权威集中在祖先的与集体的真理上，它们被表达于经常反复的，具有社会共鸣的文本当中，诸如谚语、神话、传说中。第三种思路是一种社会政治的参考框架，它基本上关注的是传统的权威本身，把它归属于特定的社会地位与社会角色，诸如老者（由于他们积累起来的知识，以及他们丰富的经验）或者仪式性的专家（他们控制着超自然授权的压服性的机制），他们声称有权威，是因为他们与一个传统的过去联系在一起。这些区分只是分析性的描述，大量的工作——无论是理论的还是实践的——探索的是这些传统权威的核心关节点之间相互关联的维度。

2.传统与现代性的建构

人类学探讨“传统”的根源，可以回溯到17与18世纪，当时，启蒙的经验主义认识论渐渐流行，新教徒发动的宗教改革如火如荼，古典语文学与圣经语文学展开了阐释性的探索工作。启蒙哲学家，比如培根、洛克以及孔狄亚克，倡导理性，坚持通过经验追求真实的知识，要求推翻传统的权威。而“传统”，在他们看来，要求人们交出独立思考的能力，因此无法为知识的积累做出贡献。

在17世纪晚期与18世纪早期，培根的自然哲学以及与之相伴随的进步的启蒙意识形态，是古物研究得以发展的基础。古物研究考察的是过去时代的思维方式与行为方式，是传统时代的遗留物，是自古相沿而承袭下来的、不加批判地“传承”

到今天的知识,年深日久,岁月已经剥去了它们最初的意义与功能。在这个意义上,“古物”的概念预示了爱德华·泰勒的“幸存物”的概念。早期的人类学家认为,只有通过严谨地从历史的角度考查它们的起源,才可能充分地揭示它们乃是“古代习俗”的非理性的幸存物,是需要从现代生活中剔除出去的旧社会的沉淀物。对于新教改革者而言,它们是古代异教徒、天主教徒的迷信,是传承到轻信的大众成员当中的“习俗、传统与道听途说”,这些元素都要被历史性地调查与揭示出来,要从现代生活中剔除出去。古物研究者与改革者的古物研究项目,有一种清晰的社会学意图,他们要分辨粗俗的阶级——他们是乡村的人士、老年人、未受教育的人以及妇女(像在老妇的故事中),他们是当时社会人口中特定的一部分人。在他们当中,过去的、错误的幸存物最可能被延续。通过古物研究项目,古物研究者在当代社会中建构了一种社会的“他者”,他们是传统指向的古物研究之特定的目标人群。

18 世纪,受古代文学与现代文学斗争的刺激(它们在竞争当代文学生产的恰当的基础),古典语文学与圣经语文学得到了发展。语文学的研究路径关注的是文本与阐释,它使得古代的与外来的文本——像荷马史诗以及希伯来的旧约——易懂而连贯,从而对于当代的读者具有意义,并得以确保它们自身的经典地位与价值。这一阐释的方法带着一种原型的相对主义观念阅读文本,把前述的经典文本作为古希腊与古以色列社会的、文化的、语言的环境的创造物,即作为一个民族特有的表达。这带着一种推测的意味,它们把古代的文本看作是早期时代特征的象征性表达。这一研究方法的最重要的方法论结果之一,是促动使用来自活态文化的证据——主要是东方的人们,诸如阿拉伯人、土耳其人以及东印度人,把他们看作是发展上落后于现代欧洲的同代人——通过比较研究的方式,考察反映在荷马史诗与旧约中的古代文化。这些东方人,呈现为奇异的“他者”形象,是“粗鲁”与“原始”时代的活态的例子;他们受到传统的限制,对于进步的意识形态一无所知,他们所依赖的是口头传统而不是文字传统,他们是轻信的与感性的,而不是理性的等等。

德国政治哲学家赫尔德则开创了另外一种学术传统。他在很大程度上综合与扩展了语文学家的项目,并在批判了启蒙政治哲学家的社会契约理论之后,提出一种可行的、具有政治本真性的基础,即人民的诗性传统,这是由其诗人的表达构成的(他们也是立法者),他们发出了“民众精神”的声音,并且扎根于特定的时间与空间当中。这一互文性地构成的传统就是“人民的档案馆”,是其文化的连贯性与连续性的机制,也是其社会与政治生活的宪章。在其最普遍的意义上,“民众”这一术语指的是一个民族,是作为有机整体的人民,但是它也可以指一个更加复杂的、分层的社会中的某一部分人,他们仍然扎根于其继承的语言与传统当中,仍然向诗性的情感开放;他们区别于那些已经远离了传统与情感的人,这后一种人已经过度地理性化了,被书写的传统异化了,或者是采纳了外来的语言形式与外来的生活方式。在赫尔德的知识综合中——他也是博厄斯的人类学的祖先——传统既存在于更加简单的、前现代的、以社区为基础的社会当中,也运行于复杂的现代社会的民众群体当中,在那里,一种社区的紧密感、地区性、亲属关系以及依靠情感维系的纽带依然被保存着,“民族精神”仍然流行着。

赫尔德的思想直接导致了德国浪漫主义的出现,而浪漫主义同时受到了法国暴力革命的影响。对于革命的一种反应是采取一种保守主义的反应形式,其中传统的圣洁以及亲属关系、宗教、习惯法,扎根于地域的连贯的力量,传统地建立的等级关系被珍视为本真的民族特征,这是一种可行的与道德的政策。然而,值得注意的是,在对待社会变迁的历史轨迹这一问题上,传统主义者的保守倾向与理性的改革者一样,都框架化了一种“传统与现代”的对立性关系。这种对比,与法学的调查与“习惯法”的象征性建构之间的对比一致,成为古典的类型传统的核心。在社会思想当中,由此出现了现代社会学科(包括了人类学),其中,“传统”成为社会类型的一种定义性标准。

19 世纪的后半叶,我们已经总结的基本思想凝聚在一系列分类的综合当中,其目标是把人类社会与文化发展的历史轨迹概括起来,为进化性的、阶段化的社会形式提供分类的框架。无论是按照理想类型,还是按照发展的连续性,或者是按照进化的阶段来架构,这些权威的综合都赋予“传统”一种定义的与诊断的角色,以建构对比的社会类型。泰勒对比了野蛮人与文明人,赋予前者以知识的保守主义以及反对变革的倾向,他们倾向于认为他们的祖先已经把完美的智慧传递给了他们。滕尼斯区分了“礼俗社会”与“法理社会”,基于共同意志的对比的形式,认为前者以自然的意志为主导,它通过实践与传统而变得自然化。涂尔干区分了“机械的团结”与“有机的团结”,在机械的团结中集体的良知具有权威性,那就是传统的权威。韦伯建构了三种纯粹的合法统治形式,认为其中一种社会秩序的合法性,是基于传统的神圣性,是最古老与最普遍的合法性的社会类型。所有这些以及相关的社会类型的构造,都服务于固化“传统社会”的概念。作为一种分类的类型,“传统社会”在知识与行为上是保守的,它受限于一种非反思的、不加质疑的、坚持传统的方式,它屈服于传统的权威,在变化上十分缓慢。相反,“现代社会”是动态的,是受理性实践与理性地促动的改革所推动的,它面向变化而开放。这一社会类型的对比模式已经被证明是相当持久了,它一直持续到了今天,仍然是社会学科中的指导框架,而且并不仅仅限于人类学一种学科当中。在作了必要的修改之后,这一对比的模式也潜存于罗伯特·雷德菲尔德的“民间–都市”的连续体当中,存在于卡尔·波普的“封闭与开放”的社会当中,存在于塔尔科特·帕森斯的模式变异当中,还存在于列维–施特劳斯的“冷社会与热社会”当中。一大堆其他的变异模式也围绕着这一主题,它们都面对深刻的批判:即这一对比关系的模式掩盖了“传统”之运作的特殊性;在经验性案例的调查研究中,这一关系模式也缺乏分析的适用性;在多数情况下,它遮蔽了现代社会中传统的动态性,忽略了传统在维持社会不平等的结构与霸权的政治中所起的作用。

3.当代人类学中的传统

“传统”的概念及其批判性的触角在当代人类学当中是弥散性地被使用的,尤其是它涉及文化中连续性的元素。然而,我们可以勾勒出经验的、概念的以及批判性的兴趣的数种焦点,在其中,“传统”的概念相对明显。

(1)传统的社会组织。一种突出的研究思路是聚焦于我们所谓传统的社会组织,考察的是类型化模式的某些方面,它把传统社会视为是同质的与未加区别的,意味着传统是群体当中被集体地共享的。这种理解可能以多种方式被质疑,最直接的方式是考察文化专家群体,作为仪式专家、长者、朗诵者或者其他专业知识或者奇异知识的守护者,他们有个人的爱好,总是在培养、构建或者交流传统。调查的焦点包括了专家角色的定义与组织、专家的招募、专家的社会化与事业、专家实践的机制与语境,在其中,文化专家以他们专业的能力行事。

这后一个焦点可能把人们的注意力引向文化表演或者展演事件,诸如仪式、节日、竞赛或者戏剧化的表演。在其中,群体的知识、象征与价值被展示、体现与置于公众面前。这种事件的生产典型地要求专家有多种能力,有能力组织生产文化事件,由此,表演事件得以完成。这种思维路线尤其突出地体现于下述研究当中,它们是按照大传统(高等的、经典的、培育的)与小传统(低级的、民众的、流行的)来组织与框架化的,这两个概念是罗伯特·雷德菲尔德提出来的。调查传统的社会组织与社会化、涵化的研究相融合,通过角色、语境以及实践,社会知识与行为模式被一代代的人传承、获得。

(2)传统与创造性。“传统与现代”之间的对立的一个变异是“传统与创造”之间的对立,这在艺术人类学当中最为突出。在这一领域的经典作品,比如博厄斯的《原始艺术》(1927)中,它倾向于把“传统”看作是一种对于原始艺术家的限制。这一观点与把“传统社会”看作是内在的保守的典型概念相一致,也与赫尔德把艺术性的形式看作是一种民族精神的集体表达的观念相一致。因此,集体属性的惯例已经主导着来自于“原始的”或者“传统的”或者“民间的”社会的语言艺术形式与物质艺术形式(那瓦鹤的歌谣、法国的民间故事、约鲁巴的杆)的呈现(只有少数著名的例外)。

自20世纪60年代起,在艺术人类学当中有一种迅速的转换,学者们把更多的注意力投向了个体艺术家与表演者,更加细致地关注艺术实践中传统与创造之间的相互作用。在物质艺术的人类学研究当中,学者们细致地考察了个体艺术家的独特风格与成就,以及艺术生产的情境化的实践、使用以及评价,这些研究有助于更好地理解传统与创造之间的平衡关系,更好地评估创造性的程度与限度,此外,还可以有效地理解人们以新的方式应用传统的形式。

在口头艺术的研究中,尤其是在语言人类学当中,表演的民族志已经细致地分析了形式的、功能的以及互文性的关系。作为校准传统的表演,一方面是"传统"指向的框架,用于话语的生产与阐释;另一方面是情境化表演的呈现中的创造性本质。两种本质都总是在场的,研究的任务就是要衡量二者的相互权重,以及在一个特定的社会与历史环境中,二者之间相互作用的动态关系。

(3)传统与交流技术。和"传统与现代"社会的典型对比密切相关的是"口头与文字"社会之间的对比,它强调特定的交流技术是对比性的类型的征候或者决定性的因素。口头的与文字的类型化区分法起源于18世纪的语文学,它反过来对于人类学有形成性的力量。这一研究框架在20世纪得以复兴,由于古典学者的努力,它再次渗透到人类学当中,并且为前述的"大型区分"的合法性赋予了能量。以更加通俗的术语来说,"文字"的出现与使用意味着书写技术不断的推进,再加上印刷技术的发明,随即产生的便是文字的传播,以及相应的思维模式的改变,尤其是知识的客观化与去语境化。文字的媒介技术鼓励一种批判的或者怀疑的精神,那些已经被接受的想当然的真理受到了前所未有的质疑。这种知识的(认识的)的指向——依据文字传统而建立的知识——对社会与文化传统具有转变性的力量,它引发了划时代的转变,即从一种盲目地、未加反思地坚持思维与实践的传统模式,转向了理性的、科学的、开放的变革,这就是现代性的征候。

虽然某些人类学家已经在努力寻找民族志的确证,想证明传统与现代的思维模式之间的典型的对比性,但是,民族志的证据倾向于质疑这些假设。最有效、最有说服力的批评来自于语言人类学以及在教授人类学当中的相关工作。大量民族志的研究关注讲述、书写与阅读,关注交流能力的习得。这些研究的思路进一步澄清了交流的技术、形式与实践在社会生活的生产与接受中的角色,它对于人类社会中连续与变迁之间的动态关系,也提供了一种不断分支化与细致化的理解,补充了传统与现代之间经典的分类性区别。

(4)传统的政治。传统的政治力量一直以来都是人类学的核心主题,它建立在学科的基础之中,成为韦伯辨认的传统权威的典范(传统权威是他的三种纯粹合法性中的一种)。受传统权威以及更普遍的传统社会的经典概念的指导,人类学中的传统权威的基础研究极大地倾向于把它看作是一种统一化的力量。通过社会化的机制,作为神话式的宪章,借助于仪式的形式化机制得以维持,最终服务于社会体系的维持。

当民族志转向了情境化的实践时，人类学认识到，比如，传统故事可能被用于确立差异性，而不是维护统一性。作为“祖先的话”，它可以被用于提升政治冲突中争论双方中任何一方的修辞力量。也就是说，修辞性地求助于传统与传统权威，并不一定是作为一种团结的力量，也可以作为一种分裂的力量。出于任何一种目的，参与者与观众都可以寻求于传统。传统权威的意识形态——正如所有的意识形态一样——是立场化的、利益相关的、策略性地被激发与使用的，在这个意义上，传统是一种修辞的资源，它可以服务于冲突，也可以服务于顺从的“团结的力量”。

在特定的社会与文化变迁的条件下，传统的意识形态与修辞体现得更加明显。事实上，“传统”的人在有意识地干预“传统”的管理，这一点很早就被人类学认识到了。在某些社会成员那里，任何有意识的、有组织的尝试，事实上是他们复兴或者延续其文化当中选择出来的某些方面。20 世纪 80 年代以来，人类学家们致力于调查研究传统及其本真性的相关概念，倾向于把它作为一种象征性的与阐释性的建构。它通过激发一个有意义的与过去的关联，在当下被建构并与当下相关联。

传统的过程——在传统、遗产、文物、习俗或者诸如此类概念的标题之下——是服务于民族主义的突出资源，无论是文化的民族主义还是国家的民族主义。在世界的许多地方，其文化的政治最明显的层面都有一个人类学研究的扩展的历史，但是当务之急，是要摆脱殖民主义统治的残留，要确立其“文化传统”的完整性与本真性。人类学的工作就是要分辨其传统、习俗与遗产，确定它如何是一种选择性的、策略性的、象征性的建构，这就不可避免地会引发人类学家与他们所研究的民族群体之间的矛盾了。那么，谁的阐释与建议应该被接受为权威？

这一问题以及它所引发的进一步的问题提供了一个阐释性的、批判性的立足点，即关于人类学理论与实践的历史性形式的问题。“传统”的现代概念被形成于一种知识的场域当中，它在很大程度上是用政治术语界定的。对于正在形成中的人类学学科及其视野的定义来说，“传统”以及相关的“文化”的概念被证明是基础性的。随着其核心的概念渐渐被接受，人类学学科的成功可以被更多的人所接受，甚至被之前“传统的”人们所接受，而他们一直以来都是人类学研究的核心对象。现在，人类学所面临的核心挑战是他们意识到自身工作的“主观性”，认识到“传统化”是一种阐释性的过程，它挑战“传统”的具体化。这种自反性的意识揭示出，所谓原始的传统只不过是最近的发明。①

① BAUMAN R.Tradition，anthropology[M]//SMELSER N J，BALTES P B.International encyclopedia of social and behavioral sciences.London：Pergamon，2001：15819-15824.

二、文本

自19世纪晚期以来，从本土资源当中搜集口头文本，已经成为语言人类学研究的一种基础方法，它在人类学的其他研究路径当中也起着突出的作用。在美国，文本在人类学研究当中的地位是强大的，尤其是在美国语言与文化的研究当中。当然，在英国的社会人类学传统中，文本的影响要小得多。

美国人感兴趣于文本，是扎根于欧洲的语文学传统的。在其中，文本构成了语言研究的基础，文本与语言一起构成了文化史研究的重要的参考框架。其中尤其重要的是赫尔德与格林兄弟的遗产。他们统一的语言、文化、文学与历史的视野，是把一个人群的口头传统视为其文化的本真的表达；他们鼓励搜集民间故事与民众的诗歌，并把这些搜集物作为语文学调查的必要的记录，这一工作在那些没有书面记录传统的地方尤其重要。

早期的人类学文本呈现在这样一些人物——比如亨利·罗威·斯库克拉夫特、威廉·德怀特·怀特尼，以及J·哈墨德·川布尔——的著作当中，但是，在美国民族志传统当中，口头语言文本的核心性源自于约翰·威斯利·鲍威尔以及弗朗兹·博厄斯。鲍威尔是美国民族学署的奠基性的指导者，他一贯强调语言学研究的基本重要性。美国民族学署的民族志项目，重点研究本土美国人的文化，为其语法、词典以及文本的三分性的基础设定了标准，也为其文本的付印提供了格式。当时出版的本土语言文本带有行间的字面翻译，附带有问题的语言学的以及文本的文化特征的笔记。

博厄斯，作为一名老师、学者以及编辑，给予美国文化的文本记录以特别的优先性，他把这些记录看作是“一切未来研究的基础”。博厄斯搜集与分析文本材料的项目形成了美国人类学的实践传统，他的搜集工作为后来数代人类学家的研究提供了基础性的数据，尤其是为列维-施特劳斯的结构分析，海姆斯的民族诗学的转写、翻译与分析工作提供了基础。从方法论的角度来说，他强调文本记录的下述标准：①本土讲述者有能力生产连贯的、自发的文本；②社会的、文化的、语言的表征充分地决定着整体的模式性的原则；③类型的与主题的理解。整个本土话语形式的范围——主题的处理，词汇的、语法的与风格的形式与模式的全面澄清——对于民族志记录的完整性都是必要的。

在美国人类学的传统中，文本构成了三条重要的研究路径的材料：①文化-历史的材料。它既作为本土历史的证据，也作为历史过程，比如传播、移民与文化接触的证据。②文化的材料。通过选择与歪曲的过程而作为文化的反映。③语言学的材料。文本已经成为一种基本的资源，被用于词汇的与语法的研究。作为被扩展的、自然的话语，它们也是超越句法层面的语言形式与结构的材料。

与语文学的基础相一致，美国的语言人类学，以一种语言学的参考框架为工具，对口头艺术的本土形式保持了一种特殊的兴趣，生产了最广泛意义上的诗学。1917 年，博厄斯的一篇介绍性的论文发表在《美国语言学国际学刊》。它把大家的注意力引向了这样的问题，它讨论了特定的语言风格、比喻性的语言，诸如典型的会话与其他程式性技巧、叙述性的创作风格、类型性的模式原则、文学风格学的其他层面等。他恰当地承认了爱德华·萨皮尔在探讨这些问题方面的先锋性地位。20 世纪晚期，受民族诗学与讲述民族志的刺激，语言人类学已经产生了一种对于口头诗学的民族志与语言学研究的兴趣。受布拉格学派的诗学、肯尼斯·伯克的文学理论，以及民俗学类型与表演研究的影响，语言人类学除了考察口头艺术的形式风格，还考察形式与功能之间的相互关系。作为表演的口头艺术，还涉及了翻译的问题——既有语言之间的翻译（从本土语言的文本翻译成英语），也有符号间的翻译（把口头文本翻译成书面语，与其形式模式原则相一致）。其最新的注意力是关注语言的社会使用，其中包括艺术性的语言的使用问题。伴随着一种不断增长的研究倾向——即区分“话语”与“文本”，前者是积极的言论的生产，而后者是相对地固定的、类型化地框架化的话语——口头话语的书面记录即转译的问题成为新的学术焦点。

在口头艺术的研究领域，一种混合的学术兴趣——讲述的民族志、话语分析、巴赫金的对话的概念（社会生活是话语地构成的）——正在导致一种流行的以话语为中心的研究趋势。在这里，“文本”并非被看作文化的反映，而是作为工具，通过它，社会生活可能被互动地、会话式地完成。一种有生产性的研究方法是把注意力转向了文本化的语用学，即使得一套话语成为一个文本的过程，离开它的话语性的周围（共生文本），自我独立地生成为一个内在连贯的、语义紧密的与客观化的文本。文本化有助于话语的传播；文本的重复与再语境化处于这样的文本间地构成的现象——类型、传统与知识的公开化、社会化与权威化——的中心。这一以话语为中心的研究的一个值得注意的后果是反思性地关注民族志遭遇的话语性的本质，以及文本制造过程本身的话语性的本质，这对于民族志的方法以及人类学实践的批判性的历史书写具有重要的意义，当然对于本土文化的社会学分析也具有重要的意义。

在英国的社会人类学当中，相对较少有人以语言为中心而对文本发生兴趣。在某些地方，英国的同行们甚至拒斥文本的价值。一个突出的例外是马林诺夫斯基，他的《语言的民族志理论》本质上是一篇语用学的、意义的情境性的理论，在很大的程度上是出自于他试图翻译特罗布里恩的巫术性文本的实践。基于那一经验，他坚持认为本土术语的意义根基在于民族志地决定的文化语境，它关联于情境化的语境,在其中,巫术的讲述与其他形式的话语被讲述。作为一个统一的整体,文本本身是情境化语境的构成部分之一。在马林诺夫斯基的理论当中,讲述是一种行为方式,其意义存在于一个言说的语用性的功能当中。

虽然说马氏的理论对于英国的人类学理论与方法具有重要的影响,尤其是有关巫术语言的理解,然而,他对于文本的理论兴趣只是激发了其英国同事与后继者的一点点兴趣。直到最近,才有一部分学者——尤其是非洲研究领域的学者——开始重新理解与发挥他的理论观点,比如露西·芬尼根,杰克·古迪等人,他们的研究工作与美国语言人类学家们的文本指向的工作相汇合了。然而,在美国,他的思想——有关语境以及作为行为的讲述——对于讲述的民族志与口头艺术的表演研究都具有形成性的影响。①

三、轶事

这是一种简短的、幽默的叙事,意在讲述一种涉及真实个体的偶然的事件。从构词法上说,轶事这一术语来自于古希腊语与古拉丁语,指的是未出版的事件。它指出了其口头传播的重要性,但是自古代始,轶事也是流行文学的一种资源。这一类型的一个形式特征是聚焦于一个单一的场景,倾向于关注两个行动者,一般来说一个是主角,一个是对话者。轶事大多在建构上是对话性的,在一个高潮句中达到高潮,高潮句一般是直接的引语。轶事一般也倾向于附着于个体,这些人机智而善言,他们经常是名人、知识分子、地方的或者家庭的成员。②

四、表演

表演是一种交流性的展演,其中,表演者假定要对观众负责,展演交流性的精湛技艺。表演强调话语生产的行为得以完成的方式,它超越于交流行为可能服务的其他多元功能之外与之上。在叙事性的表演中,叙事的行为本身被框架为展演:它被对象化,从其语境性的周围提升到某种高度,按照其内在的品质与所引发的共鸣,由观众进行阐释性的与评估性的细察。因此,故事讲述是一种公开化的展演模式,在根本意义上,它使得一个叙事可以为公众所知。

除了选定一种交流性展演的模式之外,“表演”这个术语还被用于指称事件,表演与其他交流性的展演在其中发生。在人类学的应用中,那些被安排好的、固定

① BAUMAN R.Text:anthropological aspects[M]//FRAWLEY W.International encyclopedia of linguistics.Oxford:Oxford University Press,2003,4:229-230.

② BAUMAN R.Anecdote[M]//HERMAN D,MANFRED J,MARIE-LAURE R.Routledge encyclopedia of narrative theory.New York and London:Routledge,2005:22.

的、计划好的、参与性的事件，比如仪式、节日、景观、戏剧、演奏会，都常常被称为“文化表演”，在其中，一个社会的符号与价值被体现与展演于观众面前。

通过特定的符号化的手段，故事讲述者可能会框定表演的框架，即发出交流性的信息，“我在表演，看着我，看看我表达得多好、多有效果”。这些框架是历史地与跨文化地可变的，然而，某些框架化的技巧，比如特定的程式（从前……），形式技巧（平行主义、韵律模式），比喻性的语言（隐喻、明喻），求助于传统，作为表演者之可说明性的参考标准（老人们曾说……），特定的语域（比如古代的语言），甚至是放弃表演（我并不真的是一位故事讲述者，不过……）等，在世界人民的叙事性表演剧目中令人印象深刻地反复出现过。

作为一种互动性的完成，观众的合作性参与是表演之完整的构成部分。从观众的观点来看，表演者层面的叙事行为公开地要求评价其进行的方式，要求对其相关的技巧、有效性、合适性、正确性进行评估。评价打开了参与和欣赏表达性行为以及表演者之熟练技巧的内在品质的方式。表演会导致观众经验的提高。表演也是感染性的，其核心品质之一是能够通过正式预期的唤醒与满足感动观众，让观众进入一种快活的状态，也要通过共鸣来唤醒某种力量。与此同时，表演也是充满危险的，因为它笼罩在表演失败之恐慌的阴影之下，它会被人们评价为无能或者会引出成问题的情感反应，比如当女性的表演者同时被作为欲望的对象时，她会在道德上受到伤害。

在其交流的经济中，一个社会的表演形式倾向于属于最明显地文本化的、类型管理的、可记忆的、可反复的话语形式。同样，在一个讲述社区的交流性剧目当中，表演的形式也倾向于是最自觉地被传统化的，这就是说，它们被理解与建构为文本间地关联好的，它在重复一个延展的序列的一部分。在一个有影响的“表演”的概念当中，谢克纳说，表演意味着从来都不是第一次的，他把表演的本质定位于话语的“去语境化与再语境化”上，尤其强调的是后者。与此同时，没有任何表演可以被完美地复制，表演总是呈现了一种呈现中的维度。一定要在情境化的表演的密切分析中，经验性地发现“预置好的”与“呈现中的”之间的动态的相互关系，发现传统与创造之间的相互关系。

评价的阐释性过程激起了一个文本间的领域，它由过去的表演构成，过去的表演提供了一个对当下表演进行比较与评估的标准。这样一来，对于过去的表演而言，一个表演者的表演是可以解释的，然而，解释的标准与手段可以在特定的文化与历史语境中予以建构。把特定的表演与过去的表演关联起来，就是建立了文本间的关系。在一个传统权威的展演当中，负责任地、正确地表演的意识会促使表演者密切地复制过去的表演；相反，把一次表演与以前建立的先在的表演拉开距离，则是在强调当前表演的与众不同。

表演,像任何其他的元交流框架一样,也是不稳定的。叙事性表演的分析需要注意文本是如何从表演的框架重新框架化到另一种阐释性框架中的。表演如何可能通过其他多样化的功能被多变地校准?一个特定的叙事,可以在一个单一言说的过程中呈现,也可以跨越连续的言说框架。可以理解,叙事性表演的分析倾向于集中在明显或者假定是完整表演的形式与立场上。学者们倾向于寻找并记录明星表演者,支持最充分完整的艺术性的文本。在给这些充分的表演以特权的同时,却丢失了某种东西,因为我们把任何表演都当作是一次组织完美的文本的表演。按照"去/再语境化"的动力学来研究表演,打开了一种全新的方式:它认识到了另一种可变的、可为文本之再语境化而获得的框架。连续的重复都可能以多样化的方式被框架化,比如报告、排练、展示、翻译、转播、引用、摘要、嘲弄等等。这里,在一个文本的连续的重复当中,在表演之对话的历史中,关注文本间关系的校准,可以描述社会历史的连续性的话语基础。①

2005 年 2 月 14 日至 15 日,鲍曼教授应中国民俗学会和北京民俗博物馆的邀请,来北京参加"民族国家的日历:传统节日与法定假日国际学术研讨会",随后应邀在北京师范大学文学院民俗学与文化人类学研究所举办了系列学术讲座,介绍了"美国民俗学和人类学领域中的表演观"。

在这一演讲中,鲍曼分别介绍了美国民俗学与人类学领域中的两种表演的观念,其基本内容已经被多次撰文介绍过了。在专门给中国的同行介绍相关内容时,他特别强调了如下两个方面,一是特别强调了表演的特点。表演的一个特点是,它在形式结构上是被紧密地组织在一起的(tightly organized)。表演的第二个特点是,与其他的言语方式比较起来,表演的形式更常被集合成一群容易被分辨的文类。表演形式的第三个特点是它更倾向于存在于那些最值得记忆、最可重复(among the most memorable and repeatable)的言语方式中间,这意味着在一个社区的口头文化资料库(repertoire)当中,表演形式更倾向于具有持久性(durable)。再次,与其他形式化的言语方式相比,表演的形式具有更强的可循环(circularable)和可共享(shareable)的特性。再有,表演的形式更倾向于是一种有意识的传统化(consciously traditionalized),就是人们会意识到表演是"重复以往已经存在过的东西"。此外,表演的形式更倾向于存在于那些具有劝导性的(persuasive)言语方式之间。比较而言,表演的形式更有一种权威性(authoritative),当听到这种具有权威性的话语时,人们会倾向于说:"噢,对,就是这样的。"最后,表演的形式倾向于存在于那些感人的(affecting and moving)的言语方式中间。

---

① BAUMAN R.Performance[M]//HERMAN D,MANFRED J,MARIE-LAURE R.Routledge encyclopedia of narrative theory.New York and London:Routledge,2005:262-266.

二是特别介绍了“文化表演的学术渊源”。他说,这一视角的形成深受法国社会学家涂尔干的影响,特别是他的重要著作《宗教生活的基本形式》(*Elementary Forms of the Religious Life*,1912)。涂尔干对仪式非常感兴趣,他认为仪式是社会关系的扮演(enactment)或者说是戏剧性的表现(acting out)。简单地说,他的理论认为社会关系是无形的(intangible)、抽象的,但是当人们通过仪式聚合在一起时,他们采用了一系列象征符号(symbol)和一系列象征性行动,通过这一戏剧化的形式,人们就可能达到对社会关系的理解。所以,这些事件(尤其是仪式)就变成了社会力量(social forces)的象征性威力(symbolic forces)的象征性展现(symbolic representation)。所以,按照涂尔干的理解,如果要想了解一个社会中什么是重要的,它是如何结构的,那么最好的办法就是去了解它的仪式。在涂尔干之后,社会科学领域里的很多学者都采纳并发展了他的看法,他们认为表演是各种各样的,他们为了解社会提供了重要的切入点。如弥尔顿・辛格(Milton Singer)、克利福德・格尔兹(Clifford Geertz),还有维克多・特纳(Victor Turner)等人,他们都发展了涂尔干的这一看法。他们都关注特殊的事件,把这些事件的上演作为向公众符号化地、戏剧性地展现社会最重要的象征和价值观的时刻。①

五、长故事

长故事挑战的是叙事分类中最基本的分类性原则——“真实”。它的阐释性的效果来自于它被有目的地框架化为个体经验的叙事,在其中,被叙述的事件的环境被延伸到这样一个点上,即它挑战了或者超越了可信的限度,虽然它广泛地被界定为夸张性的说谎与夸张的故事,长故事同样依赖于不合理的想象、环境的细节、策略性的轻描淡写与夸张。

长故事明显属于男性的叙事类型,依据居住地与家庭环境,在家的男人们被加以区分,比如猎人、渔夫、船员、牛仔、锯木工以及前线人员。长故事的讲述一般发生在两种环境当中:①秘密的背景中。比如说谎者的专用地点,在百货商店或者其他男性社交的场合当中。在这里,参与者们会习惯于讲述长故事,享受讲述者的精湛技巧。②公开的背景中。作为前线人员与新手之间的,或者是地方人士与旅游者之间的一种公开的交流,在这里,长故事成为一种让局外人与新手上当受骗的表演手段,讲述者通过玩弄他们的天真、无知以及易上当受骗而获得快乐。

---

① BAUMAN R.Perspectives on performance in American folklore and anthropology[J].Studies of Ethnic Literature,2006,3:139-144.

虽然说某些长故事仍然在口头传统中流行，甚至可以追溯到古代以及欧洲的先民那里去，但是，长故事尤其受到了美国人的热爱，甚至被看作是与众不同的专属于美国人的叙事类型。美国人嗜好长故事被归因于美国地域的辽阔与广袤，与之相伴的讲述倾向是创造与称颂大于生活的英雄、边疆人的冲动，通过玩弄小女人气质的局外人，否定与贬低文雅的经典。①

六、对话与互文性

说到巴赫金的“互文性”(intertextuality)概念，不得不强调朱丽娅·克里斯蒂娃在一系列著作当中的阐释性工作。那大约是在1967年至1969年之际，可以算是她对巴赫金的“对话主义”(dialogism)的文本化思想的发展。“对话主义”的观点是：语言是社会地、历史地构造的，社会是通过主体间的话语实践及话语的传播交流性地构成的。克里斯蒂娃把关注点从“言说”(utterance)当中转移开来——那是巴赫金学术圈的核心词汇——转向了“文本”(text)，从“对话”转向了“文本间性”，对于语言人类学来说，这并不是最有生产性的推动，因为它模糊了巴赫金学术圈的主要洞察力。

巴赫金持久的关注点是讲述索引性的维度与动态——现在的言说方式回溯着过去的言说方法，在某种程序上结合或回应着已经言说过的，预示着并在某种程度上结合了将要言说的。对于巴赫金来说，当对话在社会中传播，在时间中传承时，对话的过程既是一种交流性的实践的过程(生产对话性关系的主体间的工作)，也是一种相伴随的在言说之间建立关联的过程，他的工作就是要澄清对话性的原则。他特别强调了其中一整套的言说形式与技巧，最突出的是“言说”，“双声话语”(double-voiced discourse)的多种形式(风格化，嘲笑，被报告的讲述，讽刺性的语调，混杂)，“多声部”(polyphony)，“杂语”(heteroglossia)与“类型”(genre)。当克里斯蒂娃从对话性的概念转向文本间性的概念时，哪一个思想对话性地回响于巴赫金有关文本性的概念？或者哪一个集中在指向特定文本与其他文本？在热奈特的意义上所谓“跨文本性”(transtextuality)，或者“文本的文本性超越”，被描绘为把“所有的文本置身于与其他文本的关系当中，无论是隐藏的关系还是明显的关系。在某种层面上，可以说，他们所有人都致力于这一问题，因为所有的话语都被文本化了。有趣的是，巴赫金极少关注文本性。在他后来的文章《在语言学、语文学及人文科学当中的文本的问题：哲学分析当中的一个实验》(该文章出版于克里斯蒂娃关于文本间性的核心论文之后)的开头，巴赫金给“文本”提供了一个更宽泛的定

① BAUMAN R.Tall tale[M]//HERMAN D,MANFRED J,MARIE-LAURE R.Routledge encyclopedia of narrative theory.New York and London:Routledge,2005:582.

义,指“任何连贯的符号的综合体”。自此以后,大多数人把“文本”同化进“言说”与“对话”。毫不奇怪,当我们在巴赫金的对话主义中寻找核心概念时,它要强调文本性,我们发现“嘲笑”,至少以某种形式是文本;“类型”肯定也是文本。但是其他还有什么是文本?因此,也许把它们都称为“文本间性”,显示了克里斯蒂娃本人的兴趣或者20世纪60年代晚期法国知识界的兴趣,而不是巴赫金和他的同事们的兴趣点。“话语间性”(interdiscursive)也许是一个更好的概括性的术语,它既保留了“话语”的基本地位,又保留了“文本间性”的意思,用来指与文本相关的关系。

为什么说“话语间性”这样一个概念(或者对话)具备其他概念所不具备的特质?第一,它有助于我们超越固定的讲述事件的边界,这是四十年前讲述的民族志的分析框架的基本的分析性单元,曾经具有极强的生产性。更特别的是,它给了我们一种理解更加扩展性的时间关系的方式,用话语分析基础的术语来说即“历史”。此外,它给予我们一种较之直接互动秩序更大的社会形式的立足点,也给了我们思考权力与权威的方式。较之在固定的讲述事件当中所体现的模式,它可以呈现更大的互动性权力关系。第二,“对话”及“话语间性”的概念使我们意识到所有的言说都是意识形态地形成的,巴赫金的观点激励我们转向话语的意识形态,转向它们被展演、讲述与回应的场所。第三,巴赫金的框架提供给我们一个以话语为中心的研究方式。

在特定的情境当中,一个术语的象征性的使用都会索引着所有其他的术语,携带了所有过去的使用并预期了将来的使用,而无论愿意不愿意,不管讲述者的意图,也不论他是否意识到。文本作为独特的游牧部落的人(nomad),其本身反映了一个特定的范围内的所有的其他文本,巴赫金进一步把这一概括化的文本性称为“无意图的对话性”。

关于身份的对话性的建构,巴赫金考虑了时间的因素,区分了两种类型的文本间的关系,一是在一个特定范围的边界之内文本之间的语义的与对话的相互关系,一是多个文本当中的历史性的相互关系的特殊问题。

巴赫金有“时空体”的概念,它要求培养一种能力,即在一切事物当中阅读“符号在自身的过程中显示了时间的维度”,包括人类的习俗与思想。在《人文科学的方法论》一文中,巴赫金区分了“小时间(当下的日子,最近的过去,可预见的未来)”与“大时间(无限的与未完成的对话,其中,没有任何意义会死亡)”,我在每件东西当中听到声音,并在它们当中听到对话的关系。巴赫金一直认为,“时间的形式”主要地在叙事的结构当中,作为一种结构性的技巧。他认为多声部是一种历史性的呈现,只有在小说当中才能充分挖掘其艺术性的潜力。

通过表演来探讨身份的对话性的建构是一个有趣的研究方向,表演是互文性与对话的一个丰富领域,却并没有被巴赫金圈子的人详细研究过。通过“类型”的概念,巴赫金认为,对话性是所有人类交流的一个无所不在的特征,其基础是社会是被交流性地建构的、历史性地连续的。使表演尤其吸引人的是,对我们这些发展这一洞察力的人来说,一个社区的表演的形式属于最好记忆、最可重复的,在其交流性语料库当中可以反思性地接近话语形式,即,它们被建构与认为是互文性地相关联的复述的一个连续体的一部分。理查德·谢克纳说,“表演意味着从来都不是第一次的”。李·哈林提出,“表演之间”的概念都是强调表演的文本间的共鸣性。

鲍曼说,20 世纪 70 年代晚期至 80 年代初,他在奥斯汀的时候就已经接受了巴赫金学派的思想。在那里,得州大学斯拉夫语系的同仁们热衷于译介他的著作,从一开始,他就感到巴赫金圈子的工作只是一种章程,并没有给出具体的答案。他们圈子所提出的丰富的提议在他们自己的作品中很少以密切持久的、扩展的分析得以实现,然而,他们所展示的理论适用性可以导向哪里?公平地说,巴赫金自己承认他自己提供的仅仅是一个计划,而不是一套概念性种类与标签,纯粹的应用对于真正的问题只能提供有限的答案。在他事业的晚期,他发现,与他人的语言相遭遇,以及互动的复杂事件,几乎被相应的科学忽视了。如果有哪一种人文科学要接受这一挑战,那就是语言人类学了。巴赫金的学术思想丰富了鲍曼的概念性的与批评性的语料库,但也正是通过他以及他的同道艰难地获得的对于讲述的风格、文本性、表演、讲述事件、讲述的索引性等概念,赋予了巴赫金的“对话”的理论视野以实质性。①

七、民族诗学

鲍曼在回忆性的材料中多次提及,1965 年,当他在宾夕法尼亚大学学习的时候,他听从阿兰·邓迪斯的建议,选择了戴尔·海姆斯的研究生课程,这一选择彻底地改变了他自己的学术命运。作为一名民俗学者,他带着有关“类型”与“表演”的概念,积极地参与了“讲述的民族志”在形成时期的活动,这种学科之间的合作具有极大的吸引力。

20 世纪 70 年代早期,也是“民族诗学”发展的极盛时期。口头语言艺术——作为一种情境化的与呈现中的讲述——是其基本的关注点。可以肯定地说,民族诗学主要研究的是被表演的文本的诗性组织,它也是讲述的民族志的一部分。当时,丹尼斯·泰德洛克有关祖尼人的民族诗学的研究工作就被包括在了《朝向民俗学的新观点》(1972 年)中;它与海姆斯的奠基性作品《民俗学对于社会语言学研究的贡献》(1972 年)一道,成为“民族诗学”齐头并进的两条探索性的研究路径。当然,

---

① BAUMAN R.Indirect indexicality, identity, performance: dialogic observations[J].Journal of Linguistic Anthropology, 2005, 15(1): 145-150.

海姆斯涵盖性的理论工作的影响力是十分强大的。

在普通意义上,"民族诗学"被理解为是"语言人类学"的一个分支,它致力于探索口头文本的诗性组织方式,它们转写与表征于书面形式的方式,把它们翻译为更加广泛地可被接受的语言的方式。因此,它致力于对微小的组织单元与停顿模式,诗行与诗节,发音模式等语言形式进行研究。

戴尔·海姆斯在多种意义上使用了"声音"的概念,这指的是口头文本的身体性的体现。"声音的实现"关注的是被表演的文本的声音属性,声音是传达口头文本的手段,它被用于描述戏剧性的人物,在语调、韵律、节奏、形式上组织口头表演。海姆斯翻译、表征、阐释、推崇某些语言艺术家的叙事性表演,其中一些人的声音是被亲耳听到的,另一些人的则是通过博厄斯、萨皮尔、米尔维尔·雅克布等人的文本间的媒介被听到的。作为一名人类学家与民俗学家,他习惯于在集体的模式与意义中理解个体的声音。他坚持认为,对于充分的理解而言,"只阐释一个人的声音是有缺憾的"。对他来说,语言是一种共同理解与个人声音的整体配置。

在另一层意义上,声音是一种自我实现的手段。作为社会世界中的一种社会存在,个体是受社会等级的精神指引的,自我个性的完成是在一种情境化的交流过程中实现的。交流就是一种斗争的场所,个体要面对各种力量,这些力量将限制、压抑、默化或者否认他的声音。

按照两种基本的因素,"民族诗学"投入到声音的政治当中了。一方面,"民族诗学"的前缀"民族"与特定的人群、民族、民族群体建立了联系,这种社会维度影响了声音;另一方面,"诗学"强调了艺术性的维度,作为一种手段,在一个社会地建构好的能力与价值的母体当中,被个体用于自我实现。在某种程度上来说,海姆斯是在第三种意义上开展民族诗学的研究工作,他关注本土人的声音,强调文本对象本身及其内在性,把讲述者使用它们的声音以在世界上达成某种目标作为背景。所有的本土讲述者都具有社会目标,都会协调暂时性、紧迫性、语言以及故事事件参与性的结构,完成正在进行中的互动;试图促动作为他者的听众去想象一个联合的未来;引发对话者去沉思一种有道德的人的恰当行为;让儿童积极地参与追求文化知识。作为民族诗学的研究者,鲍曼认为,我们工作的最大乐趣在于聆听与参与对话。①

① BAUMAN R. Discovery and dialogue in ethnopoetics [J]. Journal of Folklore Research, 2013, 50(1-3): 175-190.

第十七章　新媒介技术与表演研究

前文中,鲍曼考察了文字与印刷的技术如何影响并形构了口头传统。随着新媒介技术的进步,他又特别关注了公共话语的结构性转变中媒介形式与讲述类型之间的关系。当媒介技术从印刷文字转向广播电视的时候,录音技术与口头艺术(比如政治演讲)的密切关系成为鲍曼考察研究的重要对象。他的问题是:当口头讲述被新媒介技术收录与传播时,公共的口头讲述类型会发生何种变化?

1877 年夏天,爱迪生发明了记录声音的技术"留声机",他想让它的使用者储存与复制人类的声音。这项技术的出现克服了人类声音的"转瞬即逝"的局限性,然而也引出了另一个问题,即哪些讲述是值得为了未来而被复制与储存的?爱迪生认为其中最值得保存的一种声音是伟大人物的演讲,他希望用留声机为未来的人们保存华盛顿、林肯以及格拉斯通的声音。显然,在他看来,这是一些值得记录与储存的演讲。而演讲作为表演,以活态的声音被保存下来,实在是一件值得期待的事情。

留声机的出现明显导致了社会风尚的重大改变。最重要的一种改变是把公共文化再语境化到私人生活的背景中了。演讲者不再需要与他的听众在演讲大厅里直接会面,听众通过购买演讲磁带(当时的售价是 50 美分一盘)来聆听演讲。政治家不再需要在演讲台上声嘶力竭地大喊大叫,而是可以从容地准备与修饰自己的演讲,他可以把自己最理想的声音与思想传递到听众的耳朵里。换句话说,政治演讲走出了封闭的礼堂,走向了家庭空间。

在商业化地记录声音的初始时期,上述交流形式的转变是如何达成的?鲍曼仅仅考察了 1890 到 1915 年之间,政治家竞选演讲的商业化记录现象,他要考察的问题是:政治家竞选的演讲是如何适应于公众的?当记录声音的更先进的技术推陈出新时,演讲者与听众之间的调适关系又是被如何进一步校准的?

鲍曼介绍说,在留声技术开始被投入使用时,一方面,人们录制的是演讲现场的声音,那是一些公共事件,政治候选人与听众共同在场,他们在听众面前发表演讲。换句话说,那是当时政治演说正规的情境性语境,是一个特定的演讲者面向一群聚集起来的听众讲话,后者通过鼓掌来表达他们对演讲的欣赏与认同。另一方面，所有演讲的记录都是仿制品，它们是政治候选人演讲现场的提取物及再活化。也就是说，制成的录音带中的演讲，是一种可分离的文本，它们已经离开了其原始的演讲背景，并被再语境化于另一个语境之中。其中最有趣的是模仿的元素，是对表演事件的再扮演，人们通过技术能力复现活态的声音，尤其是复制了听众的掌声。鲍曼认为，这是媒介化的政治演讲的早期形式。

显然，在爱迪生发明留声机的时候，已经存在着政治演讲的对比性的然而却又是补充性的建构，二者甚至开始合并了：一方面，存在着一种修辞，即“忠实的讲述，确切的复制”，或者说人们还带着忠诚的态度复制演讲活动；然而，另一方面，真实的实践又暴露了技术之模仿与虚构的能力，他制作并创造了人们想要的表演效果。

新的声音记录与传播的技术被应用于政治竞选运动，这导致了一场彻底的社会革命，它把演讲者与听众隔离开来了，明星演讲者的演讲被广泛地复制与传播于全国各个交叉路口与拐角处的商店里。声音的复制品成为政治演讲人本身的替代品。通过复制演讲人的声音，商业公司有意无意之间最大化地扩展了留声技术交流的潜力，它分割出广泛的、分散的公众，他们共同地聆听着同一个讲述者的演讲。

从 1906 年开始，声音记录与移动图像的双重技术被联合起来应用于传播政治竞选的演讲，政治竞选的公共事件被更直接地传播到分散的公众那里。演讲者的声音与身体姿势直接呈现在观众面前，新技术提供给分散的观众以景观的场面与游戏的气氛，引导人们参与性地介入媒介化的表演。事实上，演讲人的声音与图像可能是被分别录制的，但是，观众被引导着把他们听到的与看到的结合起来，把它们看作是单一事件的可补充的层面。较之一种媒介的传播而言，两种媒介结合在一起，传达了一种更加强大的视听冲击。

如何把一个现场的演讲活动转化为一个媒介化的公众事件？媒介公司为听众做好了准备，使他们有机会直接聆听大人物的演讲。媒介公司会把大人物的真实声音带入听众的家庭，让听众设想自己身临其境。只要听众花钱购买了录音带，他就可以做到这一点。这就是资产阶级在公共领域的扩张。然而，由于当时技术条件的限制，录音带记录的极限长度迫使演讲人不得不削足适履，以适应媒介技术的客观限制，他们不得不改变演讲的主题、形式与长度。

1920 年，广播技术的到来终结了留声机的技术，它开启了政治与媒介结合的新时代。留声机记录政治演说的时代是短命的，但是，政治演说的媒介化正好演示了政治演说从活态表演转向声音记录的再语境化的转化过程——从大规模的文化表演中聚集的、共同在场的与其他仪式性的场合的公众政治集会，到分散的、由个人或小群体聆听政治演说的行为，人们在私人化的、家庭的空间里聆听商业化的政治演讲。这一再语境化的过程是渐近的与实验性的，是伴随着新技术的发展而不断尝试开发新媒介技术之潜力的过程，人们一直都在想象并尝试挖掘它的技术潜力。

显然,演说与大规模的、集会性的事件之间语境式的关联是十分明显的,记录讲演的生产者感觉应该保存公认的语境元素,把它作为一种参考框架,激发表演事件的即时性。矛盾之处在于,这种语境元素——展示直接性与逼真性,要求掩饰与制造错觉——是通过商业公司演播室里的人员伪造的。

保留政治演说的语境特征的补充性方式是使用留声记录,把它作为活态讲述的替代品。现场演讲中附带的声音被删去了,录音者又通过技术手段把理想的声音重新插入到被创造出来的"传统的"语境中。即使商业公司的目标是真实地记录政治家的竞选演讲,它们也会邀请潜在的消费者想象他们自己是演讲集会这一公共事件的参与者,让他们享受假想中与演讲者共同在场的即时性,让他们相信演讲者的"活态声音"被保存在磁带上了。

鲍曼认为,录音技术及其对于当代社会的形构效果,从一开始就被人们自觉地意识到了,它为当代人类的生活条件提供了反思性的想象,既影响了政治人物的公众形象,也影响了人们对未来社会的构想。①

在另一篇论文中,鲍曼进一步发展了上述思想。他说,在媒介发展的历史上,文字印刷术、留声机技术、影视传播技术以及计算机与网络多媒体技术,都曾作为时代的新媒体而产生了革命性的社会影响。媒介交流与表征的新技术也吸引了表演研究者,鲍曼关心的问题是:录音技术的发明及其早期的商业性发展,如何为"表演(尤其是演讲)"打开了新的文化空间。

如上所述,爱迪生发明"留声机"的时候,只是希望它能完美地储存、自动地复制人类的声音,以备将来使用。可问题是,什么样的声音才值得储存下来以备将来复制?爱迪生首先想到的当然是能赚钱的声音,著名的演说显然值得优先被固定与储存起来。当时,普通人都对保存声音这件事情很好奇,"复制并聆听死者的声音!"尤其是复制与聆听过去的伟大演讲者的演讲,那将是多么刺激的事啊!

显然,留声机和录音带导致了社会习俗的重大改变,它们把公众文化再语境化到私人情境当中。演讲者与听众不必在演讲大厅里相聚,商业公司会把演讲灌制成录音带发售。私人拥有演讲的可能后果之一是个体可以建构自己的演讲集,其中可能包括各种各样的演讲风格,这就像个人拥有一个私人的酒窖一样,他自己会渐渐成为一名演讲艺术的鉴赏家与消费者。于是,能买得起留声机与录音带的有声望的商业群体出现了,而这些商品又正是为新兴的消费者的市场而制造出来的。

当时,对于刚刚出现的录音公司来说,了解消费者们想要购买什么样的商品至关重要。事实上,他们生产的录音带里除了音乐就是演说。1890 至 1912 年之间,

① BAUMAN R, FEASTER P. Oratorical footing in a new medium: recordings of presidential campaign speeches, 1896-1912[J]. Texas Linguistics Forum, 2004, 46: 1-19.

正是录音公司的形成期。当时,它们生产并销售的政治性演讲可以分为三类:一是复制美国历史上的经典演说;二是传播 1908 至 1912 年的竞选演讲;三是录制仪式性场合的戏剧性演说。鲍曼特别关注了声音记录过程中的相关转变:①媒介的影响及伴随的情况;②意义的声音体系之影响式微的过程;③演说从公众空间向家庭空间的再语境化;④媒介的技术化所强加的限制。

用录音带来传播演讲,首先涉及的是演讲活动的参与者的结构及其角色的重新标定,被记录的演讲如何满足听众的需要？这里的听众是指演讲的潜在接受者,他们并不一定是演说的对象,但却被邀请密切关注演讲者的交流性展演的行为,他们也受邀评价演讲得以完成的技巧与有效性。政治演说要面向公众,这里的“公众”既包括已经意识到的社会组织、群体与个人,也包括呈现中的、录音带本身及市场努力要面向的群体与个人。

在这里,“公众”意味着一个转变中的与初期出现的现象领域,它是由话语构成的社会组织,指向集体性的群体,被话语建构起来以支持话语的传播。“公众”可能是共时性的对象群体,它通过开放的易获得性而指向多样的听众人群;它也可能是历时性的对象群体,通过扩展性的加速传播以跨越时代的历程。由于话语生产的地点、类型或文本形式的不同,它将会构成不同的“公众”,或在不同的基础上建构起相同的“公众”,所有这些都密切地关联于演讲者所使用的交流技术的能力。

第一类演说是对经典演说的复制,即复活著名的演说。从其初始的生产语境当中抽取出来,重新表征于新的语境当中,伪装成听众正在聆听它们,复述者并不负责信息本身,只是负责转播。比如林肯的格底斯堡演说是在 1900 年初录制的,之所以要录制他的演说,一来是它广为人知,二来是它比较简短。自其面市以来,它一再被不同的群体模仿,成为无尽的被复活的经典演说。1863 年,林肯为纪念战争的死难者与国家的重生发表了演说,他的演说被纪念他的一代又一代的复述者们一再“表演”。于是,格底斯堡演说成为历久弥新的祖先的话,从而在仪式性的场合里一再被复述着。通过复述演说而与过去的仪式产生文本间的关联,而且,这一演说是一种权威性的文本,这反映在一字不差的复述及艺术大师的复述技巧当中,听众要评价其相应的演说技巧及影响力。艺术大师们对权威文本的声音表现了极大的尊重,认为值得小心地、艺术性地复制它缓慢而庄严的节奏,高度清晰的发音,仔细关注单词的边界,长而有共鸣的元音,偶尔的颤音,小舌音的经常使用,吟咏的模式等等,这些风格既展示艺术性,也展示庄严性。

这一录音的记录如何与公众保持一致？首先,聆听录音表演激发过去的仪式及表演的场景。人们曾听过这一演说,作为一个公共事件中共同在场的集体人群的一部分,公众理解发生于公众场合,那是公开地可获得的,被观看的,集体地被展示的,我们称之为聚集或者集体的公众。其次,演说的录音在复述。认识到它是一种复述,会激发一种历史基础上的公众性,这些公众是被记忆的祖先遗产的继承人。最后,我们称之为分配的公众,是由文本的传播构成,即那些对作为一个文本和作为一种符号的演讲本身具有积极或消极知识的人。演讲者与录音公司努力要忽略表征与媒介的符号,要使表演更接近于初始事件,让听众仿佛置身于事件当中。这说明录音具备建构幻觉、模仿事件的能力。

第二类演说是总统的竞选演说。1908-1912 年,总统竞选演说利用了录音技术,却并不是为了商业的目的,而是有着全新的出发点。演讲者们直接针对"热点问题"进行的演说通过媒介技术而为各个家庭中消费者所获得,这里,听众是被选中的群众中的一员,是演讲者直接的目标对象。"真实的声音被录音媒介化"。体现在声音当中的在场的力量是点对点的交流,听众是在私人空间当中聆听竞选演说的。当然,竞选演讲的类型本身要求形式上更长更复杂,可是竞选人还不得不服从媒介的局限性,从而对竞选演说作出调整。他们不得不把冗长的演讲分解成短的、固定的单元,这样,竞选演说既要考虑迎合观众,又要考虑情境的其他方面。

第三类演说是滑稽演说。在美国,除了政治演说之外,还有黑人表演的综艺节目与喜剧小品,这些喜剧小品共同的戏剧性主题是政治演说,它很快就适应了商业记录的要求。鲍曼分析了其中几个方面:首先,它们是表征的表征。表演者有意地模仿演说的形式与程式,人们可以听到这些演讲内容背后的对话性的声音,比如方言的应用,音近词的滑稽误用,双关语,混乱的语法,无前提的推理,糟糕的拉丁语,它们意味着讽刺与嘲弄性,表演给人们的是一种交流能力的障碍。换句话说,他们表演的类型性标志是正确的(明显是一种"演讲"),然而表演的技巧则全部是错误的(有意识地展示演讲的"蹩脚性")。演说者的听众,热情地欣赏他的嘲笑性的演说技巧,也展示了其没有能力进行恰当的评价。

在这些例子当中,我们一再碰到对"缺乏交流能力"的展示。而演说作为一种表演形式,是对交流技巧与有效性的展示,是面向观众的评估的。也纪之交的美国社会,演说是领导人必备的才干,阐释与评估政治演说的知识与能力对于参与美国政治是重要的,可是有些演讲者恰恰是可笑的、无能的,观众成员把他们的无能表征于声音记录当中,反衬出优秀的演说应是什么样的。

有人认为这些讽刺小品很好,被表征于其中的人也喜欢它;还有人认为,这些表征激发了模糊的情感,从同情的笑到恶意的嘲笑都有;也有人批评说,虽然这些文本是完全开放的,但下层群体与少数民族群体却并不能真正地参与政治,吊诡的是,这些讽刺小品假定并创造了一种不平等的立场,听众因此被不平等的社会结构区隔开来了。

上述三种类型的演说,两正一反,前二者是演讲的正确做法,理解并接受它是包容进政治的基础;而第三种是错误的表征,意味着它表演了不合法的公民素质。

政治演说本质上是公众性的话语，但当它被记录成录音带时就不那么公众化了。显然，不同类型的录音带与不同类型的公众相契合。政治演说从活生生的展演到录音记录的转变过程，以及政治演说与多维的公众相结合的过程清楚地显示了，公众圈得以转变的一个侧面是通过媒介技术的转变得以实践的。[①]

鲍曼还发现，在爱迪生发明了留声机之后几周的时间里，人们开始设想它保存人类声音的能力，他们设想了以物理记录的形式，搜集、保存与展示口头表达之“财富”的前景。19 世纪 70 年代的晚期至第一次世界大战期间，在美国与欧洲，许多学者提出设想，建议建立“语言博物馆”[②]。比如，乔治·B.普雷斯科特（George B.Prescott）说，要让那些伟大的演讲者与歌手的声音保留万万年，他倡议要建立音乐陈列馆这样的公共空间。这里要配备有设备，要让这些“讲述与歌曲的财富”可以被展示出来并被复制给听众。但没有一个倡议获得成功。

爱迪生自己则预言了另一种应用的可能性，他期待语文学家使用留声机去比较研究不同的语音。就在他发明留声机几周之后，美国语文学协会的主席想要购买一台改进后的留声机来保存 Onondagas and Tuscaroras 的发音，因为它濒临灭绝了，只有一个老人还在讲述这种语言，既流畅又准确，但是这位主席担心他快要去世了。留声机正好可以及时地保存他的正确的发音。

可以肯定，艺术鉴赏与科学研究的想法是不相容的，但是，这两种野心都很有潜力，都颇有远见。1890 年，有观察者预言，留声机将使得语文学成为一门精确的科学；但是，它同样会服务于艺术传播，我们的后代将可以比较当代的与前代大师的音乐与演讲。

1890 年，留声机技术已经获得充分的提升，它可以被应用于田野作业，杰西·沃尔特·福克斯（Jesse Walter Fewkes）承担了此次著名的试验，试图证明它在“保护美国本土人的语言”工作中的适用性。当年 3 月，他去了缅因州的加莱，去记录当地帕萨马奎迪人的讲述与口头传统。当年晚些时候，他又记录了祖尼人的材料。他发现留声机是一种新的、重要的设备，可以用于语言学的研究，用于研究正在快速消亡的族群的语言，记录那些正在灭绝的语言。他出版了自己记录的工作成果。他的同事本杰明·艾夫斯·吉尔曼（Benjamin Ives Gilman）却认识到，他的搜集物可

---

① BAUMAN R，FEASTER P.“Fellow townsmen and my noble constituents!”：representations of oratory on early commercial recordings[J].Oral tradition，2005，20(1)：35-57.

② 语言博物馆是博物馆世界里的新发明。目前，世界上有两个有代表性的语言博物馆，它们分别是巴西圣保罗葡萄牙语博物馆，南非帕尔的南非荷兰语博物馆。前者是高科技类型的博物馆，后者的条件相对要落后一些。但是它们都是独特的，都是史无前例的。事实上，语言博物馆的思想一点也不新鲜。它至少可以追溯到 140 多年以前，即 1877 年留声机发明的年代。鲍曼认为，考察这一思想史的意义在于，可以加深对博物馆及其使命的深度理解，也可以为我们自己当代的实践提供批判性的观点。

以用于建构一座声音文化的“永久性的博物馆”。

20世纪前后,留声机已经被广泛地使用于田野工作当中。1900年5月,法国语言学家与人类学家阿祖莱(M.L.Azoulay)提交给巴黎人类学协会一份更有野心的、具体的、详细的计划,建议建立声音博物馆与档案馆。他强调录音技术的革命性的潜力,它可以精确地捕捉语言之声音的层面,比如元音与口哨语言等,而之前的语言学家们不可能充分地处理这些问题,因为他们可以获得的转写与分析的方法不够充分。他坚持认为,在说唱艺术的传统当中,那些难于传播给学生与后代的细节内容的事情,现在变容易了。因此,他强调了留声机在搜集与传播语言艺术方面的潜力——口头传统之表演风格的代际传播,是保护与延续口头非物质文化遗产的核心关注点。

阿祖莱对于留声机博物馆的建议,致力于记录口头形式(包括了这样的文化形式,像民俗、习惯性的表达、古代的与流行的歌谣、演讲、方言等普遍地被看作是非物质的遗产),这些内容都将被包括在留声机博物馆当中。博物馆的收藏将由记录本身构成,辅之以初始文本(在转写与翻译中)与语境机制,理论上应该包括关于声音的起源地的信息,语言学的、民族志的、地理学的、亲属关系的材料,其他还包括图片与谱系,以及关于生活环境的详细信息。这样的材料,在一个常规的基础上被系统地搜集与补充。阿祖莱坚持说,这样的材料将会是提供给“语言人类学”(这也许是这个术语的第一次使用)研究的基础。

阿祖莱的建议是有说服力的。1900年5月,法国人类学协会组织了留声机博物馆的展览。五个月的时间里,在他的同事们的帮助下,阿祖莱在博览会上展出了超过400盘录音带,其中包括了故事、会话、歌谣、音乐与语言材料等,整体上超过了74种语言类型,内容来自于世界上大部分地区。然而,在博览会结束之后,对于非物质文化展览的热情消退了。协会也在1904年取消了对他的资助。

1911年,在语言学家费迪南·布鲁诺(Ferdinand Brunot)的指导下,法国在索邦建立了讲述档案馆。布鲁诺是一位法国语言史学家,他对于语言的本土变异感兴趣,是语音学研究领域的先驱,他认识到,在地域与地区方言当中,声音模式是变异的重要维度。他的研究机构一直都在致力于搜集与保存语言的对象物。虽然搜集与保存的对象基本上是语言,但是,布鲁诺也把目标扩展到了人类学与民俗学领域,尽管记录周围正在消逝的方言仍然是他的主要任务。布鲁诺对于旧有的讲述方式的怀旧病并没有妨碍他承认社会与文化的变迁,变迁威胁着语言的幸存,他禁不住把语言遗产的消失看作是一种无可修复的灾难。重要的是,他认为不仅仅那些已经消失的方言需要保护,那些活着的方言也亟待保护。

布鲁诺致力于研究法语的地域性变异现象,这一工作与更大的民族主义的参考框架相一致。他把这些本土的方言看作是民族天才的、民众精神的直接产物,他在日常生活的行为中反思民族精神。也就是说,从下向上,从日常生活的基本生活经验出发,方言提供了一种有关法国民族性格的立足点。而且,较之物质文化,日常生活的非物质特征,更加揭示了一个人群的特征。他坚持认为,"每一种乡村的语言都代表着其特殊性,它比任何纪念碑都好"。

讲述档案馆最初的研究计划包括了田野作业,他试图去记录法国地域性的语言与方言,布鲁诺认为,这对于法国语言与文化的研究是十分重要的。他亲自去从事调查研究。第一次世界大战打断了他的研究计划。尽管如此,他还是指导工作人员开展了大量的田野记录,制订了数种标准的工作程序,以用于探索系统的、可比较的、词典的、语音的、语法的材料。在调查过程中,布鲁诺意识到,他所寻找的本土语言的变异的存在领域就是日常生活,每一个地方的独特性及其讲述的方式只能出现于即时的、临时性的讲述当中,而不会出现在盒装的固定化的复制品中。"最理想的材料是即时的谈话,而不是保存在档案馆里的话语,"在这些即时的情境下,录音带所记录的是一段真实的生命。

1877 至 1911 年之间的 30 多年,正好是 19 世纪的"展览情结"(exhibitionary complex)大爆发的时代,对于文化展示的强烈爱好正是"现代性"胜利的标志。博物馆以及其他展示格式,比如大型博览会与选美比赛,都在文化专家的意识当中,在这一更大的历史语境中来考察上文讨论过的那些形象、建议与工作,会更有说服力。

博物馆是致力于搜集、保存与展示自主的、可持久的与可接触的物质客体的主要机构。博物馆搜集与展示的主要对象大致有两类:一是在某种意义上非同寻常的事物,无论是稀奇的、反常的,还是在艺术的层面算是优秀的作品;二是过去时代的遗留物,它们与现代性的到来有关。在这样的背景之下,语言与口头表达的博物馆需要把自身同化到这一个传统的参照框架当中去。

第一个要求就是使得被讲述的词汇物化。录音提供了这种能力。语言形式被择选出来予以保存,这就获得了可以展览于博物馆的前提基础,比如,在艺术层面上杰出的物品(比如名人的演讲),或者在现代性面前濒危的遗产(比如原始艺术、地域性的方言、传统的故事等)。可以肯定地说,早在留声机发明之前,口头形式就被认为是可以客体化与展示的,被讲述的口头艺术形式——诸如民间故事、民歌、史诗、公共演讲等——的形式的与文本的特征,被标记出来区别于他们的周围语境,具有固定化的内在的连贯性与统一性。它们在形式上内在地是紧密的,易于去语境化与再语境化,通过转写为文本对象而被物质化。然而,随着留声技术的进步,不只是文本而且表演也可以被固定与客体化,它还保存了书面转写所不能完全控制的特征,这些特征都是口头言说的本质特征,比如音高、音亮,以及其他超音段的特征。对于知识分子与文化专家而言,重要的是这些之前转瞬即逝的与不可接触的形式可以被固定下来了,并带有精确性,可以对它们进行细致的、持久的观察与分析,这是科学所需要的。声音记录使得讲述成为科学研究的潜在对象,在今天的博物馆世界里,这一点渐渐成为重要的标准。

声音博物馆承诺要在艺术的与科学的双重层面上保存语言。此外,使语言形式具有博物馆价值的另一种因素是累加到它们身上的关联性的回响,语言与口头传统被看作是民族的、地域的、本土的精神的呈现。奇怪的是,尽管语言博物馆完全符合博物馆的本质与使命,与19世纪晚期至20世纪早期流行的文化意识形态也相匹配,然而,没有哪一个语言博物馆的建议或者计划最终获得了成功。

一个原因是,留声技术很快就成为了一种私人化的技术,一种家庭娱乐的商业化的手段。听众可以在自己的留声机上听到这些声音。至此,在公共空间里展示留声技术变得没有必要了。加之磁带可以无限制地复制,可以获得可靠的同一化的表演。机械复制的技术使得媒介化的表演成为惯例,减弱了附加在首次记录上的独一性的光晕。博物馆严重地依赖于带光晕的物体的搜集与展示,一旦剥夺了这一光晕,声音记录的博物馆价值就倒塌了。

在留声机技术变成大众媒介的同一时期,在人类学与语言学研究机构的基础层面也有一个转变,即从博物馆转向了大学。从1860年到20世纪的第一个20年代,当时的本土美国语的研究,包括传统文本的研究,集中在博物馆的资助之下。从20世纪的第一个10年开始,研究机构的重心转向了大学院系,伴随的转化是从博物馆转向了档案馆,后者渐渐成为田野材料搜集与保存之所。

最近,语言博物馆又重新回到了历史的舞台。身份政治的兴起以及民族主义的复兴,连续地借助于语言与口头传统,并以之作为身份认同的基石。此外,它也是民俗旅游业发展的一种连带成果。今天,更加先进的技术手段刺激了语言博物馆的保护热情,加之非物质文化遗产保护协议助推了这一工作的合法性,可以想象,在不远的将来,会有许多语言博物馆打开它们的大门。①

19世纪晚期至20世纪早期,在美国社会当中最受尊敬的口头艺术家是布道者,其中一些人赢得了极大的社会尊重。然而,正像巴赫金所说的,像布道这样仪式性的讲述形式,其首要的目标是狂欢化的再框架。作为美国早期商业化的声音记录的生产者,杰克逊积极探索记录模式以创立他的录音市场,最终,他选择了"布道滑稽剧",并在当时的流行文化当中建立了稳定的商业地位。在早期商业记录的表演目录中,最普通的"布道滑稽剧"大多是从吟游艺人的表演传统中发展演绎而来的。其中,表演者戴着黑色的面具,模仿传统非洲布道者的典型形象。鲍曼考察了一系列非洲美国人口头布道的案例,试图说明从当时流行的娱乐产业——即正在出现中的

---

① BAUMAN R."Better than any monument":envisioning museums of the spoken word[J].Museum Anthropology Review,2011,5(1):1-13.

商业性声音记录中,从20世纪转折期美国的种族政治中,可以学到什么。

在这里,鲍曼特别介绍了自己与米歇尔·西尔文斯戴因共同感兴趣于“语用学-诗学”的研究转向,并在罗曼·雅各布森所开拓的学术道路上一路前进的学术历程,这一研究转向共同关注“诗学、互文性、语言意识形态、媒介化等问题”。文中,鲍曼介绍了20世纪早期非洲美国人布道的特征,他说滑稽布道的形式本身具有悠久的历史,而且,这种布道的形式本身与种族问题无关。接着他介绍了四位布道者的个案,它们分别是乔治·格拉汗姆的“彩色的葬礼”,无身份的四重奏“黑城教堂里的新牧师”、拉尔夫·宾汉的“兄弟琼的布道”,以及伯特·老伊特莫的布道。

对于白人表演者而言,布道是一种对过去时代的黑人的怀旧式的建构,它赋予一种神话般的过去以价值,并为这种赋值的行为发明了一种方式。那时,黑人是没有威胁的、无知的,然而他们的表达方式是有吸引力的,潜在地是娱乐性的。旧时的布道者及其布道很好地满足了白人的兴趣,同时展示了黑人社区道德的与知识的领袖是多么贫乏,对于他们的书面文献的使用是多么的无知,在说教主题的发展上是多么的不合逻辑,在使用礼拜用语方面是多么的不合语法,尽管如此,他们同样能够令人印象深刻地从事精熟的表演。

对于白人娱乐者而言,讽刺是一种尤其有效的资源,只要它允许操纵文本间的关联与间隙,他们会在自己的嘲弄性的布道与非洲美国人本有的布道类型之间寻找差异。白人表演者戴着黑色的面具,这种做法可以削弱布道行为本身的权威与精神力量,使得布道的主题特征荒谬可笑,并且使得布道的语言学层面——语法的、语音的、词汇的——失去功效,但是它保留了、甚至是强化了布道行为中表达的技巧,强化了其中表演技巧的展示。

白人嘲弄黑人布道的最令人惊奇的地方是,尽管它要嘲弄白人表演者的无能与不合时宜,但是,布道者一定要展现为一名口头诗人,他精熟地掌握着布道的口头艺术。所有的布道者都有高度可辨认的与可信的布道的风格,这是由多种诗学的技巧与模式化的原则标记出来的艺术形式,比如初始的单元,语调轮廓,气息的停顿,用力的呼气,集体的反应,平行式的语法,组织严密的诗行等。事实上,所有的表演者都熟悉黑人的布道形式。这些戴着黑色面具的白人表演者比许多批评家更清楚地意识到黑人布道的艺术特征,他们展示出了令人印象深刻的对于“民族诗学”的理解,他们都认识到,在非洲美国布道者的风格当中,有一种艺术性的成就,值得他们认真学习并发展成为他们自己的表演技巧,从而渐渐作为一种恰当的工具,最终娴熟地应用于他们自己的精熟的表演中。

还有一些人在重新定义非洲美国文化,或者说是在重塑非洲美国人的文化形象。他们也认识到了“民间布道”的感人力量,重新发现了旧时布道者的诗学技巧,在其中,他们看到了一种潜在地有价值的资源。他们试图由此捕捉布道者对于节奏、音调、韵律、平行主义以及其他技巧,连带地还有宗教主题与象征符号的价值,用新的非洲美国诗歌取代受摧残的传统的黑人的布道。传统布道的诗性技术,代表了这样一种可资重估与再利用的文化资源的形象。因此在建构新黑人形象,超越传统的否定的典型形象方面,就有了两种不同的态度。

白人嘲弄式的艺术形式虽然也在开发利用黑人布道的诗学的力量,但是它仍然是种族主义传统所保留的工具。与此相对立,非洲美国知识分子与艺术家们正在寻找与想象一种全新的未来,为此,他们也在重新发现与评估黑人布道的诗学。①

"在场"是形而上学研究中长期存在的令人困扰的问题。人类学家把"在场"(being there)作为民族志发现的方法论基础,或者把"互动秩序"(interaction order)当作是社会性的原始轨迹,或者把情境化的语境当作是社会意义的牢固基础。当某些社会形式距离共同在场的生态学遥远的时候,或者缺乏任何其他直接性的说明时,我们很难把我们的发现与观点扩展到那些社会形式上面。在表演研究当中,这个问题更甚。尽管努力要质疑作为一个本体论分类的"在场",或者挑战在媒介化的社会当中活态呈现的显著性,或者坚持所有意指的实践之被书写的本质,但是,"表演"的概念一直都会回到共同在场的直接性上来,回到"存在"的声音的力量上来。那么,无论一个人关注的是有焦点的互动中作为艺术性交流的表演,比如作为社会性交流的故事讲述或者炉边的歌唱,或者是作为平台事件的表演,或者是演讲与戏剧,"在场"的恋物癖都使得它很难去探讨表演的形式和实践与更普遍的社会与文化之间的关系。

问题的一部分在于分析的规模,无论是表演还是任何其他情境化的活动,与我们所预想的大规模的单元——无论它们是什么(机构、部落、民族国家)——二者都是被以两极对立的方式考虑的,"在场"的领域以经典的宏观与微观的关系存在。如果不再以这种存在方式为理所当然的前提,我们便可以把"分析的规模"作为表演中参与者的实践的问题,即参与者如何生产与校准他们的表演,在何种意义上要把他们接触的范围扩展到互动的秩序之外。戈夫曼所谓"互动的秩序"的社会生态空间意味着,在其中,参与者在身体上是相互反应的在场,这种互动的生态学,没有任何局限性与有关规模的先在假定。

鲍曼讨论了政治家布莱恩在 19 世纪末(1896)和 20 世纪初(1908),作为民主党的候选人,参与竞选总统的演讲活动。一方面,他通过四处游说式的、走马观花的活动之旅来推广他的政治主张,这里需要考察的是演讲者在这种语境之下所发展的演讲技术是什么。另一方面,他借助于当时流行的留声机技术广播他的演讲,

---

① BAUMAN R."Accordin' to the gospel of etymology":burlesque sermons on early commercial sound recordings[J].Signs and Society,2018,6(1):166-204.

他的努力都是试图把互动的秩序扩展到民族国家的宏观层面上去。这里需要考察的是新的媒介技术如何改变了演讲者的演讲内容、风格与类型,被记录下来的演讲远不是演讲者之杰出技术的全貌。在没有语境信息的情况下,听众如何找到某种理解声音的参考框架,想象性地参与到被记录的演讲当中?如何又被再情境化于新的接受语境当中?因此,布莱恩所面临的问题是:一个表演者如何能在保留可以感动传统观众的真实表演的特征和品质的同时,包容一种广阔的国家政治?

如上所述,布莱恩通过两种方案来扩展他的声音,扩大他的演讲的表演规模。两种方案都涉及了开发交流技术的新方法。他发展了新的演讲的类型,校准了新的表演的模式,从高超技艺的表演转向了声音表演。声音表演需要元话语的协作,即记录的生产者、杂志记者、小贩、政治会议的组织者等之间的协作。既然录音本身已经被剥夺了所有的语境性的线索,记录技术的媒介化事实上把听众与布莱恩的声音、听觉的在场隔开了。所有这些再语境化的线索都在重新提供框架,让听众在虚拟的、想象的形式中重新创造平台事件,并引导出了类似于在场聆听演讲的热情反应来。①

鲍曼还从新媒介技术与民间表演艺术家的关系上来发展表演理论。他说,对于民俗学家的工作与想象来说,某些明星式的信息提供者可以说是至关重要。他们是民间文本的重要来源,是真正的民间表演者;是标准的个体艺术家;是民俗知识被对话式地建构中的参与性合伙人。之所以说他们是"明星",一方面是因为他们所在的社区推崇他,另一方面是来自于大众传媒的推荐。他们处于两种机制的中间,即在他们自身的社区中获得了"明星"的地位,这种地位成为一种资源,使得他们在机械复制的大众媒介中再次获得成功。

媒介学者发明一个术语——"补救"(remediation)——正好可以用来研究"明星表演者"的"中间"状态。所谓"补救",指的是"新媒介重新时尚化先前的媒介形式的形式逻辑"。可以肯定地说,把一种表演形式从一种媒介转向另一种媒介的再语境化的形式逻辑,在"补救"过程中具有基本的重要性。当然,当表演者调适交流的形式与实践以适应可视性、参与的结构、感觉的模式以及一种新的媒介的其他构成性的特征时,"补救"也不可避免地卷入了实用因素的重构。那些因素反过来将对象征性建构的过程具有一种形成性的影响力,通过它,一种媒介中的明星形象服务于在另一种媒介中的明星形象的创造。

鲍曼所介绍的例子是关于美国的故事讲述人卡尔·斯图尔特的,他是美国最

① BAUMAN R.Projecting presence: aura and oratory in William Jennings Bryan's presidential races[M]//CARR E S, LEMPERT M. Scale: discourses and dimensions of social life. Berkeley and Los Angeles: University of California Press, 2016: 25-51.

早的商业化声音记录的明星,他扮演成约瑟叔叔来讲述故事。这在19世纪最后一个十年以及20世纪前二十年里十分流行。他自认为是一名故事讲述人。鲍曼先行考察他讲述的故事本身,然后又围绕着卡尔·斯图尔特作为“讲述机器的故事讲述者”的事业,考察了象征性建构与文化意义的更大维度。

在美国,男人们习惯于聚集在一个商店或者其他小型的公共场所进行人际交流,他们在这里交换信息,谈论政治,评价社区生活以及世界环境,他们也在这里讲述“长故事”。这是一种真实的故事类型,但是,其中被讲述的事件也会超越真实可信的限度与理性理解的范围,最终,它可能不得不借助于信仰。男人们还讲述其他故事形式,讨论真实与虚构、真理与错误、逼真与夸张之间的认识论的紧张关系。

讲述“长故事”是一种独白式的表演,从头至尾都是卡尔·斯图尔特一个人在讲述,这种表演形式非常适合于商业的记录。事实上,在卡尔·斯图尔特的故事记录中,极少有民俗学家们认为的传统意义上的民间故事,它们大多数是个人经验的叙述,或者是幽默故事,或者是可报告的真实发生的故事。

第二种参与的框架更多地是互动的与对话的,涉及了更多的轮换与合作性的表演。这第二种框架中的叙述事件典型地是社会遭遇,即它们是这样的情境:在其中,参与者聚集到了一起,为了互相在一起而获得快乐,为了互动本身而交流。这种传统的故事讲述的一个重要的特征是它是丰富地语境化的,关联着先前的故事与故事讲述事件、人物、角色、参与者的关系,事件本身在呈现中展开,服从于参与的惯例化框架,关联于类型、互动的基本规则以及其他类似的元语用的元素。

卡尔·斯图尔特常常会提到乡村商店的故事讲述语境,这种语境是一个故事的讲述框架,表明故事讲述发生于其情境化的语境当中。在这一被记录的表演中,约瑟叔叔提供了一个详细的、文化地准确的表征,表征了一个商店前面的社会聚会。在他的表演中,他经常求助于这样一个语境及其相关的人物,从而在他的记录之间建立了互文性的关系,这种互文性的关系被当作个体表演的更大的语境框架。

他讲述的“阿纳尼亚斯(ananias)俱乐部”就是一个“说谎者的俱乐部”。对它们的评估说明,这些故事表演是表演性的事件,是以展示交流的熟练性,服从于听众的评价为其特征的。有点像三个人比赛吹牛的感觉在里面,即有一种一个比一个能吹的感觉在里面。

卡尔·斯图尔特对于故事讲述时节的表征在民族志的证据上是真实的,这一点给人们留下了深刻的印象,其中,顺序与轮流着展开事件,主题序列,沉默的中断,对于表演的评价性的判断,以及讲述的终止等都可以反映出这一点。“阿纳尼亚斯(ananias)俱乐部”的聚会是一个元叙述,是一个有关表演事件的故事。在其中,传统的故事讲述成为其一个对象:被讲述的事件是一个叙述性的事件,它发生于“去年夏天的某一天”。

约瑟叔叔的讲述,有他典型的讲述风格:非正式的、本土语的风格。它典型地以乡土方言的形式被呈现,是一种典型的新英格兰的方言形式,在语音、词汇与语法的层面上,是一种典型的地方方言的杂烩,美国人可以一望就知道它是一种普遍的“乡村的”方言,人们可以很容易地把约瑟叔叔作为一个本质上是乡村的人物。约瑟叔叔讲述的形式技巧展示了许多美国故事讲述的共同特征——比如使用“well”;叙述性句子突出的、添加性的关联;经常使用引用的讲述;以声音作为特征化戏剧人物的手段;强调聪明、幽默与可报告的讲述等。此外,他习惯于使用惯用的强化词来丰富自然现象的可标记性。它们是长故事的特点,对应于长故事的夸张性类型特征。

约瑟叔叔的笑声特别,他自娱自乐于被讲述的事件,并以之取代听众的反应,在被叙述的事件中取代讲述者与听众之间的连续的轮换。约瑟叔叔是一个天才的讲述者,他非常擅长于讲述美国本土的故事,他熟悉传统的形式与传统的节目,可以熟练地把他的故事安插在一个熟悉的话语与情境的语境当中。他展示了一种传统的、本土的故事讲述的知识,以及如何讲述故事本身的知识。正是卡尔·斯图尔特想象性的与艺术性的技巧创造了约瑟叔叔的形象,这是对一个传统的故事讲述者的表演性的仿拟。

从仅有的传记资料以及被记录的资源来看,约瑟叔叔是一位熟悉传统故事讲述的人。但是卡尔·斯图尔特,作为讲述机器的故事讲述者,是与约瑟叔叔非常不同的表演者。因为他创造的是一个地方明星表演者的被建构的表征,他的听众在远方与不同的地方,而不是在现场,那是通过商业的记录手段传播与流通构成的。他的听众处于与他在故事中描述的背景不同的背景当中。他在一种不同的社会的、文化的与表演的情境当中使用他的作为传统的明星表演者的知识与能力,获得新媒介语境下的新型明星的地位。他是如何在商业化的声音记录的大众媒介中建立国家明星的地位的?人们能够从中发现什么呢?

卡尔·斯图尔特的故事讲述如何从口头传统与面对面的传播渠道转向了大众化生产的商品的领域,一种可以物化的产品?声音记录的磁带一面市,马上就有人去收藏它。他的名声与身份从此不再是作为一名演员,而是与留声机上的故事讲述相关。一个互惠性的关系是,约瑟叔叔的事业轨迹与作为一种流行媒介的声音记录之间的关系。后者提供给前者实现其表演与事业的机会,而前者被看作是媒介自身兴起的一个能动者。一句话,卡尔·斯图尔特显然是有决定性的一个人,在新媒介技术的发展中,他的声誉无可避免地与商业化的声音记录的新大众媒介联系在一起。事实上他是“讲述机器的故事讲述人”。

此外,卡尔·斯图尔特不仅仅做声音的记录,还做巡回表演。人们是先熟悉了他记录的表演,然后才看到他的真人秀的。前者为后者提供了理解的框架。渐渐地,他的地方性的身份被淡化了,他的全国性的身份被突显出来了。

在卡尔·斯图尔特开始创造他的乡村讲述时,美国的乡村生活正在经受细致的考察与批判性的评估。这是一个大变革、大反思的时代,美国正在从农业国变成工业国,伴随着农业的工业化与科学的理性化、新兴的商业主义、农村向城市移民的加速,大规模增长的移民从欧洲而来。这些因素严重地挑战了传统美国农业的生活方式,这种生活方式把农民当成是真正的美国人。在这一宽泛的流动的场域中,乡村美国的象征性的建构,是一种文化与意识形态生产的竞争领域,它是政策制定者、改革家、经济的业主们积极竞争的领域,当然,乡村人自身也在试图理解与形构农村生活的过去、现在与未来。

在这样一种文化场域当中,约瑟叔叔是一个十分复杂的形象,它意味着一系列令人印象深刻的特征与因素。美国人的乡村从一开始,即从 18 世纪晚期,就是体现社会对比与变迁的工具,在 20 世纪早期仍然是一个可持续的象征性的形象。然而,在后期,在卡尔·斯图尔特成型的时期,乡村的形象更加两极化,要么是好的怀旧,要么是夸张的荒谬。一开始,约瑟叔叔是天真的、可笑的、荒谬的笨蛋,他受困于现代的都市生活的复杂性,但是,从总体上说,卡尔·斯图尔特把约瑟叔叔建构为一个古雅的人物,是一个浪漫的故事讲述者,颇具有古风。故事讲述是他的最重要的工作,故事讲述本身是乡村生活的象征,是它最突出的表达性的形式。

卡尔·斯图尔特所宣传的故事讲述的流行形象是一种剩余的文化,一种传统的表达形式。随着社会与文化形式的变迁,它注定要没落。可以肯定,卡尔·斯图尔特的时代,故事讲述是作为一种关键性的因素,一种正在消失的乡村的生活方式,是一种长期建立的现代社会理论的元素,它至少可以追溯到 17 世纪的晚期。但是社会理论家的书写是由知识分子为知识分子书写的,更大程度上是基于西欧的现代进步的逻辑书写的。然而,卡尔·斯图尔特,却是面向大量的人口,依据的是美国人的经验,准确地说,依据的是城市的、中产的美国新兴的人口的经验。

20 世纪前 20 年,留声机是消费文化的一部分,目标是都市中产阶级、新兴人口、实现机械化生产后的农夫,他们有充足的时间与钱财去扩展家庭娱乐。正是这些农民认为卡尔·斯图尔特讲述的那些故事与他们无关。

约瑟叔叔所在的地区,所开展讲述活动的商店,都是落后与过时的象征。他的社交的形式深深地依赖于乡村的生活节奏、乡村的社会关系、乡村人之间的熟悉的人,他们相互熟悉对方的生活。而都市生活被假定是不同的,是可移动的、理性的与非个人的社会关系。

约瑟叔叔的“叔叔”二字就是落后的时代与社会的象征;而且,他的讲述是非标准的、方言的,戏剧性地对立于现代的标准的英语,后者是现代社会与经济发展的要求。他的讲述风格是色彩斑斓的、被提高的、包含有习语的、个人风格独特的,所有这一切表达性的特征同样不受现代的标准化的语言意识形态所青睐。后者赋予非装饰的、清楚的、逻辑的、客观的以及命题式的话语以优先的地位，它要比艺术的、高度比喻的、暗示的以及个人化的叙述更高级。

一边是老派的故事讲述者，一边是现代声音记录的新媒介。在卡尔·斯图尔特的时代，电话与留声机被当时的人们认为是对于社会生活具有形成性效果的新媒介，媒介化的、远距离的与商品化的社交模式，在某种程度上，与被取代的、共同在场的直接性的讲述性互动相对立。作为明星人物，卡尔·斯图尔特是讲述机器的故事讲述者，因此是一种混杂的建构：既是一个超现代的创造，又是一个遗留物。他把自己的故事讲述依赖于一种现代性的媒介，它必将使他的表达过时。但是这一混杂的建构很适合于一个国家与一个转变的时期，作为“补救”，它是怀乡病的一种必要的元素。他的媒介明星形象预示了更加知名的乡巴佬的人物，在广播、电影与电视当中流行，但是没有一个人使得故事讲述成为乡巴佬形象的核心，没有一人使得故事讲述成为大众的想象。它作为我们社会的与文化的过去的遗留物，表面上它保留了传统的故事讲述，并通过美国最好的故事讲述者的表演，把它扩展在大众当中。卡尔·斯图尔特的记录中的故事讲述的“补救”，通过使它在大众的想象中作为一种剩余的文化，强化了其消亡的宿命，往好里说，这是一种怀乡的元素，往坏里说，这是一个历史上过去的、陈旧的索引，人们最好把它留在身后。①

近年来，社会历史学家与媒介史学家特别关注下述主题：科技史，创业与商品文化的增长，公共文化的重构，社会理论与现代性意识形态的重塑，等等。媒介人类学与社会人类学在上述研究领域做出了重要的贡献。作为一名语言人类学家，鲍曼主要关注的是新的交流技术的推进如何伴随着交流实践与经验的转变，即在话语的生产与接受中，或者在交流性互动的动态中，这种转变是如何发生的。依据交流的实践，媒介意味着什么？媒介化的交流事实上是如何被参与者管理的？如何被他们体验的？新的参与者如何介入到了新的交流技术当中？

民族志可以调查当代社会的媒介化交流，但是，如果研究历史事实，那么，如何来鉴别与应用材料呢？如何通过分析相关材料来揭示我们关注的过程、关系与经验，以及给它们赋形的语言意识形态？鲍曼自己取用的材料是早期的媒介文化，尤其是早期的商业化声音记录。在美国商业化的声音记录的早期，参与者具有极高的反思性，当时，生产者与消费者都在探索新媒介的能力，探索其作为一种商业化的大众娱乐形式的吸引力。商业记录手段极大地提升了本土娱乐文化的传播。鲍曼分析了三个案例，一个是爱尔兰人的，一个是犹太移民的，一个是在都市的乡村

① BAUMAN R.“The talking machine storyteller”：Cal Stewart and the remediation of storytelling[M]//CASHMAN R，MOULD T，SHUKLA P.The individual and tradition：folkloristic perspectives.Bloomington：Folklore Institute，2011：71-91.

新英格兰人的,他们都是初次接触交流的新媒介。

(1)电话里的凯西。凯西是爱尔兰的乡巴佬,他突然来到了美国,对于美国人来说,他是双重的笨蛋。他来借电话打给朋友,可是,一方面他没有有关电话的知识,因此出现了多重障碍;另一方面他在打电话的过程中彻底地暴露了他的低级出身。总之,凯西是一个沉重地、冗余地被明显地标记出来的下层人士:他的民族出身、语言、职业、无知、无礼等等都体现在他打电话时的无知与无能中。他令人印象深刻地区别于都市里自信的店员以及年轻的话务员,后者都是有能力的,可以很好地控制电话的现代人。故事里,凯西最终找到了他的朋友丹尼·墨菲,并且约好了见面。

(2)电话里的柯亨。犹太人柯亨想要找到他的银行经理及房东,说窗户被破坏了,可是由于他的口音太重,房东完全无法听清楚他的意思,最后,他只好气馁地说自己修理算了。

(3)电话里古老的乡村小提琴手。来到大城市的乡巴佬想要找到在纽约的儿子,他却以为在大都市,人们仍然像在熟人社会里一样相互认识。在这里,电话是一种重要的象征性的工具,被用来建构与标记现代性、都市化与资产阶级化的推进,它作为对立面反衬了新技术的推进,商业主义的增长,主体性与社会关系的转变,以及大众社会的变迁。

上面三个案例都是有关首次"遭遇电话"的象征性的呈现,是有关使用电话的被记录的表演。人们参与和介入新媒介成为了表达性的资源,表演就是对上述主题的象征性展演。这些展演是如何被建构的?它们的形式与表演所揭示的不仅仅是电话,而且是作为交流技术的留声机。

想想表演打电话的机制吧:这里,我们只能听到一个人在讲话,另一个人是缺席的。我们需要参与到他们的对话当中,重构他们的对话。我们要从可以听到的言说来推断不可听到的言说,从言说者一方对于另一方讲述的重复来重构媒介化遭遇的双方。

我们关注的是打电话,但是,我们别忘了我们是通过录音机的记录知道这是在打电话,媒介的这一维度是如何被操纵的?我们必须记住,这是一个被表演的文本,这里不是那些乡巴佬在真的打电话,而是有人把它们的行为当作了有固定的边界的文本,然后把它表演出来。表演的对象可以是任何人,只要他打开录音机收听。因此,不能忘记这里的"框架化"。在这里,我们要借助于表演者的表演技艺来不断地实现戏剧式的转变,不断反思我们的身份,即我们是讲述的对象还是聆听者?

总之,鲍曼考察的问题是:当人们面临新技术时,他们是如何适应的?他们如何知道它能做什么?如何学会使用它?如何在使中用获得了新的能力?对使用新技术所面临的问题、困难、易变性以及焦虑的表征，就是在讨论接触与使用新媒介的问题。

当然，表演涉及了夸张与讽刺，表演者在听众中获得了共鸣，表演中主体的不适与无能集中体现在乡巴佬与移民当中。似乎这样的媒介表征只是面向中产阶级及以上社会群体的，因为打电话需要交流能力，强调标准的语言、体面的礼仪，熟悉技术革新。正是这些社会群体拥有电话并会使用它，这是一种区别社会身份的物质基础。乡巴佬不会使用电话，成为嘲弄的对象。把这些电话表演予以商业化的商人们，目标对准了那些中产阶级，因为只有他们才能买得起留声机与录音机。

但问题是这些乡巴佬最终都成功地完成打电话的任务，他们的失败并不是他们自己的问题。如果有下一次，他们一定会做得更好！被记录的表征阐明了在可交流的领域，话语的生产、流通、接受的有区别地获得的结构，以及对于权力和社会资本的可获得的程度，在某个特定的时候掌握特定的媒介技术会获得权威的地位。上述案例阐明的不仅仅是电话与留声机的交流性媒介，而且是这些新的交流性技术媒介如何在媒介化社会中对应着不平等的社会结构。①

从历时维度上来看，鲍曼发现，自 18 世纪晚期以来，随着学术界发现了口头传统这一文化现象，语言与表达性文化的学生们就关注了交流的新技术对于口头表演的转变性的效果。自格林兄弟以来直至口头诗学的学者，以及对“口头性-文学性”进行争论的理论家们，都在关注再媒介化的过程，尤其是面对面的表演形式，在通过另一种交流性技术的媒介化之后，到底会产生何种影响。从活态的表演转化为书面文字到底会带来何种认知的、审美的与伦理的涵义？围绕着这一问题，鲍曼连续撰写了多篇论文考察故事讲述被转化为声音记录媒介的问题。

18 世纪末 19 世纪初，正是商业化声音记录发展的形成期，早期的实验者们一直都在探索新媒介技术的商业潜力。声音记录技术的发展广泛地被看作是捕捉与保留活态声音以备后用的优质手段，但是，这个过程事实上是如何工作的？从活态事件转向商业记录的“再语境化”时，被记录的表演自带了其历史的哪些层面？记录的过程产生了什么新的特征？在何种更宽广的文化领域中，这些转变得以发生？一句话，从活态的、共同在场的表演，转向面向市场的声音记录时，到底发生了什么？

显然，这并不是在传统的语境中本土的故事讲述者向传统的故事讲述的正常转变，而是传统的口头故事讲述的再媒介化。而且，这些记录是由职业的表演者制作的，是在细致地搭建的记录实验室里制作的。这些故事讲述的内容与乡村有关，

① BAUMAN R.“It’s not a telescope, it’s a telephone”: encounters with the telephone on early commercial sound recordings[M]//JOHNSON S, MILANI T. Language ideologies and media discourse: texts, practices, policies. London and New York: Continuum Press, 2010: 252-273.

但是,它们却是在城市里生产出来的。在再语境化的与再媒介化的形式中,我们在被记录的产品中遭遇了它们。故事讲述的表演至少携带了它们语境的历史,即传统口头故事讲述的元素,以及它们被移植与改编以便记录的平台事件。

所有记录的核心是对故事讲述的熟悉行为的表征,即对一个叙事性文本的口头生产。当然,与故事讲述行为密切相关的是叙事者的角色以及相关参与者补充的角色。参与者的结构可能各不相同。记录下来的讲述是一个真正的媒介文本,它是一个商业化的言说,它不是向任何人言说,而是在向每一个人言说。在这些记录中,讲述者在面向听众的模式上有一种紧张的建构与操纵,它面向两种不同类型的公众,一种是共同在场的、集合起来的观众;一种是遥远的、分散的、匿名的观众。

在表征口头故事的讲述时,还有另外一重紧张关系:交流性实践本身是最传统的,交流性技术是最现代的。在本质上,这些记录使得口头的、传统的故事讲述得到了更广泛的传播,作为一种怀旧的象征性工具,口头的、传统的故事讲述是对一种民俗的、过去的时代的情感性的激发。都市居住者、资产阶级、发达了的农民,他们都是录音工业市场的目标消费者,他们仍然熟悉这些口头的、传统的故事讲述。对他们来说,农业的机械化创造了充足的休闲时光与收入,让他们得以沉浸在家庭娱乐的商业化形式中。这种象征性建构的模式在广告的元话语中更加明显。

这种媒介化的思乡的形式,邀请消费者与听众去与一个共享的美国的过去进行比照,人们可以将这种“过去的美国人”称为一个历史地发现的公众。从 18 世纪开始,“被发明的民俗”一直都是一个象征性的工具,用以建构与“一个共享的、原始的过去”的关联,并作为现代化与民族化视野的一部分。在早期商业记录中,故事讲述的再媒介化推出了一种新的交流技术,以服务于现代化之崇尚时间的机制,再创造了一个“怀乡的过去”的版本。也就是说,被记录的表演是流行的、表演性的与商业化的,类比于社会理论家们更加哲学化的努力,即口头表达的“去民俗化”的本土形式。它们是资产阶级表达怀乡情绪的完美工具——购买了一个过去的模拟物,它将让他们去展示自己是多么的现代化。①

---

① BAUMAN R. The remediation of storytelling: narrative performance on early commercial sound recordings [M]//FINA A D, SCHIFFRIN D. Telling stories: building bridges among language, narrative, identity, interaction, society and culture. Washington, D.C.: Georgetown University Press, 2010: 23-43.

第十八章　本土语文学

2005年美国民俗学年会上,阿兰·邓迪斯严厉地批评了美国民俗学在理论上的失败,尤其是哀叹美国民俗学没有能够提出任何“宏大的理论”来。他还特别指出“表演研究”算不上是“宏大理论”。面对这一批评,鲍曼等人做出了各自的回应与反批评。他们都认为追求“宏大理论”是不合时宜的,相反,美国民俗研究具有自身的“流行理论”,鲍曼把它命名为“本土语文学”(the philology of the vernacular)。虽然这一术语是他第一次提出来的,但是,把民俗学研究回溯到其伟大的语文学传统当中,是鲍曼在过去的十余年里一贯的学术追求。在本文中,鲍曼勾勒了这一学术指向的宗旨与主要的学术反思,指出了其潜在的学术涵义。准确地说,“本土语文学”的概念涵盖了鲍曼一生的学术追求与研究旨趣。

一、宏大理论与流行理论

鲍曼开宗明义,自信满满地说,身处21世纪,试图建构一种民俗学的“宏大理论”是一种误导性的做法。尽管在现代社会思想的发展中,宏大理论曾经起到过突出的作用,尤其是在学科建立的政治经济中,宏大理论的修辞具有实际的效用。而且,在某些学术领域中,如果能够倡导某种宏大理论的话,仍然会追加给它某些社会资本。换句话说,在庸俗的社会现实环境中,宏大理论仍然会给学科带来形形色色的好处。但是,围绕着宏大理论或者高级理论的修辞,及其所伴随的知识的政治,非常容易遮蔽许多具体的问题与细节;权威性的话语、普遍性的概括、先验性的抽象,都会把有关人类存在的许多有趣的东西一扫而光,把“它所适合”的学术研究平庸化(这是理论,这是我的案例,它们相互合适)为苍白的教条。美国民俗学已经被一系列流行的理论立场更新了,其中某些理论重新激活了民俗学的知识体系,它与失散多年的兄弟学科重新建立了谱系,更加清楚地认识到了其间共享着的先在知识。

鲍曼在本文中所谓“流行理论”指的是“本土语文学”,它是一种参考性的概念框架,指向一种普遍的、共同参与的、连贯的知识计划,基于一套有关社会与文化的假定,提供了一套提出问题的指导性的框架,源自于一套可证明的知识传统。这一共同的知识基础也许并不一定会被所有的民俗学者所充分地认出或理解,但是它们是可证明的。

二、“本土语文学”的要点

(1)所谓“本土语文学”首先是“以文本为中心的”(text-centered)。所有语文学分析的基本单元都是“文本”,它是一个技巧化地组织起来的、固定的、具有内在连贯性与一致性的话语的片断。在大多数情况下,民俗学家集中关注了标记明显的文本化的话语形式,比如叙事、歌谣、谚语、谜语等等,但是也会关注文本化(即以文本的形式呈现的)的其他文化形式,像“习俗、信仰与迷信”。

(2)它是相对主义的。文本是文化的表达,依据文化才可以理解文本。某些学者认为,这句话反过来说也是正确的,即文化是由文本构成的。语文学的相对主义建立了一种参考框架,在这种参考框架中,民族的、人民的、部落的文化——作为文本性的语料库得以被辨认,其文本特征得以澄清——都具有惯例化的社会特征。这些文本性的语料库是意识形态化的文化遗产,是文化民族主义的基石。

上述两条原则结合起来说明,如果想要理解一种文化,那么就应该去考察其文本;反过来,如果想要理解一种文本,那就应该去阅读给予其表达的文化。

(3)文本具有某些惯例性的形式的主题的与语用的特征。文本的形式特征与它们是如何被创作的有关,这也就是它们的形式构成与组织原则,这使它们与它们话语的周围相区别,使它们内在地连贯成一体。一句话,形式特征即“诗学”。与形式相对的是主题,它与文本指称的或者命题的内容相关。文本的语用的维度与它们呈现与使用的模式相关,即它们如何被用作达成社会目标的资源。单个或者合在一起来看,这些特征可用于辨认与区别各种不同文本的“类型”。

(4)文本之形式的、主题的与语用的特征有助于使它们成为可记忆的、可重复的话语,因此,它们是可分享的与可持久的。语文学的一个核心的关注点是文本在社会层面与时间维度的传播。文本的言说与再言说(迭代)给予它们以社会的流通性,并作为其集体财富的一部分。这一过程中也有一种暂时性的维度,即一个文本的连续的言说构成了一个时间的连续体,互文性地相关的同源文本构成同一个传统。

(5)文本可能被看作是一个文化中被共享的财富,它通过时间而得以延续,但它同时是不断地变化着的。从语文学的基本假定来说,文本被框定于文化中,事实上,文本就是文化;与此同时,当文化改变了的时候,文本也将会改变。从文本传播的动态角度来说,没有任何一个文本的两次表演是完全相同的。这里不可避免地有一个变异的维度,一种文本间的差距。在连续的言说之间,当其一种文本改变了的时候，一种文化也一定改变了。

把上述(3)(4)(5)三个特征连接在一起，可以为“本土语文学”的进一步扩展提供基础。这里涉及文本的持续(传统)与变化(变异或者创造)的动态关系。这一紧张的关系是按照持续或者变化来衡量的，它体现在文本之形式的、主题的与实用的层面。在多种情况下，在多种方法中(下面将复杂化)，一种或者另一种矢量(传统或者变迁)，一种或者另一种文本特征(形式的、主题的、实用的)可能被强调，无论如何，它们总是与其他因素处于互动的关系中。

(6)文本的本质与交流的技术密切相关。文本总是在其生产、传播与接受的过程中被应用的。民俗学——作为一个概念并且作为一个学术领域——一直都在调查与研究文本及其应用的关系，作为一种交流的技术，人类的声音随着书写、印刷以及其他媒介的进步，而不再连续，并在不断转变。从一开始，口头性就被看作是民俗学的基石，在下述复合词当中——比如口头传统、口头诗学、口头文学等，所有这些术语都可以作为民俗学的代名词——“口头性”成为民俗学的描述性特征，尽管如此，媒介的变迁对于口头性的影响仍然是民俗学关注的核心话题。

(7)在任何文化与历史时期，都有其文本生产、传播与接受的社会学。对于民俗学的大部分历史时期来说，社会的各个方面都已经成为主要的关注点。其核心的焦点是底层社会，通常被称为民间的、普通的、大众的或者本土的。同样，“口头性”与“文学性”的对比也可以被用于辨认民俗的社会基础，比如“口头社会”，或者“前文字的社会”，或者“非文字的社会”等。所有这些术语，以及支撑它们的社会学框架，都隐藏着复杂的知识历史，都是被意识形态化了的。这些概念都被不同的社会群体所珍视、竞争、动员，以服务于不同的社会利益。这样就有一种政治，也有一种文本生产、传播与接受的社会学。“本土语”似乎是最少有意识形态重负的术语。

作为一种交流性的模式，“本土语”的特征是：①交流性的资源与实践。在实践的社区中，它们是非正式地获得的，而不是通过正式的教育获得的。②交流关系是直接的，基于互动的秩序与生活世界。③其分配与传播是固定于地方或者区域的。而且，本土语在与世界语的动态关系当中被理解。在更大的交流领域中，它们是相互对立的矢量。如果说本土语走向了非正式的、直接的、以地方为基础的、近于场域的一极，那么，世界语则是走向了理性化、标准化、媒介化与广泛性的、远于场域的一极。

三、“本土语文学”的三个来源

“本土语文学”——作为美国民俗研究的基础——来自三个主要的学术传统，它们全部源自18与19世纪相同的知识根基，那就是由托马斯·布兰克威尔，罗勃特·伍德,罗伯特·罗斯,约翰·哥特菲尔德·赫尔德以及格林兄弟等奠定的语文学的根基。

第一条学术脉络基本上专注于文学研究领域,即基本指向文学史、文本史的方法论,后来,哈佛大学古典语文学家弗朗斯·詹姆斯·柴尔德,乔治·利曼凯特里德,史蒂斯·汤普森,阿切尔·泰勒以及他们的追随者传承了这一脉络的学术事业。在这一学术传统中,文本的"持续性"受到了强调,而"变异性"普遍地被看作是一种退化的过程,变异意味着偏离于一个文本连续的言说(版本),与其初始的形式越来越远。他们调查研究的焦点是主题的变异,主要是通过密切的互文性的比较研究来发现变化的轨迹。对文本之形式的与语用的层面的考虑不在他们考察的范围之内。

第二条学术脉络基本上是聚焦于史诗的创造与更普遍的口头诗学,代表性的人物是米尔曼·帕里与阿尔伯特·洛德。他们强调的重点是个体创作的创造性。在表演的行为当中,诗学体系的形式、表演的语境都会对个体表演形成限制。尽管如此,个体的创造性仍然可以通过对每个具体表演的考察体现出来,在对同一故事的比较研究中,可以发现文本间的差异与个体的创造性。

第三条学术脉络来自美国的语言人类学传统,以弗朗兹·博厄斯、艾德华·萨皮尔,保罗·拉丁,迈尔维尔·雅克布斯等人为代表。博厄斯给予美国本土文化的文本记录以公开的优先性,他对于文本材料的搜集与分析,形构了美国人类学的后期实践,尤其是其语言人类学的传统。文本构成了美国人类学三条基本的调查研究路线的材料:一是文化历史的研究,文本是诸如传播、移民与文化接触的历史过程的证据;二是文化研究,文本作为文化的反思,虽然这种反思是被选择与折射的;三是语言学的研究,文本作为被扩展的、自然的话语材料。在美国语言人类学当中,文本之形式的、主题的与功能的综合研究一直都是其最重要的传统。

这些不同的学术谱系具有不同的知识背景,遵守着不同的研究计划,但在某些重要的方面与本土语文学相交汇。民俗学传统上关注物质文化、民间建筑、习俗、信仰、迷信、节日等等,这些研究领域主要奠基于17世纪的古物研究。到19世纪,民俗学基本上关注的是民众的生活方式,它也是本土的,但并不是文本的。可以肯定的是,语文学与古物研究常常是相互缠绕在一起的(比如大家都关注"民众生活"),但是也有一些重要的差异。

四、意涵与结论

作为美国民俗学研究领域的"流行理论","本土语文学"的价值在于:首先,它提供了一个连贯的、有生产力的、可持久的知识谱系,它从18世纪晚期一直延续到现在。第二,它提供了可以持久关注的学术观点,比如表演、类型、互文性、文本化、语境化、对话、媒介化等,这些问题一直没有离开学科传统,且值得持久地进行讨论。第三,有助于从多种相关的学术传统出发反思与重构民俗学的研究方向,促进与文学学者、媒介学者、法律学者或者其他领域的学者进行对话,激发民俗学可能发展的新方向。①

尽管提出了“本土语文学”的概念,但是,鲍曼仍然多次回过头来,更加精细化地回顾、重新表述“表演”的概念,这种全面的回顾与总结可以与他有关“本土语文学”的概念相互阐发,相互配合着进行理解。

鲍曼指出,当社会语言学转向表演时,它遭遇到了一个相当复杂的概念领域。也许可以这样来表述相关的问题:社会语言学研究的是自然的、无意识的讲述,而表演研究则关注那些高度技巧化的、具有自我意识的、反思性的讲述的方式。社会语言学家威廉·拉波夫强调“本土语”这一概念,他强调“随便的讲述”,即日常生活的随便的条件之下,即兴的与自由的讲述行为。在狭义上,他把“随便的讲述”定义为“在非正式的情境中使用的日常的讲述”,在那里,注意力并不在于语言本身。但是,在拉波夫的材料当中有儿童的歌谣,显然它们是要接受其技巧与有效性的评估的。他所提供的即兴叙述的例子,都是对于音调、音量以及节奏的掌握有相当高的技巧要求的。这里所谓“掌握”就意味着对于语言的关注,是反思性地操纵表达行为的形式特征的,而关注表述行为自身,即是“诗学”。

在考察“语言在社会中”的问题时,作为一个概括性的术语,“表演”指的是话语性的实践,或者是加芬克尔所谓“讲述实践”。这是一种以行动者为中心的观点,关注在社会生活行为中语言手段的情境化的使用。在《讲述的民族志初探》的导言中,雪泽与鲍曼把“表演”看作是一条贯穿始终的线索,它把所有论文联系了起来。在特定的情境性语境中,按照资源与个体能力之间的互动来构想表演。表演因此具有一种呈现中的品质,被情境与能力的创造性的操练所结构。这一研究框架反映了讲述的民族志在当时的一个核心的关注点:对当时在“转换生成语言学”(transformational-generative linguistics)中流行的“表演”的概念提供了一个批判性的矫正,在乔姆斯基那里,“表演”本质上是边缘化的。作为一种在“自然讲述”中“能力”的不完美的实现,它被看作是偏斜的,是干扰、记忆限制、错误、注意力和兴趣的转移以及类似的东西所影响之下的产物。戴尔·海姆斯认为,讲述的民族志关注“表演”,并不是因为它是机械的或者是低级的,而是因为表演是创造性的、呈现中的、获得性的。

除了强调“表演”是一种创造性的过程,海姆斯的研究工作还预言了一个次要

① BAUMAN R.The philology of the vernacular[J].Journal of Folklore Research,2008,45(1):29-36.

的却又是更具有标记意义的“表演”的概念,它与“表演”作为实践的更宽泛的观念同时出现。在海姆斯的论文《突破进入表演》一文中可以看到,长期以来,无论是在口头文学、语言艺术还是在民间文学的标题之下,民俗学家对口头诗学一向很感兴趣,他们一直都在关注口头艺术的“表演”部分(艺术性、精熟性、感染力)。因此,受讲述的民族志的感染,某些民俗学家开始转向了“表演”的概念,这里所谓“表演”指的是一种特殊的、艺术的讲述方式。

在《作为表演的口头艺术》中,鲍曼仍然基于“能力与表演”的关系来界定“表演”的框架:表演者有责任向观众负责展演交流之被执行的方式,它超越于表演的内容之上与之外。从观众的角度来看,表演者的表达行为要受到评估,观众要评价其展示能力的相对技巧与有效性。此外,通过现场欣赏表达行为本身的内在品质,表演被标记为可以用于提高观众的经验。

在当下的社会语言学中,“表演”还是一种采取立场的行为。即通过应用表演的框架,表演者采取了一种特定的反思性立场。每一个讲述的社区都有它们自己的元语用学的指导框架,通过它,个体可以向观众发出信号,“这是一个表演,我在表演,我邀请你来密切地观看或者听讲,我要给你留下印象,娱乐你,打动你,我邀请你判断它是多么的有技巧,有效果,它是一个可以打动人的表演,我可以完成它。”在特定的讲述社区当中,用于标定表演的交流手段,应该通过民族志调查的方式予以发现,而不能预先假定。一般而言,表演的框架可以包括非语言的手段,比如模仿的姿势或者凝视的管理,正是一些正式的构成要素与文本组织的模式,包括比如特定的语域、起始的助词、程式化的讲述、语言的平行主义、直接的话语、韵律模式、语调轮廓、音质、气息的停顿等吸引了人们的注意力,提示人们表演开始了。作为语言人类学与民俗学中“表演”的元语用学因素,目前有三种研究的线路值得在此介绍。

第一种是类型研究。“类型”事实上是民俗学与语言人类学的另一个交叉点,至少从格林兄弟那个时代起,类型的概念就扮演着一个核心的角色。在语文学指向的经典民俗学中,类型常常是指一种分类性的原则,但是,在讲述的民族志中,它又是关于风格、文本性与表演的有力的出发点,是一种作为文化的讲述方式。而在巴赫金的作品中,类型已经渐渐地被理解为一个文本化的元语用学的指导体系,即文本的特定秩序的生产、传播与接受,以及互文性的生产。

第二种是“民族诗学”的研究。一方面,民族诗学的实践者探索并分析表演的诗学,基本上是被表演的叙事方式,特别关注叙事的基本单位与它们在文本中的组织方式,通过诸如初始单元、气息停顿、语法结构、语音轮廓等概念来描述口头艺术的表演。另一方面,它关注的是口头表演的翻译与转写,它以一种特有的记录方式,使得它们的诗学组织呈现在纸面上,既服务于分析,也服务于文学经验的审美提升。

第三种是“表演与观众”的研究。通过操纵有意义的形式,表演者与观众建立了良好的互动关系。当观众深入理解了表演的形式与内容时,他们会深度地参与表演的过程。观众的参与是一种互惠的过程。通过进入表演,表演者不可避免地激发观众成员的补充性的立场,邀请共同的参与者做出评估性的反应,比如语言的承认、评估、鼓励或者批准,评估的术语是因社区、因人、因场景而有差异的。它们可以是公开的(“这个表演不错!”),也可以是隐蔽的(笑)。

像其他框架一样,表演的框架也是易变的,它也易于被再框架化,可能会转变为报告、展示、模仿、排练、转播、翻译、引述或者概述。

调查研究表演与身份是社会语言学研究中一个尤其有成果的领域,它可以提升更加普遍的表演中的语言研究。讲述的民族志关注讲述的风格,比如类型与语域,而社会语言学家更多地关注社会分类中(比如性别、年龄、民族、职业、阶级、亚文化、地域等)的语言变异,社会语言学从风格转向风格化,把身份看作是创造性的过程,看作是话语实践的呈现中的产物,这是欧文・戈夫曼“关于戏剧角色的建构与展演”以及J.L.奥斯汀有关“表演性”的理论共同主张的观念,它尤其适合于表演的研究。当然,对于海姆斯来说,表演并不限于舞台,而是扩展到了任何交流的行为,只要个体对他者承担了责任,服从于评估,它就是“表演”。但是,在戈夫曼那里,戏剧性的隐喻被用于理解日常的交流,他的基本关注点是日常的交流,而不是真实的表演。对于海姆斯来说,或者对于任何关注表演的语言人类学家来说,关注的焦点始于聚焦的遭遇者(日常的表演),向外扩展到舞台事件与庆祝性的社会场景。然而,对于戈夫曼来说,戏剧性的隐喻覆盖了聚焦的遭遇与真实的表演,只是在舞台事件之外才与表演相关。事实上,戈夫曼转向表演,在他有限的意义上,是他的研究工作扩展出来的一部分。

对于表演研究来说,除了“框架”的概念,戈夫曼晚期的著作中“分解”(decompostional)的方法也很有启示性。他认识到,“讲述者—听众”或者“表演者—听众”的矢量模式,很难说清楚参与者是如何参与交流事件的。因此,戈夫曼把讲述的模式进行了细分,他进一步分析出“主角、作者与制作者”(principal, author, and animator)等元素,把接受的框架进一步分析为“已经批准的参与者”与“未获批准的参与者”(ratified and unratified participants),更进一步细分为“收件人、窃听者、旁听者、旁观者”(addresse drecipient, overhearer, eavesdropper, bystander on the other)等,这一思路对表演研究来说颇有启示的价值。鲍曼在这篇论文中尤其强调了戈夫曼晚年著作的学术价值,这颇值得注意。

戈夫曼描述了舞台事件与庆祝性的社会场景,这与另一种突出的表演指向的分析线路相契合。在社会科学领域当中,它就是米尔顿・辛格所谓的“文化表演”。回想一下戈夫曼,他所谓的舞台事件就是互动的秩序。在那里,活动被置于观众面前,它维持了一种本质上是景观的立场,把表演者树立为视觉与认知关注的唯一的焦点。在观看舞台事件(演讲、游戏、音乐会等)时,戈夫曼所强调的并不是表演的历史维度,而是互动性的空间生态学,是凝视与注意的管理。庆祝性的社会场景涉及个体的集合,在一种受控制的基础之上被承认,整体发生于某些连带地被欣赏的环境的协助之下。这样的情境(节日、集市、景观、学术协会的年度集会)一般都是预先安排好的、协调好的、计划好的,都有一个或是多个固定的活动空间。它允许参与者们聚集在一起,具有更多统一性与核心性,或者就是官方组织的活动。它也许是一个被提升的舞台表演,整体事件的生产与协调掌握在文化专家的手里。整个事件作为一个整体,被预期与被回想为一个统一的可报告的事件。

对于戈夫曼来说,舞台事件与庆祝性的社会情境的分类与特征是服务于定义互动秩序的。他的整体的问题是生态学的,是面对面互动的管理平台,即当人们面对面地共同在场时他们在做什么。戈夫曼充分地勾勒了互动秩序发生时的整体范围。虽然戈夫曼从来没有着手充分地探讨舞台事件与庆祝性社会情境的复杂性,但是,诸如此类的各种事件却是“文化表演”研究的直接对象,它所关注的并不是语言或者社会组织,而是文化。这种方法是扎根于涂尔干的学术传统的,它把文化表演看作是高度反思性的、展演性的事件——关于文化的文化形式——其中,一种文化之最深层的意义与价值被体现、被展演与被展示在观众面前。这些展演不仅仅允许对已经接受的与权威的真理进行沉思,而且可以进行实验、批判与颠覆。相应地,在这一研究思路当中,文化表演让人类学家、神学家、社会学家、历史学家有了一个特权性的立场来考察文化,有了一种阐明性的切入点,他们可以借以考察参与者自身如何看待他们自己。

文化表演——即戈夫曼所谓“庆祝性的社会情境”——让我们来到了互动性秩序的临界点,共同在场的领域与面对面的直接接触是语言学科中表演指向的学者尤其关注的焦点。媒介化却超越了直接性的范围。肯定地说,戈夫曼本人已经扩展了他的研究范围,在探讨“广播谈话”时,他涉及了媒介化的交流。

数码媒介技术与网络的兴起,使得表演语料库的建构成为可能,它将有助于对诸如语域化、互文性、表演的形式与风格的历史变迁进行详细分析。通过分析连续的“再媒介化(remediation)”的过程,表演的社会语言学似乎尤其适合于阐明社会生活中这一无所不在的、不断加速的层面。①

鲍曼先生说,20 世纪 60 年代早期,当他在印第安纳大学学习民俗学的时候,赫尔德还没有被列在民俗学知识史的课程体系当中。受制于学科的意识形态,当时的老师们只把学科的历史追溯到 19 世纪系统的、科学的民俗学奠基人那里,比如格

① BAUMAN R.Foundations in performance[J].Journal of Sociolinguistics,2011,15(5):707-720.

林兄弟,威廉·约翰·汤姆斯,居留士·科隆与卡尔·科隆,斯万·格鲁特维奇,弗朗西斯·詹姆斯·柴尔德,E.B.泰勒等人。当时,民俗学对于北欧与德国的学者具有一种先入之见,这是因为这些学者系统化了语文学的方法,对于英国的学者,则是因为他们在用英语写作方面具有良好的品位。能出现在美国民俗学教学大纲上的较早的作品,只是因为它们代表了经典的文本搜集,为特定的民俗事项的历史提供了重要的证据。

鲍曼先生首次接触到赫尔德的作品是后来的事情了。作为一位奠基性的人物,赫尔德为博厄斯,为美国人类学提供了知识性的宪章。博厄斯关注的是语言、文本与文化史的特殊性之间的相互关联,他把这一切作为一切未来研究的基石。这些知识是戴尔·海姆斯在宾夕法尼亚大学的课程上提及的,鲍曼很幸运地参与了这些课程,该课程颇具有挑战性地命名为"象征性形式的民族志"。当时,作者阅读过几篇有关赫尔德的二手文献,而阅读威尔森的名篇论文《赫尔德、民俗与浪漫的民族主义》(1973)则是一个阈限性的经验,这是他对赫尔德的真正理解的开始,他说,当时阅读这篇论文的时候,只觉得光芒照遍各处。

首先,这篇论文让作者看到民俗学与美国人类学之间强有力的联系,而这一点一直以来都被掩盖起来了。因为民俗学家一直以来都在强调两种学科之间的重要差异,试图以之作为建立学科的重要修辞的组成部分。一旦作者意识到了赫尔德对于博厄斯的研究计划,以及对于科隆父子的民俗学方法论的奠基性作用,他马上认识到,知识的学科分立似乎变得不重要了,至少对他来说是如此。

其次,这篇论文精练地概括了启蒙主义与浪漫主义基本的知识差异:以理性主义、启蒙主义为基础指向的民俗学,把民俗当作是前现代的、过去的、不合时宜的遗留物;而浪漫主义指向的民俗学则把民俗作为民众精神的表达,作为一种本真政治的基础。而且,这篇论文指出,这两种概念都是现代性的象征性建构的一部分。

最后,论文明确地指出,民俗学的理论本质上是政治的,民俗的概念以及民俗研究的动机都不是中立的努力,都不是为了获得中立的知识,而是具有意识形态的基础的。民俗不可避免地是有关文化的政治,这一概念以及学科的使用与滥用,并不只是对于更加纯粹的知识使命的无关紧要的歪曲。

该论文以及威尔森后来的专著《民俗与现代芬兰的民族主义》代表了民俗知识史的批判性研究中基准性的成果,是一切民俗学学生的基础读本。威尔森的工作刺激鲍曼与布瑞格斯撰写了民俗学与人类学的知识史研究,他们合著出版了《现代性的声音》,其中尤其是对语言的意识形态以及口头诗学研究的学术史进行了批判性的回顾,强调了在现代性的制造中所附带的不平等的结构。从威尔森对赫尔德的介绍中,鲍曼发现,维柯是否对赫尔德产生过影响仍然是一个未知之谜。但是如果没有这篇论文的启发,鲍曼可能不会继续去探索相关的问题,也不会因此去讨论与理解民俗学与人类学是什么。①

尽管鲍曼集中研究的是传统意义上的“口头艺术”,但是,依据他的表演理论的内在逻辑,一切个人讲述都应该成为他分析研究的对象。他为口述史研究专家莎蒂·多比撰写的序言清楚地反映了这一点。美国国会图书馆的民众生活中心从全国的叙述者那里记录他们的个人生活故事,它们的工作使人们感觉到自己是人,而聆听他人的故事是一种友爱的行为。它们在全国范围内普及了莎蒂·多比的个人叙事项目。鲍曼自问自答地说,要是莎蒂·多比没有打开民俗学家们的视野,去认真地看待个人经验的叙事的话,这一国家级别的事业可能会出现吗?这就不得而知了。但是,美国民众生活中心是由民俗学家指导的,“个人经验的故事”“个人的历史”在民众生活的定义中,在指导搜集者的工作中占有突出的地位。没有哪一位民俗学家在认识到个人经验故事可以作为民俗学家的材料方面,比莎蒂·多比具有更大的影响力以及更大作用的了。

莎蒂·多比于20世纪70年代中期开始从事个人经验故事的研究,并在《文学民俗学与个人叙事》(1989)的出版中展现出了杰出的成就。这一研究领域已经是一项体现出巨大复杂性与异质性的事业,它已经分布于许多学科当中,为不同领域的学者所关注。然而,在鲍曼看来,《文学民俗学与个人叙事》仍然是一部独一无二的特殊著作。关于这部令人耳目一新的著作,作者最珍爱的是它的尊敬与敬爱,莎蒂·多比以此书奉献给那些讲述他们自己的故事的人们。她把这些故事作为复杂的、感人的、具有艺术性的成就,作为语言艺术的真实的作品,分析了其中细致地技巧化的、密集地压缩的相关的意义,同时把它们置于人们生活的丰富性当中,在共同的与独一无二的个体经验与想象的品质当中,提高并强化它们被讲述的社会性的时刻。鲍曼说,在他所知道的学者当中,没有谁比莎蒂·多比对个人经验故事的批评性阅读更具有阐释的充分性与反响力的了。他说,每一位致力于欣赏本土语的创造性的学者,都应该从这本书中了解与学习到某些东西。②

① BAUMAN R.Introduction to "Herder, folklore and romantic nationalism." [M]//WILSON W A.From the marrow of human experience: essays on folklore.Logan: Utah State University Press, 2006: 107-123.

② BAUMAN R.Foreword[M]//DOLBY S.Literary folkloristics and the personal narrative.2nd ed.Bloomington: Trickster Press, 2008.

第十九章　再论类型与表演

"类型"与"表演"一直都是表演研究的关键词,也是鲍曼屡次从不同侧面予以阐释的关键概念。进入 21 世纪之后,鲍曼曾分别撰文,集中讨论了这两个术语,本人认为,这两篇论文反映了鲍曼对于这两个核心概念最新的、最全面的、最深入的认识。

一、类型

1.类型研究的基础

如前所述,早在雅克布·格林与威廉·格林兄弟的时代,他们已经把搜集而来的德国口头叙事的材料划分为"传说、故事与神话"。划分的依据则主要是依赖各个类型与"真实生活"之间的关系,即与真实的人、地点、时间、事件、表达的语调、认知与情感模式的关系,以及依赖于每一类型从听众那里所引发的参与方式的差异。由于他们的杰出成就,直到今天,格林兄弟的三分法(传说、故事与神话)仍然在口头叙事研究中占有经典性的地位。

格林兄弟的工作可以被看作是语文学科学的早期成就。由于民俗学渴望获得科学的地位,"分类"便成为它在方法论层面努力的标志。建立在格林兄弟的三分法模式之上以及更加普遍的科学主义之上,"分类"在民俗学研究中便占有了核心性的位置,它是民俗学研究工作的三大步骤(搜集、分类与分析)之一。分析是对民间文学文本的研究,这种研究工作建立在对于异文(特定民俗事项的各种版本)的系统地比较的基础之上。换句话说,分类的工作是文本分析的前提与基础。

在《故事形态学》中,普洛普提供了有关类型划分的原创性的定义,努力倡导分类与科学研究的重要性,批评了民俗学领域古典语文学家们的分类方式。与俄国形式主义者一样,他也从形式的层面准确地描述故事文本现象,即共时性的结构,把故事情节当作是故事构成要素的形式性安排。他的俄罗斯幻想故事的定义是按照潜在的情节结构定义的,这种情节结构构成了类型。故事情节的构成要素是"功能",即故事人物的功能性地定义的行为。这个定义的模式是由 31 种功能的语法结构构成的,每一种功能根据它在序列中的位置而获得定义。其中,某些功能是必需的,某些功能则是选择性的。这个模式允许某些情节序列循环式地重复。出于政治的与语言学的原因,普洛普的工作成就在发表三十年之后一直不为西方人所知,直到1958年他的著作才被翻译为英文。1968年获得修订之后,《故事形态学》很快成为许多学科的经典读本,民间文学研究的学生们自此才开始在形式性定义与口头类型的分析中获得重要的推进。

在博厄斯及其开创的美国语言人类学传统中,"类型"的概念虽然很少被当作批判性考察的焦点,但它实际上仍然具有某种实用性的作用。众所周知,在博厄斯的学术传统中,"文本"具有核心性的地位,这一传统扎根于博厄斯语言人类学的语文学根基。在不同的文本当中进行区分,有时被看作是一项必要的工作任务,至少出于某些学术目的时是如此。然而,从整体上来看,博厄斯并不是十分信任类型划分的工作。在他对北美印第安人的叙事性作品进行比较性研究时,他发现特定的主题与母题可能会扩散,具有一定的独立性,它们以多种多样的方式与其他元素结合起来,从而再组合成为某种新的类型。在更大的范围内,无论通过哪种标准,人们都可能会区分出神话与故事,但是,博厄斯认为,神话与故事之间有一个往返地流动的过渡性地带,总有一些文本不能非此即彼地被归为任何一种类型。他不相信在叙事性类型之间所做的任何分类性的尝试,因为他还发现,这样的分类标准并不总是一以贯之的,尤其是在跨越了地域边界的时候,比如,在一个群体当中是神话的文本,在另一个群体当中就可能被当作是民间故事。因此,博厄斯认为,神话与民间故事不可区分,二者之间缺乏明确的界限。

然而,有一种区分神话与民间故事的方式,博厄斯是打算接受的,他认为这种区分具有一定的合法性与生产性,那就是当地人自己的区分。某些土著把神话看作是在世界形成时期发生的事件,而把民间故事看作是"在我们现代时期"发生的事件(即历史)。从他的分析性的观点来看,本土的分类法未必就优于学者的分类法,但是,它的优点在于它们在当地人头脑里是十分清晰的,是对先在的、民族中心主义的分类法的一种矫正。

在具体组织编辑本土文本的时候,博厄斯的做法具有某些随意性,他从不讨论他之所以那样做的概念的与理论的基础是什么,而是按照自己的想法颇为随意地排列材料,当然,他的分类方法对那些材料产生了形构性的影响。不过,依据当地人的标准来归类与编辑材料的情况也是存在的。

英国社会人类学较少受语文学的影响,"类型"在英国同行那里极少是一个问题,一个例外是马林诺夫斯基(以下简称马氏)。他写作了有关特罗布里恩群岛的语言与文化的问题,在《原始心理学中的神话》(1948)中,他努力呈现了当地人的叙事方式,认为当地人有自己的分类体系与命名体系。他的研究成果是历史上"类型"研究领域的突破性贡献。他发现,当地人有三种叙事类型的体系:一种相当于幻想故事,是个体拥有的、在社会公共场合当中讲述,主要被用于娱乐,以助益于花园的成长;形式上,在故事结尾处有一个简短的小调;在讲述的时候,某些表演的元素,比如特定的声音品质、模仿、观众的反应会被提高。第二种相当于传说,这些讲述不限于特定的季节,被当地人看作是真实的事件,涉及的是有关于个体、家族谱系或者社区的行为与事件。第三种相当于神话,这是一些神圣的叙事,只是在仪式、庆典中表演,是基于社会与道德需要而表演的,用于合法化,保护神奇的、古旧的、圣洁的物品,人们相信它解释了真实的原因,由此它们产生了道德规则、社会群体、习俗与仪式。

马氏坚持认为,民族志地合法的描述必须既要考虑语境性的因素——文化的与场景的——又要考虑到文本的因素。故事活在本真的生活当中,而不是停留在纸上。一个学者匆匆地记录下文本自身而不考虑它们生活在其中的语境的话,他给予人们的信息就是一种被阉割的信息。而且,理解任何信息都需要关注它在整体叙事类型体系中的地位,正因为如此,他才会从整体上去介绍特罗布里恩人的叙事体系,并以之作为他分析神话的背景。从马氏这里,我们仍然可以看到格林兄弟的古典分类方法的持久影响力。

2.类型的概念

(1)局内的与局外的观点。

博厄斯所感兴趣的类型的区分是本土美国人头脑中清晰的区分,马氏先锋性地解释了特罗布里恩人的本土类型观念,并按照当地人的定义与命名性分类予以澄清,他们二人的经典研究预示了一种相对主义的、民族志指向的类型研究的范式。这种关注本土的区分,用本土语言来表达的分类观念,完全不同于学者的分析性类型的定义。学者把“类型”看作是分析性的、分类性的分析方式,它完全属于学者自身的学术领域,基本上没有意识到本土人生产性地管理话语的方式。直到20世纪60至70年代,博厄斯与马氏的研究工作才被广泛地、系统地重新评估。当时,人类学与民俗学把分类当作是民族志的问题,关注社会与文化当中语言的民族志的观点,分类的本土体系代表了结构主义与民族科学的重要关注点,在文化研究当中,人类学从局外的关注视角转向了局内的关注视角,这也是结构-语义分析向语用分析转向的结果。在“讲述的民族志”当中,“类型”从一开始就是一个关键性的概念,它被看作是讲述的构成要素之间的关节点,也是讲述实践的组织框架。

关于本土人类型体系的最有影响力的研究——在全面性与方法论层面——是加里·高森有关佐齐尔人的口头行为(查穆尔)的类型分析。当然,并不是所有文化都表现出如此明晰的元语用学的意识。在不同的讲述社区内部与不同的讲述社区之间,有关讲述类型的命名与分类,有关讲述体系的组织性与连贯性并不一样。

而且,加里·高森所提供的只是大家高度认同的分类体系,还有一些讲述的类型处于体系的边缘,在这个边缘处,人们面临一个重要的问题:某一个类型的体系开始瓦解,到底有哪些讲述是类型化地构建的?巴赫金认为,所有的言说都是类型化地建构的,但是,另有一些学者则认为并非如此。

(2)类型的本体论与认识论。

在定义与区分“类型”的时候,应用最广泛的最持久的标准是文本所代表的世界之本体论与认识论。比如格林兄弟在叙事文本之间进行区分时,便区分出了“可观察与可构想的自然世界”与“不可想象的、不可思议的世界”。博厄斯以相似的方式,提供了本土人思维中一种“完美清晰”的区分,一种叙事是解释了发生在世界形成点上的情境与事件,另一种叙事则是置于当代世界的;前者是神话,后者是历史。来自世界各地的众多民族志案例都倾向于说明,各个地方的类型区分也是基于类似的本体论与认识论基础的。

这种分类性标准本身的“完美清晰”,并不意味讲述中被表征的世界本身也是完美清晰的,相反,它可能是模糊的与矛盾的。事实上,被表征的世界的模糊性恰恰可能是一种表达性的资源。比如“长故事”,其表达的效果就是依赖于其本体论与认识论的混乱,它一开始呈现的是真实的世界,但是,沿着其叙事的轨道,它会渐渐地转向一个夸张的、非现实的世界。此外,一种给定的类型可以被用作一种表达性的工具,用于表达认识的沉思与理论的争论。某些人认为,传说这种类型更多的是有关自然世界与不可思议的世界之间在分类性的认识论上的区分,是认识论的沉思而不是认识论的解决。

类型的本体论与认识论已经吸引了当代学者的浓厚兴趣,这主要是受到了巴赫金的“时空体”概念的刺激,在字面上,“时空体”即“时间-空间”的综合体。时间与空间的关系与构形模式结合起来区分了“类型”,回想一下“查穆尔”的类型体系,其中就有一个宏观层面的区分,即新词(封闭的时空配置与第四次创造)与旧词(遥远的时间配置与第一、二、三次创造)之间的区别。

时空体的概念在多种层面上都是暗示性的。虽然对于类型之本体论与认识论的大部分的考察——包括某些巴赫金自己的思考——都围绕着叙事的类型展开,巴赫金把它扩展到了所有讲述的类型,认为每一种类型都有它看待与概念化现实的方法与手段,那只是它们自己才可以获得的方法与手段。那么,通过其时空体的指向,“类型”成为了观察、看待、交流与阐释世界之间特定方面的机制。它们建立了时间与空间的视野,把某种特定的观察与交流的方式渐渐当作一种自然而然的方式。

也许最重要的是,巴赫金的“时空体”的概念是更大的认识论框架的一部分,它围绕的是他以及他的同事们所辨认的“现实中的二重指向”的问题。正是这种“二重指向”决定了“类型”的形式：一种是由话语的“时空体”构形构成的，一种是由生产与接受它的情境性语境决定的。这两种指向之间的互动提供了类型之间认识论的、阐释性的观点，通过语言的与其他符号的手段，它获得了交流性的管理。

(3)类型作为功能性的变体与风格。

语言学家与人类学家感兴趣于语言的社会应用，两种学科的一个共同的生产性的关联点是“风格”，它指向了语言的功能性变异，与讲述者的种类、情境化的语境以及言说的种类等因素有关。“类型”的概念在这一研究领域占有一个不断提高的位置。

查尔斯·弗格森研究语言的变异，他提供了一个简明而有用的工作假定的程式。在研究语言变异的主要类型时，这些程式组织了大部分的社会语言学的因素：方言、语域与类型。方言，作为一种功能性的元素，在一个社会中常规性地运作，倾向于发展语言结构与语言使用的标志，区别于其他社会群体的语言；语域，一种交流的情境，在一个社会中常规性地不断发生，倾向于在历时时段中发展一种语言结构与语言使用的标志，不同于其他交流情境的语言；类型，作为一种信息类型，常规地复现于社区当中，倾向于历时性地发展出一种可辨认的内在结构，在社区的话语资源中，它区别于其他的信息类型。

在这些术语当中，一种讲述的风格即是一种惯例化的综合体，成系统地与共同发生的语言特征相关，在其索引性的指称、讲述者、情境、言说的类型等层面，它区别于其他这样的综合体。一种类型风格会呈现出特定的明显的特征，作为那一类型的诊断性的标志。比如索克棱印第安人的仪式性哭泣，作为一种讲述类型，就具有在语义的、音位的与句法方面的明显的特征。

类型作为讲述的风格，有几点需要明确说明：方言、语域与类型之间的区分，本质上是分析性的区分，在讲述的索引性维度之间，它们之间有潜在的交叉。一个社区的讲述中具有不同的话语类型，它们各自具有不同的构成特点，而且更重要的是，这些不同的特点对于当地成员与分析者都是十分明显的，类型在不同程度上关联于特定种类的讲述者与语境。比如墨西哥市场上的叫卖，它们既是类型，也是方言，也是语域，因为与小贩有关，也与市场这一情境性的语境相关。

地方标签与分类体系对于讲述方式而言，对于语言与语境之间的索引性关联而言，可能是十分关键的。在查穆尔人的分类当中，我们注意到，儿童的即兴歌谣与法庭讲演之间的对比，前者结合了社会方言与类型的多种层面，而后者强调了语域的层面。

同样值得强调的是，尽管类型、使用者、使用的语境之间存在着某种传统意义上的关联，但这些关联并不是固定不变的。事实上，类型的本质特征之一是它们可能被使用于它们习惯的与初始的语境之外。以一种特定的风尚，一种类型风格可能被纳入到另一种类型的话语当中,从而输入一种类型的风格。比如,学术界普遍熟悉演讲的类型,而演讲的类型又总是带有布道这一类型的味道。

语域与类型之间的关系,在"类型"的概念当中也是核心性的,尤其是在系统的功能语言学当中,语域包括语言学的特征(给予表达以意义);类型是体系性的结构、目标序列与目标指向的阶段,通过类型,语域的价值被调用,以生产特定秩序的文本。在系统的功能语言学当中,正像其他研究类型的方法一样,描述类型时,一定会涉及其结构、序列以及它们循环的可重复的元素中必需的与可选择性的组合。而且,系统的功能语言学区分了类型地管理的文本的结构,以及肌理、语言技巧的组织,它们赋予一个文本以内在的紧密性。

系统的功能语言学的类型概念中有一个模糊的元素,它源自于文本的概念当中的模糊性。它们把文本看作是自成一体的客体,它是固定的、连贯的、意义上内在地紧密的,是一个互动性的事件、一种意义的社会交换。这样一来,在它们的类型分析中,文本是传统的、固定的、统一的话语的伸展,这里,分析聚焦于体系性的结构与特定类型形式的组织及其文本性的实现,尤其是其实现类型的结构性潜力的方式。

类型在语言教学当中的应用,基于语言使用的场景性语境。在这里,类型是作为一组事件,其中成员分享着某些交流的目的。在这些术语当中,类型是目标指向的,指向了某些修辞的、功能性的目标的完成,它反过来对于话语的体系性的结构具有形成性的影响力,限制内容与风格的选择,类型按照形式-功能的相互关系得以组织。

在学术与职业背景中,类型的研究推崇两种类型形式的主要维度:体系性的结构与表层的风格特点,尤其是句法特点,比如句子的长度、命名、介词等。尽管类型被定义为交流性的事件,以结构性元素的框架为动机,它认为一系列有目的行为构成了一个事件的场景,但在实践中,这种类型指向的分析的焦点是多种多样的文本形式,通常是书面形式的,在学术与职业背景中,像研究论文、专著、促销广告、工作申请、立法记录等都是其中的一部分。

(4)类型作为对于重复出现的交流性问题的解决。

迄今为止,大部分有关类型的概念,都是把类型作为语言学与社会学的关联点,但是强调的重点在前者。托马斯·卢克曼及其同事,从建构主义社会学与知识社会学出发,把交流性的类型定义为社会地建构的交流模式,以解决复现的交流问题。在他看来,某些社会行动者交流性的工作是由即时性的交流行为构成的,讲述者以一种特设的、因情况而定的方式管理一种交流性的任务。然而,在其他情境中,一个社会行动者会从他的社会地习得的知识当中取出一种预制好的、惯例化的模式,以适应手头的交流性的任务。它与讲述者的意图相一致。这种惯例化的解决办法,合并了反复处理的复现的交流性的问题,它们因此而成为惯例化的,或多或少是义务的知识,并且进入了知识的社会宝库,虽然,像一切知识一样,它们在社会内部是不平均地分配的。类型为交流性的问题提供了惯例化的解决办法,一般会涉及那样一些社会互动,它们对于一个特定的社会秩序的维持是十分重要的。在交流性地构成的社会生活的那些更广泛的层面,在卢克曼看来,类型占据了一个“硬核”的位置,它是社会生活中交流的常规化的与惯例化的部分。

对于社会秩序而言,重要的是历史的与跨文化的可变性。交流的类型也是如此,虽然我们可以预期某种普遍性或者更宽泛的倾向性,这种倾向性可能会发现于人类处境的普遍性当中。作为对于复现的交流性问题的管理,类型将结合社会的与交流的元素。

在卢克曼的概念当中,类型代表了一种全面的、综合的框架:①情境因素:在一个给定类型的情境中,类型是必需的、可选择的、经常的、可接受的、预置的。②社会因素:参与的社会组织层面,互动管理的协议。③交流手段:语言的、辅助语言的、韵律的、运动的、程式的。④话题与主题的元素。

为了描述与分析这些构成要素,卢克曼参考了分析性的方法,它们来自于相邻学科,比如语言人类学、语言学、民俗学与交流的社会学,它们都关注语境当中交流的相关层面。

在“类型”的概念所打开的广泛领域中,卢克曼及其同事分辨出了数个带有特殊兴趣的问题。卢克曼自己的关注点是重构性的类型,比如谣言与叙事,它服务于重构与反思性地管理的手段,重构与反思性地管理着事件与社会互动。事件是短暂的,但是重构性的类型赋予它们可接触性、可复制的物质与连续性。同时,类型作为一种框架,在观点的互惠性的校准中管理着观点的设置与观点的接受:类型的惯例性的本质,及其在知识社会储备中的地位,有助于统一参与者,有助于把参与者统一到社会议程当中,使他们共同参与到这一社会议程当中。

(5)类型的对话性的方法。

当代,研究社会生活中类型的最有影响的方法是研究语言与文学的俄罗斯文艺理论家所提供的方法。巴赫金的类型的概念已经被证明是尤其有刺激性与生产力的,语言人类学家已经建构并复杂化了巴赫金的理论框架的多个层面。

巴赫金对于“类型”的问题感兴趣,源自于他的“言说”的核心问题,即使用中的语言的基本单元。在巴赫金看来,语言是在具体的言说中实现的,是在主体之间、在讲述者与听众的联合当中完成。他的核心关注点之一是辨认什么构成了作为一个单元的“言说”。在他的框架中,类型的概念提供了有关这一问题的重要观点,在他看来,每一个言说都是个体的。当然,在每一个圈子中,语言都被使用,都发展出了它自己的相对稳定的言说的类型,这些可以被称为“讲述的类型”。

在这一定义中,类型的概念基于活动的领域:话语的类型性的管理。在巴赫金那里,类型代表着社会实践领域的构成性的特征。活动的领域同样界定了语言的与主题的领域,它提供组织了这些领域的讲述类型的内容。除了活动的领域,类型还与功能性的风格密不可分,对于某些人类活动与交流领域而言,"功能性风格"就是类型风格,它们是类型性地组织的,事实上是类型化地构成的。风格是类型的形式组织的一个层面,构成性结构是另一个层面。所有我们的言说都有固定的与相对稳定的典型的整体构成的形式。最后,类型是参与交流性互动的组织性框架,每一个言说,在巴赫金看来,都是说给某人的,期待一个回应的。因此,讲述交流的每一区域的每一个类型,都有它自己的对话者的典型概念,这就限定了它作为一个类型的特征。总之,对于巴赫金而言,类型是活动领域、内容、风格、创造结构、交流参与结构的关节点。

使得一个类型地组织好的言说成为一个固定的整体的是什么？巴赫金说,首先是讲述主体的变化。类型管理着讲述的交换,同时框架化了言说。第二,类型结合了多种模式以终结言说,打开了"回应它的可能性",终结是由三个因素决定的:一是主题语义的枯竭,一种内在的连贯性;二是讲述者的计划,讲述的意志,基本地显示在特定的讲述类型的选择当中;三是结束机制内在于类型的特定的创作结构中。

言说终结的本质的重要性在于它的效果,它打开了回应它的可能性;通过类型边界影响的话语的终结,是对于回应的一种元语用学的邀请,是对话原则的关键基础。

类型提供了一个框架来解释言说的边界,它也提供了对这些边界的超越,巴赫金说,这是言说的对话性的品质。对话是他语言概念的核心原则,通过这种关系的动态性,社会得以交流性地建构,语言被社会性地构成。巴赫金长期关注话语回应他人话语的方式,即,任何言说都预设了先在的言说,并期待着未来的言说。对巴赫金来说,对话的过程既是交流的实践(生产对话关系主体之间的工作)又是相伴的联系,它们在言说之间建立联系,这些言说通过社会与时间得以流通。在巴赫金的概念当中,对话扩展出了简单的二元交换。相反,每一个言说都充满了回音,充满了其他言说的共振,它们通过讲述交流的圈子的共同性关联起来。对于类型来说,对话关系在言说与回应的互惠性组织中显示出来,一个言说在其生产中与类型的一致性,形成了与之前的同一类型的言说的关联,通过类型而同化于其他的言说。巴赫金所谓"次要(复杂)类型"即吸收与消化了多种"基本(简单)类型"。

语言人类学家们发展了巴赫金以对话的方法考察类型的工作成果,用它来考察讲述的索引性。巴赫金认识到了对话的重要性,强调了类型作为交流性互动的参与机制。语言人类学家更加严密地考察了参与的社会组织,改编了戈夫曼的参与角色与结构的方法，把它的洞察力带入类型，并以之作为指导性的框架，对于言说的对话性的校准问题，引出了一种更加系统的观点：提出了“文本性、文本化与语境化”的概念，基于一种民族志的经验性材料，试图澄清在特定社会的、文化的、历史的语境中话语的对话性的动态机制。

3.“讲述的类型”研究中的核心问题

(1)类型描述、分类与分析的目的是什么？经典的答案是“理解文本”。类型是文本划分的经典概念。文本本质上是语言的对象。事实上，类型分类主要是服务于归档与索引工作的，目的是组织出版文本的搜集物，这种分类的对象是“文本”，是书面写成的物理写本。然而，并非所有的分类与类型的方法都是围绕着文本的。比如，以交流为中心的方法，就不会把类型当作是信息类型的分类，而是把类型作为一种目标指向的交流事件。在巴赫金的对话框架当中，一种讲述的类型就是一种言说、一种被讲述的话语的延伸，它与轮番讲述相一致。与此同时，言说是一种互动性的单元，一个主体间的单元，它讲给一个对话者，期待一个回应。那么，在评估类型的概念时，重要的是要关注类型体系的对象。

另一个需要考虑的内容是什么算是类型的必要的构成要素？在大部分有关类型的定义中，有一个假定就是类型是被整体地实现的。在类型的形式特征当中，类型被描述与界定为按照其构成要素来界定。分析家们区分必要的元素与可选择的元素，普洛普的形式性的定义是一个经典的案例，也有人区分了一个类型结构的必要的与可选的元素。

事实上，任何类型的完整性并不只是生产层面的问题，它也涉及生产与接受的交互关系，关于整体的形式的观点倾向于前者，而互动的与阐释的观点向后者开放。

在有关整体性与完全性的问题上的另一个维度是：独白观点与参与者共同生产的观点。大部分对于类型、对于文本的观点都是独白的，即认为类型组织的文本(或者言说或者信息)只有一个作者；而社会互动与对话的方法考察的是共同生产的多种维度，无论它是多元生产者的联合生产，还是互动性地生产的整体文本。

与分类的类型观不同，实践指向的观点把类型构想为交流实践的指导性的框架。卢克曼的类型观，即认为类型解决了反复出现的交流的问题。汉克斯认为，类型是一种相对稳定的前置的实践的层面，在参与者进入与维持交流性的互动中，他们已经接触到它了。鲍曼认为，对于文本的生产、接受与流通，类型是一种指导性的框架，类型是由认知体系构成的。文本与言说仍然是重要的，但并不是作为通过类型理解的基本对象，而是作为与类型相一致的交流实践的产物。

什么现象可以被归入类型分类？即在一个讲述的社区中，哪一部分的语言领域是为类型所涵盖的？在整体的语言经济中，类型的范围何在？最广泛的观点是说，一切话语都是类型化地组织的。在巴赫金的类型观当中，不证自明的是，一切语言产品都是类型性地组织的。由此而产生的一个推论是，所有的交流都是对话性的，是社会地构成的。这一原则事实上是极难经验性地呈现的。

更加经验性的、实践性的立场是，类型包括了惯例化的与体系化的交流实践的形式，在社会使用中已经被结晶化，已经成为社会知识中的一部分，为主体间的参与者所知。在这一概念中，类型与即时的、呈现中的交流相对立，后者指的是现场组织起来的，以回答即时的交流，没有预置的与可获得的模式。肯定地说，经验性的研究类型，倾向于关注相对明确的与强烈惯例化的讲述生产的领域，把即时性的与呈现中的形式贬低为剩余的分类，即"日常语言"或者"普通的讲述"。比较难以把握的是那些落于两极之间的言说，比如那些正在合并于惯例化的机制中的类型，却又没有十分明显的类型特征的言说。

与这些考虑相关的，还有类型领域的范围与参与者的元语用的意识之间的关系。这与两个维度相关，一是知识的社会学，一是文化的聚焦。一方面，在一个社区当中，与类型相关的知识并不是平均地分布的，而很可能只是掌握在少数专家的手里；另一方面，知道一种类型与知道如何使用它也是不同的，肯定地说，类型的能力一定要包括成为一名观众成员的知识与能力，以此去接受与阐释一种类型地组织的言说。这样一来，类型的范围所及，必须考虑社会分布，专业化的程度，认知与生产的能力，参与的社会学与其他诸如此类的问题。

正像在社会群体中类型的范围及所及有差异，在文化之中，类型领域的范围与表达也是有差异的。讲述的民族志关注讲述，即作为一种文化的聚焦，考察其元语用的意义，以及对于讲述方式的反思性的参与。在这样的环境中，类型领域在其组织中是更加延展、更加复杂，在类型的区别上更加细致。

(2)语境中的类型。

上文中所说的"类型"的元语用学的范围，已经超出了"类型"的定义，交流性实践领域的界定，是以类型这一术语来组织的，但却是在更广泛的相互关系的领域中来考察类型。在更大的范围里，类型作为索引性的要素，意味着一系列的协作关系。语境因素及关系的清单，在文学中是广泛存在的。不同的理论强调的是语境的不同层面，强调的是相互关系的不同维度。

也许最普遍的语境主义的观点是把类型作为观察文化与历史的出发点，作为澄清更大的文化体系的关键。这一方法与美国语言人类学的语文学基础相一致。这种方法在民族志地描述社会的实践中更具有生产力。在这些社会中，讲述的方式代表了文化的焦点，具有浓重的意识形态性，反映了个体或者社会区分的标准，是表演中熟悉地展演的资源，也是反思性评估的焦点。这种研究方法普遍地会把类型进行系统处理,在整体的交流体系中,在与其他类型的关联中来讨论类型,即把类型置于与其他类型相关联的语境当中。

另一种语境地考察类型的方式是按照使用的领域,构想其活动的领域、场域、机制与情境性语境。这些构造是建立在社会学、人类学以及现象学的参考框架之上的,以解释有目的的活动、社会组织与文化形式的关联点为目的。它们以多种多样的方式,提供了概念的立足点,考察参与者行为的有意义的语境以及话语生产与阐释的指示性框架之间相互协调一致的调整关系。也就是说,它们是更加普遍的社会理论的一部分,这种社会理论被适当调整以考察类型,却不是类型理论本身的一种基本的焦点。

把类型的概念与语域的概念相关联,就是按照复现的情境化语境来界定,赋予这一维度的语境以重要性,但是情境性的语境对于一个更加广阔范围的"类型"的考察却是更加基本的。一种有前途的研究路径是考察类型在特定的讲述社区中,依据即时的使用语境而进行调适的程度与变异的方式,这就需要特别注意形式手段与技术,话语可能会因此锚定在使用的语境当中,比如指示语、纯交际性的姿势,反思性的交流行为,这样的语境化的线索因类型而有差异。

何种类型性的管理使得一个言说或者一个文本相对地不受表演语境的影响,其形式与意义不会因语境的变化而变化?经验性的调查证明,在某种给定的社区的话语整体中,某些类型可以改编到多样的语境当中。对于任何言说来说,文本间的关系总是要返回到前在言说,也预示着未来的言说,这在讲述事件中是如此,在超越讲述事件时也是这样。在单一的讲述事件中,我们可以思考前在的与预期的话语语境,它们构成了"共生的文本"(co-text)。在演讲的例子里,东道主介绍主讲者,或者演讲之后的问答环节,都是"共生的文本"。

在超出了个体的情境性语境的情况下,虽然出发点仍然是讲述事件的情境性语境,"再语境化"在文本之间建立了联系,它们超越了个体的语境,文本间关系的领域,由一个类型模式的多样化的实例所构成,这些类型的关系代表了一种互文性的秩序,它超越了话语的范围,也超越了固定的讲述话语的边界。

在很多情况下,在情境化的语境当中,类型意味着成套的参与者的角色、参与的结构、预置的参照框架,这在很大程度上分解了表演者与观众的二元性的模式。

(3)标准类型与呈现中的形式。

类型分类是静态的、标准的、固定的与完成的分类模式。实践指向的类型学家们强调易变性、即时性、呈现性,强调的是一种话语的完成而不是一个标准的实现。事实上,"固定与变易"因"类型与事件"的情况而有不同:有时一个给定的类型会在一个给定的情境性语境中实现;有时一个类型会在其传统语境之外被识别出来;有时它又是面对令人惊奇的创造性的使用而全面开放的;或者在另一些语境中,它们无法被使用,在那里,类型的使用是不被预期的或者甚至是被禁止的。

还有,在某些情况下,某些给定的类型与一种特定的社会角色或关系相关。而且,某些特定的类型的使用与否有时是安排好的,有时又是即兴的。安排好的表演经常是文化的表演,在这样的场合,社区的价值与象征被放置到观众面前予以展演,节日、庆典、集市、仪式、景观以及戏剧性的展演等等皆是如此。这些事件都是有预谋的,有着相应的行为序列。还有一些类型是即时性的,它们并不是必需的,比如社交场合讲笑话。

如果从情境性的语境转向话语的语境,固定与易变的其他重要的维度就走向了前台。类型的"对话"的观念意味着,作为特定种类的文本之生产与接受的框架,在一种互文性的关系中结合在一起。互文性关系的校准提供给我们一种观点:在话语实践中标准的与呈现的动态性。一个特定的言说与类型体系的相互对应——或者类型的其他例子——从来不是完美的。语境化的即时性的元素不可避免地起作用,它不可避免地会与共生文本、进行中的社会互动、功能性的议程、其他语境性的因素形成关联。这些因素与类型的指导框架相互动,形成言说的生产与接受。这又反过来影响类型框架之构成性特征被应用的方式,打开了类型重构的方式。因此,类型的互文性必然卷入了一种文本之间差距的生产。差距的校准——其相对的限制与丰富——具有重要的相关性与效果。某些交流行为可能通过接受类型的先例,维护类型的正统,迫使特定的言说接受传统的规范,在普通的环境下达到常规的结果。想想文件样板与模板,尤其是那些生产法律文书的模板,都是如此。

相反,扩展文本之间的差距,让类型的框架调适于呈现中的环境与议程,比如政治演讲的讽拟,这种改编性的转变涉及特定类型的形式的、功能的与主题的元素,由此,一个特定的言说可以与类型的先例相关,或者把一个言说吸收到多种类型当中,混杂了类型之形式的与功能的能力。这种类型的混杂即是次要的类型,它吸收与消化了多种基本的类型,把它们同化进一种更加包容性的类型的结构当中。演讲就是这样的好例子。

文本间差距的校准提供了一个有用的观点,它可以用来讨论类型的意识形态与政治。在任何讲述的社区与任何讲述的历史时期,相对于类型的管理,类型都会体现出或松或紧的关系,但某些类型会成为特定的意识形态的焦点。指定的严格的类型管理是相对保守的,它服务于已经建立的权威与秩序。有冲突而去扩大文本间的差距与类型革新,就是具有创造性的表现,抵制霸权的秩序,面向开放与革新。这些因素紧密地关联于价值与品味的等级(类型被评估为相对较高、较好、更美、更道德),关联于特定类型形式的社会管理(谁可以学习它们、掌握它们、拥有它们、表演它们,在何种效果中)。

在这些过程性的观点当中,有一种时间的、序列的、动态的意涵,看到了呈现中的、互文性的,混杂的类型特征,它表征了一种重要的分离,是一种离开了静态的、非时间性的、非古典的类型方法的观点。时间性变得更加明显,在规模上更加开阔。在一种发展与变化的追问中,关注“类型”的社会历史。目前,在下述三个主要的标题之下——现代性的推进,文学性的传播,殖民主义的经验——作为社会实践的“类型”的历史已经被集中予以研究,它们之间是同盟关系。在其最大的生产性上,这一研究工作结合了类型描述的精确性与历史转型的阶段性,把类型的“形式、功能与意义”的相互关系与严谨细致的历史撰写联系在了一起。①

二、表演

鲍曼介绍说,1579 年,弗朗西斯·德雷克船长率领戈尔登汗德号船,在加利福尼亚的雷耶斯角登陆,当地的米沃克人两次前来发表了讲话,德雷克船长和他的船员们完全不能理解这些讲话。德雷克船长的随行者弗朗西斯·弗莱彻教士记录了这一事件。鲍曼提请大家注意德雷克船长与米沃克人最初接触时交流的动态。当时,英国人并不知道这些本地人在说什么,但是他们近距离地观察了他们说话的方式:他们庄严的表情,拖长的声调,奇怪的演讲方式,夸张的身体动作等等。也就是说,弗朗西斯·弗莱彻教士观察到的是一种特殊的、有标记的、风格化的口头展示,虽然它所指的内容是模糊的,不为英国人所知的,但是,他观察到了对方讲述的形式特点、发表讲话的模式、参与的结构,这些特征吸引了他的注意力。这种特殊的、有标记的、非同寻常的口头展演,服从于当地听众的一种特殊的评价性的反应,而且也是面向英国人的评价开放的。总之,弗莱彻与他的同行们一起观看了一场话语“表演”,那是一种特殊的交流性的展演模式。

鲍曼回顾说,表演研究的思想出现于 20 世纪 70 年代。当时,民间文学的研究者基本上从以图书馆与档案馆为基础的语文学研究方法中走出来了(很久以来,这种研究方法一直主导着民间文学的研究工作),他们走向田野,去记录讲述的社区中的具体讲述行为。在那里,讲述活动仍然十分流行。这些学者的兴趣点与注意力被吸引向个体讲述者,这些讲述者有大量的表演节目,在他们的社区里,他们是最擅长于讲述故事的。“走向田野”的搜集者对这些讲述者的讲述技巧印象深刻,尤其是对他们戏剧化的技巧与装腔作势的手段——模仿的品质——感兴趣。讲述者在故事讲述中熟练地应用这些技巧与手段,他们的听众则在聆听故事的时候对这些技巧与手段进行评估。从 19 世纪晚期以来,在田野指向的学者所搜集的文本材料中——介绍、笔记、附录——生动地描述了这些戏剧性的讲述活动,它们描述

① BAUMAN R.Speech genres in cultural practice[M]//BROWN K.Encyclopedia of language and linguistics. London:Elsevier,2005,11:745-758.

了明星讲述者的表演，其中不乏浪漫色彩的成分，即把特定种族或者民族群体的成员说成是“自然的表演者”，如何比“现代的”“文明的”都市人更具有表达的能力。比如瑞典民俗学家卡尔-赫尔曼·蒂尔哈根记录了故事表演艺术家泰孔的表演艺术，美国民俗学理查德·道森则记录了詹姆斯·道格拉斯·萨格斯的表演风格。

20世纪60年代末、70年代初，美国民俗学领域才开始应用“表演”这一综合性的概念，这是一个更加普遍的研究范式转向的一部分。当时，这一转向是发生在民族志指向的民俗学家当中。过去，人们把民俗作为“事物的集合”（an aggregate of things）；现在，人们把民俗作为一个“交流的过程”（a communication process）。鲍曼声称，“表演”这一概念的出现，依赖于学术界的先行者们所提供的思想，他们分别是：①马林诺夫斯基坚持认为，“情境的语境”（context of situation）是理解叙事性讲述的一个重要的参考框架。作为一种社会行为的模式，他还关注了讲述行为的本土类型体系，并把它作为口头表演的组织性框架。②弥尔顿·辛格提出了“文化表演”的概念，强调它是一种规定好的、固定的、精心制作的、被提高的、参与性的情境，在其中，文化被展演出来，以便让其成员及局外人反思性地沉思其意义与功能。③罗曼·雅各布森提出了“交流事件”的理论模式，它是对战前布拉格学派之理论框架的综合与复杂化，对于理解口头表达的多功能性，以及诗性语言在这些多功能当中的地位具有原创性的理论价值。④迈尔维尔·雅克布提出了“风格”的概念，在博厄斯的传统中，作为一种形式特征的体系，风格就是应用中的民俗的“艺术设计”，可以用于理解文化表达之创作的与表演的层面。⑤米尔曼·帕里与阿尔伯特·洛德的“口头程式理论”是理解文化传统与个体创造性之间相互关系的原创性理论。⑥威廉·休·詹森把民俗学家的注意力转向了表演与接受之双重的却不可分的过程，使之认识到任何民俗事项的存在都依赖于某人为了“一个观众”或者“一群观众”去“做”那件民俗，等等。这是鲍曼第一次集中罗列表演理论的思想渊源与谱系。当然，在其他地方，他还强调了欧文·戈夫曼、J.L.奥斯汀、巴赫金、肯尼斯·伯克、戴尔·海姆斯、罗格·亚伯拉罕、阿莫里克·帕里戴斯等人的理论所带来的启迪。

20世纪70年代初，民俗“做”的意味——作为表演的概念——得以流行。在《朝向民俗学的新观点》的导言中——该书被认为是民俗学转向“表演”的纲领性文献——作者提出了全面且具有高度反思性的学术定位，即从事项转向了事件。尤其是强调了“表演”作为一种组织性原则的基本观点。这里强调的“表演”与詹森所强调的“表演”不同，后者仍然是强调民俗事项第一，表演第二；相反，新民俗学家们倡导一种对于学科的全面的重新概念化，把“表演”作为一种情境化的交流实践，一种组织行为方式的关节点。

鲍曼指出，“表演”的概念最直接地来自两股知识潮流的会合：一是文学的，一是人类学的。肯尼斯·伯克的"文学是生活的装备"的观念——他的"戏剧五要素"(行为、场景、行动者、行动性、目标),他对于重要形式之力量的洞察——促使民俗学家们关注口头艺术的诗学,与此同时,他清晰地认识到,应用中的诗性形式具有社会功能与修辞效果。伯克权威的知识综合对于讲述的民族志也有一种形成性的影响。如前所述,讲述的民族志也形成于20世纪60年代早期至70年代中期,人类学指向的民俗学家积极参与了相关工作。讲述的民族志的学术假定是:社会生活是由话语构成的,是通过情境化的交流行为生产与复制的,是跨文化地可变的,它需要通过民族志的调查研究来发现。它试图厘清公共的话语手段与个人的节目单之间的关系,澄清话语实践之形式的、功能的、语境的与意识形态的框架,分析话语活动的参与者在生产、接受与传播话语中的目标与能力。

表演是讲述的民族志的核心概念,然而,在经过必要的修改之后,作为情境化的话语实践的表演——对于民俗学家而言,它就是民俗的情境化应用,存在于社会生活行为中,存在于文化意义的生产中——仍然保留了其流通性与生产力,直到今天依然如此。

与此同时,表演作为"实践"的普遍概念,在民俗学与语言人类学共享领域有所重叠,这个术语的局限性在这个交叉领域暴露出来了。讲述的民族志范围更广,它包括了一切口头话语;交流的民族志则建立在更加广泛的观点之上,认为社会与文化是交流性地构成的,包括了一个更加全球化的交流范围。对于民俗学家们来说,他们向来感兴趣于口头诗学,在"口头文学""语言艺术""民间文学"的标题之下,"表演"作为一个概念的吸引力就在于其艺术性、技艺性、感染力以及对于经验的强化与提高。受讲述的民族志启发的民俗学家们由此提出了口头表演的概念,作为一种特殊的、艺术性的讲述方式,他们发现了它与其他讲述方式之间的连续性与不连续性。这条理论思路是可持续的与有生产力的。

"表演"意味着特殊的交流性展演模式,也就是说,那些引人注意的元素起到了一种元语用学的(metapragmatic)功能。在语言学的分析中,语用学关注语言的情境性使用,即话语。元语用学关注任何话语行为的相关层面,即或隐或显地、反思性地指向那些行为的语用功能。这些特征吸引了观众的注意力,说明表演者负责任地在向他们展演交流的能力,有意展示他们的高超技艺,交流的有效性,影响的能力等等。借助于这些元素,表达行为得以执行。通过使用这些阐释性的框架,表演者吸引共同参与者,把他们作为观众,使得展演的行为具有强化的密度,让人们评估它们的完成是多么有技巧、多么有效。前文述及的弗莱彻的描述,提供的就是一个语用的与元语用的特征的汇总(事件结构、形式技巧、类型、参与角色与关系),任何一个都在习惯上激发表演的框架,它们的共同出现使得弗莱彻清晰地知道:他们正在看到的是一场表演。

除了上述元素，还有哪些“元符号”可以作为观众评价表演的关键性的提示呢？比如熟练的表演者的技艺的流畅展示，姿势、身体指向、面部表情，都可以把注意力引向表演者，提高他们表演的情感强度。除了这些身体的层面，还有一系列口头技巧，比如直接话语，通过音高、音调、音质以及其他超音段的特征，表音符号与其他声音的象征性，头韵与语法的平行主义等。上述形式的技巧、类型的特征以及语用的因素，共同服务于表演的框架。某些元素，像流畅与活泼的姿势，发生在上述所有三个层面。可见，造成表演的框架的某些元语用的手段，是在全世界普遍通用的。其他还有比如比喻性的语言、特殊的语域、求助于传统等，还有比如表音符号的有限使用，也是常见的口头艺术表演的手段。当然可能并没有用以框架表演的普遍的元素清单，这些元素到底是什么，需要通过民族志的调查来获得，而不能先验地设定。每一个讲述的社区都应该有专属于他们社区的表演框架的清单。

观众的参与是表演的一个必要的构成要素。表演一定是表演者与观众之间联合的成果。从观众的角度来说，表演框架的框定就是邀请人们细察表达的行为，评估它的相对的技巧、正确性、适当性、有效性。在观众成员的反应当中，评估的术语与标准因社区、因人、因情境而有差异，它们可能是公开的，也可能是隐秘的。表演者本人可能会提供一些评估，努力去说服观众。

表演是一种采取立场的行为，用社会语言学的术语来说，即表演者通过采用表演的框架，采取了一种立场，或者校准他的表达行为，假定为展示交流的技巧与有效性而承担义务。通过进入表演，表演者不可避免地要与观众交换一种互补的立场，邀请他们共同参与，从而对表演进行一种校准，这就需要一种评价性的反应，也许还需要更多，比如语言的承认、评价、鼓励或者批准，最终是对于表演行为的共同建构。在其最充分的展示当中，表演者全面彻底地完成表演成为他的义务。这里所谓“在最充分的意义上”与“完全是义务”，意味着“表演”并非全都是“充分的”。就像任何其他框架一样，“表演”是易变的、不稳定的，需要被重新框架化的，这就提出了一个重要的问题：“如何行为才可以算作是表演？”

如前所述，并不是每一个民俗的“做”都是本文意义上的“表演”。除了表演的框架之外，还有其他的框架可以提供另外的立场，或者比如是戈夫曼所谓不同的“注脚”。传说、故事、演讲本来可能是表演的，但是也可以被报告、演示、模仿、排练、转播、翻译、引述、概括等等。当然，一个讲述者在讲述某个内容时，这个讲述的正常的方式可能是表演，但是当他没有表演的情感，或者没有权威性，或者不愿意承担表演的责任时，他就可能并不表演它。注意到一个讲述者可能在表演与不表演之间摇摆，“突破进入表演”表示他有能力表演，但是退回到报告的框架中来，就可能是他当时觉得没有足够的知识、能力与信心操纵这样一个表演。同样，观众也可以从观众的地位上退下来，比如他不再互动，或者只是显示为另一种角色，比如观察者或者旁观者，免除了自身评价的义务。

不愿意承担表演者的职责也不应该奇怪，因为表演本身充满了危险，比如表演失败，或者被判断为无能、不真实、不合格或者不适当。这些附加在表演之上的错误的范围是因社区而异的，但是其中总是会潜藏着一种犯错误的可能。一方面，表演就是在集中公众的注意力，就是在声称具备特殊的技巧，引出其他参与者参与的能力。在世界上的某些社会，尤其是那些具有平等伦理的社会里，把某人推向前台是一种道德的越轨，这就可能会使得某些人竭力去避免表演；另一些人在真正的表演之前会发出仪式性的拒绝表演的说法，“我可不会……但是……”或者考虑一下这样一个广泛的问题，许多社会都贬低女性表演者，把她们投射为欲望的对象或者使她们在道德上变得危险。如果她们胆敢去表演，那么她们可能要冒着成为色情对象或者遭受道德谴责的危险。而且，尤其是在仪式背景之下，表演要冒着失败的危险，她们可能并不能获得社会预期的目标，比如成功地协商新娘的嫁妆，或者治好生病的病人。

采取立场，自愿冒险警醒我们，要注意表演的政治与诗学。出于启发的目的，鲍曼认为，人们可以辨认表演中权力的三种主要的维度：对于表演之组织与生产的控制，对于表演之意义与阐释的控制，对于表演结果与目的的控制。表演的政治与这些权力的各个方面被声称、分配、权威化、协商与竞争的方式相关。关注表演中的权力从一开始就已经成为了表演指向的方法论的一部分。

民俗学的语言学基础，及其学术史上最突出的方法论的“文本的-历史的”指向，使得民俗文本成为该领域中最主要的分析单元。然而令人奇怪的是，直到最近，文本与文本性，作为概念，极少是民俗学理论性与批判性关注的焦点。民俗学的文本一直以来都是给定的、客体化的对象，都被当作是一种类型化的或者主题化的文类，它们被看作是民俗学经典——传说、神话、故事、史诗、民谣、谜语、谚语、巫术歌等等——的先验地存在的一部分。这种观点依据的是传统性、匿名性、社会分配或者其他非文本的因素。最近，民俗学渐渐地开始考察“文本性”，关注文本的形式特征，比如特定的韵律、句子的长度、内在的区分、节奏的体系、音乐的结构等。

然而，在表演指向的观点中，它认识到许多相同的形式技巧与模式性原则，同时存在于某些类型的定义当中，它们都是框定表演的关键，这就鼓励表演指向的民俗学者发展出一种有关“文本”的新观点，即“文本”不再是一个独立自主的、传统的文学产品，而是情境性的交流实践中的一个呈现中的产品，一种话语的结果。作为表演的交流性资源，它框定表演者对于技艺的展演，给予表演者的表达行为以形式，使它在某种程度上脱离其话语的周围语境，内在地是连贯的，语义上是有意义的。

可以肯定地说，就民俗学家倾向于传统性而言，大部分的创作过程——借助于它，民俗事项被赋予文本的形式——可能早在表演（作为一个特定的言说）之前就已经发生了。尽管如此，从表演的观点来看，作为一种交流性实践的模式，每一个表演者一定会给言说赋予新的形式，在真实的时间中把它标志为表演，作为真实的事件而展开。“文本性”因此不再只是一个先在的口头文学的经常被重复的片断，而是一种话语性的完成，一种展演的实践过程，这就是“文本化”的过程。

在“文本化”的过程中，最明显的形成性的影响因素之一是“类型”，它是民俗学的基础概念之一。从以“表演”为中心的术语来看，类型是特定序列文本之生产、接受与传播的社会地构成的指导框架。如此一来，类型代表着体系，指导着言说形式的管理，它是系统地相关的共生性形式特征与结构的惯例化的基础。然而，与此同时，类型也有语用的与主题的关联，它为处理重复出现的交流性紧急情况提供了惯例性的指导，提供了成套的规则与关系，也提供了编码与表达特定知识与经验秩序的工具，通过“类型”，参与者相互协调彼此间的关系。“文本化”就是这样一个过程：形式的、语义的、语用的关系共同起作用形成了文本。当一个文本校准到一种给定的类型，其生产与阐释的过程就通过与前在文本的文本间关系而得以媒介化。类型框架技巧的调用，自然携带着成套的预期，即有关文本进一步展开的方式的预期，它通过其中的某些程式而与其他文本建立了索引性的关系。这种类型的预期构成了一个文本化的框架。

鲍曼以墨西哥的圣·米格尔·德·阿连德市场上小贩的叫卖声为例，来谈论“文本化”的问题。他用民族诗学的格式转写了小贩们叫卖的内容。除了叫卖的物理场合的表演语境之外，小贩们叫卖声的声音停顿、语法结构、平行主义与头韵等相关的形式特征与技术，都服务于把言说编织成紧密的相互关联的网络。这些形式模式建立起了期待与满足的模式，引起观众的参与感，使他们进入小贩演讲形式的管理。这样，按照伯克的思想，他就在诗性的形式与修辞的和表达效果的有效性之间建立了功能性的关联。一旦进入叫卖的诗性形式，他们就可能成为叫卖声的接受者，从而可能去购买商品。这种形式与功能之间的关联代表了表演之权力的重要方面。这些统一性关联的建构，就把叫卖者扩展的表演组织起来了，这就是文本化的呈现中的过程。

在小贩参与“文本化”他的叫卖行为的过程中，他也在“语境化”它、排列它。这作为文本化过程的一部分，成为现象世界的明显特征。从一开始，语境就是表演指向的观点的核心关注点，肯定地说，民俗总是一种语境化的事情，既然民俗学家们已经把民俗文本视为与其他别的事情相关，虽然这“其他别的”是多变的，比如可能是类似的文本、特定的社会形式、一个人民群体的民族精神、进化发展的一个阶段等。表演指向的民俗学家的“语境”之关注点是“应用的情境性语境”（the situational context of use），即地方地界定的情境、事件、场景，在其中民俗形式与实践作为“生活的装备”(equipment for living)的资源,被用以开展社会生活。在雅各布森的有影响的模式中,这样的交流事件的构成要素与动态,被认为对于文本施加了构成性的影响。对于文本来说,它们构成了语境。在其中,事件的发生——男性或者女性的社会性场景、仪式性的场景、儿童游戏的事件,诸如此类——被预设,作为生活的文化方式的一部分形成了文本。这一路径具有并持续具有某种描述的有用性。在充分的描述中,人们总是想要知道行为的地点、社会互动的结构、政治经济关系、社会组织以及许多其他事情。

从交流性实践的观点出发,这样的路径有一个主要的缺点:它无法直接关注周围语境内许多元素中哪些对于表演者的影响是明显的,哪些在表演的呈现性的风格中被作为了参照点。表演者如何在世界中锚定他的表演?在生产的过程中,如何把呈现中的文本与其他明显的现象联系在一起?提出这个问题,就是把注意力从语境(作为预先假定的)转向了“语境化”(作为交流性实践的一个层面),表演不再是作为被建构为具有本质性特征的文本的离题(脱轨)之举,因为传统上,文本一直被当作是持久的传统性的叙事,它似乎可以从任何特定的表演情境中抽象出来。在民俗学的语文学传统当中,语境化的线索被系统地从出版了的文本中根除出去了,这些元素被认为是无关于一个叙事的传统核心,然而,它们却是绝对地存在于表演指向的文本及文本性概念的核心。在小贩的叫卖行为中,我们可以看到“语境化”的痕迹。

小贩通过他的叫卖,创造了一个情境性的场景,在这里,他的表演得以展开,其人际关系与场景相互校准,其参与的角色、商品与词汇相互交换。当文本起作用时,情境性的场景也成为一种话语性的完成——在这里,“文本化”与“语境化”是一个完整的、统一的过程的一部分。

语境化的过程并不局限于即兴的场景。事实上,语境化的动态给我们打开了新的方式,在其中,表演可能会超越个体的表演事件的边界。在小贩生产情境化的叫卖的语境中,他把自己定位于中心舞台之时,他也在努力把自己与市场本身分开,把自己与一个较远的世界校准,这个世界是外在于此时此刻的表演的。在他叫卖过程中的许多点上,他联系了墨西哥城的植物实验室中的遥远语境,那里生产了他的多种多样的疗法,他在其中只是一个行动者。通过把他自己校准于、关联于一个半科学的实验室,在与遥远的、现代的、国家资本的关联中,在与荣誉、权威的资源的关联中,把荣耀与权威加诸自身。借助于这样的话语,他为自己的医疗与药物知识赋权,并控制听众对他的叫卖行为的解释,

语境化的第三种维度涉及小贩把他的艺术性的话语与他者的话语校准,既有在场的,也有缺席的。他假定了对话者,在自己的讲述中驳斥了话语对手可能的驳斥。他抢占了抑制的地盘,声明了他对于情境的控制。这是当地一种讲述类型的

修辞策略,通过借用谚语来抑制他假想的对话对手的策略。如此一来,小贩艺术性地把谚语纳入到他的叫卖声中,从而在它们之间建立了一种文本间的关系,一种类型的对话。他有效地提升了自己的叫卖声的修辞力量。

在更广泛的范围内,民俗表演的比较分析揭示了"传统化"的机制。在表演的过程中,与先在的表演建立了或隐或显的关联。就像小贩的谚语,是一种语境化的普通模式,当然,也是一种再语境化的实践。表演者熔铸传统化的关联的动机之一,是为特定的表达形式建立一种权威性。既然是我的祖先听到了这则故事,而他又直接讲给我听,那么,我现在再讲述它,也当然因此而具有权威性了。

"传统化"的一个更加内在的形式是,在表演中使用一种语言学的语域(语体风格),这在文化中被看作是祖先的语言。比如,在某些地方,这种语体风格可能是一种仪式性的风格,比如经典的平行主义,那是过去的日子里老人们讲话的风格。

总之,近40年来,民俗学家们对于"表演"感兴趣。一开始,他们只是未加分析地关注讲述者的民俗文本的表演,渐渐地,他们转向了一种更加广阔的、综合性的、全面的概念与分析的框架,集中精力调查研究交流性实践中的艺术性。表演理论的系统发展,已经达到了一种全面的重新定位:从文本-历史的语文学观点转向了以实践为中心的观点,它把民俗理解为"生活的装备",一套话语资源,可以用于提高人们在社会生活中的经验。与此同时,转向表演的观点关注语境关系中交流的网络,在其中,民俗只是作为一种社会的、文化的与话语的现象,民俗文本是受类型控制的,民俗之社会地给定的、集体的层面与情境化地呈现的层面相互交织,它们形成了使用中的民俗的生产与接受,二者之间的紧张关系一直是民俗学关注的焦点。

以表演为指向的分析,丰富了民俗学家对于民俗在社会生活中与其他元素的关系的理解。一条有成效的思维路径是,围绕着表达性的风格,表演的事业,个体表演者的社会生活,娴熟的表演者,同一表演者在不同的语境之下的表演,重新文本化与重新语境化等问题,来理解有关变异的问题:因为它考察了被表演的文本的共生文本的环境,参与的角色与结构,权力的动态,参与者的信息状态,类型体系中的义务与可变的元素,记忆的动态以及其他选择性的力量。

另一个非常有生产性的调查的焦点被"表演符号学"丰富了,这就是对民俗表演中表达性手段的相互作用的分析,它不限于口头语言,比如仪式表演中口头形式与物质对象之间的相互关系,故事表演中讲述的词汇与身体运动之间相互关系,仪式治疗中多元符号的组织。许多表演的多元符号的密度强化了熟练技巧展演的经验。情感参与的提高也成为表演中另一个兴趣点,它密切关注在表演的展开当中形式手段与技巧的整体的与提高了的效果。还有人关注表演的再媒介化过程中形式与功能的相互关系,当口头的、听觉的民俗形式通过新媒介技术手段,比如声音记录、电影、数码媒介传播时,会发生何种变化。

最后,还有人密切关注另外一种表演,它提供了一种批判性的观点。这种视角针对的是民族志的遭遇,其中,信息的给予与获得被框架化与共同建构于民族志的实践当中,民族志遭遇被作为教育的交换,作为表演,作为访谈,或者作为任何其他的互动性的交换。这种视角对于民俗学具有深刻的认识论的意涵。

还有一种补充性的表演指向的分析路径,它集中在人类学与戏剧研究当中,民俗学家在他们的分析中获得了生产性的启示。他们分析的是集体的、公共的、参与性的与反思性的展演,它从涂尔干一直延展到辛格、特纳、格尔兹、谢克纳,他们围绕着文本表演,以此作为观察社会与文化的特殊视角。民俗学家与人类学家在研究节日、市场、集市、庆典与民间戏剧等活动时,积极地参考了这一研究路径。他们尤其感兴趣于这些有关文化的文化形式的反思性动态。

"表演"把民俗学的关注点转向了高度有价值的、参与性的、劝服性的、可记忆的、可重复的、可持久的人类社会生活中的表达性形式与实践,随着人们对于表演理解的深入,人类经验的最有意义的与最具情感性的层面就展示得越明显了。①

在《地中海东部中世纪和现代早期的表演》一书的"前言"中,鲍曼称许这是一本内容丰富的论文集,其中包括了一系列表演的形式与实践,它们以多种多样的方式展示了娱乐或者敬畏、令人开心的或者令人恶心的、使人全神贯注的或者令人高兴的表演,它们关注的是中世纪与现代早期东地中海人们的表演。这个地方曾经十分繁华,那是著名的商贸集散地,人员混杂,商贸往来,这就赋予了其中人们以丰富的符号资源,以用于表演的生产与描述。文集中所展示的表演——从私密的表演到壮观的表演,虔诚的表演到不敬的表演,纯粹的表演与不纯的表演——都有待读者亲自去观看,并进一步去探索背后的历史。

为什么要研究表演?对于这一问题可能有许多答案。鲍曼为过去与现在的社会与文化的学生们挑选的答案是:表演基本上是反思性的。首先,它们是关于文化的文化形式,在这里,一个社会集体的意义与价值被体现、展演并在公众面前展示,以供他们沉思、反思或者也许是实验——尝试着提供新的可能性,或者是暂时从日常的生活现实中逃避开来。也就是说,如果你想理解一个社会或者文化,表演形式提供了一个独特的视角,基于这种视角之上,它们提供了对其参与者来说是最重要的与最有意义的观点。而且,表演在符号上是反思性的,是关于符号的符号形式,在这里,参与者的节目单中的交流手段被以这样一种方式使用,通过艺术性的模式,或者关注新的使用方式,让人们关注形式自身,而不只是形式所意指的其他东

---

① BAUMAN R.Performance[M]//BENDIX R,HASAN-ROKEM G.A companion to folklore.Malden:Wiley-Blackwell,2012,94-118.

西。因此,如果人们想理解一个地方的异质性的表达手段的全部丰富性,他就应该很好地考察其表演的全部基础性材料。

表演是被提高的经验——感人的、可记忆的、可报告的与可重复的——无论它们是口头技巧的私密展示,还是壮观景观的大规模展演。相应地,毫不奇怪,表演应该留下它们的痕迹:被记录保留在书面文字、图画或者雕塑中,在文本或者展演中,它们带着历史的痕迹被保留在人们的记忆中。与此同时,这样的痕迹又不可避免地是部分的,服从于广泛的选择性的影响:它们被记录的可用的媒介,生产与接受的社会学,可持久或者临时性的偶然性会决定它们是被保存下来还是会消失,文化兴趣或者意识形态会影响什么内容是值得记录的等等。非常明显,如果有足够的毅力与勤奋去追踪表演的痕迹,人们就会获得大量的有关过去之表演幸存下来的证据。

一个充分的、全面的描述与分析表演的框架,包括了符号学的基本构成材料;类型,行为序列以及其他形式结构;参与者的角色与框架;情境性的原则;场景;情感性动力学;阐释性的指导规则;评价性的标准;社会功能;认识论与意识形态的立场等。表演研究需要考察任何有关表演是如何被创造的材料,需要考察它们意味着什么,考察它们想要服务的目标与目的是什么。

表演研究需要跨学科的学术方法以及方法论的独创性,它不仅仅需要历史研究的视角,还需要对历史资料进行批判性的评估。①

① BAUMAN R.Foreword[M]//ÖZTÜRKMEN A,VITZ E B.Medieval and early modern performance in the Eastern Mediterranean,2014:17-18.

第二十章　自传性的回顾

作为一名民俗学家与语言人类学家，鲍曼回顾了自己的学术生涯中所有激励过他的力量、经验与个人，这些力量、经验与个人促使他关注了诗学、表演、语言意识形态等相关问题。他把自己的成绩归功于他的导师与同事们的鼓励与帮助，也归功于那些不那么友好的人，正是他们激励他走向了更具有生产性的道路。

鲍曼说他一生都对语言的诗学感兴趣，诗学的语言可能跟他的外祖母有些关联。她会讲意第绪语、俄语、英语以及阿拉伯语，擅长表演民间歌谣、故事、谚语，并且经常在家庭聚会时公开表演。她是意第绪语的坚定捍卫者。

10 岁那年，鲍曼被父母送到林地夏令营，组织者试图让来自城市的孩子们接触到乡村人、民间文化与地域传统，这个营地位于卡茨基山脉的西侧。他参与的夏令营的指导老师诺曼·斯图德是一位业余的民俗学家。夏令营的大部分活动就是在营地周围四处旅行，访问锯木工、船工、农夫、工厂工人、猎人、歌手、音乐家以及故事讲述者，以获得对他们的经验、他们的生活方式的理解，了解现代都市对当地的影响。与此同时，这些歌手、音乐家、舞者、故事讲述人以及手工艺人也经常来访问夏令营，向孩子们展示他们的技艺。在这里，鲍曼结识了未来一起从事民俗学研究的同学与朋友，并且从这里知道，他可以在哪所大学获得民俗学的学位。连续七年的夏令营使他对本土表达的范围、审美与意义获得了一种有意识的认识，它们如何可能在面对现代性的包围时变化或者固守，与当地人的谈话促使鲍曼去理解在现代化的世界中文化的政治经济问题。

鲍曼后来上了布朗士高级科技学校，但是，他承认自己没有数学与科学方面的天赋，而在语言方面表现突出。经过了相当长时间的职业规划的焦虑之后，他选择了去密歇根大学学习英语语言。在那里，鲍曼掌握了语言诗学的形式与技巧。在大学里，他见识过很多诗人，体验过与大量来访问与讲学的诗人交往的乐趣。鲍曼还对托马斯·怀亚特的诗歌感兴趣，研究了他的诗学技巧，他的本科学位论文就是关于怀亚特诗歌的发音问题的研究，这是他早期专注于文学风格的第一项研究成果。也正是在本科阶段，鲍曼选修了马歇尔·萨林斯开设的人类学课程，那是在1958 年的春天。

1961年1月，鲍曼转到印第安纳大学学习民俗学。他在印大选修的一门英语文学课程给他留下了很不好的印象，两周后他找到了理查德·道森，他当时是民俗学系的主任，他恳请道森接收他，道森最终同意了他的请求。

当时的印大民俗学停滞不前，还处于史蒂斯·汤普森的文本-历史的、古典语文学的观念之下，可施展的学术空间极小。道森极想建立民俗学的学科，他严守学科边界，尤其不许人类学家染指。所以，除了接受了一种老派的追踪文本的变异与版本考订的学术训练之外，鲍曼在印大民俗学的课程当中所获甚少。如果说有些许新鲜的学术空气吹进了民俗学，那就是汤姆·西贝克的结构分析法，但是，鲍曼却对这种研究方法不感兴趣。他当时只是保留着对于语言学的兴趣，选了美国方言方面的课程，他从中学会了语音分析法。

鲍曼当时阅读了苏格兰流行歌谣方面的重要文献，那是15世纪晚期至16世纪早期的苏格兰诗人的作品，大致与前述的怀亚特处于同一时代，那是英国文学的现代早期。他尤其对某些诗人作品中的口头表演的回响感兴趣，计划撰写有关罗伯特·亨利森的《寓言》中的民俗与口头传统，并打算以此作为自己的硕士学位论文。他认为，罗伯特·亨利森的诗歌叙事根源于当时流行的民间故事，他的呈现风格也类似于口头讲述与表演的特征。事实上，他反思说，即使在当时，他已经开始探索使用中的民俗与文学文本了，这种研究思路并不只是追溯根源式的文学史的研究方法。

1962年春夏之交，鲍曼撰写了硕士论文，这时来自宾夕法尼亚大学的迈克·爱德华·利奇来印大作特聘学者，他对鲍曼表现出了友好而平等的态度。写完了硕士论文之后，鲍曼试图继续探索中世纪晚期苏格兰文学中的口头艺术的回响问题，于是，他于1962年夏天离开印第安纳大学，在一个富布赖特项目的资助下，前往爱丁堡大学。但是这一领域的权威人士约翰·迈克奎因教授认为，他的研究没有前途。尽管如此，鲍曼通过撰写富布赖特的申请书，进一步明确了他自己对于口头艺术的兴趣，尤其是对博厄斯传统的人类学家们的路径，其中包括了迈尔维尔·赫斯科维茨、迈尔维尔·雅克布、威廉·巴斯科姆等人类学家的研究成果感兴趣，可是，印第安纳大学的老师们认为巴斯科姆等人并不在正统的民俗学者之内。当时，英美的民俗学大佬们都说鲍曼的学术追求不值得开展，鲍曼对此十分厌烦，于是，他放弃了文学研究，开始阅读大量人类学的作品，他倾注了一年的心血来研究苏格兰学派。在这一领域，他遇到了专家哈米什·亨德森，并跟随他从事田野作业，他们一起访问了许多杰出的表演者，这些人是杰出的歌手或者故事讲述者，这一段田野经验让鲍曼更加真切地体会到了口头艺术表演的杰出的感染力。

这一田野经验的另一个收获是使鲍曼意识到了语言与文化的意识形态。他发现，促使苏格兰研究领域的学者工作的动因，就是对人民的艺术性遗产进行恢复与改造。当地人经历了数个世纪的社会与文化的压制，渴望获得自由与独立。研究者们都认为本土的口头文学代表了一种新的文学形式，可以贡献于民族独立的事业。哈米什自己就以传统的方式，撰写了激动人心的苏格兰诗歌。在苏格兰研究领域的学术经历，使鲍曼沉浸在了语言意识形态与语言复兴运动的问题当中，他深深地感受到了被压抑的本土语言的力量与灵感，发现了它们可以作为政治与学术行为的基础。

鲍曼的这一田野经历是附着在哈米什的更具有实验性的努力之上的，它为他的第一篇学术研究成果的出版提供了基础。我们注意到，鲍曼最早的论文发表于《苏格兰研究》当中。

1963 年夏天，鲍曼从苏格兰返回美国。同年秋天，鲍曼报名申请宾夕法尼亚大学的博士研究生课程。正是受到了迈克爱德华·利奇的鼓励，早在他出发去苏格兰之前，他就跟利奇讨论过他的研究计划。他想用人类学与美国文明研究的博士课程来弥补他在民俗学领域训练上的不足，以此获得某种知识的综合。宾夕法尼亚大学美国文明研究领域的主任是托尼·卡文，他鼓励鲍曼从人类学的观点出发研究美国文明，既然鲍曼已经在美国文明与文学方面有相当的积累，卡文建议他把精力放在人类学的训练上，幸运的是，他获得了人类学系主任安东尼·F.C.华伦士的欢迎。

鲍曼承认自己受华伦士的课程“历史材料的人类学应用”影响很深。华伦士的课程中所使用的基本材料是贵格会的期刊与信件，当时鲍曼经常使用的图书馆里收藏有大量有关贵格会的材料，他想看看华伦士是如何使用这些原始材料的，这一冲动导致了鲍曼深入研究了贵格会，那是一项历史的政治人类学研究。鲍曼于 1971 年以《以真理的名义：宾夕法尼亚贵格会中的政治、宗教与冲突(1750-1800)》申请了博士学位论文。这本书里没有民俗，没有语言人类学，完全不为这两个领域的同行们所知。

在研究与写作学位论文的时候，鲍曼听邓迪斯讲，他可能会对一位从伯克利转到宾夕法尼亚大学的教授的研究感兴趣。这个人就是戴尔·海姆斯，虽然当时鲍曼已经修完博士学位课程的学分了，但他还是学习了海姆斯于 1965 年在宾夕法尼亚大学开设的课程。由于海姆斯口齿不清，鲍曼总是坐在第一排听讲。海姆斯的思想深奥，吸引了一群智力超群的学生前来听讲。当时上课所使用的教材是海姆斯的专著《文化与社会中的语言：语言人类学读本》(1964)，加上海姆斯与古姆帕兹的《交流的民族志》(1964)，雅各布森的《语言学与诗学：结束语》(1960)，伯克的《文学作为生活的装备》(1941)，萨皮尔的《努特卡语讲述中的反常类型》(1915)。这些学习材料成为鲍曼语言学思想的基础。

当时集体听课的同学们都从海姆斯的课上受到了很多启发，因为语言人类学

（区别于人类学的语言学）是新兴学科，大家都觉得自己行进在新的学术道路上，它不仅仅挑战了语言的人类学研究，也挑战了语言学。随着大家的交流与沟通的深入，新的方法、观点与术语喷涌而出，对于这一学术领域的定义、知识宪章、与相邻学科（社会语言学、符号学、语言与文化研究、民族语言学、人类学、语言学等）的区别与联系渐渐清晰起来。尤其重要的是，大家把语言人类学定位为对转换生成语法的校正。在对这一学术领域的反思性研究中，有关语言、社会、文化与历史之间相互关系的思想史与意识形态的研究被提上了日程，鲍曼把它追溯到了18世纪的思想史当中。正是这一探索的历程帮助鲍曼认识到，欧洲民俗学与博厄斯的人类学共同扎根于赫尔德的思想，在这一思想路径当中，前辈学者都强调诗学史的核心地位。

对于语言人类学的巨大热情刺激鲍曼在将要结束他在宾夕法尼亚大学的研究生学习生活时，重新在海姆斯的指导下，拿到了一个语言人类学专业的硕士学位。通过研究18世纪贵格会的讲述方式，鲍曼已经发现，与众不同的讲述方式与语言意识形态，使得贵格会成员成为一类“特殊的人”。因此，他的语言人类学的硕士论文的题目就是17世纪贵格会的语言证词，这一研究又为随后对贵格会早期社会生活的研究奠定了基础。

民俗学方向的硕士，美国文明方向的博士，在人类学上的专业训练，这种大跨度的学术训练使得鲍曼在寻找工作的时候受到不了少挫折，但是后来，他收到了得克萨斯大学的博士后邀请函，他还被告知他可能成为终身教员。1968年，鲍曼成为得州大学的副教授，踏上了他教育与学术事业的新阶段。

20世纪60年代中后期，美国研究性大学激增。受国家人文学科基金的资助，得州大学于1967年成立了“民俗学与口述史跨文化研究中心”，阿莫里克是主任，这是在约翰·洛马克斯、弗兰克·多比以及默迪·波特怀特等人积累的基础上成立的“中心”，其核心成员是阿莫里克、亚伯拉罕与鲍曼。

当时，阿莫里克是《美国民俗学期刊》的编辑，他头脑清楚地期待着把得州大学的民俗学科建设成为美国民俗学领域理论与方法论的前沿阵地。为了这一目的，他招聘了鲍曼，在鲍曼入职后不久，他们就共同出版了一期特刊，打出了他们的学术口号，这一期学术期刊后来以《走向民俗学的新观点》（1972）出版。它很快就成为美国民俗学界标杆性的作品。鲍曼因此也迅速地了解了编辑的工作，并于1981年成为这本杂志的编辑。

后来，阿莫里克与亚伯拉罕分别出任墨西哥–美国研究中心主任与非洲–美国研究中心主任，鲍曼接管了民俗学，于1970年成为了中心的指导者，并在这一岗位上服务了15年之久。

在这一时期，国家科学基金还资助得州大学的人类学研究，尤其是资助成立了语言人类学专业,系里要招聘高级语言-文化学者。1969 年,这一专业招聘了多名语言人类学家,包括乔尔·雪泽,布赖恩·斯特罗斯,本·布朗特,玛丽·桑奇,尼克·霍普金斯等人,一时间,得州大学的语言人类学人才济济。他们组织了社会语言学的课程与讲习班,鲍曼还与雪泽编辑出版了《社会语言学工作论文(1970-1982)》,随着这一研究领域的出现与成形,他们不断出版新作品。国家社会科学基金资助他们于 1972 年组织召开了"讲述的民族志"的会议,召集了在戴尔·海姆斯、约翰·古姆帕兹以及其他同仁指导下从事相关研究工作的同仁。这一时期,国家的大力资助直接刺激并鼓励了"讲述的民族志"的研究工作。在得州的工作使得鲍曼有机会去界定与陈述他关于交流性实践、表演与语言意识形态的观点,这些观点一直指导着他的工作。

鲍曼承认,在概念与方法论的双重层面上,他的首要工作就是致力于发展"讲述的民族志"。而"表演"的概念是"讲述的民族志"在形成时期的核心概念,它校正了转换生成语法中固有的用法。在那里,"表演"只是边缘性的概念;语言人类学却反其道而用之,把它作为一种有目的的创造性的完成与实现,作为情境化的社会实践,强调讲述的呈现性。"表演"对民俗学家也有吸引力,他们长期感兴趣于口头诗学。在这里,"表演"就意味着艺术性、娴熟、感染力以及经验的强化与提高。

在抓住这些问题的时候,鲍曼努力要陈述一种口头表演的概念,它是一种艺术性的讲述方式。肯尼斯·巴索邀请他在《美国人类学家》上发表论文,要求介绍正在形成中的新观点。这就是鲍曼《作为表演的口头艺术》得以发表的动因,后来该论文成为同名专著的核心篇目。此文对于语言人类学、民俗学、比较文学、音乐学以及媒介研究的影响颇大,也是鲍曼个人学术思想的核心作品。

讲述的民族志在发展的第一个十年里,主要是奠定了一个概念的基础。它关注使用中的语言,完成与实现社会生活的语言。当时重要的研究者集中应用新观点来关注已经出版的民俗学与人类学作品。到 70 年代初,一批来自田野的民族志调查出现了,它集中体现在《讲述的民族志初探》(1974)当中,他们试图观察大家集体的思想努力可能把这一研究引向何方。

当大家普遍地集中考察明显的讲述行为与讲述社区,集中关注优秀的讲述者时,鲍曼决定提供一个反例,那就是 17 世纪贵格会牧师的讲述问题,同时,鲍曼还想通过这项研究证明讲述的民族志可以应用于历史文献。在田野与档案之间来回转换贯穿了鲍曼学术事业的一生。

贵格会的研究涵盖了几十年的历史,当鲍曼返回到得克萨斯田野作业中故事讲述的诗学时,他开始考虑如何把表演的视角超越于即时的表演事件之外。这种学术追求受益于 70 年代中期得州大学的巴赫金研究小组,鲍曼在这里认识了迈克·霍奎斯特、凯蒂·克拉克和卡里尔·爱默生,他们都是美国兴起的巴赫金思潮研究的核心人物。鲍曼是最早接触到巴赫金小组思想的美国学者之一,他甚至是看到过翻译者介绍巴赫金思想的手稿,他由此了解了巴氏有关对话、众声喧哗、类型、引述性讲述、语言意识形态等思想,尤其是其中有关一个言说返回到先在言说,并预示着未来的言说的思想。鲍曼在《故事、表演与事件:口头叙事的语境研究》(1986)中尝试使用了巴赫金的观点。

总结在得州的学术生活时,鲍曼反思说,有三个方面的因素形构了他的知识与职业生活:一是他在现代研究型大学大规模扩展的时期进入高校,当时的大学正在设立它们的研究计划与人员,正在积极鼓励学术革新。鲍曼很早就顺利地介入了院系、学术项目与研究中心的成立工作,甚至他自己就觉得他对于成立"语言人类学"贡献了力量。亲身参与其事对他影响巨大。二是由此他获得了管理机构的经验,以及组织与编辑学术成果的经验,别人也许避之唯恐不及,但是,鲍曼说,再没有比负责一个中心、一个系、一个学术协会、一个期刊更能教会一个人如何开展职业世界的工作的了。三是伴随着上述活动,鲍曼积极地提供了大量的新课程,积极地与许多学科的研究生交流,这使他保持理智并推进知识边界的扩展。

下述两件事情加速了鲍曼的学术转型:一是他在得州的同事格雷格·厄本邀请他参与一个名为"文本与权力"的工作坊。这是厄本与米歇尔·西尔文斯戴因在芝加哥的心理社会研究中心联合召集的。如果说在得州的语言人类学的同事与研究课程标定了鲍曼事业的前半生,那么,从1986年开始,他连续参与该中心的工作坊直接影响了他事业的后半生。这一中心解散之后,学术中心转移到了密歇根的教员研讨班上,语言人类学的同行们继续讨论语言讲述的前沿问题。二是与查尔斯·布瑞格斯的一次社交性的谈话。在美国民俗学协会1987年的会议上,鲍曼当时已经感觉到了"表演与文本性"等概念的局限性,正在寻找方法来超越讲述事件的社会的与时间的局限。他们二人讨论是否需要组织会议探讨问题,但是他们很快认识到这样做太浪费时间,最终决定自己亲自解决问题。这个决定导致了二人多年的合作关系,他们共同撰写并发表了多篇论文,并合作开展了一项逾时16年的专著《现代性的声音:语言意识形态与社会不平等的生产》(2003)撰写。鲍曼学术事业的后半段是与布瑞格斯的合作,以及与密歇根、芝加哥的同事们紧密合作中展开的。

《现代性的声音》的起因是他们想了解形成我们当代对于语言的理解的意识形态,尤其是试图理解语言的诗学与表演,理解它们在社会生活中的地位及其背后的语言意识形态。他们试图考察语言意识形态如何支撑了现代性的象征性建构,如何对社会不平等(阶级、性别、种族与年龄方面的不平等)的建构施加了一种形成性的力量。这部著作给了他们一个机会,去演练他们有关话语、传统化、文本性以及诗学的概念。这些术语为现代生活的形成与转变提供了有利的契机。

当然，正如前文所述，鲍曼自豪地认为，《表演与诗学：关于语言与社会生活的批判性的观点》(1990)一文仍然具有令人满意的力量。文章里，他们两位作者试图重新定位他们的经验研究，其中有关“文本化”“去/再语境化”等概念代表了当时他们共同的观点。

此后，两位作者又集中讨论了“文本”的问题。“文本”的问题来自巴赫金，这是民俗学领域的一个持久的问题。他们不满意于抽象的概念化，不想把文本当作是脱离肉体的、自成一格的人工制品，他们想要把讲述的民族志的语境的丰富性包容进来。早在《朝向民俗学的新观点》中，鲍曼已经努力在考虑语境与社会使用了，那时，他就试图矫正文本与语境之间的巨大不平衡。尽管这种努力受到了像 D.K.威尔士这样老牌的民俗学家的指责，但是，今天看来，当时的新民俗学家们就是要关注文本性、文本化、去/再语境化，他们显然并不是要排斥文本，而是要丰富分析性的资源，理解社会与文化生活中文本的重要性。事实上，这些框架赋予了传播、变异、传统性以及创造性这些经典的概念以活力。这些概念都是 17 世纪以来古典语文学的核心。如果说文本就是一切，那么，它也是更加复杂的一切，那远不是“发霉”的民俗学家们——美国人类学家奠基的一代人——所能意识到的。

他们两人合作研究的另一个问题是：话语如何转化为文本(尤其是类型)？文本如何同时锚定在情境性的使用语境当中，又预先适应于从这些语境中抽取出来可以再语境化于其他语境当中？在这样的“去/再语境化”中，互文性的关系是什么？像“传统化”这样的语言意识形态与元语言的实践如何形成并权威化了这些文本的实践？“表演”一直提供了一个高度有生产力的立足点，一个社区的表演形式倾向于是其交流的经济中最明显地被文本化的，在类型上是严格的、可记忆的、可重复的话语形式，因此，它们是高度可循环利用的。同样，表演形式是一个社区的交流性表演节目中最有意识地被传统化的，它们被建构与理解为互文性地相互关联的再语境化的可扩展性连续体的一部分。

这些学术兴趣导致鲍曼去关心媒介化的问题，即文本作为商业化的产品的生产与传播，以及这些过程所依赖的交流技术。鲍曼既是民俗学与民族音乐学系的成员，也是传媒与文化系的成员，他后来曾与帕特里克·费斯特合作。后者是一位声音记录领域的历史学家，对于媒介具有百科全书式的知识。

鲍曼对于媒介化的问题感兴趣，主要是关注其文本间的与符号间的翻译问题。他考察面对面的表演形式如何被改编进新的声音记录技术当中，这主要发生在 1895 年至 1920 年。这样，生产与消费在时空上是隔离的，表演被商品化。

受一个关于媒介的跨文化研究的激发，鲍曼看到媒介化也是一种操纵规模的机制。早期的商业化的声音记录是扩展表演的时间与社会规模的手段。记录使得之前转瞬即逝的故事讲述、布道、演讲、叫卖声进入市场，成为可复制的家庭娱乐的形式。事实上,声音记录是家庭娱乐的第一项大众媒介。同样,商品化的记录扩展了表演的社会边界,从有限的共同在场转向了大规模的消费群体。美国总统的竞选充分地利用了演讲的传播,市民们开始依赖于市场与消费了。

回过头来看,鲍曼有关罗伯特·亨利森与口头传统的硕士论文就是对从口头语言到书写之转化过程的研究。五十年之后,他仍然关心这个问题,但是他工作的外在环境已经大不相同了。那时国家大力支持与发展科研,现在却是急剧地缩减了。①

在另一篇回顾性的文章中,鲍曼追溯了得克萨斯大学民俗学的发展史。20 世纪之初,得克萨斯大学就有民俗学的根基,1909 年,成立了得克萨斯民俗学协会,列奥尼达·佩恩是协会的首任主席,之后斯蒂斯·汤普森担任主席,他们同时都是得克萨斯大学英语系的教授。但是,他们在得克萨斯大学民俗学的历史上基本没有留下任何痕迹。

之后,J.弗兰克·多比时断时续地担任得克萨斯大学的教师,他主要从事民间文学的改编工作,科研工作不受他的重视。继任他工作的是莫迪·博特里格特,此人具有博士学位,并在英语系任教,得克萨斯大学民俗学的科学研究从他那里才真正开始。他不仅搜集与改编民间故事,还倡导了田野作业,开展了批判性的、分析性的科研工作。最重要的是,他成立了民俗学档案馆,档案馆的工作使他有机会雇佣阿莫里克·帕里戴斯,后来,他还招聘到了罗格·亚伯拉罕。

20 世纪 60 年代中期,莫迪·博特里格特在民俗档案馆的基础上成立了一个委员会,拟招聘一位专职民俗学家来负责档案馆并讲授民俗学的课程。里查德·亚当斯当时是得克萨斯人类学系的主任,便由他来负责招聘事宜。他便向宾夕法尼亚人类学系的主任托尼·华莱士请求推荐合适的人选,后者就推荐了理查德·鲍曼。那是 1965 年的春天,鲍曼刚刚开始论文研究,他并不想要这份工作。托尼·华莱士也推荐了阿兰·邓迪斯,他也觉得这个岗位前景诱人,但是他决定留在伯克利。于是,这个招聘搁浅了。

到 1967 年的时候,阿莫里克·帕里戴斯与罗格·亚伯拉罕有一半工作是在得克萨斯大学的人类学系。当时他们系里正在开展一项有关“扩展民俗档案、训练民俗学家”的计划,由于工作的需要,他们不得不再次招聘,他们当时设置了一个博士后的项目,一年后,可以获得人类学系的终身职位。于是,鲍曼于 1967 年秋天来到了奥斯汀。1968 年秋天,他就成为人类学系的一名成员。当时,莫迪·博特里格特仍然是人类学民俗学团队的负责人,但是,不久,他就退休了。于是,这位得克萨斯

① BAUMAN R.Others' words,others' voices:the making of a linguistic anthropologist[J].Annual Review of Anthropology,2018,47:1-16.

土著人把民俗学的工作转交给了一个墨西哥裔人与两位来自东部的犹太人手里。从一开始,所谓美国民俗学的得克萨斯学派指的主要是他们四人。

阿莫里克·帕里戴斯在1961年曾经是得克萨斯民俗学协会的主席,但是,当得克萨斯大学的民俗学研究中心成立之后,协会与大学在机构上渐渐地分离了,最终完全脱离了关系。阿莫里克·帕里戴斯的名著《枪在手》出版于1958年,也是协会帮助出版的。但是,阿莫里克·帕里戴斯瞧不起协会的工作,认为他们的工作近于欺骗,只能发表并延续一些浅薄的成见,协会的年度会议本质上是"文学的娱乐",是生产与保卫成见的堡垒。

罗格·亚伯拉罕则认为,参与得克萨斯民俗学大会一开始就是一场错误。他一到得州就给协会提交了一篇论文,题目是有关非洲美国人的表达性文化的,论文标志着美国民俗学的新方向,但是,对于那些保守派来说,他的论文实在是太新潮、太革命了,一些听众公开地嘲讽他,"这根本不是民俗学的研究!"

1968年,得克萨斯民俗学会在阿尔卑斯召开会议,鲍曼并没有参加会议,但是听阿莫里克与罗格参会后回来说,那是一个种族主义与反知识分子的场所,显然,这一时期得克萨斯大学民俗学研究已经开始转型了。

1972年,鲍曼与帕里戴斯合编了《朝向民俗学的新观点》,在这里,他们有意识地制订了新民俗学宪章,反映了当时他们在理论知识与组织机构方面的观点。帕里戴斯在前言里明确地说要"走向理论引导的民俗学",这就彻底地区别于得克萨斯民俗学会的反智主义了。此外,帕里戴斯还标定了新民俗学的另一项任务,即努力成为全球对话的一部分,尤其是与拉丁美洲的同事进行对话。特别需要指出的是,当时他们追求理论的自觉、公开与批判性,并不是对任何先在的、已经接受的习惯的概念、定义、方法以及有关学科边界与经典的概念的接受。

鲍曼总结说,当时他们共同基于五项原则:一是他们一起把作为事项的民俗(固定的、持续存在的文化客体,由"传统的承载者"代代相传的)转向使用中的民俗(作为情境化地完成的社会生活资源)。表演与情境化地使用语境是关键词。二是所有人都把民族志当作了经验性的原则。他们都认为民俗形式、实践与使用的语境是跨文化地可变的,需要通过民族志的田野作业予以发现,那不是先验地可以假定的。他们提出的问题是,这些表达的形式与实践在它们服务的社区中是如何被理解的?它们如何起作用?三是他们都认为语言是十分重要的。这并不仅仅只是意味需要学习社区"本土的语言",而是对语言与社区有着更加复杂的理解。在他们心中,语言的概念并不只是词汇与语法,而是理解讲述的方式、类型、惯例、语域与语言意识形态,这些因素决定了社区中的语言表达方式。他们习惯于使用"语言"的复数形式,因为他们认为讲述的社区是异质性的,具有复杂的交流手段,而不认为只是"同一种文化,同一种语言",这是对赫尔德传统中所谓"语言与文化相关联"思想的背叛。这一思想倾向使得他们的民俗学研究计划与语言人类学的研究计划关系亲密。四是他们都在关注民俗之预制的、传统的层面与民间表达的呈现中的层面,关注二者之间的动态关系。尤其是他们一起发展出了一种批判性的矫正,即提出了民俗的社会基础的概念,传统上民俗学强调了同质性的民众社区之共享的认同,集体的表演项目,群体团结,并以之作为民间表达的本质性的特征。阿莫里克一生从事得克萨斯与墨西哥边境地区的调查研究,他清楚地认识到冲突的地带可以是正在生成的民俗形式的温床,比如边境冲突的"科里多"或者文化间取笑的形式。亚伯拉罕研究西印度,关注了非洲美国人表达的对抗性维度,其中民俗是互动中肯定个人力量的资源。鲍曼自己也考察民俗在使用中如何作为差异性身份的表达,而不是作为一种共享的机制或者群体的团结,他思考身份认同如何在互动中呈现,互补性而非一致性如何作为交流性互动的基础。五是他们都从事参与性的学术,学术性的工作承担着意识形态的责任,在与社区合作中,他们在知识的对话中相互受益。比如鲍曼自己参与了儿童研究项目,他致力于打破人们对于儿童民俗的偏见与教育机构对于儿童民俗的忽略。他让教育工作者注意到,民俗学家们已经认识到了儿童表达的丰富性,他们可以很好地处理语言的问题。

1969 年,阿莫里克准备了题为"民俗学硕博士学位机构设置申请",希望跨系别设立民俗学研究生学位计划,把民俗学研究设想为一种跨学科的、跨文化的对于文化之表达性层面的研究,它结合了人文学科与社会科学的研究方法。结果审查委员会提出了质疑,这一研究领域的合法性何在?谁会雇佣民俗学的学生?于是,他们三人又提交了一份说明书,来阐释与回答上述质疑。

一是在联合培养研究生的过程中,选择民俗学课程的学生逐渐增多,现有的教学条件无法满足个别学生的要求,而且他们自己也觉得有必要将培养的要求规范化与标准化。

二是迎合学校整体转向研究型大学的要求。他们与印第安纳大学、宾夕法尼亚大学以及加州大学伯克利分校在民俗学研究生培养水平方面进行着竞争,而且的确有一些学有所成的学者希望在得州大学获得博士学位。

三是介绍了一系列民俗学学生潜在的工作机会,说明民俗学学生的供不应求,大学、国家及地方协会、国家民俗学的委员会、图书馆、档案馆、教师培训中心等都需要具有民俗学专业训练的人员。

最后他们有些不耐烦地指出,民俗学不仅仅只是一门古物研究的学科,也是人类思想与行为研究的一部分。三位成员的研究成果,都是关于跨文化的关系,表达性模式,社会语言学与文化史的研究内容,这些研究与其他跨文化研究项目比较起来毫不逊色。这个申请一直被悬置到 1979 年的秋天,当时,鲍曼已经是民俗学研究中心的主任，而阿莫里克是一个墨西哥-美国研究项目的负责人，亚伯拉罕则是非洲-美国研究项目的负责人。当时学校调整了研究生管理计划，把民俗学的硕博士培养计划纳入人类学或者英语系下面。1970 年 11 月，得州大学成立了第一届民俗学研究生委员会，鲍曼是主席，阿莫里克、亚伯拉罕以及芭芭拉·科森布莱特-吉姆布莱特是成员，当时，芭芭拉在英语系有一个客座教授的岗位，她在那里只停留了两年，而且第二年是在人类学系任职。她是一位克里斯玛型的老师，吸引来了大量研究生前来听课，其中包括了贝弗莉·斯托尔杰和罗比·戴维斯。

接下来就是与英语系的人类学研究协调关系的问题了，虽然民俗学一直以来都在英语系，但是英语系老师严格要求民俗学的学生们完成全部英语的学位课程，而人类学系更加包容一些，它内部又区分出了社会文化人类学、考古学、体质人类学以及语言人类学。系里同意外加民俗学的课程，给学生们第五种选择。除了选择核心课程，研究生还要选择一门亚领域的课程，大部分学生都选择了语言人类学或者社会文化人类学。系里要求学生们除了选择人类学系的课程之外，还要选择其他系别的课程，民俗学专业的学生大多数会选择比如美国研究、英语研究、拉丁美洲研究，这些方向与三位导师的方向都有某些关联。

1974 年，民俗学与口述史跨文化研究中心更名为民俗学与民族音乐学跨文化研究中心，民族音乐学成为后来民俗学方向的密友。后来，芭芭拉离开得州去了宾夕法尼亚大学。1979 年，亚伯拉罕去了斯克斯普学院，1984 年，阿莫里克退休了。1986 年，鲍曼与他的妻子贝弗莉去了印第安纳大学。

此后，得州的民俗学系就开始衰退了，渐渐地，它更强调文化研究，他们强调说，“我们的出发点是应用民族志的方法研究表演、表征、视觉文化、审美、情感、空间和公众。我们主要的关注点是，人们如何通过语言、视觉、音乐、动觉、材料和戏剧手段来表现、生产和投射文化形式。”①鲍曼不无伤感地说，这里也许还能体现出当年民俗学研究计划的影响吧。

---

① BAUMAN R.The Texas School[M]//SAWIN P,ZUMWALT R.Folklore in the United States and Canada:an institutional history.Indiana:Indiana University Press,2020:129-141.

后　记

在前面的章节里,我基本上是按照鲍曼教授的写作顺序,来介绍与评述他的学术思想的。我们可以循此路径,大致了解鲍曼教授的思想历程。在这里,我还想再写几句话,来谈谈我对他的“表演研究”的总体看法,尽管这些看法已经分散地见诸前文了。

第一, 什么是“表演”。鲍曼教授多次撰文介绍过“表演”的概念,他把“表演”的概念划分为三个层面,首先是指“话语的实践”;其次是指“口头艺术的表演”;再次是指“文化表演”。后两种“表演”的概念不必多说,因为在正文中,我已经多次详细地介绍过了。而第一种“表演”的概念,在鲍曼这里,似乎并没有被深入地讨论过,然而,细心的读者一定记得,鲍曼对于欧文·戈夫曼的思想了然于心,还从他那里借鉴了“框架”“表演者—观众”的概念。而且,既然“日常生活中的自我呈现”离不开“话语的实践”,离不开符号化的表演,那么,当鲍曼教授把口头艺术的“表演”与“非表演”关联起来研究时,那些“非表演”的话语讲述,岂不就是“社会表演”吗? 因此,尽管鲍曼并没有像朱迪斯·巴特勒等人那样,专门研究过性别身份的表演,但他仍然对“社会表演”有所涉猎。

第二, 什么是“表演研究”。无论研究哪一种类型的“表演”,鲍曼的“表演研究”都以如下一些假设作为前提,比如,表演者的责任与观众(或者听众)的义务;表演总是具有文化的特殊性,需要用民族志的研究方法予以呈现;表演是一个交流的过程,表演的诗学总是内涵着表演的政治学;表演具有自我反思性,是所属文化与社会的自我展示与自我批评;民俗学与人类学的田野作业与民族志报告,同样也是一种表演,等等。总之,不难看到,在鲍曼的研究成果中,表演研究既是一种方法论,又是一种世界观。

第三, 如何为“表演研究”定位。在普通人的印象中,鲍曼教授似乎只是一位专门研究“口头艺术”的民俗学家。可事实上,从一开始,鲍曼教授就似乎在有意识地拒斥这种身份设定,而他的“表演研究”更是从语言学、人类学、文艺学、符号学、社会学、修辞学、传播学等其他领域获得灵感。换句话说,尽管鲍曼教授主要在民俗学系供职,主要致力于口头艺术的表演研究,但是,他的研究方法本身却并不局限于民俗学的传统领域,他的学术追求与学术影响力,也远不局限于民俗学的学科范围。

也许,更准确的说法应该是,“表演研究”重新创造了“民俗学的传统”。在一般人的观念里,民俗学就是在研究那些具有固定特征的民间文学的“类型”,考察它们的形式结构、传播路线以及原始意义,芬兰历史与地理学派就是这一研究范式的代表。但是,“表演研究”彻底地改变了普通人的这一成见。在“表演研究”的视野之下,民俗学考察的是具体的时空语境中,特定的讲述者,如何受传统“类型”的指导与限制,如何基于具体的“语境”,面向不同的“听众”,能动地建构自身的交流行为。也就是说,“表演研究”重构了民俗学的研究对象、研究方法与学科目标。用托马斯·库恩的话来说,它从根本上引发了国际民俗学的“范式转型”,彻底地改变了民俗学“眼光向下”却“目中无人”的积习。

第四,重构“表演研究”的学术谱系。为了论证自身的学术合法性,鲍曼把“表演研究”的思想源头追溯到了维柯、赫尔德与格林兄弟等人所奠定的语文学传统;并在马林诺夫斯基、博厄斯的人类学作品中,在雅各布森、巴赫金等人的语言学作品中,找到了语文学的血脉传承;同时,他又通过直接向海姆斯、帕里戴斯等人学习语言人类学与民俗学,创造性地提出了“表演”的概念,通过这一概念,他继承并综合发展了前人的“语文学”思想。总之,鲍曼把自己和同事们(比如罗格·亚伯拉罕,查尔斯·布瑞格斯等)的研究工作,纳入到一个具有连贯脉络的学术谱系当中,这就是古老的“语文学”传统。民俗学、人类学、语言学、文学、哲学、历史学等学科无不源自古老的“语文学”传统。在“表演研究”中,上述分支学科又被重新整合到了一起,鲍曼教授把它称为“本土语文学”。

需要特别指出的是,除了浪漫主义的思想根源,鲍曼教授还特别强调了民俗学启蒙主义的渊源,他清晰地分析了以洛克为代表的启蒙思想家的语言哲学,阐释了启蒙主义思潮与浪漫的民族主义思想,如何共同形构了有关“民众、民俗以及民俗学”的“元话语”,而民俗学自身又如何变成了现代性话语体系的一部分。

第五,“表演研究”的可能性。也许有人会问,“在鲍曼教授的‘表演研究’中,最值得进一步探索的问题是什么?”我认为,既然表演研究是“民族志式的研究”,它亟待开展的工作,就应该是去开展更多经验性的个案研究。这是自海姆斯“讲述的民族志”开始,语言人类学与民俗学确立的首要工作任务。即使今天,世界上绝大部分“讲述社区”的民族志,仍然付之阙如。

此外,我也认为,“表演研究”似乎不应该仅仅停留在认识论的层面,还可以走向实践论;不应该只是局限于描述与分析表演现象,还应该把表演的观念自反性地投射到调查、描述与分析的研究过程本身;不应该止步于学术性的社会参与,应该还可以选择介入性的社会参与。在这一方面,理查德·谢克纳、德怀特·康克古德的立场似乎更加激进一些,也更接近于鲍曼教授最尊崇的师长阿莫里克·帕里戴斯教授的学术立场。

鲍曼教授知识渊博,学问精深,鄙陋如我者,只能遥望其宫墙之巍峨,却未曾有缘寻阶入室,窥其堂奥。因此,上面的看法,免不了会有隔靴搔痒的嫌疑,还请有识君子不吝赐教。

王杰文

2022 年 4 月 30 日

图书在版编目(CIP)数据

理查德·鲍曼与表演研究 / 王杰文编著. -- 北京 :中国传媒大学出版社, 2022.7
(学术经典导读)
ISBN 978-7-5657-3217-1

Ⅰ. ①理… Ⅱ. ①王… Ⅲ. ①理查德·鲍曼—民俗学—研究 Ⅳ. ①K890

中国版本图书馆 CIP 数据核字(2022)第 104664 号

理查德·鲍曼与表演研究
LICHADE BAOMAN YU BIAOYAN YANJIU

编　　著	王杰文
策划编辑	黄松毅
责任编辑	马洪立
封面设计	拓美设计
责任印制	阳金洲

出版发行	中国传媒大学出版社		
社　　址	北京市朝阳区定福庄东街 1 号	**邮　　编**	100024
电　　话	86-10-65450528　65450532	**传　　真**	65779405
网　　址	http://cucp.cuc.edu.cn		
经　　销	全国新华书店		

印　　刷	唐山玺诚印务有限公司
开　　本	710mm×1000mm　1/16
印　　张	19.5
字　　数	364 千字
版　　次	2022 年 7 月第 1 版
印　　次	2022 年 7 月第 1 次印刷

书　　号	ISBN 978-7-5657-3217-1/K·3217	**定　　价**	98.00 元

本社法律顾问:北京嘉润律师事务所　郭建平